David Kaplan
Alec Dubro

YAKUZA

traduit de l'américain
par Françoise Deschodt

LA MAFIA JAPONAISE

Éditions
Philippe Picquier

Titre original : *Yakuza* publié par Addison-Wesley Publishing company

Le Mas de Vert 13200 Arles

55, rue du Temple 75004 Paris

En couverture : illustration de Romain Slocombe

Conception graphique : PICQUIER & PROTIÈRE

ISBN : 2-87730-032-3

TABLE DES MATIÈRES

PRÉFACE A L'ÉDITION FRANÇAISE DE *YAKUZA*

Depuis la publication de cet ouvrage en 1986, le changement le plus frappant au Japon fut l'ascension météorique de cette nation au rang de super-puissance financière. A l'aube des années quatre-vingt-dix, la Bourse de Tokyo surpasse celle de New York en terme de capitalisation sur le marché mondial et Osaka talonne Londres à la quatrième place. Neuf des dix plus grandes banques mondiales sont sous contrôle japonais tandis que les entreprises japonaises établissent de nouveaux records dans les domaines industriels, technologiques et immobiliers.

Le « milieu » japonais ne contrôle certes pas la majorité des institutions financières du pays, mais les gangs sont confusément associés à l'expansion du capitalisme japonais ; beaucoup plus que ne l'a été le milieu corse à l'empire colonial français ou la mafia au développement de l'Amérique d'après-guerre.

La parité des monnaies suffit seule à rendre compte du changement. Tout au long de ce livre, nous convertissons de façon routinière les yen en dollars. Mais la hausse du yen est si forte que le lecteur d'aujourd'hui peut doubler les chiffres que nous avons donnés. Comme le reste du Japon, les yakuzas d'aujourd'hui sont riches.

Cette prospérité récente des yakuzas suit l'évolution

et le changement des gangs, de l'état de confréries loyales, violentes, voire féodales à celui de cartels du crime aux ramifications mondiales. Voilà, comme nous le soulignons dans les pages suivantes, la clé pour comprendre le phénomène yakuza.

Il y a une nouvelle génération de gangsters japonais, une classe plus jeune, mieux éduquée dont les membres ont étudié les langues étrangères et sont soucieux d'exercer leurs activités hors des frontières.

Dans ce livre, nous avons consacré une place considérable à la crainte d'une entrée massive des yakuzas sur la scène du commerce de l'héroïne dans les pays du Sud-Est asiatique, un domaine auquel ils se sont déjà intéressés.

Mais ceci est un cas particulier puisque d'autres drogues sont apparues sur le marché. On suspecte les yakuzas de financer et d'introduire l'*ice*, une forme de cristaux de méthaamphétamine qui commence à concurrencer le *crack*, comme drogue alternative dans certaines parties des U.S.A.

Dans le même temps, il apparaît que certains gangs japonais négocient avec les patrons sud-américains de la cocaïne pour ouvrir le marché de l'archipel japonais. Quand on connaît l'engouement des Japonais pour les stimulants, le Japon pourrait bien devenir le nouveau grand débouché de la cocaïne.

Depuis la publication de ce livre, le comportement de la police japonaise a aussi changé. Après avoir nié l'expansion hors des frontières du phénomène yakuza, les autorités reconnaissent que ce pays exporte des criminels au même titre que des télévisions ou des automobiles. Cela n'a pas été facile à admettre pour les forces de police. Et le comportement obtus de la police, à l'Ouest n'a pas amélioré les choses. Le changement est notable, mais beaucoup reste à faire dans le domaine de la formation et de la coopération internationale.

Nous avons essayé tout au long de ce livre, d'éviter l'amalgame entre l'histoire des yakuzas et celle du péril jaune.

Ce livre n'attaque ni le Japon ni le peuple japonais.

Le lecteur doit garder à l'esprit que le développement des yakuzas outre-mer se fait avec le concours d'autres organisations criminelles dans le monde entier, en Europe comme en Asie ou aux Amériques. Le mot clé n'est pas « invasion » mais « alliance ». Et nous devons redouter à l'Ouest une extension souhaitée par nos syndicats du crime.

Dans le milieu du crime comme dans celui des affaires, la possibilité de faire d'extraordinaires profits fait disparaître les différences raciales. Les yakuzas ont des hommes, la force et l'argent permettant d'ouvrir un chapitre entièrement nouveau dans l'histoire du crime organisé international.

Les réactions suscitées par la parution de ce livre fournissent un excellent exemple du pouvoir des yakuzas. Les critiques de la société japonaise faites par les *gaijin* (les étrangers ou plus exactement les profanes) rencontrent un large écho chez les intellectuels japonais. Les livres ou les articles sur le sensationalisme du folklore yakuza provoquent un énorme intérêt. De plus, cet ouvrage avait été annoncé comme le premier livre de référence à l'Ouest sur le milieu japonais et la corruption et, à notre immense surprise, il obtint le *Investigative Reporters and Editors Book Award* aux U.S.A. On pardonnera donc aux auteurs d'avoir anticipé un accueil favorable du livre au Japon.

Le monde japonais de l'édition fit tout d'abord preuve d'un grand intérêt.

Dix-huit éditeurs au moins demandèrent avec insistance une option sur les droits de traduction. Et un immense silence s'ensuivit. Nos amis à Tokyo donnèrent un nom à cette curieuse réaction : celui de *makusatsu* ou silence de mort. L'un après l'autre, les éditeurs refusèrent le livre en donnant des excuses si vagues et si semblables que nous dûmes nous rendre à l'évidence : les yakuzas étaient inscrits sur une liste noire officieuse de l'industrie éditoriale japonaise. Malgré des éditions dans plus de sept langues, dont l'anglais, le chinois, l'espagnol et maintenant – à notre grand plaisir – le français, nos espoirs de voir un jour une traduction japonaise étaient anéantis.

Et à notre avis, la raison en est que ce livre va bien plus loin que l'histoire d'une importante organisation criminelle peu connue. Car les relations entre le milieu, le monde des affaires et l'extrême droite ultra-nationaliste sont si étroitement imbriquées au Japon que ce livre devint – aux dires des Japonais – l'histoire secrète de la société d'après-guerre de ce pays.

De telles histoires ne sont pas bien accueillies au Japon. Ce livre avait touché simplement à beaucoup trop de tabous sur des points sensibles et des personnages importants pour connaître un jour une publication japonaise. Notre style agressif d'investigation et de reportage sur la corruption, le pouvoir politique et la discrimination s'avéra trop dangereux pour des éditeurs japonais.

Yakuza n'est pas un exemple unique. Ce livre malheureusement rejoint d'autres œuvres occidentales qui se sont heurtées au Japon à ce que nous pourrions appeler la censure : les films « Mishima » (ayant trait à l'ultra-nationalisme japonais) et « Le Dernier Empereur » (pour sa description du viol de Nankin).

Face à cette absence de pouvoir critique, il faut s'attendre à ce que les yakuzas connaissent encore de beaux jours devant eux. Les yakuzas changeront quand les Japonais en finiront avec leur histoire secrète. Et bien que les Japonais insistent aujourd'hui sur la nécessité d'ouvrir leur économie au monde, de tels problèmes doivent dépasser les questions commerciales.

Le libre marché ne concerne pas seulement les biens et les services mais aussi les idées.

David E. KAPLAN
San Francisco, Californie
14 novembre 1989
(traduit par Catherine Winckelmuller)

PROLOGUE

« Si vous voulez faire prendre au sérieux votre enquête sur les *yakuza*, laissez de côté ces histoires de tatouages et de doigts coupés », conseillait-on, de Washington, à Michael Sterrett, installé à Hawaï.

C'était au printemps de 1976 et Sterrett, jeune et astucieux procureur fédéral, faisait les gros titres à Honolulu. Pendant trois ans, il avait multiplié les séjours à Hawaï pour y engager une impressionnante série de poursuites. Son activité débordante avait freiné pendant des années les progrès des organisations criminelles dans les îles et il faisait des pieds et des mains pour obtenir l'ouverture dans le cinquantième Etat d'un bureau fédéral de lutte contre le crime, mais certains de ses rapports sur la délinquance locale ne soulevaient que scepticisme en haut lieu.

La simple autorisation d'enquêter à Hawaï avait déjà été difficile à obtenir. A la différence des autres Etats, il fallait l'approbation du secrétaire d'Etat à la Justice, numéro deux du ministère, pour se rendre dans les îles. L'affectation de Sterrett au bureau régional de San Francisco et le désintérêt de la classe politique envers Hawaï n'avaient pas non plus facilité les choses. Les gangs d'Hawaï – assortiment d'Asiatiques, de Blancs, de Noirs et d'insulaires du Pacifique – n'intéressaient guère un ministère, avant tout préoccupé de surveiller et de combattre les organisations criminelles classiques. Personne à Washington n'avait jamais fait carrière contre le crime dans le Pacifique.

Pourtant Sterrett obtenait des résultats. Une rare coopération entre magistrats locaux et fédéraux lui avait permis de poursuivre et d'incarcérer « Nappy » Pulawa, pivot hawaïen des jeux clandestins, qui comptait dans sa clientèle les plus célèbres malfaiteurs de Las Vegas. Après quoi Sterrett avait réussi de même à « faire tomber » son successeur, Earl K. H. Kim, avec les membres de son syndicat du jeu.

Travaillant sur ces affaires, Sterrett remarqua la mention dans les rapports de police de ressortissants japonais. A Honolulu, les fonctionnaires fédéraux s'inquiétaient déjà de la multiplication des relations entre les syndicats continentaux du crime et ceux d'Hawaï. Avec ces Japonais, la troisième branche de la délinquance dans le Pacifique commençait d'apparaître. Il y avait déjà plus de dix ans que la police locale l'avait repérée. Tatouages et doigts coupés étaient les traits les plus frappants de ces nouveaux criminels. Ce n'étaient pas des tatouages ordinaires, mais de magnifiques dessins, en couleurs, de samouraïs, de fleurs et de dragons, couvrant tout le corps, du cou au mollet. Quant aux doigts mutilés, il s'agissait toujours de l'auriculaire, amputé de la première phalange, en signe d'expiation, sur décision d'un chef de bande.

Les rapports de Sterrett à Washington, pleins de descriptions de ce genre, décrivaient à son insu les pratiques des grandes organisations criminelles japonaises. Après deux siècles et demi d'activité en Extrême-Orient, les yakuzas étaient arrivés en Amérique.

La présence de ces nouveaux venus laissa d'abord Sterrett extrêmement perplexe. Que faisaient ces Japonais à Honolulu ? Avec qui étaient-ils liés ? La société hawaïenne était très favorable à la délinquance. La corruption des organisations politiques et syndicales, la facilité des mœurs – prostitution, jeu et trafic de drogue florissants –, une industrie touristique qui déversait chaque année des millions de visiteurs du monde entier dans les rues d'Honolulu, tout concourait à la prospérité du crime.

Peut-être plus importante encore était la position géographique d'Hawaï au milieu du Pacifique, escale commode au commerce international et aux voyageurs d'Orient et d'Amérique du Nord. L'archipel était la vitrine de l'aire du Pacifique, signalée à grand fracas. Le commerce, au sein des nations riveraines de l'Océan était en plein développement. Il menaçait de supplanter l'Atlantique Nord au premier rang des marchés du monde. L'expansion des économies extrême-orientales, la croissance régulière du Japon et de la Californie, l'apparition de la Chine sur la scène économique ne laissaient guère de doute sur l'avenir de la région.

Hawaï constitue un échantillon ethnique de l'ensemble du bassin. Autrefois peuplées de Polynésiens, les îles étaient désormais pour un tiers blanches et pour un quart japonaises. Pour le reste, c'était un mélange d'Asiatiques d'origines diverses et d'insulaires du Pacifique. Elles attiraient un flux permanent d'investissements asiatiques, de Hong Kong, du Japon, de Singapour. Hôtels, banques, immeubles, tout ce qui était à vendre était raflé.

Ce rapide développement d'affaires légales pourrait bien, raisonnait Sterrett, se doubler d'une aussi vive expansion d'activités clandestines, contrôlées par le Milieu. La Mafia américaine, après tout, s'était développée à l'échelle internationale depuis longtemps par ses investissements en Europe et aux Caraïbes et par ses liens avec la Mafia italienne, les bandes corses et les raffineurs d'héroïne, de Bangkok à Marseille. Il paraissait donc logique que le resserrement des liens entre les économies du Pacifique amenât dans l'archipel de nouvelles organisations de criminels. Il était déjà question à Honolulu de faussaires de Taiwan, de trafiquants de drogue de Hong Kong et de Thaïlande et d'investisseurs suspects de Las Vegas, Tokyo et Séoul. Une autre catégorie d'organisations, les triades chinoises, commençait d'autre part à créer des ennuis aux autorités d'Europe et d'Amérique.

Le crime organisé avait un énorme avenir dans le

Pacifique. Les gouvernements de l'ombre, selon l'expression de Sterrett, étaient déjà constitués dans la région ; ils collectaient leurs impôts et imposaient leurs lois. Sterrett prévoyait l'établissement progressif d'un vaste empire du crime au-dessus des frontières nationales, fondé sur le trafic de drogue et le trafic d'armes. D'immenses sommes d'argent navigueraient de la sorte à travers l'Océan. Les possibilités étaient illimitées. Comment évaluer l'influence d'un syndicat américano-japonais du crime sur les mouvements de marchandises, entre les deux pays, qui s'élevaient à quatre-vingt-cinq milliards par an ? A quels résultats pourrait prétendre une « filière yakuza » d'un bord à l'autre du Pacifique ? Perspectives intéressantes, mais un peu trop alarmistes de la part d'un jeune procureur qui avait déjà bien du mal à faire lire ses rapports. Sterrett se garda d'abord d'encourir le reproche d'exagération : quelques escrocs japonais dans les parages d'Hawaï ne formeraient peut-être jamais une internationale du crime. Mais il changea d'avis. Il dut se rendre à l'évidence : l'organisation criminelle qu'il avait devant lui était complètement différente de toutes celles qu'il connaissait.

Les informations en anglais sur les yakuzas étaient rares. Il fallut s'informer au Japon, mais la police japonaise se montra peu disposée à coopérer. A la stupeur des magistrats américains, les réponses à leurs demandes de renseignements se faisaient attendre et demeuraient fragmentaires. Les autorités japonaises refusaient de communiquer à leurs homologues américains la liste des yakuzas connus. De formidables obstacles juridiques – et culturels – s'opposaient au progrès de l'information. Le peu qui en fut rassemblé suffit cependant à l'édification des agents du Bureau fédéral.

Sterrett prit connaissance de quelques rapports de police japonais sur les yakuzas, et passa en revue les portraits sommaires des membres de cette organisation détenus par la police d'Honolulu. Les chiffres cités étaient frappants : 110 000 yakuzas vivaient et travaillaient au Japon, organisés en 2 500 « familles » et fédérations. Aux Etats-Unis, dont la population est le double de celle du Japon, le ministère de la Justice plafonnait au chiffre de 20 000 celui des membres du crime organisé. La différence était d'autant plus remarquable que le Japon est connu pour son faible taux de criminalité. Et ce chiffre de 110 000 malfaiteurs de la police japonaise représentait une baisse importante par rapport à celui de 180 000, quinze ans seulement auparavant. Les immenses syndicats yakuzas semblaient en outre remarquablement organisés, comme l'étaient les sociétés financières et industrielles du pays. Comme les gangs américains, découvrit Sterrett, les yakuzas prospéraient sur le vice : prostitution, pornographie, drogue et jeux. Les gangs américains et japonais avaient, apprit-il, d'autres points communs. Ils contrôlaient de vastes secteurs des industries du bâtiment et des loisirs : studios de cinéma, boîtes de nuit, sport professionnel. La moitié des revenus considérables des gangs japonais provenait, selon la police, du trafic de drogue, et surtout des amphétamines que les Japonais appellent « drogues d'éveil ». Les yakuzas s'intéressent aussi aux prêts usuraires, aux transports routiers, à la contrebande et à l'extorsion de fonds. Selon la police japonaise, les yakuzas contrôleraient quelque 26 000 affaires légales et d'innombrables affaires illégales. Ils détiennent une proportion importante de petites entreprises marginales, aussi bien que des plus importantes sociétés commerciales du pays. Contre rémunération, ils brisent les grèves et réduisent les mécontents au silence. Leur puissance s'étend aussi au domaine politique. Ils possèdent des hommes de paille jusque dans les sphères les plus hautes du gouvernement japonais.

Là s'arrêtent leurs similitudes avec les gangs américains. Les yakuzas ont pignon sur rue dans la société japonaise, à tel point que Sterrett et les quelques autres fonctionnaires américains qui prirent la peine d'enquêter sur eux en furent confondus. Ils ont des bureaux au grand jour qui affichent à leurs portes les emblèmes des bandes, comme s'il s'agissait de sociétés de crédit (ce qu'elles sont souvent). Comme si un gang américain ouvrait un bureau à Newark sous la raison sociale : « Siège de la Mafia, bureau n° 12. » Les yakuzas ont également coutume d'arborer au revers de leurs vestes les insignes de leur bande avec autant de fierté que s'il s'agissait de celui du Rotary. Les gangs les plus importants publient leurs propres journaux ou leurs revues avec articles exclusifs, conseils juridiques, voire poèmes d'honorables membres. Au terme d'une récente guerre de clans, les chefs ennemis allèrent jusqu'à tenir une conférence de presse pour annoncer la fin de la lutte et demander le pardon du public pour le désagrément causé. Tout cela relève de traditions tout à fait différentes de celle des pègres occidentales. Sterrett en rencontra certains exemples d'un immense anachronisme. Les yakuzas, apprit-il, se considéraient comme des samouraïs en complet veston, descendants spirituels des nobles guerriers japonais et derniers défenseurs des valeurs classiques de la nation. Les Japonais dans leur ensemble semblaient accepter cette présentation. Patriotes, Robins des bois, les malfaiteurs japonais donnaient d'eux-mêmes l'image d'une opposition loyale.

Le rite des doigts coupés fut ce qui frappa le plus Sterrett à travers ses recherches, bien qu'il ait dû le passer sous silence dans ses rapports à Washington. Ces amputations symbolisaient pour lui la différence radicale des bandits japonais, « individus assez fidèles pour admettre l'ablation d'une phalange en signe de soumission à leur chef ». Discipline proprement incroyable.

Face à l'accroissement de leur activité à Hawaï, Sterrett commença à établir un fichier. Il s'aperçut bientôt que sa vision d'un cartel transpacifique du crime n'était peut-être pas si éloignée de la réalité. La police d'Honolulu avait vu des yakuzas en compagnie de malfaiteurs insulaires et continentaux. Dans les îles, ils s'occupaient de prostitution, de pornographie, d'extorsion de fonds et de trafic d'armes. Le continent ne leur faisait pas peur ; des yakuzas avaient été repérés à San Francisco, à Los Angeles et à Las Vegas. D'après d'autres sources, les gangs japonais s'étaient internationalisés au début des années soixante-dix, étendant leurs activités en Corée du Nord, dans toute l'Asie du Sud-Est et dans de nombreux autres pays riverains du Pacifique. Au printemps de 1976, Sterrett était convaincu que les yakuzas méritaient l'attention fédérale.

L'événement décisif se produisit à ses yeux en mai de la même année, lorsque Wataru « Jackson » Inada fut retrouvé assassiné dans son appartement d'Honolulu. Inada, petit et coriace ex-boxeur, avait été impliqué à Hawaï dans des affaires de racket et de trafic de drogue, très peu de temps après son arrivée de Tokyo, en 1972. Il portait sur le dos les tatouages fleuris d'un yakuza, datant de l'époque où il avait été « soldat » de la fédéation Sumiyoshi, l'un des plus grands syndicats du Japon qui compte 6 000 membres. D'après la police, il aurait été abattu pour avoir concurrencé des Mafiosi de la côte Ouest dans le trafic d'héroïne.

Pour Mike Sterrett, l'affaire Inada marquait le début de la reconnaissance officielle des yakuzas aux Etats-Unis. En deux ans, Jackson Inada avait établi des liens avec les membres haut placés de la Mafia continentale. Il s'était acoquiné avec les chefs du Milieu hawaïen sans relâcher pour autant ses liens avec le Japon. Grâce à lui, la police américaine commença à considérer les hommes tatoués d'un autre œil. Un an plus tard, en 1977, Sterrett obtenait l'ouverture à Hawaï d'un bureau de répression du banditisme.

Pour en arriver là, la bataille avait été rude. Sterrett rappelle : « L'existence de la Mafia aux Etats-Unis n'était reconnue officiellement par le F.B.I. et le ministère de la Justice que depuis une dizaine d'années. Ils en avaient fait une priorité et, en dehors de La Cosa Nostra, ne voulaient entendre parler de rien. Imaginez donc leurs réactions lorsqu'un type comme moi, qui avait fait plus de vingt fois le voyage de San Francisco à Honolulu, informait le ministère de la Justice des activités d'une autre organisation criminelle, dont les membres s'amputaient les doigts... »

Le travail de Sterrett n'en demeurait pas pour autant ignoré à Washington. Et en 1979, il fut nommé à la tête du bureau régional de San Francisco. Avant de prendre son poste, il allait voir se réaliser ses pressentiments concernant les yakuzas.

Cette année-là, d'importants reportages dans les journaux et à la télévision décrivaient les activités des bandes japonaises à Hawaï dans le trafic de drogue, les jeux et la prostitution. Mais c'est une affaire de contrebande qui, après le meurtre d'Inada, éveilla pour de bon les autorités. En mai 1979, un trio de passeurs yakuzas fut arrêté à l'aéroport international d'Honolulu.

Chacun de ses membres était porteur d'une livre d'héroïne blanche asiatique dans un carton de Dunhill. Le contrôle de leurs passeports révéla, pour chacun d'eux, un total de seize voyages à Bangkok – origine probable de la drogue – et douze voyages ultérieurs à Hawaï, Guam et San Francisco. Une perquisition à leurs domiciles de Tokyo fit découvrir aux autorités japonaises un étrange ensemble d'instructions détaillées : les devoirs du contrebandier. « Vous devez obéir en tout à votre chef de groupe, précisait le document. Vous n'avez pas le choix, vous ne pouvez ni refuser vos instructions ni vous en plaindre. Les règlements ci-dessus sont établis à la demande du financier afin de nous protéger et de nous permettre d'accomplir notre travail. »

Les fonctionnaires américains s'alarmèrent. Selon un rapport secret du Drug Enforcement Administration, les arrestations prouvaient « l'engagement à fond des yakuzas dans la contrebande de drogue ». Lors d'une séance du Congrès en 1981, les enquêteurs fédéraux firent écho aux craintes de la D.E.A. : « Avant peu les groupes yakuzas seront sérieusement impliqués dans la contrebande d'héroïne aux Etats-Unis. » Les autorités s'inquiétaient à juste titre de voir les yakuzas, dont ils connaissaient l'excellente organisation et les réserves en hommes et en argent, devenir les plus importants importateurs d'héroïne de la côte Ouest.

Pendant ce temps, les enquêteurs américains découvraient de plus en plus d'investissements yakuzas à Hawaï et en Californie. Dissimulés derrière de vastes mouvements de capitaux entre le Japon et les Etats-Unis, les profits illicites des yakuzas étaient blanchis par l'acquisition d'immeubles, d'hôtels américains et de ce que les Japonais appellent, *mizu shobai*, littéralement « affaires d'eaux », bars, restaurants et boîtes de nuit. Utilisant les boutiques de souvenirs comme façades, les yakuzas s'introduisirent dans le très lucratif marché du tourisme japonais à Los Angeles et San Francisco. La contrebande de matériel pornographique et d'armes de poing vers le Japon leur rapportait d'autre part des dizaines de millions de dollars. Ils contrôlaient aussi des réseaux de traite des Blanches ; des imprésarios à leur solde recrutaient aux Etats-Unis de jeunes artistes qu'ils obligeaient, une fois au Japon, à se prostituer et à jouer dans des spectacles porno.

A partir de 1981, la réputation des yakuzas commença à toucher le public américain, et non plus seulement la police. Une série d'articles parut sur l'intrusion de la mafia japonaise dans les affaires américaines. *Newsweek*, le *Los Angeles Times*, l'éditorialiste Jack Anderson notamment, et les télévisions locales et nationales s'emparèrent du sujet. Les réseaux japonais étaient décrits et leurs activités mises à jour. Certains de ces articles péchaient par goût du sensationnel, mais la plupart d'entre eux étaient précis ; ils citaient la police, quant à l'importance de la part du trafic d'héroïne détenue par les yakuzas, les effectifs de leurs bandes et leurs étranges coutumes.

Comme on pouvait le prévoir, circulèrent bientôt des rapports imprégnés, c'est un euphémisme, de racisme latent. Leurs gros titres en appelaient à des peurs d'un autre âge. Les criminels japonais, assuraient-ils, « envahissaient » la côte Ouest. Une publication alla plus loin encore, représentant en couverture un gigantesque gangster surgissant du Japon, dont l'ombre recouvrait déjà Hawaï et menaçait Los Angeles. Les yakuzas étaient assimilés au « péril jaune ». Trop faciles boucs émissaires aux difficultés du commerce extérieur américain. La diffusion à San Francisco, ville connue pour son libéralisme politique, d'une émission radiodiffusée très écoutée sur les yakuzas, provoqua des réactions particulièrement choquantes. Plusieurs auditeurs en profitèrent pour accuser les Japonais d'être responsables du malaise économique américain ; une femme proposa même un boycott commercial total jusqu'à l'arrêt par « ces gens » de l'envoi aux Etats-Unis de leurs criminels. La palme de la désinformation fut remportée par le numéro de septembre 1983 du magazine porno *Chic*. La plupart de ses « lecteurs » vont rarement au-delà des seules photos sur papier glacé de cette publication, mais bien peu d'entre eux pouvaient ignorer la manchette flamboyante d'un article de neuf pages, consacré aux yakuzas : « D'abord il y eut les télévisions, les chaînes stéréo et les radios japonaises. Elles inondèrent le marché américain. Puis il y eut l'invasion des voitures japonaises qui contribuèrent à entamer notre économie. Et voici que les yakuzas constituent pour l'Amérique une menace plus grande encore : les yakuzas, version japonaise de la Mafia. »

Les yakuzas représentent certainement une menace pour les Etats-Unis, mais il n'est nul besoin de ressortir à leur sujet les stéréotypes racistes archaïques que ravivent les aléas de la guerre économique. Il y a autre chose à en dire ; l'institutionalisation, selon l'expression de Mike Sterrett, des yakuzas aux Etats-Unis pose des questions trop complexes pour y répondre par l'insulte. Il est à prévoir qu'à l'instar des autres organisations criminelles, les yakuzas, une fois implantés dans la société américaine, seront extrêmement difficiles à déloger. L'Amérique sera pour eux une seconde patrie.

Une autre raison oblige aussi à se méfier des yakuzas, une raison plus profonde, quoique moins perceptible à première vue. Les associations japonaises de malfaiteurs sont extraordinairement politisées. L'histoire moderne des yakuzas est étroitement mêlée à celle de l'extrême droite japonaise, étrange milieu d'activistes vénérant l'empereur, qui constitue l'appui naturel d'une éventuelle renaissance du fascisme et du militarisme japonais. Aujourd'hui beaucoup moins puissante qu'avant la guerre, la droite ultranationaliste est encore vivace au Japon. Ses bandes extrémistes sont si liées aux yakuzas qu'il est parfois impossible de les en distinguer. On ne rencontre rien d'analogue dans la société américaine. Si le Ku Klux Klan et la Mafia formaient une alliance stable et politiquement puissante, on se rapprocherait à certains égards de cette situation.

Au fil des années, cette coalition souvent violente d'extrémistes de droite et de gangsters a souvent servi de force paramilitaire au parti du pouvoir, le P.L.D. (Parti libéral démocrate) qui exerce une emprise pratiquement ininterrompue sur la politique japonaise depuis la fin de la guerre. L'histoire de ces relations douteuses rivalise avec les pires exemples américains de corruption. Ces pratiques sont tellement enracinées dans la culture japonaise qu'elles défient parfois le sens même du mot corruption, tel que l'Occident l'entend. Les réseaux politiques des yakuzas n'ont cessé de peser au Japon sur le cours des événements avec, il faut le dire, l'active complicité des services de renseignements américains. Aujourd'hui, leur influence continue à peser lourdement sur l'avenir du principal allié de l'Amérique dans le Pacifique qui est aussi son plus important partenaire commercial. La solution de problèmes clés, tel celui du réarmement du Japon, en dépend.

Lorsque Michael Sterrett commença son enquête sur les gangsters d'Honolulu, la justesse de son intuition ne pouvait que lui échapper. Les yakuzas ne constituent pas une organisation criminelle comme les autres.

Première partie

LES COMMENCEMENTS

LES HONORABLES HORS-LA-LOI

Surnommerait-on Goro Fujita, le Barde des Yakuzas, il ne pourrait protester. Sa carte de visite, surchargée, même à des yeux japonais, le présente comme quelqu'un qui recherche votre indulgence, qui se décrit dans les termes les plus humbles comme un ivrogne, mais un ivrogne consciencieux. C'est un petit homme rond, dont les cheveux broussailleux encadrent un visage qui pourrait appartenir à un comédien, aussi bien qu'à un bandit. En fait c'est un ancien gangster, un vétéran du Tosei-kai, la fameuse bande coréenne qui contrôle sans pitié les boîtes de nuit du célèbre quartier de Ginza de Tokyo. Goro Fujita ne patrouille plus la nuit dans les rues pour la « police de Ginza ». Il est devenu chez les yakuzas une espèce de célébrité, le romancier, l'historien, le conteur de la pègre japonaise.

Fujita est le fier auteur d'une trentaine de romans sur les yakuzas, œuvres romantiques qui exaltent la virilité japonaise, la bravoure, le fatalisme, toutes les valeurs nobles des anciens samouraïs du Japon féodal. Ses livres sont titrés de la sorte : *Le grand joueur, Le cimetière de la chevalerie, Poésie du hors-la-loi* ou *Je n'ai pas besoin de tombe*. Il est le maître des scènes de combat au sabre, l'interprète des coutumes secrètes, l'archiviste de l'histoire du crime. Il s'illumine pour présenter, outre ses nombreux romans, les trois tomes encyclopédiques qui sont le cœur de toute son œuvre. Le premier est un gros dictionnaire généalogique qui répertorie tous les liens de sang unissant les yakuzas, les deux autres composent *L'histoire de cent ans*, c'est-à-dire celle de la droite et des organisations criminelles au Japon. Histoire qui, selon l'auteur, remonte à plus de trois cents ans.

Dans sa confortable maison des faubourgs de Tokyo, Fujita dirige des séminaires sur l'histoire des yakuzas devant des invités triés sur le volet. Il extrait de ses dossiers, avec amour, de vieilles photos des chefs d'autrefois, pressées entre les pages d'une douzaine de classeurs reliés, rangés sur de belles étagères de bois. Son bureau-bibliothèque abrite une collection unique de livres japonais consacrés aux sabres, aux armes, aux arts martiaux, à l'histoire générale, à l'histoire régionale, à la guerre et à la droite.

Fujita se plaît à dire de bonnes histoires, à débiter des facéties interminables, sachant même retenir l'attention exigeante d'un chef yakuza. Il écrit des romans, parce qu'il n'aime pas utiliser de vrais noms. « Je recevrais trop de plaintes », explique-t-il. Ses personnages réussissent cependant à traduire toute sa passion pour le monde yakuza, passion qui lui a valu l'audience bienveillante d'un vaste public. Son œuvre appartient à un genre de la littérature japonaise qui a toujours exalté l'image du bandit romantique. Le yakuza est un thème important de la culture japonaise avec des héros et des anti-héros, présents dans d'innombrables films, livres, romances et nouvelles.

Pour Fujita et ses confrères, l'histoire du crime organisé au Japon est honorable. Elle fourmille de Robins des bois yakuzas, soutiens des pauvres gens. Les héros de ces épisodes sont des victimes de la société, victimes de leur vertu, des perdants qui finissent par gagner, des hors-la-loi pleins d'honneur. Ces récits renvoient aux yakuzas l'image d'eux-mêmes qui leur tient le plus à cœur et qui, au grand dam de la police japonaise, correspond aussi à la sensibilité du public. La police conteste l'exactitude de ces représentations, comme le font la plupart des spécialistes de l'histoire japonaise ; mais le sentiment persiste auprès des Japonais que le crime organisé a chez eux un noble passé. Cette image romantique du bandit ne peut se comprendre sans remonter près de quatre siècles en arrière, au Moyen Âge du Japon, source d'innombrables légendes qui, dans ce pays, correspondent aux récits américains de la frontière de l'Ouest. Le sabre y remplace le six-coups, et le cow-boy est un samouraï.

Bandits samouraïs et roturiers chevaleresques

Ces hors-la-loi du Japon féodal portaient le nom de *kabuki-mono,* autrement dit les fous. Dès 1612, ils commencèrent d'attirer l'attention des fonctionnaires locaux. Comme les rebelles d'une époque plus récente, ils s'affublaient de costumes bizarres et arboraient d'étranges coupes de cheveux ; étrange aussi était leur comportement. Ils portaient au côté des sabres extraordinairement longs qui traînaient presque par terre lorsqu'ils paradaient dans les rues du vieux Japon. Ils terrorisaient à leur guise les citadins sans défense. Ils allaient jusqu'à pratiquer sur eux le rite abominable du *tsuji-giri,* où un samouraï attaquait un passant pour essayer une nouvelle lame.

Les légendaires associations criminelles du Japon médiéval étaient formées de kabuki-mono, samouraïs excentriques aussi connus sous le nom de *hatamoto-yakko* ou, au sens large, serviteurs du shogun. Ils parlaient l'argot et aimaient les surnoms insultants comme *Taisho Gingi-gumi* ou « Bande de tous les dieux ». Ils manifestaient une étonnante loyauté les uns envers les autres, jurant de se protéger mutuellement en toutes circonstances, fût-ce contre leurs propres parents. Cela se passait pendant l'ère Tokugawa au temps du shogunat. Des siècles de guerre civile avaient pris fin avec l'unification du pays des îles par Ieyasu Tokugawa en 1604. Mais le Japon n'était pas encore stable. La paix n'apportait que chômage à quelque 500 000 samouraïs rompus aux armes et aux arts martiaux et ne connaissant que cela. La plupart de ces samouraïs se mêlèrent à la classe marchande en pleine expansion ; de gros villages comme Osaka et des villes-châteaux comme Tokyo et Nagoya se transformaient en bruyants centres urbains. D'autres se reconvertirent dans l'administration ou se firent lettrés ou philosophes. Mais il y eut des laissés-pour-compte. Les kabuki-mono, presque tous samouraïs de bonne réputation, furent de ceux-là. Ils se trouvaient coincés dans le carcan d'une société médiévale rigide à la veille de s'imposer un isolement de plus de deux siècles, sans autres occasions d'agir que rixes, brigandage et terreur.

Les *ronin* ou samouraïs sans maître connaissaient bien cette existence. Depuis les temps les plus reculés, beaucoup d'entre eux s'étaient faits bandits après la défaite de leur seigneur ; ils erraient alors à travers villes et campagnes, ne vivant que de pillage. La plupart de ces routiers retrouvaient une place dans les armées féodales qui se disputaient le pays. Mais la paix relative de l'ère Tokugawa les obligea à s'organiser en unités indépendantes. Les bandes vagabondes de cette époque revivent dans le film *Les sept samouraïs* qui inspira à son tour le western américain *Les sept mercenaires.*

Si les serviteurs criminels du shogun, les *hatamoto-yakko,* peuvent apparaître comme les vrais ancêtres du Milieu japonais, les yakuzas d'aujourd'hui ne se reconnaissent pas en eux, mais dans leurs ennemis historiques, les *machi-yakko,* ou serviteurs de la cité. C'étaient des bandes de jeunes citadins organisées pour résister aux attaques sans cesse plus nombreuses des hatamoto-yakko. Ils arboraient parfois les mêmes signes de distinction étranges que leurs adversaires, mais leurs chefs étaient le plus souvent d'une origine différente : religieux, boutiquiers, aubergistes, artisans... D'autres étaient des ouvriers ralliés par des entrepreneurs du bâtiment, vagabonds et samouraïs errants. Comme les malfaiteurs d'aujourd'hui, les machi-yakko étaient experts en jeux et entretenaient des relations étroites avec leurs chefs, préfigurant en quelque sorte l'actuelle organisation des yakuzas.

Les citadins soutenaient naturellement les machi-yakko qui s'opposaient aux sanguinaires samouraïs et étaient des leurs. A tel point que les volontaires d'Edo – Tokyo portait alors ce nom – furent bientôt élevés dans la culture populaire au rang de héros. Il n'est donc pas étonnant que les yakuzas, qui se considèrent comme d'honorables hors-la-loi, aient choisi les machi-yakko pour ancêtres spirituels. Mais la liaison directe entre eux est difficile à établir. Kanehiro Hoshino, criminologiste auprès de l'Institut de la police pour la recherche scientifique, est formel : les machi-yakko et les hatamoto-yakko disparurent à la fin du XVIIe siècle, sous les coups d'un shogunat que leur puissance croissante avait fini par inquiéter. A Tokyo, par exemple, la Bande de tous les dieux fut anéantie en 1686 par l'arrestation de trois cents de ses membres et l'exécution de ses chefs. Si toutes ces bandes parvinrent de temps à autre à se rendre utiles, elles se conduisirent la plupart du temps en « fauteurs de troubles ».

Comme presque tous les Robins des bois de l'histoire, la réputation des machi-yakko doit beaucoup plus à la légende qu'à la réalité. La légende, dans leur cas, s'établit peu à peu, grâce aux nombreuses pièces de théâtre qui, au XVIIIe siècle, les représentaient invariablement en héros et champions des faibles. Ces pièces eurent tant de succès que leur influence fut très grande sur tout le théâtre japonais qui continua de dépeindre des bandes errantes de redresseurs de torts. Plus tard, ils fournirent les sujets de nombreux contes et romances qui demeurent les témoignages les plus populaires de la culture japonaise. Dans ces récits et ces pièces, ils sont désignés sous le nom d'*otokodate*, ou « roturiers chevaleresques ». Ainsi le conte de *Ude no Kisaburo*, ou *Kisaburo le manchot*, qu'une pièce du kabuki a immortalisé. Kisaburo, maître sabreur, tout dévoué à la protection du peuple est renvoyé par son maître d'armes après une aventure féminine. Pour obtenir le pardon de son maître, il se mutile le bras droit en signe de remords et s'en va dans cet état combattre les voyous de Tokyo.

Le conte le plus célèbre des machi-yakko est celui de *Chobei Banzuïin*. Héritier d'une famille aristocratique du Japon méridional, Chobei s'en vint à Tokyo vers 1640 pour rejoindre son frère qui était prêtre d'un temple bouddhiste. Chobei se fit entrepreneur de main-d'œuvre. Il recrutait des ouvriers pour construire des routes autour de Tokyo et réparer les murs du palais shogunal. Usant d'un stratagème qui devait devenir un classique yakuza, Chobei ouvrit un tripot dont les tables de jeux ne lui servaient pas qu'à attirer les travailleurs, mais encore à leur reprendre une partie de leurs payes.

D'après les contes et les pièces du kabuki qui retracent sa vie, Chobei devint le chef des machi-yakko de Tokyo. Les histoires qui le concernent débordent de ses hauts faits : une jeune fille sauvée d'un viol ; le mariage de deux amoureux que leurs différences d'origine empêchaient de s'unir. Remercié par ses obligés, il répondait toujours : « L'esprit qui nous guide est celui de la chevalerie. S'il faut en venir au sabre, nous acceptons de perdre la vie. Tel est notre destin. Lorsque mon tour viendra, priez pour le repos de mon âme. » La prédiction s'accomplit. Il fut assassiné par son principal ennemi, Jurozaemon Mizuno, chef des hatamoto-yakko de Tokyo. Les circonstances de la mort de Chobei demeurent incertaines ; l'une des pièces du kabuki propose la conclusion suivante :

> « Un jour, Mizuno invite Chobei à venir chez lui boire un verre en signe de réconciliation. Chobei et ses conseillers estiment aussitôt que l'invitation est un piège. Refusant d'écouter ceux qui le pressent de ne pas s'y rendre, Chobei s'en va seul chez Mizuno.
>
> « Mizuno le reçoit avec le plus grand respect et bientôt un banquet commence. A table, l'un des lieutenants de Mizuno renverse du saké sur le kimono de Chobei, prétendant que sa coupe lui a glissé de la main. Comme prévu, un autre adjoint de Mizuno emmène Chobei dans une salle de bains et lui propose de changer de kimono. Une fois Chobei sans défense, quatre ou cinq samouraïs de la suite de Mizuno l'attaquent. Mais fort de sa seule force physique, il les met facilement en fuite. Mizuno

apparaît alors en personne dans la salle de bains, une lance à la main. Le regardant dans les yeux, avec le plus grand calme, Chobei lui dit : “Je t'offre ma vie. Je suis prêt à l'abandonner, sans quoi je n'aurais jamais accepté ton invitation et jamais je ne me serais rendu seul chez toi ; j'aurais écouté ceux des miens qui craignaient pour moi. Vivre cent ans ou mourir au berceau ne dépend que du destin. Tu es d'un rang assez élevé pour me tuer puisque tu es un hatamoto renommé... Je t'offre donc ma vie de bonne grâce. Je savais que je mourrais si j'allais chez toi, mais s'il pouvait se raconter que Chobei dont la réputation de machi-yakko est grande, était si attaché à son existence qu'il avait refusé ton invitation, la disgrâce de mon nom serait éternelle. Ma vie ne te coûtera rien. J'ai des nerfs d'acier, perce-moi donc le cœur de ta lance sans la moindre retenue !”

« Si dur qu'il soit, Mizuno faiblit à ces mots. Il hésite à transpercer Chobei. Ses suivants le pressent d'agir. Enfin, il se décide et plonge sa longue pique dans le cœur de Chobei.

« Le rideau tombe sur ces mots de Mizuno : “Il était trop grand pour mourir ainsi.” »

L'apogée d'une autre pièce est la mort du vaillant Chobei, littéralement découpé en rondelles, « comme une carpe sur un billot ». Quel que soit le destin de ce héros, son histoire est revendiquée par les yakuzas d'aujourd'hui comme celle de l'un des leurs.

L'émergence des yakuzas

Les légendes et les traditions des machi-yakko furent recueillies par une génération postérieure de « roturiers chevaleresques ». Les pompiers volontaires de l'ancien Japon étaient parmi les plus représentatifs d'entre eux. C'étaient des gaillards truculents et vifs, d'ordinaire employés du bâtiment, mais aussi pompiers volontaires au service de leur communauté. En dehors d'eux, on remarque, parmi les roturiers chevaleresques, des policiers, des contremaîtres, des lutteurs de sumo et les membres des organisations criminelles du XVIIIe siècle.

Précurseurs des yakuzas, ceux-ci n'apparaissent que cent ans après la mort de Chobei Banzuiin, dans une société qui demeure soumise aux lois féodales du shogun. Parmi les membres les plus actifs de la pègre médiévale, aujourd'hui considérés comme les vrais ancêtres des yakuzas modernes, il faut compter les *bakuto*, ou « joueurs professionnels » et les *tekiya*, « colporteurs et camelots ». Les mœurs de ces deux groupes étaient si tranchées qu'aujourd'hui encore la police japonaise classe la plupart des yakuzas en bakuto ou en tekiya malgré l'apparition après la guerre d'un troisième groupe, les *gurentai* ou « voyous ». Le recrutement des deux groupes se faisait dans les mêmes milieux, chez les pauvres, les paysans sans terre, les délinquants et les marginaux que sécrètent toutes les grandes sociétés. Cependant une fois constitué, chaque groupe s'attachait strictement à un territoire unique, à telle enseigne qu'il pouvait opérer parallèlement et avec l'autre groupe, sur des territoires restreints, sans heurt. Les bakuto travaillaient le long des grandes routes et dans les villes du vieux Japon, les *tekiya* sur les marchés et les foires.

C'est à ces bandes, somme toute rustiques, de commerçants itinérants et de joueurs de grandes routes que Goro Fujita fait remonter la généalogie des yakuzas dans son *Histoire de cent ans*. Les témoignages oraux qu'il a recueillis de la bouche de vieux yakuzas, ses recherches dans les bibliothèques modernes, ses déplacements dans les cimetières où sont enterrés les yakuzas d'autrefois lui permettent, affirme-t-il, de relier les parrains d'aujourd'hui à des lignées criminelles qui remontent jusqu'au milieu du XVIIIe siècle. Les arbres généalogiques de ses livres, trahissent cependant une volonté d'embellissement historique, assez étrangère aux yakuzas. Les portraits des grands parrains disparus qui ornent aujourd'hui les murs des quartiers généraux des organisations criminelles, côtoient sans doute des arbres généalogiques censés relier les familles contemporaines à ces ancêtres imposants, mais ces parentés lointaines ne dépendent jamais du sang et toujours de l'adoption.

Comme la Mafia italienne, les yakuzas sont organisés en famille : au sommet un parrain, en dessous, les frères aînés, les frères cadets et les enfants qui regroupent tous les membres adoptés par le clan. A cette structure, les yakuzas ont ajouté la relation spécifiquement japonaise de *oyabun-kobun*, ou littéralement celle de « père-enfant ». L'*oyabun* assure conseils, protection et secours, contre la loyauté indéfectible et les services de son *kobun*.

Dans la société féodale du XVIIIe siècle japonais, le système de l'oyabun-kobun formait la base des relations entre maître et apprenti, suzerain et vassal, et, dans le Milieu naissant, entre chef et partisan. C'était un miroir de la famille japonaise traditionnelle, au sein de laquelle le père détenait une autorité sans appel, jusqu'à choisir le conjoint et l'avenir de chacun de ses enfants.

La relation oyabun-kobun, qui entraînait parfois une dévotion fanatique au patron, donna force et cohésion aux premiers gangs yakuzas. Aujourd'hui, la modernisation ne l'empêche pas de favoriser, parmi les yakuzas, un esprit de loyauté, d'obéissance et de confiance, inconnu dans les groupes de criminels américains, si ce n'est entre les plus proches des parents par le sang. Le sociologue Hiroaki Iwai, qui fait autorité en matière de délinquance japonaise, définit ainsi la dévotion exigée de l'oyabun : « ... Le nouveau kobun devra se comporter comme une « balle » *(teppodama)* dans les combats contre les autres gangs ; il devra se tenir en première ligne, devant les fusils et les épées des adversaires, au péril de sa vie... Le cas échéant, il assumera la responsabilité d'un crime commis par son oyabun et ira en prison à sa place. »

Comme d'autres groupes criminels organisés, les premiers yakuzas mirent au point une cérémonie compliquée pour admettre les nouvelles recrues au sein de l'organisation. Dans les sociétés de la pègre chinoise, les triades, les rites comportaient le sacrifice d'un jeune coq, la récitation de trente-six serments devant un autel et la piqûre du médius de la recrue par une aiguille d'argent. Pour symboliser les relations de sang, la Mafia sicilienne n'hésitait pas, jusque dans les années trente, à pratiquer une incision sur la personne de ses nouveaux membres. Les anciens rites d'initiation de la Mafia avaient également des accents religieux. On brûlait du papier pour figurer l'immolation d'un saint et la recrue jurait d'engager son honneur, sa fidélité et son sang au service de la Mafia.

Chez les yakuzas, les bakuto et les tekiya se contentaient d'un échange solennel de coupes de saké pour symboliser les liens du sang. Ce rite ne représentait pas seulement l'entrée dans la bande, mais aussi le départ de la relation oyabun-kobun. La cérémonie avait aussi un sens religieux, car elle s'accomplissait devant des symboles shintoistes, le shinto étant la religion japonaise. La quantité de saké dans les coupes dépendait du statut de chacun. Si les participants n'étaient pas père et enfant, mais frère et frère on versait dans chaque coupe la même quantité de saké. Il en allait de même à l'occasion de traités entre patrons d'organisations rivales. Lorsque la relation était celle de frère aîné à frère cadet, la coupe de l'aîné était remplie aux six dixièmes, celle du cadet aux quatre dixièmes. Il existait d'autres combinaisons correspondant chacune au règlement précis des « familles ».

Aujourd'hui ces initiations persistent, mais elles sont abrégées. Le sociologue Iwai a décrit dans tous ses détails une cérémonie classique entre oyabun et kobun :

> « ... Un jour faste est choisi, et tous les membres de l'organisation sont présents en compagnie de *torimochinin* ou d'*azukarinin* ("garants") qui jouent le rôle d'intermédiaires. Du riz, des poissons entiers et des tas de sel sont disposés dans le reliquaire shinto devant lequel s'asseoient face à face l'oyabun et le kobun. Les torimochinin présentent le poisson, selon les rites, et remplissent de saké les coupes en y ajoutant des arêtes et du sel... Ensuite ils se tournent solennellement vers le kobun et l'informent de ses

> devoirs futurs : "Vous avez bu dans la coupe de l'oyabun et lui dans la vôtre, vous devez désormais loyauté à sa famille et dévotion à sa personne. Votre femme et vos enfants crèveraient-ils de faim que votre devoir est maintenant, fût-ce au prix de votre vie, de vous consacrer à la famille de votre oyabun et à lui-même." Une autre formule stipulait : "A partir de maintenant, vous n'avez plus à vous occuper de rien d'autre jusqu'au jour de votre mort. L'oyabun est votre seul parent ; suivez-le à travers l'eau et à travers le feu !" »

Le système oyabun-kobun atteignit son apogée vers le milieu de ce siècle. Son influence se retrouvait partout : dans les partis politiques, dans les mouvements sociaux, dans l'armée, les affaires, l'industrie et dans la pègre. Il en reste aujourd'hui un concept familier à la plupart des Japonais, et ce qui subsiste du système proprement dit continue d'exercer un certain pouvoir, mais les liens d'allégeance sont aujourd'hui bien moins pris au sérieux qu'autrefois. De nos jours, un oyabun est souvent, par exemple, un compagnon de travail plus âgé de qui l'on se trouve particulièrement proche ; l'équivalent, en quelque sorte, du « mentor » occidental. Le système n'est resté intact que chez les yakuzas. Là, le kobun continue de tuer ou de se faire tuer pour son oyabun. Un vieux dicton est toujours en vogue dans ces milieux : « Si le patron voit blanc un corbeau qui passe, il faut l'approuver. » La puissance de ces liens domine le présent, et le futur, des organisations criminelles japonaises.

Tekiya : les colporteurs

Il existe diverses théories relatives à l'origine des tekiya. Selon Goro Fujita, ils furent d'abord nomades, proposant leurs marchandises de châteaux en marchés. D'autres exégètes remontent au mot *yashi* qui désignait les colporteurs dans les temps anciens. La racine du mot yashi est proche de celle du mot qui signifie banditisme, aussi ces interprètes décrivent-ils leurs débuts comme ceux de hors-la-loi errants en quête de mauvais coups. Pourtant, la théorie la mieux acceptée aujourd'hui se rattache au patronage de cette corporation par le dieu chinois Shinno, dieu de l'Agriculture et découvreur de la médecine pour soulager les malades et les pauvres. Ainsi les yashi auraient été des médecins itinérants, un peu analogues aux marchands d'huile de serpent de l'ancien Ouest américain (le mot *shi* peut signifier médecine et le mot *ya* marchand ou colporteur). Avec le temps, il prit un sens général pour désigner les marchands itinérants de toutes sortes.

Quelle que soit leur origine, au milieu du XVIIIe siècle, les tekiya s'étaient regroupés pour leur intérêt mutuel et se protégeaient des périls du Japon de Tokugawa. Leurs bandes contrôlaient les échoppes démontables des marchés qui se tenaient près des temples et des lieux de pèlerinage. Leur réputation de vendeurs de camelote était bien établie. Elle n'a pas diminué. Les 24 000 membres des tekiya demeurent aujourd'hui considérés comme des arnaqueurs. Dès leurs débuts, ces colporteurs s'occupaient de perfectionner tout un répertoire de tromperies. Ils mentaient sur l'origine et la qualité des produits, feignaient l'ivresse et l'irresponsabilité pour brader certaines marchandises et laisser croire à leurs clients qu'ils n'avaient plus leur bon sens, trichaient enfin sur la marchandise jusqu'à vendre des *bonsai* (arbres miniatures) dépourvus de racines.

Leur organisation était de type féodal et leur hiérarchie comportait cinq rangs : le chef ou oyabun, le sous-chef, les officiers, les réguliers et les apprentis. La maison de l'oyabun servait à la fois de quartier général et de centre d'entraînement pour les nouveaux membres. Ceux-ci y étaient hébergés pour y apprendre les affaires. Plus tard, ils rejoignaient les réguliers qui colportaient dans les campagnes les marchandises du chef. Ils n'obtenaient le statut de membres à temps plein que sur preuve de bons résultats. Tous les membres de l'organisation étaient soumis à des règles strictes et notamment aux « trois commandements du tekiya » :

– Ne pas toucher à la femme d'un autre membre

(règle établie, car les épouses demeuraient seules de longues périodes lorsque leurs maris étaient sur les routes).

– Ne pas révéler à la police les secrets de l'organisation.

– Garder stricte loyauté à la relation oyabun-kobun.

Le chef contrôlait la répartition des éentaires et celle des marchandises. Il percevait des loyers et les recettes de protection. Il empochait la différence entre ces revenus et le loyer demandé par le sanctuaire ou le temple près duquel il s'établissait. Ce type de rançonnement devait se perpétuer jusqu'à nos jours : les chefs tekiya exigent aujourd'hui encore une taxe des colporteurs pour les autoriser à installer leurs éventaires. Les récalcitrants s'exposaient à voir leurs marchandises volées, leur clientèle chassée et eux-mêmes molestés par des membres du gang, soucieux de maintenir leur monopole sur la région. Des désaccords entre chefs tekiya pour des questions de territoire entraînaient inévitablement de fréquents combats. Il existait cependant une coopération certaine entre les diverses bandes, car les colporteurs qui allaient de foire en foire, tombaient inévitablement sous la protection d'autres chefs qui, moyennant finance, s'arrangeaient pour qu'ils puissent installer leurs éventaires dans un endroit favorable.

Contrairement aux joueurs, les tekiya ne s'écartaient guère de la légalité. Les autorités féodales avaient en effet considérablement augmenté le pouvoir des chefs tekiya en leur accordant un statut officiel, entre 1735 et 1940. Afin de mettre un frein à l'escroquerie qui sévissait chez les vendeurs tekiya et pour empêcher de futures « guerres de tourbe », le gouvernement désigna plusieurs oyabun comme « surveillants » et leur donna accès à la dignité « d'un surnom et de deux épées », statut presque égal à celui des samouraïs. Ainsi devenues officielles et stimulées par la rapide croissance des villes au XIXe siècle, les bandes se renforcèrent. Certaines d'entre elles inaugurèrent des foires supplémentaires de leur cru jusqu'à devenir, en un certain sens, le peuple saltimbanque du Japon. Ils lancèrent des sortes de festivals, semblables à des cirques, avec leurs attractions pittoresques et de nombreux éventaires qui débitaient de la nourriture, des souvenirs, des ustensiles de ménage et tout ce qui pouvait attirer les acheteurs. Malgré leur nouvelle légitimité, les tekiya continuèrent de pratiquer certaines conduites criminelles. Ils accueillaient dans leur vaste réseau des malfaiteurs en fuite et des fugitifs de toute sorte. Leurs entreprises de rançonnement s'étendirent avec leur territoire, et leurs fréquentes escarmouches entre bandes rivales aboutirent à transformer leurs lieux de rassemblement en camps retranchés.

Les premiers tekiya se recrutaient chez les mêmes laissés-pour-compte que leurs cousins les joueurs, appelés *bakuto*, et ils attiraient aussi les hors-la-loi du Japon ancestral. Ainsi des *burakumin* ou « gens du hameau » qui constituaient une caste assez comparable à celle des intouchables en Inde. Les burakumin comprenaient les équarrisseurs, les tanneurs et en général tous ceux qui s'occupaient des métiers sales ou considérés comme inférieurs, tels les croque-morts. Ils étaient victimes d'une discrimination permanente et cruelle. On les désignait sous les surnoms de *eta* (dégoûtants) et de *hinin* (inhumains). De même que les samouraïs pouvaient tourmenter les roturiers, les roturiers tourmentaient les burakumin.

L'historien Mikiso Hane décrit leur vie dans son livre, *Paysans, rebelles et hors-la-loi* :

> « Leurs lieux de résidence, la qualité de leurs logements, leurs déplacements, leurs vêtements, leurs coiffures et jusqu'à leurs chaussures faisaient l'objet de restrictions très précises... En certaines régions, ils étaient tenus de porter des signes distinctifs spéciaux, un col jaune par exemple. Ils étaient bannis des sanctuaires et des temples qui ne relevaient pas de leurs communautés, et les mariages intercastes leur étaient interdits. »

Le système se nourrissait de lui-même. Sous le régime Tokugawa, ceux qui violaient les lois ou les coutumes pouvaient être déclassés ou rabaissés au statut des burakumin ; ainsi certains tekiya se trouvèrent-ils dégradés au rang des « dégoûtants ». A la même époque, de nombreux burakumin rejoignirent d'eux-mêmes les bandes de tekiya qui leur permettaient d'échapper à leur abjecte pauvreté. Le colportage était une des rares activités qui pouvait leur permettre de quitter leurs lieux de naissance où ils étaient à jamais considérés comme des parias. Les burakumin constituaient un résevoir de hors-la-loi potentiels ; à la fin de l'ère Tokugawa, en 1867, les burakumin étaient 400 000 sur 33 000 000 de Japonais.

La discrimination officielle dont ils étaient victimes fut officiellement abolie par décret, en 1871. Malgré cela, les abus contre les burakumin ont persisté jusqu'à ce jour, et ils continuent de grossir les bandes des yakuzas.

Bakuto : les joueurs

Si les parias du Japon gonflaient les rangs des tekiya, les bakuto n'avaient pas plus de mal à recruter des membres. En fait, les premiers gangs de joueurs furent rassemblés par des fonctionnaires et des parrains régionaux à qui l'administration Tokugawa avait confié la responsabilité de grands projets d'irrigation et de construction. Ces grands travaux impliquaient le règlement de salaires considérables, salaires que les employeurs se mirent en tête de récupérer de la même façon que Chobei Banzuiin l'avait fait, un siècle auparavant : en salariant des équipes hétéroclites de hors-la-loi, de manœuvres et de paysans pour servir de partenaires aux ouvriers des chantiers et les plumer consciencieusement.

Peu à peu, ces joueurs salariés commencèrent d'attirer dans leurs bandes des négociants et des artisans en rupture de ban aussi bien que des citoyens de rang plus élevé : samouraïs et lutteurs de sumo. Organisées, disciplinées, ces bandes écumèrent les grandes routes, et leurs existences contrastées fournirent la matière à d'innombrables contes du vieux Japon. Leur importance, cependant, dépassa de beaucoup leur contribution à l'enrichissement du folklore. Le criminologue Hoshino, de Tokyo, l'affirme : les bakuto constituèrent « le noyau de toutes les organisations criminelles » du Japon. La pègre leur doit ses traditions de jeu, mais aussi la coutume de l'amputation des doigts et l'usage initial du mot « yakuza ».

Les grandes routes du Japon féodal étaient un terrain de chasse rêvé pour les joueurs. Pour désarmer le mécontentement des provinces, le gouvernement Tokugawa avait obligé tous leurs seigneurs à se rendre à Tokyo une fois par an et leurs familles à y prendre résidence permanente. Ainsi, les grandes routes devinrent-elles les artères politiques du pays. De fréquentes processions de seigneurs et de domestiques les parcouraient avec des flots constants de courriers. Réparties tout au long de ces routes à intervalles convenables, il y avait des haltes où les voyageurs pouvaient passer la nuit et trouver quelques distractions – risquer notamment une pièce ou deux au jeu. La principale route du Japon, la grand-route Tokaido, fut construite en 1603 pour relier Kyoto – l'ancienne capitale du pays, résidence de l'empereur – à Tokyo, siège du shogunat et du pouvoir réel du gouvernement Tokugawa. Il y avait, le long de cette voie, cinquante-trois hôtelleries dont la plupart, au milieu du XIXe siècle, abritaient des bakuto.

C'est le long de la Tokaido et d'autres grandes routes que les joueurs commencèrent à utiliser le mot « yakuza ». Selon l'opinion la plus répandue, ce terme dérive d'une expression qui désignait le plus mauvais score possible au jeu de cartes *hanafuda* (le jeu des fleurs). La règle de ce jeu consiste à donner trois cartes à chaque joueur ; le chiffre de leur total donne le compte de la main : le pire est de vingt, dont le total fait zéro. La combinaison perdante, huit, neuf, trois, se dit en japonais *ya-ku-za*.

L'expression *ya-ku-za*, à partir de ce sens originel de combinaison perdante, servit bientôt à désigner chez les joueurs professionnels quelque chose d'inutile. L'expression s'appliqua plus tard aux joueurs eux-mêmes pour signifier leur inutilité sociale et leur statut de perdants-nés. Des décennies durant, l'usage du mot fut limité aux bakuto et il se trouve encore au sein de la pègre japonaise des puristes pour affirmer que les seuls vrais yakuzas sont les joueurs professionnels. Au cours du XXe siècle cependant, l'usage de l'expression s'étendit au grand public pour nommer les bakuto, les tekiya et les membres de bien d'autres associations criminelles du Japon.

Comme les tekiya les premières confréries bakuto établirent des règlements qui impliquaient le strict respect du secret, l'obéissance au système oyabun-kobun et la reconnaissance d'une hiérarchie. Il s'agissait d'une organisation féodale dont le contrôle presque entier incombait à l'oyabun. Les promotions dépendaient de la conduite des membres pendant les batailles de gangs ; l'habileté au jeu et la loyauté envers l'oyabun comptaient aussi pour beaucoup. La promotion interne du kobun de base était putôt ardue. Il commençait le plus souvent par polir les dés, faire le ménage de l'oyabun, faire ses courses et garder ses enfants.

Les infractions aux règles de la bande étaient sévèrement punies. La lâcheté, la désobéissance, la trahison des secrets de la bande n'étaient pas seulement traitées comme des forfaitures, mais aussi comme des affronts à la réputation et à l'honneur de l'organisation elle-même. Certains délits étaient particulièrement graves, notamment le viol et les petits vols. Hors la mort, la peine la plus lourde était l'expulsion. Une fois l'offenseur chassé, l'oyabun informait les autres bandes de sa disgrâce. Dès lors, l'exclu ne trouvait plus à s'employer nulle part. La tradition persiste encore. Dans le cas d'expulsion, la bande envoie par le courrier régulier une série de cartes postales – en clair – à tous ses correspondants de la pègre. Ces cartes comportent un avis formel d'expulsion et demandent aux autres gangs de s'abstenir de toute relation avec l'exclu.

En cas de faute sérieuse qui n'entraînait cependant ni la mort ni l'expulsion, les bakuto avaient recours à la coutume du *yubitsume* qui consistait à amputer cérémonieusement la phalange supérieure du petit doigt du coupable. Cette pratique d'ablation était assez répandue. Dans les derniers rangs de la société Tokugawa, d'autres que les bakuto y avaient recours, comme les prostituées du célèbre quartier de Yoshiwara, à Tokyo, qui en faisaient une marque de dévotion à leurs maquereaux. Initialement, la mutilation du doigt avait pour but d'affaiblir la main, ce qui empêchait le jouer d'empoigner son sabre avec toute sa force. Imposées ou volontaires, de telles pratiques inféodaient le kobun errant plus étroitement encore à son patron.

Lorsque la mutilation est faite dans une intention de pénitence, la phalange amputée est enveloppée dans un tissu de prix et solennellement remise à l'oyabun. En général, l'oyabun l'accepte car ce geste jouit d'un grand prestige. Dans les cas de récidive, on peut encore pratiquer une seconde amputation de la deuxième phalange du même doigt ou de la première d'un doigt différent. Le yubitsume précède souvent l'expulsion, punition permanente infligée par le gang.

Cette pratique s'étendit des bakuto aux tekiya et à d'autres organisations criminelles et, selon les autorités japonaises, s'est banalisée depuis les temps féodaux. D'après les enquêteurs officiels, en 1971, 42 % des bakuto présentaient cette mutilation, et 10 % d'entre eux l'avaient accomplie au moins deux fois.

L'autre grand signe distinctif des yakuzas est le tatouage. Cette pratique, comme la première, se répandit chez les bakuto dans le Japon féodal. A l'origine, ces tatouages étaient des punitions. Les autorités s'en servaient en signe d'ostracisme, pour rejeter les hors-la-loi de la société. D'habitude, les criminels étaient tatoués, pour chaque délit, d'un cercle noir autour d'un bras.

Le tatouage au Japon procède aussi d'une tradition plus noble. L'exceptionnelle finesse de ces dessins, jugés par beaucoup comme les plus beaux du monde, remonte à des centaines d'années. Dès le IIIe siècle, un rapport chinois sur le Japon remarquait : « Les hommes, grands et petits, se tatouent la figure et s'inscrivent des dessins sur le corps. » Avec le temps, les modèles de tatouage s'enrichirent jusqu'à figurer d'extraordinaires déploiements de dieux, de héros, d'animaux et de fleurs. A la fin du XVIIe siècle, ces œuvres d'art en vinrent à couvrir le corps entier. Les joueurs et les travailleurs que leur métier amenait à se déshabiller – porteurs, garçons d'écurie, charpentiers, maçons – y mettaient leur orgueil. Plus rarement, des geisha, comme le faisaient les prostituées de Tokyo et d'Osaka, se faisaient tatouer sur le bras ou sur la face interne de la cuisse le nom d'un client favori. Le gouvernement Tokugawa s'efforça maintes fois d'interdire le tatouage, sans pouvoir y parvenir.

Le tatouage classique est une opération très douloureuse. L'artiste utilise un outil recourbé, d'os ou de bois, dont l'extrémité est garnie d'une série d'aiguilles minuscules qui sont piquées dans la peau par chocs successifs. L'action martelante du tatoueur est spécialement pénible aux endroits sensibles, comme la poitrine et les fesses. En outre, l'opération est lente. Un tatouage complet du dos, de la base du cou au coccyx, peut durer cent heures.

Ces tatouages s'imposèrent assez vite comme un test de force, et les joueurs raffolèrent vite de cette pratique qui affichait leur courage, leur résistance à la douleur et leur virilité. Un autre but, plus caché était atteint, de surcroît : de même que les automutilations distinguent à jamais le paria du reste du monde, les tatouages désignent le yakuza comme un marginal incapable ou dédaigneux de s'adapter à la société japonaise. Comme l'ablation rituelle des phalanges, le tatouage s'étendit des bakuto aux tekiya et à d'autres organisations criminelles japonaises. Il finit par désigner la pègre tout entière. Aujourd'hui, le tatouage est si bien perçu comme un signe yakuza que les saunas et les bains publics, désireux de protéger leur clientèle des malfaiteurs, indiquent à leur porte : « Tatouages interdits. » 73 % environ des yakuzas sont ainsi tatoués, mais beaucoup d'entre eux utilisent des aiguilles électriques plus rapides et moins douloureuses que les ustensiles d'autrefois. Cependant, avoir su endurer la torture du tatouage à l'ancienne est un motif de grand respect dans la pègre.

Les traditions bakuto, passées dans l'histoire criminelle, ne se bornent pas au tatouage et à l'amputation des phalanges. Quelques-unes des premières bandes constituées reçurent la caution des autorités, jusqu'à travailler avec elles, avec davantage de souplesse cependant que les tekiya. Certains oyabun assurèrent même l'intérim de certaines fonctions publiques. Semblables accords avec la police permettait aux gangs de consolider et d'étendre leur pouvoir. Dans l'ensemble, pourtant, coopérer avec la police était jugé au sein des bandes, comme tout à fait contraire au code de bonne conduite du joueur, et les bakuto errants qui pratiquaient cette alliance étaient souvent attaqués. Néanmoins, ces premiers liens entre la pègre et les autorités devaient avoir d'importantes conséquences. De semblables accords devaient plus tard fonder la corruption politique qui atteint aujourd'hui les plus hauts niveaux du gouvernement japonais.

Ces coopérations honteuses, les sanglantes batailles qui opposaient parfois les bandes entre elles pour le contrôle d'un territoire n'empêchaient pas les premiers bakuto de s'entraider. Ils constituèrent même à plusieurs reprises des sortes de sociétés clandestines de secours mutuel. Le système des voyageurs, mérite une remarque. Les joueurs itinérants visitaient le patron de la région qu'ils traversaient, séjournaient chez lui plusieurs jours, en recevaient un peu d'argent pour leurs dépenses courantes. Le voyageur était traité avec la même courtoisie qu'un invité. Bien qu'étrangers l'un à l'autre, l'hôte et le visiteur, selon l'étiquette bakuto, exerçaient le même métier.

Ces voyageurs se comptaient parmi les silhouettes les plus pittoresques de l'ère Takugawa. Aujourd'hui encore, la plupart des Japonais les reconnaissent immédiatement dans les innombrables pièces et films qui racontent leurs exploits.

Ils portaient des chapeaux de jonc qui leur cachaient presque entièrement la figure, de grandes capes qui battaient dans le vent au rythme de leur marche, des sandales et des guêtres de paille, deux baluchons dont les courroies se croisaient sur leurs épaules, et un seul sabre à leur côté, à la différence des samouraïs qui en portaient deux.

Rituel et coutume imprégnaient la vie du bakuto, et les voyageurs n'y faisaient pas exception. A son arrivée chez un oyabun, le voyageur se présentait au portier en japonais archaïque. « Je suis né à tel endroit. Je suis un tel, de telle bande. Je suis un homme modeste, et maintenant que nous avons fait connaissance, j'implore votre soutien à partir d'aujourd'hui. » Le voyageur faisait alors cadeau d'un essuie-mains au kobun-portier et, selon l'étiquette, il lui était remis un peu d'argent avec ces mots : « Votre politesse plaide assez votre cause. » Contre le vivre et le couvert, le voyageur accomplissait de menus travaux dans la maison de l'oyabun ; il faisait le ménage ou tirait du puits l'eau des bains. Le patron, quant à lui, le traitait en invité. Au cas où le voyageur était recherché par la police, ce qui était souvent le cas, l'*oyabun* prenait sur lui de le cacher.

Le joueur héroïque

Les bakuto en général, et les voyageurs, en particulier, fournirent les principaux types du genre littéraire *matabi-mono* (histoires de joueurs errants) qui connaît une grande popularité depuis le début du siècle. Shin Hasegawa, romancier populaire dont les ouvrages remportèrent un grand succès vers 1912, transforma les yakuzas en héros nationaux. Ses romans dépeignent les joueurs en personnages fidèles et humains, en hommes dont la solitude et la tristesse pourraient difficilement être saisies par des lecteurs étrangers. Comme les romans de Goro Fujita, soixante-dix ans plus tard, ceux d'Hasegawa décrivaient des hommes au passé, douteux certes, mais aussi ardents au combat qu'au jeu, défenseurs de l'opprimé et respectueux du peuple. Ils demeuraient par-dessus tout loyaux envers leurs bienfaiteurs. Un voyageur digne de ce nom n'hésitait pas à donner sa vie pour l'oyabun qui lui avait ouvert les portes de sa bande.

Le hors-la-loi violent, mais compatissant, inutile à la société, mais cependant dévoué aux humbles, tel est le portrait type du yakuza de la légende. Cette tradition remontait aux samouraïs aussi bien qu'aux machi-yakko, et elle se répandit peu à peu dans toute la pègre féodale.

Les yakuzas étaient spécialement attachés aux valeurs du *bushido*, le code d'honneur des samouraïs. Comme ces guerriers, ils avaient à cœur de prouver leur virilité par une endurance stoïque à la douleur, à la faim, à l'emprisonnement. Pour le yakuza, comme pour le samouraï, la mort violente était une fin poétique et honorable. Mais la longévité du système yakuza dépendit d'un dépassement du code samouraï. Au cœur de ce système, on trouve les concepts difficilement traduisibles de *giri* et de *ninjo*. Les idées qui les sous-tendent déterminaient littéralement la vie du samouraï et continuent d'exercer une puissante influence sur toute la société japonaise.

Au sens large, le giri implique un sentiment très fort du devoir lié aux valeurs japonaises de loyauté, de gratitude, de reconnaissance et d'aide morale. Le giri en un sens, est l'enveloppe sociale qui donne à la société japonaise beaucoup de sa cohésion ; le respect de ces principes domine, par exemple, les relations oyabun-kobun. Les explications qui précèdent ne rendent pas compte de tout le sens de l'expression *giri*. Ruth Benedict, dans son livre – devenu classique – sur la culture japonaise, *Le chrysanthème et le sabre*, paru en 1946[1], cite le vieux dicton selon lequel « le *giri* est l'idéal le plus difficile à atteindre ». Benedict écrit : « L'anglais n'a pas d'équivalent pour traduire ce mot, et de toutes les catégories d'obligations morales que peuvent recenser les anthropologues à travers le monde, celle-ci est l'une des plus curieuses. Elle est spécifiquement japonaise. » Les obligations incluses dans ce

1. Ruth Benedict : *Le chrysanthème et le sabre*. Editions Picquier, 1987.

terme vont « de la gratitude pour un ancien bienfait au devoir de vengeance ».

Le ninjo est à peu près l'équivalent d'humanité et d'émotion. Il implique notamment générosité et sympathie envers les faibles et les brimés et compréhension envers les autres. Le ninjo se combine avec le giri et la tension créée par cette obligation-compassion est un thème central dans la littérature japonaise. En les adoptant, les yakuzas se sont beaucoup élevés dans l'esprit public démontrant qu'à l'instar des meilleurs samouraïs le talent martial pouvait aller de pair avec la pitié et la tendresse.

On se demande aujourd'hui ce qu'il est advenu de ces vieilles valeurs. Les oyabun des grands syndicats sont intarissables là-dessus. Selon Kakuji Inagawa – de la famille Inagawa – le plus puissant peut-être des oyabun d'aujourd'hui : « Les yakuzas s'efforcent de suivre le chemin de la chevalerie et du patriotisme. Notre plus grande différence avec la Mafia américaine tient à notre sens du giri et du ninjo. Les yakuzas sont concernés par la société tout entière. Dépenser 1 million de yens pour aider un seul individu ne leur fait pas peur. » Un patron du syndicat rival, Sumiyoshi, renchérit : « En hiver nous laissons au peuple le côté ensoleillé de la rue, car c'est son travail qui nous permet de vivre. En été, nous yakuzas, marchons au soleil pour lui laisser le côté de la fraîcheur. Si vous considérez bien nos faits et gestes, vous les verrez imprégnés du giri et du ninjo. »

Les valeurs d'autrefois ne brillent nulle part mieux que dans le conte de Jirocho de Shimizu, qui est l'histoire du plus illustre bandit du pays, qu'apprennent par cœur des millions d'enfants japonais.

Jirocho était le troisième fils d'un marin. Il naquit, d'après la légende, le jour de l'an de 1820 dans le port grouillant de Shimizu. Sa ville natale est située le long de la grand-route Tokaido, entre Tokyo et ce qui n'était alors qu'un petit village de pêcheurs nommé Yokohama. Une superstition locale voulait que les bébés du nouvel an devinssent soit de grands génies soit des voyous irrécupérables. Son père ne voulut prendre aucun risque et fit adopter l'enfant par un riche parent. De très bonne heure Jirocho s'imposa comme une terreur, mais il finit par s'assagir et devenir un marchand de riz modèle dans les affaires de son père adoptif.

Mais bientôt celui-ci mourut et Jirocho en hérita à l'âge de seize ans. Jusqu'à vingt ans, il continua de se comporter en parfait négociant lorsqu'un beau jour il tomba sur un moine errant qui stationnait devant sa porte. Le moine l'avertit qu'il mourrait avant son vingt-sixième anniversaire. Prédiction que Jirocho prit aussitôt au sérieux. Lassé par son travail, il décida de se joindre à une bande de joueurs qui prospérait à Chimizu et le long de la Tokaido. Au terme d'une énorme beuverie avec des voyous locaux, il abandonna sa femme, ses affaires et prit la route, comme « voyageur », pour une période de trois ans, pendant laquelle il devint célèbre pour ses qualités exceptionnelles de médiateur, de combattant et de chef.

A son retour à Chimizu, il organisa sa propre bande et bientôt affluèrent chez lui, de très loin à la ronde, joueurs et candidats à le devenir, voyous, ouvriers du bâtiment et guerriers. Jirocho put ainsi constituer un classique gang bakuto. A son apogée, il commandait une armée de 600 joueurs et tenait la partie principale de la Tokaido, de la rivière Fuji près de Tokyo jusqu'à la rivière Oi en direction de Kyoto. Les hommes de Jirocho représentaient, en fait, la loi à eux tous seuls, car la police Tokugawa était indisciplinée et corrompue. Sous le sage commandement de Jirocho, ils s'opposèrent en d'héroïques batailles aux joueurs louches, aux voleurs, aux samouraïs et à ceux de leurs seigneurs qui opprimaient le pauvre peuple.

Jirocho connut sa plus grande gloire dans les années agitées du milieu du XIXe siècle. Le shogunat Tokugawa était en plein déclin, assailli de tous côtés. De puissants seigneurs et marchands exigeaient des réformes, des navires étrangers demandaient l'ouverture des ports au commerce occidental, d'incessantes révoltes soulevaient la paysannerie opprimée ; enfin, la cour impériale de Kyoto, dont le pouvoir allait croissant, était de plus en plus hostile au principe même du shogunat.

Un puissant mouvement pressait l'empereur de prendre le pouvoir. Les partisans de la fermeture du pays aux étrangers étaient ceux qui espéraient le plus vivement le voir abandonner son rôle symbolique, car en 1854, le shogun s'était incliné devant les exigences du commodore Perry et ouvrait peu à peu les ports du Japon aux navires de l'Occident. Sans le savoir, ces traditionalistes qui criaient « Vive l'empereur ; chassez les barbares ! » allaient hâter la fin de plus de deux siècles d'isolement, car l'empereur allait ouvrir les portes du Japon beaucoup plus large que le shogun ne l'avait jamais fait.

L'ère Tokugawa tirait à sa fin, de même que la longue immersion du Japon dans le féodalisme. Ce fut dans ces jours confus de quasi-guerre civile que Jirocho, comme beaucoup de yakuzas, choisit enfin son camp. Il aida de toutes ses forces à faire de l'empereur le divin chef des îles japonaises. D'autres yakuzas rallièrent les forces du shogun. L'idéologie était étrangère à leurs décisions : joueurs dans l'âme comme ils l'étaient, les bakuto ne faisaient que parier sur un futur vainqueur dans l'espérance d'avantages politiques.

Le jeu de Jirocho fut sage. Tous ses crimes furent pardonnés et il devint un personnage. Il améliora son territoire, développant la ville de Shimizu, l'agriculture et la pêche. Acquis à la modernisation du pays, Jirocho fonda l'une des premières écoles anglaises du Japon. A la stupeur, sans doute, de ses anciens confrères, il établit même un pénitencier. Ses successeurs poursuivirent sa tâche de maintien de l'ordre et de contrôle des jeux dans toute la région.

Jirocho mourut en 1893 à l'âge de soixante-treize ans. Des milliers de visiteurs viennent méditer chaque année sur sa tombe. Il est enterré dans un temple avec certains de ses partisans. On rapporte aussi qu'un autre monument au vieux hors-la-loi s'élève au pied du mont Fuji ; sanctuaire shintoïste qui lui est personnellement dédié, il fut bâti par les fermiers qui travaillent les terres qu'il mit autrefois en valeur.

Voici, à grands traits, ce qu'est aujourd'hui la légende du plus fameux des yakuzas, telle qu'elle ressort d'innombrables contes et ballades. Mais cette version ne fait pas l'unanimité. Parmi ses contradicteurs, il faut compter l'*Asahi Shinbun*, le plus prestigieux des journaux japonais qui, au mois de janvier 1975, publia un récit intitulé : « Le Robin des bois de Shimizu n'était rien d'autre qu'un voyou. » D'après de vieux documents administratifs découverts près de Shimizu, écrivait le journal, loin d'inspirer au peuple une quelconque adoration, Jirocho n'était qu'un bandit « qui opprimait les paysans ». Ces documents révèlent encore que Jirocho, en dépit de la mission, à lui confiée par le gouvernement d'administrer le territoire qu'il s'était arrogé, était demeuré chef de bande dans l'âme, ne contrôlant Shimizu que par la violence et l'intimidation. Comme la plupart des grands hors-la-loi du monde. Jirocho est mieux traité par la légende que par l'histoire.

Les yakuzas se modernisent

La puissance du changement historique – qui devait coïncider avec la vie de Jirocho – connut son point culminant en 1867, lorsque, cédant à l'inévitable, le quinzième et dernier shogun de la famille Tokugawa abandonna le pouvoir et fut remplacé par le jeune empereur Meiji. Ainsi commença la restauration Meiji par laquelle toutes les capacités commerciales et intellectuelles du Japon, jusque-là comprimées, allaient s'exercer librement et donner naissance au premier miracle économique japonais, brisant les derniers liens de la féodalité et transformant en peu de temps le pays en puissance industrielle.

Au début du siècle, le Japon s'était transformé en une société moderne de 45 millions de citoyens. Entre 1890 et 1914 la production industrielle avait doublé, le nombre des usines avait triplé. Les transformations politiques n'étaient pas moins rapides. Les Japonais virent la naissance et l'établissement de leur premier parlement et de leurs premiers partis politiques, parallèlement à la constitution d'une armée puissante qui allait envahir la Chine, annexer la Corée et, en 1905, vaincre la Russie sur terre et sur mer.

Les yakuzas surent prendre ce train. Leurs bandes s'infiltrèrent dans le syndicalisme avec le contrôle des ouvriers du bâtiment dans les grandes villes et le recrutement de débardeurs dans les ports dont l'activité explosait. L'introduction de la roue métallique leur permit aussi d'étendre leur contrôle à celui des nouvelles voitures de place, appelées *rickshaws*, dont le nombre, au début du siècle était de 50 000, rien qu'à Tokyo.

Le jeu demeurait l'activité principale des bakuto, bien que l'efficacité croissante de la police les obligeât à renforcer leur clandestinité. De nombreux chefs de bande se lancèrent dans des entreprises officielles qui servaient de couverture à leurs délits et commencèrent d'acheter la police locale. Les tekiya, quant à eux, conservaient leur gagne-pain traditionnel, les éventaires de plein air. La transformation du pays permit aux colporteurs d'augmenter leurs affaires car, à l'inverse des joueurs, leur trafic, au moins en apparence, n'était pas illégal. Cependant la nouvelle détermination de la police leur fit comprendre que les rixes et les guerres territoriales d'autrefois ne trouveraient pas auprès du nouvel Etat la complaisance d'antan.

Les gangs bakuto et tekiya s'intéressèrent de plus en plus à la politique et, peu à peu, certaines de leurs bandes développèrent des liens étroits avec d'importantes personnalités. Ayant besoin d'une certaine tolérance officielle, ou du moins d'un certain relâchement de la répression policière, ils imaginèrent de les obtenir en coopérant avec les gouvernements. De leur côté, les gouvernements continuèrent à user de leurs services, comme ils l'avaient fait dès avant l'époque de Jirocho.

Au commencement, l'usage de la force de frappe que représentaient les bandes fut quelque peu désordonné. Ainsi en avait-il été avec les hommes de Jirocho. Les convictions n'entraient pour rien dans l'association du politicien et du cogneur. Les deux parties ne collaboraient que par opportunisme. Les relations de la pègre et du pouvoir avaient toujours été conservatrices, mais à la fin du XIXe siècle, le conservatisme japonais commença d'incliner à droite. A l'extérieur, le Japon s'abandonnait au militarisme, à l'intérieur, à la répression, car au moment même où la nation entamait l'apprentissage de la démocratie, une force fatale apparaissait sur la scène. Le mouvement ultranationaliste.

Les gangsters patriotes

L'ultranationalisme japonais remonte aux années 1880. Il prit naissance à Kyushu, la plus méridionale des quatre grandes îles de l'archipel, pays de pauvres pêcheurs et de mines de charbon. Kyushu abritait une importante communauté de samouraïs en rupture de ban dont beaucoup avaient participé à des rébellions contre le nouvel ordre social. Le mécontentement de ces soldats se trouva vite exploité par des patriotes et politiciens hostiles au nouveau régime dédaigneux des traditions. La ville de Fukuoka, située à l'extrémité de l'île la plus proche du continent asiatique, fut particulièrement touchée par ce mouvement revendicatif. Centre d'opposition, elle devint en peu d'années la capitale d'un nouveau militarisme japonais. En même temps, devait surgir de Fukuoka un leader qui changerait le destin de son pays en scellant de telle sorte l'alliance des principales organisations criminelles japonaises et de certaines forces poitiques qu'elles durent encore aujourd'hui. Il s'appelait Mitsuru Toyama. Il était le troisième fils d'une famille d'obscurs samouraïs. On ne connaît pas grand-chose de ses premières années. Il aurait eu une enfance pauvre, aurait été vendeur de patates douces dans les rues de Fukuoka où il serait devenu un adolescent intraitable, idolâtre de la tradition samouraï.

Vers ses vingt ans, il se lança dans la politique et participa à l'une des dernières révoltes des samouraïs, y récoltant trois années de prison. Dès sa mise en liberté, le jeune patriote s'inscrivit au premier groupe nationaliste japonais, le Kyoshisha (Société de la fierté nationale et du patriotisme), et commença à rassembler des partisans. Décidé à devenir le maître de la rue, il commença à organiser les groupes de « durs » qui jusque-là se souciaient de politique comme d'une guigne. Il les organisa en une formation coriace et disciplinée qui fit régner dans cette région de mines l'ordre social le plus strict.

Comme d'autres avant lui, Toyama se fit bientôt une réputation de Robin des bois, distribuant sans compter dans les rues de Fukuoka de l'argent à ses partisans. Il gagna bientôt le surnom d'Empereur des Taudis et le respect des politiciens locaux qui connaissaient et redoutaient sa propension à la violence.

Toyama acquit enfin une stature nationale avec la fondation de la *Genyosha* ou « Société de l'Océan noir », en 1881. La Genyosha, fédération de sociétés nationalistes, devait être le précurseur de toutes les sociétés secrètes et des groupes patriotiques du Japon moderne. Les articles de sa charte étaient fort vagues : « Révérer l'empereur, aimer et respecter la Nation, défendre les droits du peuple... » L'ambitieux Toyama savait cependant fort bien de quoi il retournait : l'organisation était en parfaite correspondance avec le désir très puissant, chez les anciens samouraïs, d'expansion territoriale et de pouvoir autoritaire. Le nom même d'Océan noir suggérait cette expansion ; pour Toyama et ses partisans, il symbolisait les trois passages qui séparent le Japon de la Corée et de la Chine.

Toyama imagina et forma une nouvelle organisation sociale et patriotique qui devait servir de force paramilitaire dans la politique japonaise. Par la terreur, le chantage, l'assassinat, la Société de l'Océan noir devait se montrer très efficace pour faire pression sur le corps des officiers et sur la bureaucratie gouvernementale ; elle devait jouer un rôle majeur dans l'offensive du Japon en Asie et, plus tard, dans la guerre contre les Etats-Unis.

Les membres de la Genyosha servaient de gardes du corps aux personnalités gouvernementales, d'agents de pression aux politiciens locaux et, légalement cette fois, d'ouvriers modèles – plombiers, charpentiers, maçons – regroupés en syndicats affiliés à la société. Ces nouveaux yakuzas se considéraient eux-mêmes comme aux antipodes des bakuto et des tekiya, ils se voyaient en clandestins supérieurs, imbus de la droiture inhérente aux idées politiques superpatriotiques de leur maître Toyama. La société envoya des espions en Chine, en Corée et en Mandchourie. Elle ouvrit des écoles où fut élevée et entraînée une génération entière d'ultranationalistes. Par l'étude des arts martiaux, des langues étrangères et des techniques de l'espionnage, les diplômés de la Genyosha formèrent l'encadrement d'un réseau de renseignements perfectionné, bien avant la Seconde Guerre mondiale.

Au Japon, Toyama ne déploya pas moins d'habileté. Ses hommes fomentaient des troubles publics ou réprimaient ceux qu'ils n'avaient pas lancés, intimidaient candidats et électeurs, supprimaient les syndicalistes hostiles et punissaient quiconque leur était désigné par leurs chefs. La Société de l'Océan noir et ses épigones s'avérèrent spécialement utiles aux grandes sociétés minières et industrielles qui les employaient non seulement comme briseurs de grèves, mais aussi comme gardes du corps ou nervis ; dans le premier cas, ils soutenaient les candidats qui leur étaient désignés, dans le second ils ruinaient leur carrière.

Toyama ne se bornait point à agir pour le compte des autres, il avait son plan à lui. L'argent raflé dans ses trafics croissants lui servit à lancer une campagne de terreur et d'assassinat qui visait à l'établissement d'un nouvel ordre au Japon. Les activistes de l'Océan noir lancèrent une bombe dans la voiture du ministre des Affaires étrangères, Shigenobu Okuma, qui perdit une jambe dans l'explosion, poignardèrent le politicien libéral Taisuke Itagaki et assassinèrent Toshimichi Okubo qui était sans doute l'homme d'Etat le plus brillant de l'ère Meiji.

L'année 1892 fut celle de la première élection nationale au Japon. Toyama et sa société y intervinrent en organisant une coopération à grande échelle des candidats de droite et de la pègre. La société, qui avait déjà passé de nombreux accords avec des conservateurs des gouvernements Meiji, déclencha une violente campagne de soutien aux candidats de cette tendance.

Pour renforcer ses troupes, Toyama fit appel au chef d'une bande de Kumamoto qui lui envoya trois cents hommes en renfort. Cette force combinée reçut encore l'appui de la police locale que le ministère de l'Intérieur ne craignit point de mobiliser pour assister les malfaiteurs déchaînés contre les adversaires du gouvernement. Le résultat fut éloquent : les élections de 1892 furent les plus sanglantes de l'histoire japonaise. On ramassa des douzaines de morts et des centaines de blessés. La Genyosha, dans son rapport officiel sur cette campagne, déclara que son but avait été d'extirper de la région de Fukuoka tous les germes de démocratie et de libéralisme.

La mission suivante de la société fut plus ambitieuse. A la demande secrète du ministère de la Guerre, Toyama s'employa à monter en Corée un incident qui permettrait aux troupes japonaises d'y intervenir. En 1895, une équipe de ses agents, rompue aux arts martiaux du *ninja*, s'introduisirent dans le palais impérial de Séoul et assassinèrent la reine. Cette action contribua à précipiter l'invasion de ce pays où les Japonais devaient rester cinquante ans.

Dès lors, l'ultranationalisme ne devait plus quitter la scène politique. La Société de l'Océan noir servit de modèle à des centaines de sociétés secrètes qui foisonnèrent bientôt dans tout le Japon et aussi dans une grande partie de l'Extrême-Orient. Elles se donnaient des noms flamboyants : les Gardiens du sang, le Groupe loyaliste de la sincérité, les Fermiers trompe-la-mort, l'Association pour l'action céleste. Certains de ces groupes étaient financés par de riches hommes d'affaires ; d'autres se procuraient eux-mêmes leurs moyens d'existence par le crime : le jeu, la prostitution, l'extorsion de fonds, le chantage, le contrôle de la main-d'œuvre des entreprises et le colportage. Les sociétés secrètes s'attirèrent les bonnes grâces des chefs tekiya et bakuto, et commença alors de s'instituer le processus qui, cent ans plus tard, continuerait de brouiller dans l'esprit des Japonais la distinction entre gangs et groupes d'extrême droite.

A l'origine, les bandes yakuzas classiques n'avaient

pas d'idéologie. Elles conservaient leur distance avec la Genyosha et les sociétés qui s'en inspiraient. Mais les points communs entre tous ces groupes étaient nombreux. Ils partageaient tous une conception quasiment mystique du monde, le culte du pouvoir, le mépris des étrangers et des idées étrangères (spécialement le libéralisme et le socialisme), le respect d'un passé idéalisé, l'observation scrupuleuse du shinto dont l'empereur était pour eux tous le dieu vivant qui en garantissait la pureté. Leurs structures aussi comptaient beaucoup : les groupes classiques étaient organisés d'après le système rigide de l'oyabun-kobun, et, pour resserrer leurs liens, avaient recours à des cérémonies de même type que celle des sociétés secrètes. Nombre de ces groupes ultranationalistes n'étaient rien d'autre que des syndicats de voyous dont les buts « patriotiques » étaient surtout financiers et politiques ; il en est de même aujourd'hui.

En fin de compte, ces modèles sociaux produisirent des comportements identiques dans la pègre et dans l'extrême droite. Les chefs locaux – patrons de dockers, exploitants d'éventaires ou maîtres de réseaux politiques villageois – s'aperçurent très vite que leur système tout entier était menacé par des attaques de la gauche contre la société traditionnelle. Au début du siècle, l'émergence d'une gauche organisée et la croissance du syndicalisme inquiétèrent assez les oyabun pour les convertir aisément au nouvel ultranationalisme.

L'un des groupes pour lesquels les yakuzas éprouvaient le plus d'attrait était la Société du fleuve Amour, fondée en 1901 par le bras droit de Toyama, Ryohei Uchida. Le nom même de cette organisation était assez éloquent : il prônait l'expansion japonaise jusqu'aux rives de ce fleuve qui formait la frontière entre la Mandchourie et la Russie. La société se rendrait plus tard fameuse sous un autre nom : les caractères du mot Kokuryu-kai pouvaient aussi se lire « Société du Dragon noir » ; c'est sous ce nom qu'elle devait frapper l'imagination des journalistes occidentaux qui le répandirent dans le monde entier.

L'objectif final du Dragon noir n'était rien de moins que la domination du Japon sur toute l'Asie. Pour les plus fanatiques de ses visionnaires, la société devait se vouer à l'accomplissement du Hakko-ichi-u, soit « les huit coins du monde sous un seul toit ». Le toit était celui de l'empereur, descendant en ligne directe du dieu Soleil. La Société du Dragon noir prit naturellement la suite de l'Océan noir de Toyama ; elle accueillit ses partisans, reprit sa politique et ses buts. Sous le patronage de Toyama, elle lancerait le Japon dans une guerre victorieuse contre la Russie, multiplierait les assassinats politiques et agirait envers la Chine comme les activistes de l'Océan noir » en avaient usé envers la Corée : ils créeraient les conditions nécessaires à l'invasion. L'organisation prospéra pendant quelque trente ans, exhortant le Japon à la guerre sainte contre le capitalisme, le bolchevisme, la démocratie et l'Occident. Toyama et Uchida devaient régner comme Marx et Lénine sur le mouvement ultranationaliste japonais.

Les années vingt devaient coïncider avec le sommet du libéralisme japonais de l'avant-guerre. En dépit d'un climat politique empoisonné par le meurtre, la répression policière et l'exaspération du militarisme, le pays continuait de prospérer. Le suffrage universel fut adopté, les syndicats ouvriers se développèrent ; et, favorisée par la croissance économique, la classe moyenne connut une grande expansion. Mais dans l'ombre, Toyama ne cessait lui aussi de se renforcer. Les dirigeants politiques courtisaient les patriotes et il n'était pas jusqu'à la famille impériale qui ne les finançât.

En 1919, Toyama donna naissance à la première fédération nationale de gangsters qu'il appela Dai Nippon Kokusui-kai ou « Société de l'essence nationale du grand Japon ». Cette organisation rassemblait plus de 60 000 bandits et d'ultranationalistes. Elle avait été imaginée par Toyama et Takejiro Tokunami, alors ministre de l'Intérieur. La nouvelle fédération était l'héritière directe de la Société de l'Océan noir, fondée par Toyama quarante ans auparavant. Son vague programme évoquait le culte de l'empereur, l'esprit de la chevalerie et les valeurs de l'ancien Japon. En fait, la Kokusui-kai servit surtout de force antigrèves et son action fit monter de plusieurs degrés la violence du mouvement ultranationaliste. Dirigée par Tokunami en personne, Toyama en étant premier conseiller, la fédération fonctionnait selon les mêmes principes que les organisations fascistes de la même époque en Italie, les Chemises noires de Mussolini. La Kokusui-kai opérait en plein accord avec le ministère de l'Intérieur elle bénéficiait du soutien de la police et de certains militaires de haut rang. Les grévistes ne formaient pas ses seules cibles ; elle s'attaquait aussi à toutes celles que Toyama et ses amis décrétaient subversives. L'un des hauts faits de la fédération fut l'attaque des 28 000 manifestants qui défilaient dans les rues pendant la grande grève des aciéries Yawata. Les bandes de la Kokusui-kai s'employèrent, de concert avec la police, la gendarmerie militaire, les pompiers, les anciens combattants et les nervis d'autres groupements ultranationalistes, à briser la grève.

La Kokusui-kai de Tokunami devint enfin l'incarnation paramilitaire du Seiyu-kai, l'un des deux partis dominants de ces années-là. Cet exemple conduisit le Parti Minseito, principal adversaire du Seiyu-kai, à organiser sa propre force de frappe sur la même base de malfaiteurs et d'hommes de main, dès la fin de la décade, sous le nom de Yamato Minro-kai. Le gros de ses troupes était constitué d'ouvriers du bâtiment affidés des yakuzas. L'intégration devint bientôt si étroite entre ces bandes et les partis eux-mêmes, que plusieurs de leurs chefs accédèrent à des postes de responsabilité nationale. Leur apparition à la Diète, le parlement japonais, laissait mal présager de l'avenir du Japon.

Vers 1930, les groupes d'extrême droite avaient proliféré. Les politiciens modérés étaient assassinés ou contraints à la retraite et le pays s'en trouva déséquilibré. De 1930 à la fin de la guerre, la police ne compta pas moins de 29 « incidents » officiels : tentatives de coups d'Etat militaires, agressions contre des chefs politiques et des industriels, incluant les assassinats de deux Premiers ministres et de deux ministres des

Finances. L'étoile de Toyama continua de monter pendant toutes les années trente, tandis que la démocratie disparaissait pratiquement du Japon. Le chef vieillissant, dont le prestige, comme la fortune, étaient énormes composait les gouvernements et planifiait les assassinats. Il était invité à dîner au palais impérial. Invité d'honneur des principaux rassemblements patriotiques, il lui revenait toujours de donner le signe des trois saluts à l'empereur. Le symbole le plus frappant de sa nouvelle puissance fut sa présentation officielle du nouveau Premier ministre, le prince Konoye, devant une foule de 18 000 personnes, en 1937. Il avait tant d'alliés au pouvoir que le pays glissa bientôt dans une période de répression qui devait durer dix ans, désignée par de nombreux Japonais sous le nom de *Kuroi Tanima*, la « Vallée noire ». En même temps que les nazis s'emparaient de l'Allemagne et les fascistes de l'Italie, un militarisme brutal asservissait le Japon. Tous les secteurs de la société se trouvèrent endoctrinés et enrégimentés. L'ère de la « grande sphère de coprospérité asiatique » où les Japonais pourraient expulser les Occidentaux de toutes leurs colonies d'Orient approchait. Le rêve du vieux Toyama et de ses camarades ultranationalistes devenait réalité.

Les yakuzas et autres bandes armées continuaient de fournir des hommes à la cause patriotique. Les bandes yakuzas coopérèrent avec les militaires en s'installant en Chine et en Mandchourie pour participer à leurs programmes de « développement agricole ». Pour les bandes japonaises, l'exploitation de la riche Mandchourie était celle de tous les Chinois. Selon un universitaire, ce fut « l'apogée des yakuzas, un retour au bon vieux temps de la féodalité ». L'une des activités les plus attrayantes aux yeux de ces bandits était leur participation aux activités du monopole de l'opium qui avait pour double fonction de procurer des ressources au pouvoir japonais et d'affaiblir par la drogue la résistance chinoise. Les Japonais ne faisaient en cela que tirer la leçon de l'expérience britannique, antérieure d'un siècle. D'après les militaires japonais, la politique de « narcotisation » de la Chine leur rapportait 300 millions de dollars par an. Les sommes non utilisées pour l'achat des consciences allaient au développement industriel des terres occupées.

En dehors de ces activités politiques extérieures, les bandes yakuzas vieux style s'affairaient au Japon même à étendre leurs assises financières. L'expansion par les armes avait provoqué dans les îles un afflux d'argent, et les yakuzas étaient bien placés pour s'en approprier une bonne part. Comme l'avaient fait les lieutenants de Tokunami avec les travailleurs du bâtiment, les yakuzas organisèrent à leur profit le contrôle des ports. A Kobé, par exemple, ils constituèrent des équipes de bons à rien, dont ils vendaient le travail très au-dessus des tarifs réguliers à des entreprises portuaires en quête de manœuvres dociles. Ce trafic était si lucratif qu'il entraîna certains oyabun dans d'inexpiables batailles. A Kobé, la bande qui en sortit victorieuse fut le Yamaguchi-gumi, sous l'efficace commandement de Kazuo Taoka. Au cours des vingt-cinq années suivantes, il fera de cette cellule initiale le plus important syndicat yakuza du Japon qui comptera plus de 13 000 membres répartis dans 36 des 40 préfectures du pays. L'infâme Syndicat Yamaguchi deviendrait fameux dans tout le Japon, et Taoka, le parrain indiscuté de toute la pègre japonaise.

Tandis que Taoka faisait main basse sur les docks et jetait les bases de la future organisation des yakuzas, un processus tout à fait similaire se déroulait aux Etats-Unis. La bande de Lucky Luciano avait pris le contrôle de la plupart des docks de Manhattan et de Brooklyn, grâce à ses lieutenants Tony Anastasia le Dur et Joe Lanza les Chaussettes, si bien que le travail sur les docks fonctionnait presque selon le mode oyabun-kobun. Le contrôle de la pègre sur le port était si étroit que, pendant la guerre, les services de renseignements de la marine jugèrent plus prudents de passer un accord avec Luciano, alors emprisonné à New York, pour s'assurer que le port demeurerait interdit aux saboteurs.

La pègre américaine, d'autre part, dépassa ses homologues japonais. En dépit de leurs liens nationaux avec le mouvement ultranationaliste, les gangs japonais demeuraient liés à une ville ou à un faubourg, tandis que les gangs américains profitaient de l'immense afflux d'argent frais que les ventes clandestines d'alcool leur avaient procuré pendant la prohibition pour s'organiser en un seul syndicat à l'échelle nationale. En outre, les malfaiteurs américains apprenaient à investir leurs nouveaux capitaux et à les gérer selon les méthodes les plus modernes. Ces changements intervinrent lorsque Luciano joignit ses forces à celles de Meyer Lansky et de Benjamin « Bugsy » Siegel. Ainsi, pour la première fois, les syndicats américains du crime dépassaient leurs frontières ethniques. Ces gangsters de New York s'allièrent à la pègre de Chicago, au Cleveland's Mayfield Road Gang, au Detroit's Purple Gang, et à beaucoup d'autres répandus dans tout le pays qui contrôlaient la plus grande partie des jeux, du trafic de drogue et des trafics de main-d'œuvre aux Etats-Unis. Dans les années 1930, la pègre était devenue si puissante qu'elle exerçait son influence jusque sur les élections présidentielles.

Le bombardement de Pearl Harbour devait bouleverser la situation des deux pègres, japonaise et américaine. Avec l'ouverture de la guerre à l'Ouest, les relations privilégiées du gouvernement japonais avec l'extrême droite et les yakuzas furent brutalement interrompues. Le cabinet de guerre ayant satisfait tous les souhaits de la grande industrie et de l'armée n'avait plus besoin de ces forces d'appoint qu'étaient les groupes d'extrême droite et les organisations criminelles. Les extrémistes les plus hauts placés rallièrent le gouvernement ou furent incarcérés. De même, les yakuzas endossèrent l'uniforme ou moisirent en prison. Kazuo Taoka fut de ces derniers. Il passa la guerre, dans une cellule, à lire la vie de Toyama et les exploits de la Société de l'Océan noir.

Mitsuru Toyama mourut en 1944, à l'âge de quatre-vingt-neuf ans, non sans avoir vu son Japon bien-aimé conquérir une grande partie de l'Asie et du Pacifique. Son influence allait survivre dans d'innombrables organisations extrémistes et, deux générations plus tard, son portrait orne toujours les murs de presque tous les bureaux des organisations d'extrême droite, comme les yakuzas. Ce grand patriarche de la droite japonaise n'assista point au résultat final de ses longues années de militantisme : l'effondrement du Japon après quatre ans de guerre. En août 1945, les Américains avaient largué leurs bombes atomiques, les Soviétiques avaient envahi la Mandchourie et le Japon avait demandé grâce.

NOTES

- La documentation historique utilisée pour ce chapitre est tirée de George Samson, *A History of Japan* (1963), p. 32-36, 57-60 ; George A. De Vos, *Socialization for Achievement* (1973), p. 286-287 ; et le magazine *East*, vol. XVII, octobre 1981, p. 46-48.

- P. 16-18 : L'histoire de Chobei Banzuiin est tirée du magazine *East*, vol. XVII, octobre 1981, p. 47-48 ; Sansom, *A History...*, p. 60 ; et *Asahi Evening News*, 31 janvier 1979.

- La description *oyabun-kobun* est basée sur le travail de Kanehiro Hoshino, « The Recent Trend of Underworld and Organized Crime in Japan », document de l'Institut national de recherche en science policière, Tokyo (1979), p. 16 ; Iwao Ishino, « The Oyabun-Kobun : A Japanese Ritual Kinship Institution », *American Anthropologist*, décembre 1955, p. 696-698 ; Hiroaki Iwai, « Delinquent Groups and Organized Crime », *Japanese Culture and Behavior* (1974), p. 390 ; Chie Nakane, Japanese Society (1970), p. 42.

- Les rites d'initiation de la Mafia et des triades sont décrits dans Sean O'Callaghan, *The Triads* (1978), p. 37-42 ; Ed. Reid, *The Grim Reapers* (1969), p. 26 ; Eric Hobsbaum, *Bandits*, (1969), p. 34.

- Les rites d'initiation yakuzas sont tirés d'Iwai, « Delinquent Groups... », p. 388 ; Walter L. Ames, *Police and Community in Japan* (1981), p. 108.

- La documentation pour les tekiya est tirée de De Vos, *Socialization...*, p. 284-285 ; Hoshino, « Organized Criminal Gangs in Japan », document de l'Institut national de recherche en science policière (juin 1971), p. 5-6, 11-12.

- Les renseignements sur le burakumin proviennent de

Mikiso Hane, *Peasants, Rebels and Outcasts* (1982), p. 139-143 ; Hoshino, « Organized Criminal Gangs... », p. 13.

- L'origine du mot yakuza vient d'Ames, *Police and Community...*, p. 108 ; George De Vos, *Socialization for Achievement*, p. 282-283 ; David Harold Stark, *The Yakuza : Japanese Crime Incorporated*, thèse de doctorat (1981), p. 27-28.

- Les pratiques d'expulsion sont décrites par Stark, *The Yakuza*, p. 105-108.

- Pour une description plus détaillée de l'ablation des phalanges et de l'histoire de cette coutume, voir Hoshino, « Organized Criminal Gangs... », p. 8 ; Stark, *The Yakuza*, p. 111.

- Les renseignements sur le tatouage proviennent de l'*Asahi Evening News*, du 29 mars 1984 ; Hoshino, « Organized Criminal Gangs... », p. 10, et « The Recent Trend... », p. 22. Florence Rome, *The Tattooed Men* (1975), p. 54 ; Stark, *The Yakuza*, p. 117.

- On peut trouver la description des « voyageurs » dans le magazine *East* d'octobre 1981.

- L'histoire de Shimizu no Jirocho est tirée de l'*Asahi Evening News* du 6 janvier 1975 et de celui du 7 février 1979 ; George De Vos, « Organisation and Social Function of Japanese Gangs », dans *Aspects of Social Change in Modern Japan* (1967), p. 290-291 ; Oliver Statler, *Japanese Inn* (1961), p. 233-250, 271.

- Les renseignements sur les jeunes années de Toyama proviennent de Glenn Davis, *The Right Wing of Japan*, thèse de maîtrise (1976), p. 6-8.

- Les activités d'espionnage du Genyosha sont détaillées par Richard Deacon dans *Kempei Tai : A History of the Japanese Secret Service* (1983), p. 40-41.

- Le rôle du Genyosha dans l'élection de 1892 est tiré d'E. H. Norman, *« The Genyosha : A Study in the Origins of Japanese Imperialism », Pacific Affairs*, septembre 1944.

- On peut trouver de plus amples détails sur les sociétés de l'Océan noir et du Dragon noir dans Glenn Davis, *The Right Wing of Japan*, p. 5-15 ; I. I. Morris, *Nationalism and the Right Wing in Japan* (1960), surtout, p. 88 ; John Roberts, *Mitsui : Three Generations of Japanese Business* (1973), p. 134 ; et dans l'étude en deux parties d'Andy Adams, « Behind the Mask of Japan's Black Dragon Society », magazine *Black Belt*, août et septembre 1969, p. 44-47.

- Les éléments concernant Takejiro Tokunami et la Société de l'essence nationale du Grand Japon sont tirés d'une interview de l'éminent chef yakuza Kenji Ino, du 2 mars 1984, et des sources suivantes : Uyoku Jiten (Dictionnaire de l'extrême droite) (1970), p. 45 ; Morris, *Nationalism and the Right Wing...*, p. 314, 338-339 ; Roberts, Mitsui, p. 209-210.

- L'enquête sur les yakuzas en Mandchourie est tirée de Tetsuro Morikawa, *Chi no Senkoku* (Verdict sanglant) (1979), p. 209 ; De Vos, *Socialization...*, p. 299. On peut trouver la documentation pour le trafic de l'héroïne pendant la guerre dans Roberts, *Mitsui*, p. 312-312 ; et dans le superbe article de Jonathan Marshall, « Opium and the politics of Gangsterism in Nationalist China, 1927-1945 », *Bulletin of Concerned Asian Scholars*, vol. 8, n° 3, 1976, p. 22, 29, 39-42.

Deuxième partie

LES ANNÉES KODAMA

LE JAPON OCCUPÉ

Les officiers de l'armée américaine d'occupation donnaient souvent des conférences de presse, mais celle-ci sortait de l'ordinaire. C'était le 19 septembre 1945 à Tokyo et l'agressivité de son ton était insolite.

L'orateur principal informa la presse qu'il venait de prendre la parole devant une assemblée de procureurs publics japonais et que, maintenant, il portait le cas devant le peuple. Cet orateur était le colonel Charles L. Kades, magistrat de profession à New York et présentement chef adjoint de la délégation gouvernementale américaine et l'un des hommes les plus influents de la hiérarchie de l'occupation. Le colonel Kades dit aux journalistes qu'il avait averti les procureurs de l'existence d'un réseau d'organisation criminelle qui s'étendait sur tout le Japon et formait « un tissu clandestin extraordinairement serré, du plus petit village aux plus hauts échelons du gouvernement japonais ».

Cette déclaration pouvait surprendre les journalistes américains ; les Japonais ne pouvaient s'en étonner. L'existence de ce réseau était un élément fondamental de la société japonaise que la plupart de ses citoyens et aucun de ses journalistes ne pouvaient manquer de connaître au moins de réputation.

Kades, partisan talentieux du New Deal de Roosevelt et principal architecte de la nouvelle constitution japonaise, conclut son intervention en ces termes : « Cette alliance clandestine et classique de patrons, de voyous et de rançonneurs constitue le principal obstacle aux projets démocratiques de l'Amérique au Japon. » A l'époque, Kades n'avait qu'une faible notion de l'importance que cette même alliance avait représenté pour le peuple japonais depuis cinquante ans et de l'obstacle qu'elle avait constitué à l'établissement de la démocratie.

La presse américaine se prit de passion pour le sujet. Les journaux de la chaîne Hearst se lancèrent dans la publication en série de terrifiantes histoires de crime qui s'apparentaient de près à la propagande du temps de guerre.

D'après ces articles, un « gouvernement invisible » aurait dirigé le Japon. La pègre menaçait l'armée d'occupation. Elle travaillait à ramener au pouvoir le militarisme et l'ultranationalisme. Autrement dit, le péril jaune redressait la tête. Si exagérés et alarmistes qu'aient été ces articles, ils contenaient aussi une part de naïve prescience. Les gangs japonais contribueraient en effet à ramener le Japon à droite, mais sans pour autant attaquer directement l'occupation américaine. Au contraire, comme la plupart des Japonais, les gangstres savaient très bien où était le pouvoir et s'efforcèrent de passer des accords avec les gens en place. Cela au point que Kades lui-même reçut les offres de service d'un chef de bande qui lui proposa de réduire qui il voudrait au silence.

Les Américains décidèrent de ne pas négliger la menace. Dès avant les déclarations publiques du colonel Kades, certaines enquêtes avaient été lancées qui avaient fourni d'innombrables preuves de la puissance du Milieu. Les bureaux de l'occupation produisirent une foule de brochures et d'informations à la presse sur la question. Au mois de novembre 1947, le *Christian Science Monitor* consacra une page entière à la question, dans laquelle le reporter Gordon Walker examinait les perspectives d'une campagne concertée contre le crime au Japon. « Si ces mesures, et d'autres, s'avéraient inefficaces pour détruire le labyrinthe des influences clandestines qui s'exercent derrière la scène, écrivait Walker, les autorités d'occupation elles-mêmes verraient mal se constituer au Japon un vrai régime des libertés. »

Les autorités japonaises firent la sourde oreille. Les procureurs ouvrirent quelques enquêtes, mais il fallut pour cela que la police d'occupation les prît par la main. Après quoi, la hiérarchie politique réduisit les procureurs à l'impuissance et étouffa tout débat. Le Premier ministre Katayama nia purement et simplement l'existence d'organisations clandestines tout comme J. Edgar Hoover niait celle de la Mafia aux Etats-Unis. Dès le commencement de 1948, il ne fut plus question de la pègre dans la presse. La campagne contre le milieu finit par mourir.

La délégation gouvernementale américaine pouvait bien fulminer contre les yakuzas et la presse publier de tranchantes enquêtes sur la menace que représentaient les gangs, d'autres Américains collaboraient avec eux. La politique américaine envers le Japon, et spécialement dans le domaine du rationnement alimentaire, perpétuait un marché noir d'où les bandes organisées tiraient richesse et puissance. Le désarmement de la police civile leur laissait le champ libre. Enfin et surtout, certaines autorités d'occupation les aidaient activement, les encourageaient, allaient jusqu'à payer certains de leurs chefs.

Le Japon en ruine

L'occupation américaine du Japon avait officiellement commencé le 2 septembre 1945 avec la signature de sa reddition à bord du cuirassé *Missouri* dans la baie de Tokyo. Le 8 septembre, le général Douglas MacArthur s'envola d'Okinawa pour atterrir sur la base d'Atsugi qui avait été rebâtie pour l'occasion en quatre jours. Il traversa solennellement Tokyo calciné jusqu'à l'ambassade américaine où il hissa le drapeau américain et ordonna à la 8e armée d'occuper et d'administrer la nation vaincue.

L'étendue des dévastations subies par le Japon était

stupéfiante. Toutes les grandes villes, excepté la cité historique de Kyoto, avaient été à peu près rasées par les bombes, explosives, incendiaires ou nucléaires. L'armée était en déroute, et ses soldats humiliés étaient affamés. Plus de 4 millions d'entre eux restaient bloqués à l'Est, loin du Japon. Les populations civiles connaissaient toutes sortes de souffrances. Jamais auparavant, les îles nationales n'avaient été conquises par un quelconque ennemi. Dans la seule ville de Tokyo 1 million des 1 million 650 000 bâtiments avaient été détruits par les bombardements incendiaires de 1945. Le quart de la richesse nationale, le tiers de l'industrie, les quatre cinquièmes de la flotte, un cinquième de tous les véhicules avaient été détruits.

Mais il y avait de beaux restes. Le spécialiste de l'industrie, Edwin Pauley, recensant les dégâts au Japon, remarquait : « En dépit des destructions reconnues, surtout à la fin de la guerre, le japon conserve plus de capacités industrielles qu'il ne lui en faut ou qu'il n'en a jamais consacrées à son économie civile. » Ni les Américains, ni les voisins Soviétiques ne devaient l'oublier. Et, pendant que les alliés européens s'efforçaient de remettre la main sur les colonies perdues d'Asie, l'Amérique avait des vues sur le Japon lui-même.

La gestion du Japon s'afficha dès le début comme un terrain de démonstration américaine. En théorie, le pouvoir suprême sur ce combattant vaincu de l'Axe était exercé par un « Conseil allié pour le Japon », composé des ministres des Affaires étrangères des Etats-Unis, de l'U.R.S.S. et de la Chine, et de trois pays du Commonwealth (Grande-Bretagne, Australie et Nouvelle-Zélande). Ce Conseil était assisté d'une « commission de l'Extrême-Orient » qui comptait treize membres. Mais tout le travail de cette organisation se borna à l'entretien de ses bureaux de Tokyo. Le siège réel du gouvernement fut le bureau du commandant en chef des puissances alliées (S.C.A.P.), le général Douglas MacArthur, qui s'y installa le 15 août 1945.

La mission de MacArthur était sans ambiguïté : il devait refaire le Japon. Résumant la tâche qui attendait le commandant en chef, Justin Williams écrivait dans sa *Révolution politique japonaise sous MacArthur* cette liste :

« Démobilisation rapide des forces armées japonaises, destruction totale de leur équipement, fermeture des usines de guerre, mise en accusation du général Tojo Hideki et d'autres dirigeants du temps de guerre, arrestation et jugement de centaines de criminels de guerre, purge approfondie de toute la société japonaise, abolition des sociétés secrètes, contrôle de la police, levée de toutes restrictions aux libertés civiles, élargissement de tous les prisonniers politiques, interdiction de la religion d'Etat shintoïste, réforme radicale du système d'éducation, libre remise en cause du système impérial, nettoyage de la presse, démantèlements des concentrations bancaires et industrielles, vente aux paysans des grands domaines agricoles, légalisation des syndicats et encouragement à la pratique des conventions collectives, affranchissement des femmes, libéralisation de la loi électorale, adoption d'une constitution démocratique et élection des députés à la chambre basse de la Diète. »

Pour refaire le Japon de la sorte, MacArthur, de son bureau du Dai Ichi Building, fit pleuvoir des ordres, appelés Scapins (de S.C.A.P.), comme autant de vérités révélées. Pour les interpréter, quelque 6 000 civils, dont une horde de traducteurs, renforçaient les forces d'occupation qui comptaient 200 000 hommes au début de 1946.

Le S.C.A.P. était une bureaucratie américaine divisée, selon l'usage, entre cliques et factions dont les Japonais apprirent très vite à exploiter les différents à leur usage propre. Au sommet de la pyramide, MacArthur régnait, serein, tardif shogun américain. Juste en dessous, le général Court Whitney dirigeait la délégation gouvernementale. Avocat de profession à Manille, Whitney sentait que sa tâche impliquait l'inhibition de l'esprit belliqueux et des capacités guerrières du Japon. Cela signifiait qu'il lui fallait renforcer la gauche : les syndicats, les libéraux, les socialistes et les communistes. Whitney s'opposa en cela au général Charles A. Willoughby, chef des services de renseignements, encore appelé « G-2 ». Willoughby craignait la gauche japonaise, les communistes chinois et soviétiques et les libéraux américains. Il utilisa tous les moyens du G-2 à secourir, conforter, financer et installer ces mêmes Japonais que Whitney et Kades souhaitaient exclure de la vie publique, les ultranationalistes.

En un sens, Whitney et Willoughby ne furent que les comparses d'un drame qui les dépassait. Pendant presque toute la guerre, les « New Dealers » de l'administration Roosevelt avaient fait campagne pour l'élimination de l'empereur et l'anéantissement du nationalisme japonais après la fin des hostilités. Mais d'autre part, les hommes d'affaires américains conservateurs redoutaient l'apparition d'un Japon de gauche et se démenèrent pour qu'il ne soit rien changé aux structures socio-économiques de l'archipel nippon.

L'action du S.C.A.P. fut dans l'ensemble efficace pour gérer le Japon vaincu. Ses méthodes, au sens large, furent celles de l'humanité et de la générosité envers l'ennemi abattu. Mais l'accomplissement de son second but – l'assainissement de la vie politique japonaise – fut beaucoup plus douteux. Les institutions japonaises, y compris les corrompues, se montrèrent beaucoup plus coriaces qu'on ne s'y était attendu. Certains éléments indésirables, les yakuzas par exemple, ne semblaient pas seulement survivre, mais prospérer, jusque dans l'affreux naufrage des villes bombardées.

La première année de l'occupation fut sinistre pour la plupart des Japonais. Le salaire moyen d'une journée était d'environ 10 yens, de quoi acheter une dizaine de sardines ou une petite orange. Les Américains ne voyaient pas pourquoi ils auraient fourni au Japon davantage qu'un strict minimum de vivres, alors que tant de leurs alliés souffraient de la faim. La démobilisation de l'immense armée japonaise et le chômage de l'industrie provoquèrent un afflux de candidats au marché noir du riz, comme de toute autre marchandise. Il y avait donc dans ce secteur beaucoup d'argent à gagner. Ainsi prit naissance toute une classe de nouveaux riches, la classe du nouveau yen.

Mais elle ne fut pas la seule à surgir à cette époque. Une autre communauté fit son apparition ces années-là, composée des minorités installées au Japon même et que la défaite de ce pays avait libérées. On les appelait sangokujin ou littéralement « les gens des trois pays ». Ils étaient Chinois, Formosans et Coréens. On les avait importés au Japon pour remplacer les travailleurs que l'armée avait enrôlés. Travaillant dans des conditions toutes proches de l'esclavage, les sangokujin servaient dans les usines de main-d'œuvre forcée. Environ 2 millions et demi de Coréens et 50 000 Chinois avaient été transplantés au Japon pendant la guerre. 2 millions d'entre eux furent rapatriés. Les autres tentèrent leur chance sous l'administration américaine.

Après la reddition, la fureur de ces minorités, accrue par les années d'humiliation et d'exploitation, explosa en voies de fait contre les Japonais. Rejetés du courant économique, ces sangokujin, demeurés au Japon, se lancèrent dans une entreprise florissante, le contrôle de la plupart des principaux marchés noirs du pays. Ils étaient déjà en cheville avec les trafiquants japonais. Les occupants se défiaient des Japonais et montraient leur préférence pour les étrangers ; les sangokujin apportèrent aide et renseignements aux Américains. Pendant ce temps le S.C.A.P. entreprit de désarmer la police civile ; les casse-têtes remplacèrent les épées. Le S.C.A.P. purgea les échelons supérieurs de la police. Certains membres avaient appartenu au très redouté *Tokko,* ou « police de la pensée » tandis que d'autres avaient des liens avec la droite ultranationaliste. Faute de commandement, la police japonaise était trop désorganisée et timorée pour prendre des mesures à l'encontre des sangokujin.

Les yakuzas profitèrent de l'occasion. Il est difficile de dire ce qui à l'époque indignait le plus les yakuzas, des attaques des sangokujin contre les Japonais, ou de l'usurpation par les « étrangers » du très lucratif marché noir. Quoi qu'il en soit, des bandes de yakuzas se heurtèrent ouvertement aux sangokujin, souvent sous l'œil apathique de la police.

A Kobé, un groupe de quelque 300 sangokujin envahirent un poste de police et prirent des otages. Selon le patron du Yamaguchi-gumi, Kazuo Taoka, le maire de Kobé demanda de l'aide au chef yakuza. Taoka et ses alliés attaquèrent les sangokujin dans le poste de police avec des épées, des fusils et des grenades. La récompense des yakuzas fut double : les sangokujin haïs furent affaiblis et la police contracta pour longtemps envers eux une dette d'honneur.

A Tokyo, les sangokujin étaient devenus assez puissants pour parader devant le palais impérial. Ils étaient parvenus à prendre le contrôle du quartier de Ginza où ils s'étaient heurtés aux yakuzas exaspérés. Une autre bataille rangée eut lieu l'été 1946, dans un quartier de Tokyo nommé Shimbashi. Un marché noir avait été installé dans les ruines proches de la gare et c'étaient des Formosans qui en contrôlaient les éventaires.

Goro Fujita raconte ainsi l'histoire. Les yakuzas avaient récupéré une mitrailleuse sur un avion abattu. Ils l'installèrent subrepticement sur le toit d'une école élémentaire et ouvrirent le feu sur les sangokujin qui abandonnèrent la place avec toutes leurs marchandises. Fujita et d'autres champions de l'esprit yakuza considéreraient bientôt les batailles du marché de Shimbashi et du poste de police de Kobé comme des étapes majeures d'une grande résistance patriotique. De nombreux Japonais d'âge mûr les exaltent aujourd'hui comme les exploits de héros valeureux arrachant un Japon prostré des mains de diables étrangers. Une fois de plus, les yakuzas s'étaient faits les champions du peuple.

La police militaire américaine connaissait le « problème coréen » et les rixes qu'il provoquait, mais sans bien comprendre la nature du conflit. A son arrivée à Shimbashi, fin juillet 1946 l'inspecteur Harry Shupak devait changer tout cela.

A son arrivée, Giichi Matsuda, patron de la bande

qui avait infligé la plupart de leurs pertes aux sangokujin, venait d'être abattu par l'un de ses hommes, sans doute lors d'une tentative manquée de prise de pouvoir. Sa femme, Yoshiko, prit en main les affaires courantes du Kanto Matsuzakaya Matsuda-gumi, (tel était le nom officiel de la bande). Le 26 août, convoquée pour « questions la concernant » à la police métropolitaine, elle fournit à Shupak et à ses collègues un premier schéma du fonctionnement réel des affaires à Tokyo. Librement et fièrement elle décrivit les méthodes du système Oyabun-Kobun, ainsi que les Américains commençaient à l'appeler.

D'après Mme Matsuda, son mari avait mis sa bande sur pied en 1945 pour accompagner la véritable explosion du « commerce de plein air ». Pour s'installer, le gang dut faire place nette. Le nombre des éventaires ne cessant de croître, Matsuda établit ses kobun sur les lieux et, en plein accord avec les autorités de tutelle et la police, mit la main sur tous les stands du marché ouvert (qui était un marché noir).

Selon les bons principes tekiya, il ordonna à ses lieutenants de taxer les opérateurs, qui durent le payer pour obtenir une licence et lui verser un loyer mensuel pour l'occupation des lieux, la voierie et l'électricité. Les Matsuda-gumi se chargeaient, bien entendu, d'écarter toute concurrence, jusqu'à ce que les sangokujin décidassent de riposter. Giichi Matsuda s'était placé au bon moment dans la vague yakuza et il en avait atteint la crête lorsqu'il fut assassiné. Les affaires tekiya étaient, en vérité, florissantes.

Le monde du marché noir

Sous les yeux mêmes de la police d'occupation, qui avait bien du mal à le distinguer, un nouveau type de système d'oyabun-kobun se mettait en place ; servirait de modèle à la plupart des groupes yakuzas qui allaient bientôt se former. Ce modèle fut désigné sous le nom de *gurentai* ; il s'avéra d'emblée beaucoup plus barbare que les anciennes structures d'associations des joueurs et des colporteurs. Eliminant le gouvernement japonais de tous les échelons supérieurs du pouvoir, l'occupation avait créé un vide. Les résultats de cette vacance furent ainsi décrits par Gordon Walker, dans le *Christian Science Monitor* en 1947 : « ... Ce vide a engendré un système de "patronage" dégénéré, assez semblable à celui d'Al Capone autrefois. Les plus nombreuses et puissantes des bandes qui le dominent s'appellent les gurentai. Ce sont des rassemblements de voyous armés, qui ont proliféré comme des champignons dans tout le Japon. Ils attirent les jeunes démobilisés qui ne trouvent pas de travail et, profitant de l'effondrement de l'esprit public consécutif à la défaite, ils prospèrent par la menace et la violence ».

L'un des chefs gurentai les plus en vue, Akira Ando, avait fait l'objet d'une enquête du contre-espionnage (C.I.C.), dès le mois de février 1946. Bien qu'ayant été reconnu coupable de marché noir par un tribunal militaire, il continuait d'entretenir les meilleures relations avec de nombreux responsables haut placés des autorités d'occupation. Il en recevait de l'argent, du travail et ils l'honoraient de leur amitié. De nombreux Américains, en un mot, semblaient ne pas pouvoir se passer de lui, comme le gouvernement japonais avant eux. En 1941, par exemple, la police métropolitaine de Tokyo l'avait nommé « gardien des travailleurs coréens et protecteur de la jeunesse coréenne ». Ce titre, qui semblait honorer son humanité, ne signifiait rien d'autre que la reconnaissance de son pouvoir sur la main-d'œuvre coréenne qui était si utile au Japon en guerre. Grâce à ces ouvriers, la compagnie de construction Dai-an, aux mains d'Akira Ando, bâtit des infrastructures et déplaça des usines lorsque les Etats-Unis commencèrent leurs raids aériens sur le Japon.

Lorsque le Japon capitula, Ando fut officiellement chargé par les Américains de travaux de construction. En 1945, il rebâtit la base aérienne d'Atsugi pour l'arrivée de MacArthur. La même année, lui furent consentis de nombreux autres contrats de travaux publics, si bien que, tandis que des millions de Japonais parvenaient à peine à survivre sur des rations de mille calories quotidiennes, il accumulait des bénéfices qui se chiffraient par millions de dollars.

Akira Ando fut en quelque sorte le prototype du chef yakuza moderne. Né en 1901, il avait quarante-quatre ans à la fin de la guerre. Il dirigeait l'*Ando-gumi*, hybride de bandes gurentai et de sociétés de travaux publics, et il entretenait d'étroites relations avec les patrons du marché noir des principales villes du pays. Non moins important, il était en fort bons termes avec le prince Takamatsu, frère de l'empereur, aussi bien qu'avec plusieurs hommes politiques d'envergure nationale du Japon militaire.

Comme de juste, il ne se contentait pas de recevoir des avantages ; il lui fallait aussi rendre des services. Les hommes politiques japonais, soucieux d'assurer la pérennité du système impérial, l'utilisèrent pour faire campagne auprès des Américains. Ando dirigeait une chaîne de 18 boîtes de nuit, en fait bordels de luxe, dont le plus célèbre était le *Dai-An*, que le S.C.A.P. fit fermer, mais qui rouvrit sous le nom de *Wakatombo*. Dans ces boîtes, il traitait de nombreux invités parmi lesquels certains des plus hauts gradés de la 8e armée. Il est douteux qu'à lui seul Ando ait pu convaincre MacArthur de revenir envers l'empereur à de meilleurs sentiments, mais il y contribua certainement. Le grand mobile d'Akira Ando, qui serait ressassé jusqu'à la nausée, était limpide : « Je combattrai le communisme jusqu'à ma mort », affirmait-il. Il disait encore : « Je me bats pour la démocratie et la préservation du système impérial. » En dépit de tous ses sucès, Akira Ando sombra dans l'obscurité vers 1955. Sans doute avait-il été le chef de gang le plus habile de l'occupation, mais certainement pas le plus célèbre. Cet honneur revient sans conteste à Kinosuke Ozu, le patron tekiya de Tokyo. Au départ, Ozu n'était que l'oyabun d'un seul quartier de Tokyo, celui de Shinjiku, mais comme Al Capone qui ne régnait officiellement que sur le West Side de Chicago, le pouvoir d'Ozu allait beaucoup plus loin. A tel point qu'au mois d'octobre 1947, le reporter Darrell Berrigan du *Saturday Evening Post* publia un portrait d'Ozu, intitulé « l'Al Capone de Tokyo ».

Jusqu'à la fin de la guerre, Ozu n'était qu'un voyou ordinaire. Son ascension commença à la mort de Giichi Matsuda, à partir de laquelle il prit le contrôle du quartier de Shinjuku qui englobait le marché de Shimbashi. Ozu accumula une puissance et une fortune considérables, mais, comme tant de gangsters, il désirait aussi la considération. Il tirait sa force principale des groupes tekiya, par lesquels il contrôlait des centaines voire des milliers de colporteurs ; il établit de même son autorité sur les bandes bakuto et gurentai qui opéraient dans le quartier de Shinjuku. S'appuyant sur cet ensemble, il força les portes de la chambre de commerce de Tokyo, où il s'employa à faire régner la terreur à son profit.

Il subjugua la chambre de commerce, mais il échoua dans la même entreprise auprès du peuple de Shinjuku. S'étant présenté aux élections législatives de 1947 dans ce quartier, il fut battu. Son adversaire était Sanzo Nozaka, dirigeant communiste jouissant d'une grande popularité. Pendant les élections, Ozu promit de donner la plus grande partie de sa fortune aux pauvres, mais son socialisme était sans doute moins convaincant que celui de Nozaka. Il obtint cependant 12 000 votes.

Les liens entre les gangs et les politiciens étaient trop puissants et trop évidents pour que nul ne les ignorât complètement. Il y avait cependant encore, en 1950, des membres du personnel d'occupation pour s'étonner de ces liens. Cette année-là, le Bureau du conseiller politique (POLAD), bureau provisoire du département d'Etat sous les ordres du S.C.A.P., télégraphia à Washington pour informer les autorités compétentes des activités de certains gangs de la région de Tokyo. Le télégramme précisait qu'une bande bien organisée, dirigée par Masajiro Tsuruoka et Kakuji Inagawa, et soutenue par des politiciens de droite non identifiés, mais d'un niveau élevé, opérait sur une grande échelle depuis la fin de la guerre dans la région Tokyo-Yokohama-Shizuoka. La raison pour laquelle Tsuruoka et Inagawa pouvaient revendiquer ce patronage apparaissait dans la suite du télégramme. Il semblait que le gang eût amassé quelques 50 000 yens à l'occasion de constructions d'immeubles, réfections de routes et de rues, et autres travaux. Avec la rapide reconstruction des villes, des gangs de cette trempe pouvaient faire beaucoup d'argent. Et il ne s'agissait que d'une seule bande.

Ce n'était pas une simple affaire d'extorsion. Traditionnellement, les entreprises de construction étaient souvent difficiles à distinguer des gangs. Les deux groupes utilisaient le même mot, gumi (qui signifiait gang ou association), pour se nommer. Par ailleurs, les entreprises de construction exerçaient souvent, de leur propre chef, une influence politique. Dans les îles septentrionales d'Hokkaido, par exemple, Chiizake Usaburo, chef de *gumi* et entrepreneur de travaux publics, donna de l'argent au parti libéral, demanda à son journal de soutenir les communistes, et se présenta lui-même comme indépendant, le tout lors d'une seule et même élection. L'influence d'Usaburo se ferait sentir quel qu'eût été le vainqueur, et il pourrait sans aucun doute continuer à décrocher des contrats lucratifs de travaux publics.

Il arrivait bien sûr que des politiciens ne veuillent pas se compromettre avec les gangs ou que des hommes d'affaires refusent de se laisser rançonner. De tels refus entraînaient des incendies nocturnes ou d'autres attentats. Ces pratiques étaient si bien ancrées et si répandues que le S.C.A.P. demanda, mais en vain, à ce qu'il soit « fait pression sur le peuple japonais, afin qu'il cesse de payer tribut aux patrons et à leurs hommes ». De plus, le S.C.A.P. ne faisait rien pour remédier à cette situation. Entre 1945 et 1950, l'occupation se montra parfaitement incapable de protéger les Japonais des gangs. La 8e armée elle-même s'avéra incapable d'arrêter les sangokujin et en fin de compte rien ou presque ne fut fait pour brider le pouvoir des gurentai. Bien au contraire, les soldats américains apportèrent au marché noir un flot incessant de marchandises. Pourtant, pendant un temps très court, le S.C.A.P. s'attaqua pour de bon à la pègre.

Au mois de septembre 1947, il organisa un sous-comité oyabun-kobun, composé de représentants de quatorze sections de l'état-major du S.C.A.P. Fondé pour se renseigner sur les activités criminelles en général, le sous-comité put bientôt explorer les structures de la société japonaise. A la surprise de ces membres du S.C.A.P., le système oyabun-kobun n'était pas, on l'a vu, fondamentalement illégal. Des relations aussi innocentes que celles de propriétaire à gérant, de rédacteur en chef à journaliste et bien d'autres, ressortissaient à ce système, à la surprise du S.C.A.P. Le sous-comité publia, au bout de deux semaines seulement d'enquête, record administratif probable en temps de paix, un rapport complet sur la question. Les conclusions en étaient stupéfiantes.

Selon ce texte, 3 millions de travailleurs japonais, des 14 millions qui constituaient la main-d'œuvre entière du pays, obéissaient au système de l'oyabun-kobun. Les deux tiers d'entre eux travaillaient dans le secteur des travaux publics et le reste étaient manœuvres. Il fut d'autre part découvert que 20 000 travailleurs étaient littéralement confinés dans les mines de charbon de Hokkaido, sous un statut tout proche de la servitude. Selon un journal de Tokyo, les contrats de ces travailleurs les tenaient en virtuel esclavage et ils ne pouvaient espérer retrouver leur liberté qu'à leur expiration. Le sous-comité découvrit aussi que les oyabun combattaient les syndicats. Le contrôle du marché noir du riz leur servait de moyen de chantage pour obliger de nouveaux kobun à les suivre et à s'abstenir de se syndiquer.

Un autre rapport de la division de la sécurité publique reproduisit l'analyse du précédent, quant aux trois organisations principales de l'oyabun-kobun : les bakuto, les tekiya et le gurentai. Les deux rapports observaient que « de fréquentes pressions politiques empêchaient la police d'agir ». Ils concluaient que le système oyabun-kobun « étendu au secteur politique, contrôle le prix des biens de consommation courante, le mouvement des marchandises et remplit des fonctions locales de gouvernement par l'intermédiaire du système des licences et de celui de la collecte des impôts. Outre ces fonctions, les gurentai font régner la terreur sur un grand nombre de citadins dans les secteurs de la restauration et des loisirs ».

Le sous-comité découvrit aussi que la croissance des gurentai avait dépassé toutes les prévisions. Le rapport de la « Division de la sécurité publique » calculait que les deux citadelles de la puissance gurentai étaient Tokyo, où 7 400 kobun travaillaient pour 181 oyabun, et Kobé, où 6 400 kobun étaient subordonnés à 82 oyabun. Les gurentai, disait le rapport, avaient la belle vie, grâce au rançonnement de toutes sortes de petites et de moyennes entreprises qui leur assurait d'importants et permanents revenus. « La contribution moyenne exigée s'établirait entre 5 000 et 10 000 yens pour chaque établissement », notait le rapport de la D.S.P. C'était assez pour faire de ceux qui les encaissaient des hommes riches.

Les enquêteurs avaient aussi dénombré les tekiya. D'après la D.S.P., « ils s'étaient multipliés dans des proportions étonnantes, contrôlant 88 % des 45 000 éventaires de Tokyo et possédaient des intérêts minoritaires dans les 12 % restants ». Sous le nom de Roten Dogyo Kumiai, ou « Syndicat des négociants ambulants », leur organisation rassemblait 200 patrons, 4 000 membres de premier rang et 22 557 syndiqués de moindre importance, sous la direction de Kinosuke Ozu, « ruffian de la pire espèce ».

Ces rapports étaient plutôt exacts et proposaient de bonnes descriptions d'une criminalité impunie. Malgré tous les efforts de Kades pour attirer l'attention des autorités supérieures sur la question, il ne put parvenir à triompher d'un véritable blocage. Lorsque les documents relatifs à la question étaient transmis au Dai Hichi pour être soumis à MacArthur, ils ne dépassaient jamais le bureau de ses adjoints. De même, synthèses hebdomadaires et mensuelles se perdaient dans les antichambres. Il apparut bientôt clairement que le haut commandement américain n'avait nul désir de s'attaquer à la criminalité organisée, en dépit des efforts d'un homme comme Kades et de nombreux fonctionnaires. Ce n'était pas que la police japonaise y mît de la mauvaise volonté, c'était tout simplement que les Américains ne voyaient pas l'intérêt d'agir. Bien que de nombreux avertissements leur soient parvenus sur l'étroitesse des liens entre les yakuzas et les restes des groupes d'extrême droite – illégaux sous l'occupation – MacArthur apparemment se désintéressait de la question. L'inertie et une certaine démagogie furent deux des raisons qui escamotèrent le problème yakuza, mais il y en avait d'autres beaucoup plus troublantes.

Fondamentalement, certains responsables des forces d'occupation trouvaient commode de ne point gêner la droite japonaise. Les yakuzas en faisaient partie, beaucoup d'entre eux étant liés à des politiciens conservateurs qui s'échelonnaient du centre droit à l'ultranationalisme le plus dur. Les gangs étaient presque tous viscéralement anticommunistes et certains fonctionnaires du S.C.A.P. ne voyaient pas plus loin ; l'oppression qu'ils exerçaient sur une fraction non négligeable du peuple japonais n'était à leurs yeux qu'un regrettable effet secondaire.

Pourquoi tant d'indulgence ? L'extrême droite japonaise venait de plonger tout le Pacifique dans la guerre la plus inexpiable qu'il eût subie et les Etats-Unis étaient décidés à la faire payer au Japon, d'une manière ou d'une autre. L'histoire du changement de cap et de la constante amélioration des relations entre la droite japonaise, ses alliés yakuzas et les autorités d'occupation ne commence pas à Tokyo mais à Washington.

Le S.C.A.P. change de cap

Bien avant l'occupation, un débat très intense avait divisé le département d'Etat sur l'administration qu'il conviendrait d'imposer au Japon et au reste de l'Extrême-Orient, lorsque les Etats-Unis auraient gagné la guerre. Les diplomates s'étaient rangés en deux camps : les « Chinois » et les « Japonais ». Les premiers, disciples du magazine *Amerasia* étaient de gauche ou au centre. Les seconds se regroupaient autour du dernier ambassadeur des Etats-Unis au Japon, Joseph Clark Grew.

Sommairement, les « Chinois » voulaient faire de la Chine, et de la Chine de Mao, le pivot de la politique américaine en Extrême-orient. L'adversaire de Mao, Tchang Kai-Chek, avait au fil des ans suscité contre lui beaucoup d'antipathie dans les milieux de la gauche américaine, par sa corruption et son indifférence à l'effort de guerre contre le Japon. L'alliance de la Chine de Mao et de l'Amérique, raisonnaient ces stratèges, neutraliserait le Japon. Tokyo ne compterait plus comme puissance militaire, une fois débarrassé de son empereur et purgé de ses belliqueux partis de droite. Sous réserve de sa bonne conduite, le pays pourrait être admis au statut d'une sorte de Suisse extrême-orientale.

Les « Japonais », de leur côté, souhaitaient certes réduire le militarisme japonais et le réorienter, mais ils ne voulaient pas l'éliminer. Ils voulaient conserver au Japon les mêmes structures économiques qu'avant la guerre. Celui-ci, à leurs yeux, serait la position clé des intérêts américains en Asie et constituerait, face à l'Union soviétique, une ligne de défense. De même pourrait-il contribuer à contenir la menace que ne manquerait pas de représenter une Chine communiste, si Mao l'emportait.

La nomination de MacArthur à la direction de l'administration du Japon occupé, enchanta d'abord les « Japonais ». MacArthur, républicain, anticommuniste, était un conservateur idéal. Mais leur désappointement fut rapide, pour deux raisons. La première était que MacArtur avait été personnellement battu et humilié par l'armée japonaise aux ordres de l'extrême droite au pouvoir à Tokyo. La seconde était que MacArthur et son entourage n'aimaient pas les « Japonais » du département d'Etat et méprisaient leurs avis.

En fin de compte, MacArthur approuva, s'il ne les lança point, l'application au Japon de réformes qui, dans un contexte différent, auraient pu se définir comme anticapitalistes. En dehors de l'économie, certaines de ses décisions – l'établissement des Droits de l'homme, l'émancipation des femmes, la liberté de la presse, la suppression de la police secrète – ne pouvaient prêter à controverse, bien que les Japonais les aient souvent mal comprises. Mais en même temps, la promulgation d'un droit du travail, d'une réforme agraire et les essais de démantèlement des immenses combinats financiers japonais, les *zaibatsu*, soulevèrent la fureur des conservateurs américains.

Pendant les premiers mois du « proconsulat » de MacArthur, la droite japonaise connut des moments difficiles. Quelques zaibatsu furent obligés de se dissoudre. La *Kempetai*, ou police militaire, fut licenciée, comme la « police de la pensée ». Tous les prisonniers politiques, communistes inclus, furent relâchés et les exilés rentrèrent chez eux. Les « New Dealers » du S.C.A.P. encouragèrent le développement d'un véritable syndicalisme. En un an, les syndiqués atteignirent le chiffre de 5 millions, dix fois celui de l'époque précédente.

Il y eut aussi des purges. L'instruction initiale du S.C.A.P. ordonna l'incarcération des personnels militaire et politique de haut rang qui avaient dirigé la guerre. En outre, stipulait cette instruction : « Les partisans actifs du militarisme et de l'expansion nationaliste seront exclus des emplois publics et de toute position importante, publique ou privée. » Plus de 200 000 personnes furent touchées par ces mesures.

Les purges contredisaient le principe même de la démocratie et leurs victimes étaient condamnées sans preuve et sans jugement digne de ce nom. Mais dans la plupart des cas, la punition fut courte et bénigne. Dès 1947, le S.C.A.P. annonçait la nécessité d'y mettre un terme. Le retour à la normale, une normale d'où resterait banni le militarisme expansionniste, était d'autant plus souhaité que le Japon devait prendre sa place de pivot de la stratégie des Etats-Unis en Extrême-Orient.

La guerre froide commençait. Tchang Kai-Chek perdait du terrain en Chine et les Russes en gagnaient en Europe. Tout ce qui pouvait servir à renforcer la position américaine vis-à-vis du monde communiste apparut soudain bon et souhaitable. Dès 1948, les New

Dealers de la délégation gouvernementale, les Kades et T.-A. Bisson avaient démissionné ou avaient été mutés en Amérique. Les « Chinois » étaient discrédités et seraient bientôt blâmés pour la « perte » de la Chine.

Les Japonais de toutes obédiences furent quelque peu tourneboulés par ce brutal et apparemment arbitraire changement de cap. Plus tard, le terme *gyakkosu* ou inversion de cap fut forgé pour définir la volte-face américaine. Certains historiens l'ont cependant mise en doute ; d'après eux, les Etats-Unis n'avaient jamais eu l'intention de permettre une révolution au Japon. Mais le changement ne passa pas inaperçu dans le monde. Les Soviétiques, d'après un rapport de la C.I.A. en 1947, se persuadèrent que le Japon était sur le point de servir de base à une attaque contre l'U.R.S.S. Enfin, pour la gauche japonaise, le changement fut certainement sensible. Quelles qu'eussent été les déclarations, le S.C.A.P. craignait désormais bel et bien la gauche.

Il n'était pas le seul. Le gouvernement conservateur japonais dirigé par Shigeru Yoshida, aristocrate anticommuniste, était décidé, lui aussi, d'en finir rapidement avec la gauche. En avril 1949, le S.C.A.P. lui donna satisfaction par ce qu'on appela la « purge rouge ». Les syndicats et organisations de gauche furent tenus de s'enregistrer, au terme d'une ordonnance de contrôle des groupes organisés.

La cible réelle de cette purge rouge, du point de vue du S.C.A.P., était le Parti communiste japonais (P.C.J.), en qui les Américains ne voyaient pas seulement un fauteur de troubles civils, mais aussi l'instrument de l'U.R.S.S. De 8 000 membres en 1946, le P.C.J. était passé à 100 000 en 1949 et, de près ou de loin, le parti contrôlait la moitié des syndicats japonais. En dépit de cette croissance, l'influence politique du Parti communiste ne dépassa jamais 10 % des suffrages aux élections législatives. Pourtant, les responsables du S.C.A.P. s'alarmèrent tellement de son influence qu'ils envisagèrent de l'interdire. Sans aller jusque-là, une série de mesures fut prises contre lui, et, comme aux Etats-Unis, la situation légale de ses membres devint de plus en plus précaire.

Le Parti communiste était bien la première cible de cette réaction, mais une purge générale n'en fut pas moins déclenchée par un parti conservateur de plus en plus fort, contre quiconque le gênait ou était supposé constituer un péril pour lui. Les syndicats se virent en bute à une hostilité croissante, leurs chefs harcelés et agressés. Beaucoup de leurs adhérents les abandonnèrent. 20 000 fonctionnaires et instituteurs furent licenciés. La police multiplia les descentes dans les journaux, et les universités furent instamment priées de se débarrasser de leurs professeurs de gauche. Ce ne fut pas tout : le démantèlement des énormes combinats financiers comme Mitsui et Mitsubishi fut interrompu ; il fut décidé que l'empereur ne serait point jugé comme criminel de guerre. Les responsables du S.C.A.P. étudièrent des plans pour « limiter la puissance » des syndicats, et la politique de démilitarisation complète du Japon fut abandonnée pour irréalisme.

Pourquoi donc le S.C.A.P. était-il si empressé de répondre aux souhaits de la droite japonaise, ce parti pleinement responsable de la guerre qui avait coûté si cher aux Etats-Unis ? La raison en fut stratégique : il fut décidé d'utiliser cette droite japonaise pour préserver le Japon de la contagion marxiste, tandis que l'on continuerait de combattre le communisme sur le continent asiatique. Sous cette optique, il était impératif qu'une armée japonaise démobilisée, de près de 6 millions d'hommes (c'était la plus importante d'Asie), ne puisse causer le moindre risque aux intérêts américains. Mais la répugnance des militaires américains à réformer les structures sociales japonaises joua aussi son rôle. Le S.C.A.P. fit peu à peu porter ses efforts dans le sens d'une réduction du fardeau économique imposé aux Etats-Unis par l'occupation, résultat qui, selon lui, ne pouvait s'obtenir que par la stabilité et non point par la réforme de la nation japonaise. Enfin, les plus puissants des hommes d'affaires américains, dont beaucoup faisaient partie des hautes sphères du S.C.A.P., avaient hâte de partager un jour la prospérité d'un Japon reconstruit. La défaite du Japon leur avait en effet donné la chance historique d'influencer ou de contrôler l'un des plus grands systèmes industriels du monde.

La somme de ces motifs, ajoutée à l'instinct de conservation de la droite japonaise, ne rend pas surprenant le rejet de toute politique qui ne les aurait pas soutenus. Pour les Américains et les Japonais au pouvoir, le problème était de former une phalange royale qui servirait de bras séculier pour parer à la menace, réelle et imaginaire, que la gauche représentait à leurs yeux. Cette phalange fut composée de l'assemblage bien connu d'extrémistes de droite et de yakuzas.

Les gangsters et leur sale boulot

Aux antipodes, en Europe de l'Ouest, il se passait des événements étrangement similaires. En France, surtout à Marseille, la C.I.A. payait des gangs corses pour briser les grèves communistes de 1947 et 1950, et essayer de casser les reins du Parti communiste français. Comme le Japon, la France était en ruine. Le chômage était élevé, les salaires bas, la pénurie générale, et l'on vivait grâce au marché noir.

Alarmés par les progrès électoraux des communistes français et par l'expansion soviétique en Europe de l'Est, les responsables américains mirent rapidement en œuvre leurs plans pour le continent, et entamèrent une guerre secrète contre la gauche. Quelques mois seulement avant la grève de 1947 en France, l'administration Truman avait créé la C.I.A. et mis en place le plan de reconstruction européenne, connu sous le nom de plan Marshall.

Les petits gangs corses avaient l'habitude de se battre, comme les yakuzas, contre les gauchistes et les syndicats. Les fascistes français s'en étaient servis pour combattre les manifestants communistes au cours des années trente, et pendant la guerre, la Gestapo avait trouvé commode de les utiliser contre la résistance communiste. Mais plus significative encore fut, selon le journaliste Alfred McCoy dans son livre, *La politique de l'héroïne dans le Sud-Est asiatique*, l'alliance de la C.I.A. et de la bande corse. Tandis que la C.I.A. fournissait argent et armes à la pègre française, écrit McCoy, les Corses furent « en mesure de faire du Marseille de l'après-guerre la capitale de l'héroïne du monde occidental et de cimenter une association de longue durée avec les distributeurs de drogue de la Mafia. En une seule année d'opération avec la C.I.A., l'année 1950, les Corses ouvrirent à Marseille leurs premiers laboratoires de raffinage d'héroïne et commencèrent des expéditions qui déverseraient pendant les vingt années suivantes des tonnes d'héroïne dans les rues des grandes villes américaines. Cette véritable route de la drogue prendrait plus tard le nom de « *French connection* ».

Les Américains agirent de même au Japon, dès 1946, et déclenchèrent contre la gauche une guerre clandestine. Le major général Charles Willoughby, chef des services de renseignements de MacArthur depuis la guerre du Pacifique, la dirigeait. Willoughby et ses adjoints du service G-2 s'opposaient directement à la gauche japonaise par leur service de contre-espionnage, et indirectement en soutenant et finançant les nervis de droite ou yakuzas pour faire le travail. Pour mener ces opérations clandestines, le général usa des mêmes méthodes que les services américains employaient secrètement en Europe. Il recruta des individus qui, sans lui, auraient probablement été jugés comme criminels de guerre. Ainsi Willoughby parvint-il à soustraire à l'épuration du Japon certains officiers importants de l'armée et de la marine impériale. La plupart d'entre eux professaient des opinions d'extrême droite et leur attitude envers le communisme laissait bien augurer de leur emploi. Comme d'autres agents américains avaient facilité l'existence de nazis patentés, tels Klaus Barbie (« le Boucher de Lyon ») et le général Reinhardt Gehlen (chef des services de renseignements de la Wehrmacht en Russie), Willoughby recruta, par exemple, le lieutenant général Seizo Arisue, ancien chef des services de renseignements de l'état-major. Arisue et d'autres officiers furent incorporés à la section historique du G-2 et dans d'autres organisations secrètes. Outre la fourniture aux bureaux américains de renseignements glanés pendant des années, en Corée, en Chine et en Union soviétique, les recrues de Willoughby firent une seconde carrière dans l'espionnage et dans l'infiltration de la gauche japonaise pour le compte du G-2

Le major général Charles André Willoughby semble avoir penché très naturellement vers ce rôle de protecteur de l'extrême droite. De son vrai nom Adolf Weidenbach, né en Allemagne, Willoughby était surnommé par l'un de ses camarades « notre général Junker ». Son mentor, le général MacArthur, l'appelait, quant à lui, mon « adorable fasciste ».

Willoughby avait servi sous MacArthur à Manille et il s'y était lié à des phalangistes espagnols, partisans de Franco. Après la guerre, on le retrouva conseiller de Franco en Espagne et, parallèlement, engagé dans tous les combats de l'extrême droite américaine, notamment la croisade chrétienne de Billy James Hargis.

Willoughby ne cessait de découvrir des complots communistes, lesquels n'étaient pas tous imaginaires, ceux notamment qui impliquaient des bureaux de liaison soviétique. Mais sa paranoïa et son goût du drame brouillaient quelque peu ses perceptions. D'après l'un de ses anciens collèges, Kenneth Colton, de la délégation gouvernementale, Willoughby les submergeait de notes sur papier bleu – « les petits billets de Willoughby », selon ses collègues – qui étaient souvent tirés par les cheveux. Un autre vétéran du S.C.A.P. affirmait qu'il était « empêtré jusqu'au cou dans l'extrême droite ».

Il demeure difficile d'évaluer l'importance des activités secrètes de Willoughby et peut-être le sera-t-il toujours, puisqu'il est mort en octobre 1972 et que les chercheurs n'ont jamais pu découvrir un seul de ses dossiers personnels ; ils semblent avoir disparu.

Les erreurs de ses propres services ont dû souvent le gêner, car le plus grand désordre régnait au G-2. Un ancien officier de renseignement qui travailla sous les ordres de Willoughby s'en souvenait : « Nous aidions sans distinction tous les cinglés d'extrême droite qui se présentaient. La situation était si chaotique dans les années d'après-guerre que nos agents se marchaient sur les pieds. Cinq types différents suivaient le même Japonais, qu'ils payaient tous les cinq. Cela n'empêchait pas ces Japonais de n'en faire qu'à leur tête. On ne savait pas qui s'occupait de qui. »

Néanmoins, une série d'incidents hautement suspects discréditèrent à cette époque la gauche japonaise et spécialement le Parti communiste ; selon la plupart des observateurs, ils ressortissaient à la catégorie des « coups tordus ». Le plus fameux de ces incidents fut l'affaire Matsukawa. En août 1949, des saboteurs firent dérailler un train en gare de Matsukawa, faisant trois morts et de nombreux blessés. L'affaire allait devenir la plus célèbre des « causes célèbres » de l'histoire des tribunaux japonais. Dans une atmosphère empoisonnée par la politique, vingt ouvriers – tous communistes ou responsables syndicaux sauf un – furent accusés de l'attentat et condamnés. Leur cas prit les mêmes proportions que les affaires Rosenberg, Oppenheimer et Hiss aux Etats-Unis. Il y eut des comités de soutien, des manifestations, d'énormes campagnes de presse. Les preuves avancées contre ces hommes furent rejetées par la Cour suprême japonaise en 1963, mais la procédure légale traîna encore sept ans. En 1970, les accusés reçurent des dommages et intérêts du gouvernement japonais pour avoir été les victimes supposées d'une machination judiciaire.

On ne put jamais identifier les saboteurs du train de Matsukawa. Les services secrets américains et soviétiques en furent soupçonnés aussi bien que le Parti communiste japonais. Ils avaient tous de bonnes raisons d'organiser un incident de ce genre. Les avocats de la défense présentèrent une hypothèse qui a toujours la vie dure : les saboteurs auraient tous été membres d'une obscure troupe ambulante, la Nihon Shojo Kageki Dan (troupe de danseuses d'opéra japonais). Dans la plus pure tradition des opérations yakuzas de la branche tekiya, la troupe aurait fait une apparition surprise et pour une seule représentation à Matsukawa la veille de l'incident.

En dépit du scandale qu'il souleva, l'attentat de

Matsukawa ne représente qu'un incident parmi beaucoup d'autres demeurés aussi mystérieux qui, tous, affaiblirent le Parti communiste et le syndicalisme japonais. Des troubles constants agitaient les chemins de fer à cette époque où des licenciements massifs étaient déclenchés pour se débarrasser des responsables de gauche, dans le cadre de la purge décidée par les autorités d'occupation. Un mois avant le déraillement de Matsukawa, avait eu lieu l'accident de Shimoyama, où le président des chemins de fer nationaux était tombé devant un train. Pour beaucoup, le meurtre ne fit pas de doute et il fut imputé au Parti communiste. Un autre accident de chemin de fer, à Mitaka, quelque temps auparavant, aurait été, selon la rumeur publique, organisé par le même parti ; de même l'incident de Shiratori, où un policier avait été assassiné.

Il est possible que le Parti communiste japonais ait trempé dans l'une ou l'autre de ces affaires. Les communistes japonais livraient une violente bataille pour le contrôle du syndicalisme ferroviaire, et leurs chefs évoquaient sans gêne « l'inévitable » lutte armée qu'il faudrait bien mener dans le pays. Mais il aurait fallu que la direction du Parti perde à peu près la tête pour s'engager dans une politique de meurtres en série, alors qu'elle avait démontré un grand talent de manipulation des masses et d'organisation de manifestations. Le Parti communiste japonais ne connut jamais qu'une faible importance numérique, fût-ce à son apogée, laquelle, par parenthèse, coïncida avec le déclenchement des attentats rappelés ci-dessus. D'autre part il faut bien reconnaître que le G-2, si c'était lui qui les avait montés pour discréditer les communistes, n'aurait pu rêver plus grand succès : les procès et la publicité qui leur fut donnée, enflammèrent l'opinion contre le Parti communiste.

Il y eut au moins un cas où l'extrême droite japonaise et les services de renseignements américains furent pris la main dans le sac. Ce fut l'affaire Kaji qui commença à la fin de 1951. Un écrivain de gauche, nommé Wataru Kaji, fut enlevé par le G-2 et confié à la C.I.A. qui venait de naître. Willoughby jusque-là s'était obstinément refusé à autoriser la C.I.A. ou son prédécesseur l'O.S.S. à marcher sur ses plates-bandes. Le renseignement au Japon était l'affaire de l'armée. Kaji fut séquestré plus d'un an par la C.I.A., et peut-être torturé. On le soupçonnait d'espionnage pour le compte des Soviétiques, bien que l'ambassade américaine le présentât comme un agent double. Lorsque l'affaire vint au grand jour, les Japonais s'en scandalisèrent, car la détention de Kaji avait duré au-delà du mois d'avril 1952, date à laquelle leur souveraineté avait été officiellement restaurée. Par la même occasion, la presse découvrait l'existence d'une organisation japonaise d'espionnage qui avait collaboré avec les Américains dans cet enlèvement.

Ce groupe était l'un de ceux qui opérait sous les ordres de Willoughby et du G-2. Il portait le nom de son chef, l'ex-colonel Takushiro Hattori, ancien aide de camp du général Tojo. Son équipe, le Hattori Kikan, agence Hattori, comprenait une douzaine de colonels et 300 officiers de grades moins élevés. Un autre groupe, l'agence Cannon, du nom du colonel américain J. Y. Cannon, fut aussi accusée d'avoir participé à l'affaire Kaji, mais dans son cas, les preuves manquèrent. La moins connue peut-être de toutes ces officines fut l'agence Katoh, dont le nom était formé des initiales de cinq officiers japonais d'extrême droite. L'un de ses membres était le général Arisue qui avait été précédemment affecté à la section historique du G-2. Ce groupe était si discret que la délégation gouvernementale confia au major Jack Napier une enquête sur ses buts. Napier, à son tour, la confia au procureur général Tokyo qui poursuivit l'affaire. Un rapport, daté du 23 décembre 1948, établit un lien entre Arisue et le major général Willoughby. Un rapport postérieur indique qu'Arisue était employé par le G-2 et que « ses activités sont supposées concerner l'Union soviétique et les menées des "Rouges" au Japon ».

Katoh, Cannon et les autres groupes du même type opéraient sous le prétexte officieux de protéger le Japon de la subversion communiste intérieure et extérieure. Mais si les officiers au service de Willoughby apportaient un concours indiscutable aux opérations du G-2, ils n'étaient pas utilisables pour toutes les missions. Les « coups tordus » sont une chose, autre chose est de s'attaquer à des manifestations de rue et de briser des grèves. Le travail vraiment sale était confié à des anonymes, discrètement convoqués pour travailler à forfait. En 1947, par exemple, les Chinois de Yokohama se livraient à des exactions sur la population japonaise. Pour des motifs qui demeurent obscurs, le S.C.A.P. renonça à s'en prendre officiellement aux sangokujin. Un membre de l'agence Cannon, officier de marine coréen, fut chargé de les ramener à la raison. Il eut pour cela recours à un Nippo-Coréen, nommé Hisayuki Machii, qui au même moment s'était lancé dans l'organisation de ce qui allait devenir une des bandes les plus importantes des yakuzas, la Tosei-kai. En dépit de ce que les Chinois en cause fussent comme lui sangokujin, Machii commanda à ses hommes de s'armer de fusils et de mitrailleuses et de régler le problème. Une démonstration de force suffit et tout rentra dans l'ordre.

La puissance de Machii et ses relations avec l'agence Cannon pouvaient le rendre utile au G-2. L'oyabun vieillissant se présente aujourd'hui comme un honorable homme d'affaires ; pourtant, selon la police japonaise, il maintient des liens étroits avec ses anciens camarades. M. Machii n'accorde pas d'interview, mais son associé américain, l'ancien député de Californie Kenneth Ross, a déclaré aux auteurs de cet ouvrage que son associé japonais n'avait rien d'un bandit et que ses activités s'étaient limitées au patronage de démonstrations de force « anticommunistes du genre écrasement de syndicat, illégales au sens strict, mais officiellement approuvées par nos forces d'occupation ».

De tous les groupes qui accordaient ces « approbations officielles », le contre-espionnage du G-2 n'était pas le moins actif. « Il fallait être blanc comme neige pour entrer au contre-espionnage (C.I.C.) ; et, pour y rester, ne pas craindre de se salir », se souvient Harry Brunette qui fut agent du C.I.C. durant l'occupation. « L'appartenance au C.I.C. autorisait n'importe quoi. Le vol avec effraction pour s'emparer de documents ne devait pas faire peur. On se serait entendu avec le diable. » Il se rappelle les agents extéieurs de l'agence Cannon et consorts : « Presque toujours des linguistes, métis nippo-américains, rattachés directement au commandement du C.I.C. Ils n'apparaissaient dans nos bureaux régionaux que pour toucher leur paye et déposer des rapports scellés à l'intention de Tokyo. »

Il arrivait parfois aux agents du C.I.C. de mettre la main à la pâte. Le correspondant au Japon du *Chicago Sun*, Mark Gayn qui fut en poste de décembre 1945 à mai 1948, les décrit participant à la répression contre les syndicats. Dans le livre remarquable qu'il a consacré à ces années d'occupation, *Japan Diary*, Gayn souligne l'hypocrisie de la politique syndicale du S.C.A.P. Dès octobre 1946, il écrit : « Tandis que la Division du travail adressait de pieuses paroles aux chefs syndicalistes japonais, les agents du contre-espionnage dispersaient les manifestations de travailleurs. » De fait, le célèbre esprit de coopération des syndicats japonais a dépendu bien davantage des activités antisyndicales de certains responsables du S.C.A.P. que de la docilité naturelle des ouvriers japonais.

Dans leur campagne contre la gauche, ces responsables purent s'appuyer sur la puissance croissante de certaines organisations criminelles, qui étaient de nouvelles bandes ultranationalistes. Dans la pure tradition des premières bandes yakuzas de droite, elles s'étaient organisées, selon le système oyabun-kobun, pour le contrôle des marchés noirs, des chantages et extorsions de fonds en tout genre, mais leurs activités les plus remarquables étaient leurs opérations antigrèves et leurs attaques permanentes et souvent meurtrières contre les chefs syndicalistes et ceux des formations de gauche. L'idélogie de ces nouvelles bandes était en même temps anticommuniste, anticoréenne et anti-américaine. Malgré l'interdiction officielle du S.C.A.P., les bandes ne se gênèrent jamais, pendant la plus grande partie de l'occupation, pour attaquer les mouvements de gauche et les syndicats. La dissolution par les Américains, en 1946, de tous les groupes ultranationalistes et l'épuration de leurs chefs ne furent pas, et de loin, ressenties comme désastreuses par l'extrême droite. Le service responsable de l'application de cette décision de dissolution n'était autre que le G-2, lequel n'était pas seulement connu pour sa répugnance envers ce programme tout entier, mais aussi pour sa propension à utiliser les bandes pour ses propres opérations d'espionnage et d'affaiblissement de la gauche.

Dès 1947, la purge de la droite était au point mort. Au mois de mai 1948, Mark Gayn, déjà cité, résumait ainsi la triste situation : « A ce jour, l'épuration n'est plus qu'une comédie. On trouve des criminels de guerre au Parlement, au gouvernement, à la Cour impériale. Ils adoptent à leurs fins la nouvelle législation "démocratique" et dirigent l'épuration dans le sens qui leur convient. Les criminels de guerre "révisent" les manuels d'enseignement, contrôlent la presse, dominent la radio et le cinéma. D'anciens agents du « contrôle de la pensée », épurés et reépurés, ne cessent de réapparaître à des postes importants – avec l'encouragement fréquent des Américains.

En 1949, les principes finirent par rejoindre la réalité, lorsque le S.C.A.P. inversa officiellement la vapeur et décréta l'épuration achevée. Dès le début de la guerre de Corée, le S.C.A.P. levait les sanctions d'après-guerre pour 10 000 personnes et, dans les dix-huit mois suivants, 200 000 individus furent déclarés blanchis.

La fin officielle des purges grossit encore les rangs des bandes d'extrême droite. A la fin de l'occupation, on en dénombrait plus de 750. Ces nouvelles organisations se choisirent des noms qui rappelaient la grande époque de Mitsuru Toyama, dans les années vingt et trente. Ainsi, dès 1946, un patron de cercles de jeu fondait le nouveau et puissant Parti des masses. Pour faire pièce à la croissance du mouvement syndical, cet entreprenant chef de « parti » développa ses activités dans la répression antisyndicale et dans l'anticommunisme. La même année, un camion bourré d'hommes à lui, avec bandeaux et écharpes en sautoir se présenta au siège du Syndicat national des cheminots pour les persuader d'annuler une grève imminente. Peu après, un autre incident fit davantage de bruit. Deux membres de la bande s'en vinrent trouver Katsumi Kikunami, député communiste de la Diète et président du congrès des syndicats de l'industrie. Ils l'exhortèrent à user de son influence pour annuler un ordre de grève générale. Et pour mieux se faire comprendre, ils lui entaillèrent le front à la dague.

Devant pareilles violences, le S.C.A.P. se devait d'agir. En 1947, le Parti des masses eut ainsi l'honneur d'être la première organisation de droite de l'après-guerre à se trouver dissoute. Tant que dura l'occupation, cependant, de nombreux membres du Parti furent arrêtés pour jeu clandestin, extorsion de fonds, attaques à main armée, vol, meurtre, fraude et autres délits. Un autre groupe du même genre fut le bien nommé Parti japonais des farfadets ou Nihon Tengu To, beaucoup plus adonné au banditisme qu'à la politique. Il avait été fondé en 1945 et son siège était situé dans le quartier de Ginza, à Tokyo ; les plus importants de ses membres étaient des politiciens locaux et des joueurs. Son activité politique consistait notamment à placarder dans les lieux publics des affiches anticommunistes. Mais cette tâche s'avérant peu lucrative, les farfadets se consacrèrent à des travaux plus rémunérateurs : attaque d'un bureau de poste, cambriolage des entrepôts de cigarettes des forces d'occupation, extorsions, fraudes et vols divers, jusqu'à leur dissolution.

Les activités de l'extrême droite japonaise étaient vues d'un bon œil par certains responsables américains, mais cela n'impliquait pas pour autant que quiconque au S.C.A.P., pas même Willoughby, ait été désireux de se commettre en négociations avec des bandes de criminels et d'escrocs. Lorsqu'il avait besoin de nervis, le S.C.A.P. pouvait compter sur les nombreux « gros bras » de droite qui émargeaient au G-2. Mais si les officines clandestines contrôlées par Willoughby jouaient un rôle important, elles ne pouvaient pas tout faire. Le G-2 avait besoin d'un intermédiaire « général », de quelqu'un qui serait par lui-même une puissance et ne serait pas tenté de succomber à des sentiments anti-américains ; de quelqu'un de brutal, sans être trop perfide. Le S.C.A.P. avait cet homme.

Le G-2, la C.I.A. et M. Kodama

De 1946 à la fin de 1948, Yoshio Kodama languit à Tokyo dans la prison de Sugamo où étaient incarcérés de nombreux suspects qui attendaient de passer en jugement pour crime de guerre devant le tribunal militaire international d'Extrême-Orient. Kodama était classé A, désignation réservée aux hauts fonctionnaires, aux officiers de grade élevé et aux ultranationalistes. Le 23 décembre 1948, sept furent condamnés et les accusés de la classe, dont l'ancien Premier ministre Tojo et quatre officiers, furent pendus. Plusieurs heures après, seize autres accusés, dont Kodama, étaient libérés dans l'air froid de la nuit. Ce n'avait pas été le premier séjour de Kodama en prison, mais il fut pour lui le plus profitable. Au cours de ces trois années derrière les barreaux, Kodama écrivit deux livres, le premier : *J'ai été vaincu*, analyse boursouflée de sa vie politique et *Le journal de Sugamo*, vif et sensible compte rendu de sa vie en prison. En outre, et ce ne fut pas le moins important, Kodama y noua ou y fortifia de nombreuses amitiés parmi les politiciens de droite qui dirigeraient un jour le Japon. Lorsque Kodama sortit de Sugamo, il avait trente-sept ans et il entama aussitôt une nouvelle phase de sa carrière. Grâce à ses liens avec la droite, le Milieu et les services de renseignements américains, il allait devenir l'un des hommes les plus puissants du pays et le cerveau qui allait organiser l'ascension des yakuzas jusqu'au pouvoir politique.

Il était né en 1911, cinquième fils d'un gentilhomme malchanceux de la ville de Nihonmatsu. A huit ans en 1920, Yoschio fut placé en Corée, chez de lointains parents, où il souffrit beaucoup d'isolement et de surmenage à travers une succession d'emplois industriels particulièrement pénibles. Adolescent, le jeune Kodama, sensible à l'exploitation des travailleurs, pencha vers le socialisme, mais bientôt se convainquit que l'ultranationalisme pourrait résoudre ses problèmes avec ceux de la société. Piètre théoricien, il s'avéra bientôt un remarquable organisateur, excellant dans l'action violente.

A la fin des années vingt, Kodama s'engagea dans toute une série de groupements ultranationalistes, achevant notamment son éducation auprès du redoutable Mitsuru Toyama de la Société de l'Océan noir. En 1929, il rallia les rangs de la Tenkoku-kai (Association des fondateurs de la nation), crée par le docteur Shinkichi Uesugi et Bin Akao, l'un des plus célèbres et virulents extrémistes japonais. La Kenkoku-kai avait la réputation d'être le plus violent des groupes d'extrême droite. Avant de la rejoindre, Kodama avait essayé de soumettre à l'empereur un placet pour l'exaltation du patriotisme. La police l'arrêta avant qu'il puisse remettre son texte à Hirohito et il passa six mois en prison. Trois ans plus tard, il fondait la Dokuritsu Seinen Sha (Société de la jeunesse pour l'indépendance). Ce groupe collabora bientôt avec la Tenko-kai (Société pour l'action céleste) à un projet d'assassinat de plusieurs ministres, y compris le Premier, l'amiral Saito, en 1934. Le projet échoua, Kodama fut arrêté, mais n'encourut que trois ans et demi de prison.

Il fut relâché du pénitencier de Fuchu en 1937. Il avait donc passé six ans en tout dans des geôles diverses. « Pendant mes six années de prison, écrivit-il dans *J'ai été vaincu*, la droite avait été complètement châtrée cependant que les idéaux de réforme qui s'étaient fait jour partout dans le pays, depuis l'incident mandchou (1931) avaient été complètement détournés vers la politique extérieure. »

N'étant pas homme à négliger une opportunité, Kodama utilisa ses relations de droite pour s'introduire dans le monde de « la politique étrangère ». D'après le *Uyoku Jiten* « Dictionnaire de l'aile droite », Kodama, d'abord officier d'état-major, affecté au quartier général de l'armée, entra au service d'information du ministère des Affaires étrangères. Il participa plus tard aux opérations en Chine et dans les Indes occidentales, accrédité auprès de la marine, de l'armée de l'air et du ministre de l'Intérieur.

Les talents de Kodama furent reconnus par ses supérieurs et, de 1939 à la fin de 1941, il se livra dans toute l'Asie à la besogne d'agent de renseignements. Ses fréquents voyages entre la Chine et le Japon attirèrent l'attention d'agents américains, lesquels estimèrent bientôt qu'il organisait un réseau d'espions mandchous, qui s'étendait sur toute la Chine. Le 8 décembre, lendemain de l'attaque japonaise contre Pearl Harbour et l'Asie du Sud-Est, Kodama, alors âgé de trente ans, ouvrit boutique à Shanghai, point de départ des activités de la Kodama Kikan (agence Kodama), sous contrat exclusif de l'aéronavale japonaise. Il devait lui fournir des matériaux stratégiques nécessaires à l'effort de guerre.

Le travail de Kodama, en version japonaise, fut à peu près semblable à celui du Milo Minderbinder de *Catch-22* ; il achetait ici du tungstène, là des fusils, les revendaient, et manipulait d'énormes stocks de radium, de cobalt, de nickel et de cuivre. Il arrachait ces métaux à la Chine et à la Mandchourie, extorquant aux Chinois, les armes à la main, des prix ridiculement bas. Les bénéfices de ce trafic, qui frôlait le pillage, étaient gigantesques. Pour Kodama, cependant, son entreprise n'était rien de moins que morale, au contraire des activités de tant d'autres firmes soi-disant spécialisées dans le développement des territoires conquis. Son agence, d'après lui, « n'avait pas de but lucratif. Elle n'employait que des jeunes gens qu'animait l'esprit de sacrifice. Ce sont leurs efforts magnifiques qui m'ont permis de poursuivre mon travail ». Mais ces efforts désintéressés étaient sans doute payants, car, à la fin de la guerre, la Kodama Kikan était devenue une société financière géante, au capital de 175 millions de dollars en platine et diamants industriels, aussi bien qu'en argent liquide.

Kodama faisait travailler tant de jeunes gens « animés par l'esprit de sacrifice » qu'il trouva le temps de continuer son travail de renseignements. La section 8 de l'état-major installé à Shanghai, spécialisée dans le renseignement, lui confiait diverses opérations. En outre, il finançait l'action, à Shanghai, de la Kenpei Tai, la police secrète japonaise. Pourtant, les charges de son royaume industriel n'auraient pas dû lui laisser une minute. Dès le début des années quarante, la Kodama Kikan, d'après les services de renseignements américains, contrôlait le marché du fer, celui du sel, des mines de molybdène, des exploitations agricoles, des pêcheries et des usines secrètes de munitions, disséminées dans la plus grande partie de la Chine du Centre. Enfin, et cela un peu par-dessus le marché, il faisait de temps à autre l'intermédiaire dans des échanges d'héroïne contre du minerai.

A la fin de la guerre et à trente-quatre ans, Kodama, devenu contre-amiral, avait regagné le Japon ; il était conseiller du Premier ministre, le prince Higashikuni. Il usa de toute son influence pour adoucir les conséquences de la capitulation de son pays, mais les Américains ne s'en laissèrent pas conter. Au début de 1946, il fut arrêté, en même temps que d'autres compatriotes de haut rang, et incarcéré à la prison de Sugamo, en attendant de passer en jugement. Pendant ses trois années d'emprisonnement, il subit de minutieux interrogatoires sur ses opérations en Chine. Un très important rapport du mois de mai 1947 résume pour le G-2 les exploits de Kodama et conclut sur la nécessité de le maintenir en prison :

> « En bref, Kodama est un homme doublement dangereux. Son long et fanatique engagement dans les activités ultranationalistes marquées par la violence et son influence sur la jeunesse en font un homme qui, libéré, représenterait certainement une grave menace. En outre, selon toutes probabilités... son étroite coopération à l'effort de guerre japonais lui a fait acquérir une grande fortune qui lui permettrait de financer n'importe quelle activité... Il pourrait donc facilement devenir l'un des grands artisans de la reconstruction du Japon... Ses performances passées ne laissent aucun doute : il est de cette sorte d'homme que le G-2 juge plus dangereux

encore que les idéologues surannés ou les chefs d'entreprise qui ont soutenu l'effort de guerre japonais par patriotisme ou par intérêt... »

Et pourtant, comme beaucoup d'autres vétérans ultranationalistes, Kodama, non seulement ne fut pas jugé, mais ne fut même accusé de rien. D'après Alva C. Carpenter, chef de la section juridique du S.C.A.P., les suspects de crime de guerre de la classe A furent relâchés parce que le tribunal international avait acquitté d'autres civils et que la section juridique, s'attendant à l'acquittement de Kodama, renonça à déposer contre lui. Mais l'histoire serait trop simple...

En vérité, l'élargissement de Kodama dépendit d'un marché qu'il aurait conclu avec le G-2, de plus en plus obsédé par le communisme. Il aurait accepté de partager avec lui sa fortune et tous les renseignements qu'il possédait sur la Chine et sur la gauche japonaise. Peut-être avait-il déjà commencé de collaborer en prison avec les services américains ; il est au moins certain qu'il travailla avec eux, très vite après sa libération.

A sa sortie de Sugamo, Kodama avait déjà commencé les manœuvres qui aboutiraient bientôt à la création d'un puissant parti de droite, au gouvernement et en dehors de lui. Dès avant son arrestation, il avait confié l'administration d'une grande partie de sa fortune – des 646 suspects de crime de guerre, il possédait la deuxième fortune – à un autre cacique d'extrême droite, Karoku Tsuji. Officier d'occupation au Japon, Harry Emerson Wildes, dépeint Tsuji en ces termes, dans un rapport rédigé en 1946 : Tsuji est « l'homme-mystère de la politique japonaise », en raison de sa capacité à financer de dispendieuses campagnes sans aucun revenu connu. Il fut révélé plus tard que Tsuji avait utilisé le butin confié par Kodama pour financer la fondation du parti libéral. L'usage de cet argent devait nouer pour trente-cinq ans les relations les plus étroites entre Kodama et les conservateurs japonais au pouvoir. En 1955, le parti libéral fusionna avec le parti démocrate pour former le parti libéral démocrate ou P.L.D. qui n'a cessé depuis de gouverner le Japon. De ce jour-là, et pendant les vingt années suivantes, Kodama fut peut-être l'individu le plus puissant de ce parti de gouvernement.

Karoku Tsuji était lui aussi l'un des seigneurs de cette droite. L'un des principaux financiers du parti dominant avant la guerre, il avait aussi voix au chapitre dans l'opposition. En 1946, il avait soixante-neuf ans, mais il n'avait pas encore épuisé la satisfaction de s'entendre appeler l'Al Capone du Japon (tandis que Kinosuke Ozu n'était que l'Al Capone de Tokyo). Avant la guerre, Tsuji, de concert avec Mitsuru Toyama, parrain du Dragon noir, avait dirigé une bonne partie des bandes de nervis qui influençaient les élections à Tokyo. Tsuji et Toyama étaient des personnages capitaux de l'organisation que Harry Wildes avait surnommée « le Tammany Hall japonais », par comparaison avec la « machine » électorale du parti démocrate américain, « l'une des machines politiques les plus corrompues de l'histoire du Japon ». En 1946, le pouvoir de Tsuji n'avait fait que s'étendre, selon Wildes, dans le secteur du marché noir, celui du crime organisé et dans la vie politique de toute la région de Tokyo.

A sa sortie de Sugamo, Kodama se trouva pouvoir disposer de deux centres de pouvoir qui lui rendraient les plus grands services : les yakuzas et les services américains de renseignement. Il prouva bientôt son influence auprès des yakuzas par l'appui qu'il en recevait en toutes circonstances. En 1949, par exemple, il conduisit l'offensive des Meiraki-gumi contre les syndicats des mines de charbon de Hokutan. Ces unions de mineurs étaient les plus actives et efficaces de tout le pays et tous les détenteurs du pouvoir, Japonais et Américains, souhaitaient leur « alignement ». Mais l'assaut frontal dirigé contre eux échoua devant leur détermination à livrer combat et les hommes de Kodama durent se rabattre sur une tactique de dissensions internes qui ne connut pas grand succès.

En 1950, Kodama avait consolidé sa position d'intermédiaire obligé entre le G-2 et les principales organisations yakuzas. Un vieux chef de bande, patron à la retraite du gang Takinogawa de Tokyo, résumait ainsi, en 1984, le travail de Kodama : « Aucun de nous, les chefs de bande, n'avions beaucoup de relations avec le quartier général américain ; Kodama les avait pour nous. Son pouvoir devait beaucoup à son sens de l'argent, élément essentiel de toute influence Il ne se contentait pas d'en avoir beaucoup, il savait s'en servir. »

L'intérêt qu'il avait toujours porté au renseignement, élément majeur du pouvoir politique, devait aussi le servir. Et pourtant, sa première aventure connue avec le G-2 ne devait rien présager de bon, ni pour l'un ni pour l'autre. Kodama s'était engagé dans une opération d'espionnage du nouveau régime chinois, par l'envoi à Shanghai d'un navire-espion déguisé en navire marchand. Le G-2 l'avait sollicité de participer à l'affaire en raison de sa vaste expérience chinoise qui en faisait, en la matière, un partenaire de premier plan. Mais lorsque le *Shoshu Maru* vint s'amarrer à Shanghai, en janvier 1951, les Chinois soupçonneux s'en emparèrent presque aussitôt.

Malgré les objections du général Willoughby, la C.I.A., dès 1949, avait repris contre la Chine le travail des services de renseignement japonais. Après l'échec du *Shoshu Maru*, la deuxième aventure de Kodama en Chine pour le compte des Américains eut lieu avec la C.I.A. qui lui commanda une seconde opération maritime clandestine et lui remit 150 000 dollars pour faire sortir de Chine une cargaison de tungstène. Un ancien responsable de la centrale devait plus tard révéler que le navire n'était jamais arrivé au Japon. Kodama, dit-il, avait empoché l'argent et déclaré à l'ambassade des Etats-Unis que le bateau avait sombré.

D'aucuns pourraient penser que ces deux fiascos auraient pu inciter les services américains à laisser tomber Kodama. Il n'en fut rien. Ce fâcheux précédent inaugura au contraire de longues relations entre la C.I.A. et lui. Sa tactique envers elle n'avait rien d'original – depuis longtemps les conservateurs du monde entier l'utilisaient : il suffisait de crier « Au rouge ! » et les Américains payaient. L'utilisation des organisations criminelles et ultranationalistes japonaises par le

S.C.A.P. avait réduit la gauche sur la défensive, comme le recours de la C.I.A. aux bandes corses avait contribué à gêner le Parti communiste en France. Mais ces méthodes ont des effets secondaires indésirables. En France, les facilités consenties par la C.I.A. aux Corses leur permirent d'organiser la filière française et l'expédition aux Etats-Unis de cargaisons énormes d'héroïne. Au Japon, les conséquences de ces compromissions ne furent pas moins fâcheuses.

L'argent et les faveurs accordés à la droite japonaise et à ses alliés des gangs, par certains responsables américains facilita l'établissement dans les structures du pouvoir d'une corruption qui devait durer des dizaines d'années. Les yakuzas se taillèrent un rôle – par l'argent et par le muscle – dans la politique japonaise et devinrent plus forts que jamais. Ils se renforcèrent dans leurs rôles d'hommes de main et de briseurs de grèves, et cet accroissement de puissance leur permit de mettre la main sur des secteurs de plus en plus nombreux de l'économie, rançonnant le peuple japonais sans le moindre rapport avec les services fournis, tandis que les politiciens conservateurs disposaient avec eux d'une véritable armée privée.

Le colonel Kades l'avait pressenti, dans sa conférence de presse de 1947, lorsqu'il avait proclamé : « Ces combinaisons classiques et clandestines entre chefs de bandes, voyous et maîtres chanteurs, représentent le plus grand obstacle à l'objectif américain d'établir au Japon une démocratie véritable. » Il aurait pu aller plus loin : l'objectif des Etats-Unis n'était pas seul menacé ; la démocratie japonaise l'était au moins autant et continuerait de l'être à l'avenir. C'est un grand malheur qu'un mauvais usage du pouvoir par les Américains ait miné de la sorte l'établissement de la démocratie au Japon. Il n'est pas exagéré d'affirmer que l'occupation fut la providence des yakuzas. L'avenir allait leur appartenir.

NOTES

- La conférence de presse de Kades est tirée des dossiers du S.C.A.P., « Press Conference, Civil Information and Education Section », 19 septembre 1947, et des interviews de Kades, fin 1984-début 1985.

- La documentation pour le Sangokujin est basée sur Florence Rome, *The Tattooed Men* (1975) ; Kazuo Taoka, *Yamaguchi Gumi Sandaime : Taoka Kazuo Jiten* (La troisième génération Yamaguchi-gumi : autobiographie de Kazuo Taoka) (1973) ; et interviews de Kenji Ino et Goro Fujita, février-mars 1984.

- L'enquête de Shupak provient du S.C.A.P., « Public Safety Department *Oyabun-Kobun* System Report de la sécurité publique », 1948.

- L'histoire d'Ando est tirée de Mark Gayn, *Japan Diary* (1948), et Justin Williams, *Japan's Political Revolution under MacArthur* (1979), p. 14.

- Le compte rendu de l'enquête du S.C.A.P. sur les gangs se trouve dans « Report of the Oyabun-Kobun sub-committee », de la section gouvernementale, 25 septembre 1947 ; « Oyabun-Kobun Systems », 1er octobre 1947 ; et « Public Safety Division History », vol. I, p. 165-183. Utiles aussi sont les publications d'Harry Wildes, *Typhoon in Tokyo* (1954) et « Underground Politics in Postwar Japan », *The American Political Science Review*, vol. 42, 1948.

- Pour les réformes de l'occupation, Jon Livingston, *Postwar Japan* (1973), p. 10, 116, 142.

- Le *gyakkosu* est familier à presque tous les étudiants de l'occupation. Voir, par exemple, Williams, *Japan's Political Revolution...*, p. 51, 71, 208.

- La position du P.C.J. est tirée de I. I. Morris, *Nationalism and the Right Wing en Japan* (1960), p. 60 ; et Livingston, *Postwar Japan*, p. 75.

- Pour la description de la guerre secrète menée par la C.I.A. contre la gauche française, voir Alfred McCoy, *The politics of Heroin in Southeast Asia* (1972), p. 43-47.

- Le rôle, dans les années d'après-guerre, des services de renseignements américains dans le recrutement de gangsters et d'ultranationalistes japonais est basé sur des interviews confidentielles d'anciens membres du G-2 et, en partie, sur les documents suivants : John Dower, « The Eye of the Beholder », *The Bulletin of Concerned Asian Scholars*, octobre 1969, p. 16-25P

Ann Crittenden, « C.I.A. Said to Have Known in 50's of Lockheed Bribes », *New York Times,* 2 avril 1976 ; Tad Szulc, « The C.I.A.'s Activities in Postwar Japan », *Asahi Evening News,* 23 avril 1976 ; Omori Minoru, *Sengo Hisshi* (Histoire secrète de l'après-guerre), vol. 7 (1981).

- Les faits concernant Willoughby sont empruntés à Frank Kluckhorn, « Heideberg to Madrid – The Story of General Willoughby », *The Reporter,* 19 août 1952.

- Les renseignements concernant Matsukawa et les autres incidents sont empruntés à Chalmers Johnson, *Conspiracy at Matsukawa* (1972), surtout p. 4-5 et 377-381 ; Seicho Matsumoto, *Nihon no Kuroikiri* (Brume noire sur le Japon), vol. I et II (1974), surtout p. 224-225 ; Minoru, *Sengo Hisshi,* vol. 7, p. 195-199.

- Pour plus de détails sur l'affaire Kaji, voir Morris, *Nationalism...,* p. 220 ; et Johnson, *Conspiracy...,* p. 367-373.

- Pour plus de détails sur les divers organes secrets, voir les dossiers du S.C.A.P., groupe 331, Centre national de documentation ; Morris, *Nationalism...,* p. 221 ; *Shukan Bunshun,* 15 avril 1976 ; Ei Mori, *Kuroikikan* (Chambre noire) (1977), p. 26-35 ; Minoru, *Sengo Hisshi,* vol. 7.

- L'affaire Machii est tirée de Hisatomo Takemori, *Miezaru Seifu* (Le gouvernement invisible) (1976), p. 72.

- L'utilisation par le G-2 de groupes ultranationalistes est basée sur des interviews confidentielles d'anciens officiers de renseignements américains ; Delmer M. Brown, *Nationalism in Japan* (1955), p. 248 ; Morris, *Nationalism...,* p. 13, 68-69 ; Minoru, *Sengo Hisshi,* vol. 4, p. 144-146.

- La jeunesse de Kodama est essentiellement tirée de Yoshio Kodama, *J'ai été vaincu* (1951), et *Bungei Shunju,* janvier 1961. Voir aussi *Japan Times,* 12 juin 1977 ; et Morris, *Nationalism...,* p. 443.

- Les exploits de Kodama pendant la guerre sont tirés de *Yomiuri Shimbun,* 26 avril 1976 ; David Boulton, *The Grease Machine* (1978), p. 47-49 ; Jim Hougan, *Spooks* (1978), p. 415 ; et *Uyoku Jiten.*

- La citation sur Kodama est tirée du rapport du G-2, 24 mai 1947, à l'attention du colonel R. E. Rudisill.

- Pour le marché qu'auraient conclu Kodama et le G-2 voir le *New York Times* du 2 avril 1976 ; *The New Republic* du 10 avril 1976 ; et *Asahi Evening News* du 23 avril 1976.

- Sur Tsuji, voir le *Japan Times* du 26 juillet 1976 ; et S.C.A.P., section gouvernementale, « Memorandum for the record », d'Harry Emerson Wildes, 16 août 1946.

- Les divers exploits de Kodama, dont il est ici question, sont décrits dans *Japan Times,* 28 avril 1976 ; *New York Times,* 2 avril 1976 ; et Takemori, *Miezaru Seifu,* p. 130.

LES LIENS DE LA DROITE

Tandis que l'occupation arrivait à son terme, nombreux furent les Japonais, particulièrement ceux qui se situaient à droite, qui redoutèrent une poussée de la gauche. L'un des plus concernés par cette menace était Tokutaro Kimura, le puissant ministre de la Justice du gouvernement Yoshida.

Au début de 1952, Kimura attendait dans l'angoisse la signature au mois d'avril du traité de paix avec les Etats-Unis. Il réunit, pour discuter du futur, un groupe de conservateurs. Dans son livre, *La grande histoire de la droite*, l'historien Bokusui Arahara qui en faisait lui-même partie, décrit la scène qui eut lieu à Tokyo. Kimura s'adresse à ses collègues sur le mode prophétique :

> « Il est clair comme le jour que les communistes vont se soulever dans tout le Japon et qu'une révolution sanglante commencera. Je suis déjà informé qu'un gouvernement communiste doit être formé à Nagano.
>
> « Selon d'autres informations, la police est infiltrée par les rouges, et l'on compte de nombreux membres du Parti communiste parmi les officiers supérieurs de la réserve » (le corps de réserve fut l'ancêtre des forces d'autodéfense, autrement dit de l'armée). « En outre, en font partie de nombreux

individus qui, sans être membres du Parti communiste à proprement parler, se sont engagés à lui obéir. S'il en est ainsi, nous ne pouvons pas compter sur la police, et le risque est grand de voir la réserve devenir notre ennemi.

« Ne pourriez-vous rassembler des citoyens déterminés à combattre à outrance le Parti communiste pour préserver la politique nationale ? »

La supplique de Kimura obtint une réponse immédiate de son acolyte Nobuo Tsuji :

« Monsieur le ministre de la Justice, personne n'est prêt à risquer sa vie, sinon les joueurs, les rançonneurs et les voyous. Si les communistes se soulèvent, les discoureurs ne serviront à rien, lorsqu'il s'agira de combattre. Il n'est point d'autres combattants que ces garçons qui risquent leur vie pour leur patron. Hélas ! nous pourrions bien avoir du mal à les recruter, puisque ces patrons sont traqués et leurs bandes dispersées par la police d'occupation. »

Néanmoins, Tsuji crut pouvoir affirmer au ministre qu'il pourrait, si on lui en donnait les moyens financiers, organiser une unité spéciale d'assaut, composée de criminels, et que, selon lui, au moins 200 000 bakuto, tekiya et gurentai, dont il estimait généreusement le nombre total à plusieurs millions, pouvaient être considérés comme des combattants anticommunistes sûrs et dévoués. Kimura répliqua : « Oh ! 200 000 individus courageux pourraient se recruter, Dieu merci ! C'est providentiel. Si vraiment on peut y parvenir, la nation sera sauvée ! »

Là-dessus Kimura serra chaudement les mains de ses trois comparses les plus proches et conclut avec des larmes de joie : « Je vous supplie de travailler pour le pays, et je ne vous laisserai jamais manquer d'argent. »

Le ministre des sabres au clair

La réunion ne se déroula peut-être pas dans les termes mêmes qu'employa, pour en rendre compte, Bokusui Arahara, car celui-ci, ex-yakuza et pasteur protestant, était lui-même de droite, autant qu'écrivain. Mais d'autres sources, moins contestables, confirment la rencontre et la décision de mettre sur pied une force de 200 000 hommes. Celle-ci devait prendre le nom de Aikoku Hankyo Battotai ou « régiment patriotique anticommuniste du sabre au clair ». L'« Association japonaise de la jeunesse » ou Nihon Seishonen Zendo Kyo-kai, en formerait la première ligne, et Kimura projeta de faire prendre l'opération tout entière en compte par le gouvernement japonais. L'originalité de Kimura n'était pas de vouloir restaurer les vieilles relations entre la droite et les bandes, jusqu'au sein du gouvernement japonais, mais de vouloir le faire sous l'occupation américaine, et sans s'encombrer d'aucune précaution diplomatique. Il réussit, mais son succès fut dû, pour une bonne part, à la même politique conservatrice du S.C.A.P. qui permit à Kodama et à d'autres ultranationalistes de l'avant-guerre de reparaître au grand jour, de se faire élire à des postes politiques et de siéger devant le conseil d'administration des grandes entreprises. Comme l'avait fait Tokunami, quelque trente ans plus tôt, à la fin de l'occupation, Kimura avait tissé à travers toute la nation une nouvelle alliance nationale entre les partis de droite et les organisations criminelles. Il y eut cette chose extraordinaire que le plus haut magistrat du gouvernement se dépensât pour fédérer les bandes éparses des yakuzas en une seule puissante et cohérente force clandestine.

Kimura s'était fait connaître comme juriste. Il s'était établi en 1911, et d'avoué, il devint président de l'Association des juristes japonais. Pendant la guerre, il assura la direction de l'un des nombreux groupes ultranationalistes du pays, le Dai Nippon Butoku-kai (Société de la vertu militaire du Grand Japon), en même temps que des responsabilités secondaires au sein de l'Association impériale pour l'assistance à la jeunesse.

A la fin de la guerre, Kimura entra dans le gouvernement Yoshida, d'abord comme procureur général, puis comme ministre de la Justice, au mois de mai 1946, et cela pour un an, le temps que son passé le rattrape. L'ancien avoué conservateur fut déclaré criminel de guerre de la classe D et interdit d'emploi public. Il n'en souffrit pas trop, car il reprit sa carrière privée et se retrouva bientôt administrateur de deux firmes industrielles de Tokyo.

A l'été 1948, Kimura brûlait de revenir au pouvoir, et son ancien patron, le Premier ministre Yoshida, s'efforça de l'y aider. Hélas ! une enquête du S.C.A.P. sur son compte fut rien moins qu'élogieuse. « Les relations de M. Kimura avec le S.C.A.P. ont toujours été dominées par l'hostilité, k'insoumission et la défiance... Il n'est pas souhaitable qu'il occupe jamais aucun poste de responsabilité envers le peuple du Japon. » MacArthur en personne écrivit à Yoshida qu'il ne pouvait rien faire, « en dépit de la belle réputation d'intégrité personnelle dont vous me dites que jouit M. Kimura ».

Moins d'un an plus tard, en mai 1949, Yoshida revenait à la charge en faveur de Kimura : la reconstruction du Japon souffrait beaucoup d'être privé de ses talents. Kimura, affirmait Yoshida, n'était en rien un extrémiste de droite. Il n'avait fait que diriger la section d'escrime du Butoku-kai, poste qui lui avait été proposé « en raison de son excellente réputation civique, de sa passion de l'escrime et de sa collection de sabres lesquels n'avaient rien à voir avec le militarisme ou un quelconque sentiment d'agressivité ». Cette fois-ci Yoshida réussit, car le S.C.A.P. avait changé son fusil d'épaule, et des milliers d'ultranationalistes étaient réhabilités. Le 13 octobre 1950, Kimura retrouvait tous ses droits et le ministère de la Justice.

Le fossé ne fut jamais large entre ce ministère et le Régiment du sabre au clair, dont le nom, sans nul doute, avait été choisi par le fou d'escrime qu'était le nouveau ministre. Une fois en place, Kimura se consacra davantage à cajoler les principaux chefs de bande du pays qu'à son département ministériel. D'après Arahara, Kimura s'entendit avec le chef tekiya Eiji

Sekiguchi pour l'aider à mettre sur pied l'Union des colporteurs. Organisée à l'échelle nationale, cette organisation se montra toujours très loyale envers le ministre de la Justice. Kimura arrangea aussi la libération de « l'Al Capone de Tokyo », Kinosuke Ozu qui rallia le Régiment du sabre au clair. Il s'assura de même la reconnaissance de Kanbei Umezu qui fut sans doute le plus important des « parrains » de l'occupation. Umezu était en prison, Kimura l'en fit sortir. Là-dessus, il poussa les oyabun de Tokyo à créer une nouvelle association, la Nippon Kojusui-kai, dont il s'assura l'alliance pour combattre le communisme.

Kimura s'acquit le soutien du Milieu, mais à l'autre bout de l'échelle, il échoua. Le principal obstacle qu'il rencontra fut le Premier ministre Yoshida qui savait mieux que lui que les Américains, malgré leur soudaine tolérance envers les ultranationalistes d'autrefois, n'étaient pas pour autant décidés à laisser le Japon revenir à la situation de 1937. Plutôt consterné du zèle de son ministre, Yoshida liquida le Régiment du sabre au clair. Les choses se compliquèrent pour Kimura lorsque les fonds firent défaut ; l'argent qu'il parvint à lever était loin de suffire aux besoins réunis des activistes et des yakuzas. Kimura lui-même avait sa part de responsabilité dans le peu d'empressement des financiers éventuels. Dans les milieux du droit, il était surnommé « le Poisson sucré de Tamagawa », car il promettait souvent à ses collègues de les régaler de ce mets délicat et oubliait sa promesse. On le connaissait aussi sous le nom de « l'Approbateur vénérable, l'Homme sans résultat ».

Bien que bloqué dans ses plans d'armée privée, Kimura ne se tenait pas pour battu. En 1954, Yoshida le nomma à la tête de l'Agence nationale de défense, à charge pour lui de surveiller l'organisation des nouvelles forces d'autodéfense et de repérer et d'expulser les communistes de cette armée naissante. Kimura s'attirerait bientôt le nouveau surnom de « Joe McCarthy japonais ». Kimura, qui dépassa les quatre-vingt-dix ans, était donc un militariste invétéré. En 1953, il favorisa la constitution, sous le nom de Hoyu-kai, d'une coalition de 37 organisations d'extrême droite dont il se servit comme d'un groupe de pression. Un peu plus tard, il fut élu à la Chambre haute de la Diète. Une fois dans la place, il ne cessa de militer en faveur de certains points du programme conservateur : la souveraineté de l'empereur, l'abolition de la constitution de MacArthur et le renforcement de l'armée. Kimura ne fut pas, et de loin, le plus important parmi les réactionnaires de l'après-guerre. Il n'était que l'un des membres de tout un rassemblement d'ex-officiers, de vieux ultranationalistes, de jeunes réactionnaires, de chefs yakuzas, etc. Sa carrière publique, néanmoins, est un excellent exemple de la faiblesse de l'occupation et du nouveau Japon envers le personnel et les idées qui avaient conduit cette nation au désastre. L'échec de son Régiment du sabre au clair ne fut qu'une défaite tactique, d'autres relevèrent le drapeau.

Les années cinquante furent pour les Japonais une époque de changements rapides et radicaux. Le pays retrouva sa puissance industrielle, et ses structures sociales se transformèrent selon les conceptions des démocraties occidentales, sans pourtant que le Japon s'occidentalisât un instant pour de bon. Néanmoins, de grands changements bouleversèrent la société traditionnelle : de plus en plus de femmes se mirent à travailler en dehors de chez elles ; le syndicalisme se renforça ; il y eut régulièrement des élections, et l'ordre ancien perdit de son pouvoir sur les individus. Mais les zaibatsu, les immenses conglomérats financiers du Japon, regagnèrent presque toute leur influence passée sur l'économie nationale, et les conservateurs continuaient de gouverner.

Le traité de paix de San Francisco prit effet en avril 1952, et avec lui l'occupation prit fin officiellement, bien que de nombreux Japonais n'y aient vu qu'une formalité. En effet, ce traité, dès le départ, était quelque peu bancal : les trois principales puissances asiatiques, la Chine, l'Inde et la Russie avaient refusé de le signer, avec beaucoup d'autres nations asiatiques de moindre importance. En outre, la fin de l'occupation n'était que partielle, puisque les Américains conservaient des bases dans l'archipel et recevaient un mandat officiel pour l'administration directe de l'île d'Okinawa. Enfin, la constitution, d'inspiration américaine, demeurait en vigueur. Il ne fait guère de doute que la politique étrangère japonaise, et notamment envers la Chine et la Russie, demeurât étroitement liée à celle de Washington.

Mais en dépit de ce statut semi-colonial, le Japon n'était en rien une nation exploitée. Libérée du souci d'équiper et d'entretenir une armée importante, la nation put consacrer presque toute son énergie à l'amélioration du sort matériel de ses citoyens. Ce à quoi le Japon parvint au-delà de toute espérance ; renaissant de ses ruines en 1945, il était devenu, dès 1968, la troisième puissance économique du monde.

Politiquement, le Japon, depuis sa reddition, est gouverné par des conservateurs centristes. Malgré les progrès de la gauche, les conservateurs ne cessèrent de se renforcer dans les années cinquante. En 1955, le Parti libéral, qui avait été porté sur les fonds baptismaux par les commanditaires de Yoshio Kodama, fusionna avec le Parti démocratique et, sous la direction de Nobusuke Kishi, forma avec lui le Jiyu-Minshuto ou Parti libéral démocrate (P.L.D.). Le Parti socialiste sut monter de belles offensives contre les pouvoirs conservateurs, mais en dehors d'une brève période, d'avril 1947 à février 1948, il ne participa jamais au gouvernement. Quant au Parti communiste japonais, il fut tenu en échec par le conservatisme ancestral du Japon rural et par la puissance politique, économique et physique du Parti libéral démocrate allié à l'extrême droite.

En dépit de cette relative stabilité politique – relative par rapport à beaucoup d'autres nations d'Asie et aux vingt années précédentes de l'histoire du Japon – la confrontation de la droite avec la gauche multiplia les désordres publics dans ces années cinquante. Certains incidents, telle la contamination d'un bateau de pêche japonais au milieu du Pacifique par un essai nucléaire américain en 1954, provoquèrent à gauche de puissantes campagnes de protestation. La droite, pour sa part, manifestait contre l'Union soviétique, non sans de bonnes raisons : prolongation de l'internement des prisonniers de guerre japonais, occupation des îles Kouriles, harcèlement constant de la flotte de pêche japonaise.

Dans ces années cinquanten la gauche conserva dans l'ensemble le contrôle du syndicalisme. Elle dominait par exemple le Nikkyoso, le syndicat des instituteurs japonais et le Sohyo, ou « Conseil général des syndicats ». La droite, quant à elle, trouvait encore moins de soutien dans le peuple que le Parti communiste, mais les caciques réactionnaires du pays étaient loin de s'en émouvoir. Il existe d'autres voies pour arriver au pouvoir que celle du soutien populaire. Ils s'appuyèrent, comme ils l'avaient fait avant guerre, sur les patrons des comités électoraux ruraux, et, dans les villes, sur les organisations criminelles.

Lorsque Nobuo Tsuji, l'ami de Tokutaro Kimura, proclamait que les voyous se comptaient par millions au Japon, il exagérait, mais de peu. En 1952, des millions de gens demeuraient liés au système des marchés noirs et de l'oyabun-kobun, qui s'était développé sitôt après la guerre. L'amélioration de la situation générale provoqua le départ d'une grande partie de ces hommes vers d'autres occupations moins précaires. Ceux qui demeurèrent fidèles au système clandestin allaient former le noyau du nouvel empire yakuza. A partir de leurs citadelles d'Osaka et de Kobé, dans l'Ouest, de Tokyo et de Yokohama, dans l'Est, les malfaiteurs entreprirent de consolider leur puissance. Certaines bandes se distinguaient parmi les milliers qui grouillaient dans le pays. Dans la région de Kanto, autour de Tokyo, les noms des Kinsei-kai, des Tosei-kai et des Sumiyoshi-kai devenaient peu à peu familiers aux lecteurs de la presse de Kobé ; les Yamaguchi-gumi et les Honda-kai commençaient de surclasser leurs rivaux.

Tandis que le Japon se remettait de sa défaite, les gangs durent se reconvertir et passer du contrôle de l'indispensable à celui du luxe. Le marché noir disparu avec le développement du crédit et l'abondance des produits alimentaires, les yakuzas durent trouver de nouveaux champs d'action. Avant même l'avènement de la prospérité, ils découvrirent qu'il y avait beaucoup d'argent à gagner dans le superflu : drogue, prostitution et divertissement.

Pendant la guerre, le Japon, comme d'autres pays, avait découvert le pouvoir des amphétamines sur les soldats fatigués, et en avait produit des stocks importants. Les plus célèbres des utilisateurs militaires d'amphétamines furent les pilotes *kamikaze* (qui au moins ne souffriraient pas de la déchéance qu'entraîne l'abus de ces produits). Ces stocks de drogue furent distraits des entrepôts militaires, et, durant l'occupation, vendus aux démoralisés que la défaite de leur pays avait multipliés. Bien qu'avec le temps le moral des Japonais se fut amélioré, la demande d'amphétamines persista, mais elle dut se plier au rythme des arrivages et des saisies de la police. Les yakuzas en vinrent à monopoliser ce marché qui s'avéra extrêmement lucratif.

La prostitution tomba également sous leur coupe. Traditionnellement, la prostitution, sous de nombreuses formes, était respectable au Japon et ne relevait pas de la délinquance. Mais la fin de la guerre changea tout cela. Une situation économique désespérée fit vendre de nombreuses femmes aux yakuzas par leurs familles. Elles furent obligées de se prostituer dans les rues, et souvent à des clients américains. Le racolage et le proxénétisme furent enfin interdits en 1958 ; à partir de là, le vice organisé dans son ensemble tomba aux mains des yakuzas et de leurs associés.

Le jeu, d'autre part, échappa en partie aux bakuto, qui s'en virent au moins retirer la gestion exclusive. La plupart des jeux populaires furent légalisés, telles les courses de chevaux, les courses de vélo et, plus tard, les courses de hors-bord. Le gouvernement y trouva une source commode de revenus. Les bakuto en furent soudain réduits au trafic des tickets et des paris. Ceux qui avaient l'esprit d'entreprise se tournèrent vers l'exploitation du vice, notamment de la drogue et ouvrirent des bars et des restaurants. La prospérité apportant aux Japonais de l'argent et des loisirs, les divertissements rentrèrent en faveur, et les yakuzas entreprirent de s'assurer le contrôle de ce nouveau marché. Ils s'emparèrent des sports professionnels, de l'ancien sumo jusqu'au tout récent base-ball. Les théâtres, les cabarets et la foisonnante industrie du cinéma furent tous, à des degrés divers, colonisés par le Milieu.

La réaction du gouvernement au pouvoir croissant des yakuzas fut mitigée. La police, pour sa part, y répondit fermement. Descentes et arrestations se multiplièrent. Mais les politiques de haut rang, et notamment ceux de l'aile droite du Parti libéral démocrate, se souciaient moins de l'activité quotidienne des yakuzas que de faire alliance avec eux. Pendant toutes les années cinquante, l'extrême droite et les nouvelles organisations criminelles ne cessèrent, comme autrefois, de se rapprocher. A tel point qu'en 1959 le journal *Yomiuri* pouvait titrer un de ses articles : « Des bandes de voyous se transforment en organisations d'extrême droite. » D'après l'article, plusieurs de ces bandes avaient rallié les rangs de l'extrême droite pour échapper à la police, alors très active. Le plus important de ces trois « nouveaux partis politiques » était le Kokusui-kai, le groupe même qu'avaient fondé les associés de Kimura. L'article poursuivait : « Le patronage de ces trois organisations est assuré par le Parti libéral démocrate, et leur organisation est calqué sur la sienne... Elles sont anticommunistes et défendent avec ferveur le système impérial. »

La comparaison avec le Parti libéral démocrate était peut-être ironique, mais peut-être ne l'était-elle pas, car elle était très juste. Cette union de bandits et de militants d'extrême droite horrifiait la plupart des Japonais, mais d'autres, dont quelques-uns des personnages les plus puissants du pays, prospéraient de cette fusion. Les bandes jouaient un rôle essentiel dans l'établissement de plusieurs fortunes immenses et soutinrent de telle sorte certaines carrières politiques qu'elles les firent parvenir au sommet du pouvoir.

La majorité des Kuromaku

Le *kuromaku*, depuis la fin du XIXe siècle, est un personnage central de la scène politique japonaise, signifiant littéralement « rideau noir ». Ce mot vient du théâtre classique kabuki dans lequel un invisible tireur de ficelles intervient sur la scène en manipulant un rideau noir. Son sens aujourd'hui s'est étendu jusqu'à désigner les « parrains » qui opèrent derrière la scène. Presque toutes les organisations politiques en possèdent, mais le terme s'applique le plus souvent aux hommes de l'extrême droite qui font la liaison entre les yakuzas, le monde des affaires légales et la politique officielle. Le plus célèbre de ces kuromaku fut Mitsuru Toyama, doyen de l'extrême droite japonaise et chef de la Société de l'Océan noir.

Le Japon de l'après-guerre connut une véritable levée de candidats au poste de kuromaku. Les plus connus de ceux qui y parvinrent sont trois anciens de la prison de Sugamo, trois criminels de guerre de classe A : Yoshio Kodama, Yiochi Sasakawa et Nobosuke Kishi. Tous trois ultranationalistes d'avant-guerre, ils s'empressèrent de moderniser la droite japonaise et de s'en servir pour peser sur le monde des affaires et le Parti libéral démocrate.

Kodama avait passé la plus grande partie de la guerre en Chine comme fournisseur de matières premières à la marine impériale, trafiquant de marchandises de contrebande, de drogue à l'occasion, et principal opérateur d'un réseau d'espionnage. Toutes activités qui le conduisirent à Sugamo, d'où il fut tiré par les responsables de la section G-2 du S.C.A.P. décidés à utiliser ses multiples compétences. A peine élargi à la fin de 1948, il noua des liens solides dans les services américains de renseignement et reprit ses activités du côté de l'extrême droite.

Il avait à peine trente-quatre ans à la fin de la guerre et, avec un grand don d'organisation et un talent confirmé de théoricien politique, il possédait un grand charisme. Tout cela le destinait à prendre l'une des premières places dans l'extrême droite de l'après-guerre. L'historien Ivan Morris écrivait en 1960 : « Kodama est considéré comme l'une des éminences grises les plus influentes des milieux conservateurs et financiers. Il maintient des liens étroits avec d'anciens militaires et militants d'extrême droite... » Parmi ses nombreux associés dans le « Nouveau Japon », se comptaient le chef yakuza Karoko Tsuji, le Premier ministre Ichiro Hatoyama, le « courtier » politique Ichiro Kono et l'ultranationaliste Bin Akao. (Ce dernier fut mêlé de près, en 1960, à l'assassinat au poignard du chef socialiste Inejiro Asanuma et lui-même, tout récemment, se donnait l'étrange surnom de « Hitler du Japon ».)

Kodama avait été amené à la politique politicienne par Ichiro Kono avant la fin de la guerre et, dès la reddition de leur pays ils étudièrent ensemble les moyens de revenir au pouvoir. Pendant l'occupation, Kodama consacra une bonne part de sa grande fortune au Parti libéral et, en 1954, il fut l'un des grands électeurs du Premier ministre Hatoyama. Il était propriétaire d'une agence immobilière et de plusieurs journaux sportifs de diffusion nationale ; il possédait, soupçonnait-on, des intérêts dans une société de production de films, une équipe de base-ball et une compagnie de navigation. Il était en outre associé au contrôle des boîtes de nuit de Ginza dont l'ensemble était administré par son camarade briseur de grèves et patron du gang coréen, Hisayuki Machii.

Il renoua aussi avec les milieux du renseignement qu'il avait fréquentés pendant la guerre et s'adonna de nouveau à des opérations clandestines. En 1958, six ans environ après avoir quitté le G-2, Kodama émargea à la C.I.A., tandis que beaucoup d'affaires lucratives complémentaires contribuaient à l'enrichir. Il utilisa enfin pour son propre compte ses talents de briseur de grèves que l'organisation du général Willoughby lui avait permis de développer. Il loua donc directement ses services à des industriels désireux de se dégager des soucis superflus de main-d'œuvre – activité qui le maintint en contact étroit avec les patrons de la pègre.

Dans l'ensemble, il réussit auprès de tous ceux qu'il

fréquentait : politiciens, hommes d'affaires, yakuzas, activistes de droite, espions... De 1950 à 1970, il resserra ses liens avec la droite traditionnelle et il en forgea de nouveaux avec les conglomérats clandestins, dont l'importance ne cessait de croître. Kodama organisait, concevait, et maniait d'énormes sommes. Il payait des hommes politiques et des hommes politiques le payaient – sinon toujours en argent, du moins en faveurs et en services. Il n'était pas le seul à suivre cette voie ; l'un de ses anciens compagnons de cellule bâtit lui aussi une fortune telle qu'il parvint à influencer l'histoire du Japon de l'après-guerre.

La trajectoire de Ryoichi Sasakawa fut légèrement différente de celle de Kodama. Il accorda à l'argent une importance supérieure à celle de la loyauté envers les idéaux. Mais les deux hommes avaient les mêmes racines et ne cessèrent d'évoluer dans les mêmes cercles. Sasakawa, avant la guerre, ne se contentait pas d'être ultranationaliste il admirait Mussolini et sa milice privée, et portait des chemises noires à l'imitation des fascistes italiens. L'un de ses plus chauds partisans était un jeune activiste nommé Yoshio Kodama.

Sasakawa fut enfermé à Sugamo pour trois ans, en 1945. Il y partagea, un temps, une cellule avec Kodama. Et ce fut là qu'il apprit une leçon qu'il n'aurait garde d'oublier : cultiver les Américains. Mais il ne parvint pas à séduire tous les Américains du S.C.A.P. Si bien que le dernier rapport établi sur son compte par les autorités pénitentiaires précisait : « Pour résumer, Sasakawa est un homme qui semble représenter une menace certaine pour l'avenir politique du Japon... Il a soutenu sans hésitation un pouvoir militariste et xénophobe pendant plus de vingt ans. C'est un homme d'argent, sans scrupule quant à son emploi. Le pouvoir l'obsède. Tout lui est bon pour y parvenir. »

Ce rapport ne fut guère suivi, car Sasakawa agit exactement comme il le prévoyait. Il travailla sans trêve à établir de bonnes relations avec l'étranger, se liant d'amitié dans le monde entier avec des dictateurs de droite et des ministres de même tendance. Il découvrit bien vite, une fois partis les hommes du S.C.A.P. qui avaient le cœur à gauche, que les Américains, après tout, n'étaient pas si mauvais garçons. Il fit des voyages aux Etats-Unis, répandant ses largesses sur des Américains influents, en vue d'avantages personnels et politiques.

Sasakawa entama sa nouvelle vie d'opportuniste dès la prison de Sugamo, où il tira des plans pour se lancer à grande échelle dans les affaires de jeu. Sorti de prison en décembre 1948, il approcha plusieurs gouvernements régionaux du Japon. Accepteraient-ils, leur proposa-t-il, de partager avec lui la recette de courses de hors-bord ? Ils ne furent que trop heureux d'accepter. Là-dessus, Sasakawa bâtit en trente-cinq ans un énorme empire à partir de sa société, l'Association japonaise pour les courses de hors-bord, laquelle organise les courses, gère les stands, entretient les bateaux, paie les pilotes, contrôle les guichets de pari mutuel et touche tous les bénéfices. En 1980, le chiffre d'affaires de l'association était de 7,4 milliards de dollars, six fois plus important que celui du produit national de nombreux pays. En même temps, Sasakawa s'imposa aux bandes bakuto. Il se vantait publiquement d'être le compagnon de boisson du principal parrain japonais, Kazuo Taoka, chef de la Yamaguchi-gumi. Dans la plus pure tradition kuromaku, Sasakawa était aussi médiateur auprès des bandes yakuzas. Enfin, comme son compagnon de geôle, Kodama, il employait des équipes entières de rançonneurs, dont les activités lui permettaient de multiplier les investissements douteux.

Il avait aussi repris ses activités politiques, prenant grand soin de s'adapter à la nouvelle société japonaise. Son organisation d'avant-guerre, par exemple, le Kokusui Taishuto, ou Parti patriotique du peuple reçut le nom, après la guerre, de Zenkoku Kinrosha Domei ou Ligue des cols blancs de tout le Japon. Sasakawa jugea aussi utile de conclure des alliances avec des politiciens de droite étrangers. Il fut parmi les fondateurs de la Ligue anticommuniste des peuples d'Asie et de sa filiale, la Ligue anticommuniste mondiale, aux côtés de Syngman Rhee et de Chiang Kai-Shek. En 1963, il devint conseiller auprès de la branche japonaise de l'Eglise de l'unification du révérend Sun Myung Moon, connu au Japon sous le nom de Genri Undo. Moon et Sasakawa rassemblèrent quantité de groupes d'extrême droite dans une émanation de la Ligue anticommuniste mondiale, nommée Kokusai Shokyo Rengo, ou Fédération internationale pour la victoire sur le communisme, dont il assumait en même temps la présidence et la direction effective. Conseiller et bailleur de fonds permanent des droites japonaises, il se targuait en 1970 de l'allégeance à sa personne de quelque 8 millions de Japonais.

Ce chiffre énorme incluait cependant les effectifs entiers d'organisations beaucoup plus attachées à la défense des traditions japonaises qu'à la politique proprement dite ; fédérations de karaté, par exemple, ou troupes d'escrimeurs-danseurs. En même temps, Sasakawa n'hésitait pas à déborder du terrain idéologique. Il se lança dans des activités « d'intérêt général »,(assurant notamment la promotion de l'hydrologie), pêle-mêle de thèmes écologiques devenus très populaires. Il achetait aussi d'énormes tranches d'émissions télévisées pour exhorter les jeunes à honorer leurs parents et veiller à la propreté de la planète. Il imposa encore pendant trente ans sa propre image aux Japonais à travers des centaines d'interviews, de portraits, d'entretiens, d'images qui présentaient son visage souriant, et rappelaient au pays tous ses bienfaits. « Il y a longtemps, dit-il un jour, Kodama était à mes côtés, avec beaucoup d'autres durs. J'étais leur chef. Aussi me jugeait-on comme un réactionnaire. Mais je ne suis pas réactionnaire, je suis humanitaire. » En 1974, cependant, le magazine *Time* rapportait de lui cette vantardise répétée : « Je suis le fasciste le plus riche du monde. »

Les deux noms de Kodama et de Sasakawa devaient un jour symboliser la face sombre de la vie politique japonaise. Les deux hommes exerçaient une influence considérable sur le Parti démocrate libéral. Ils avaient leur mot à dire sur la nomination de tous les ministres et celle même du Premier ministre, ainsi que le prouva Kodama lors de l'ascension de Nobosuke Kishi, le troisième grand de Sugamo.

L'histoire de Kishi est de bien des points de vue la plus extraordinaire des trois. Il entra en politique vers 1930, dans la suite du fasciste Ikki Kita dont l'influence était grande. Une dizaine d'années plus tard, c'était un homme de gouvernement. Le vrai fief de Kishi fut le Mandchoukouo, l'Etat-croupion inventé par les Japonais après leur conquête de la Mandchourie. De 1936 à 1939, Kishi occupa le deuxième rang de la hiérarchie civile de ce semblant d'Etat, bien que, selon certains, il fût le chef de la province. Il se maintint en place à l'aide des extrémistes et des gangsters accourus participer au « développement » du Manchukuo. Après avoir quitté la province, Kishi continua d'occuper les fonctions de ministre du Commerce et de l'Industrie, et de vice-ministre des Munitions dans le cabinet de guerre de Tojo.

Kishi était considéré par les Américains comme un criminel de guerre classe A, mais il quitta Sugamo avec Kodama et tous ceux qui furent mystérieusement relâchés le 23 décembre 1948. Kishi opéra alors un retour spectaculaire sur la scène politique. Il fut disculpé en 1952 et fit immédiatement son entrée dans la politique. En s'alliant avec des personnages clefs de l'extrême droite, à l'intérieur même du gouvernement, et grâce à une série de manœuvres adroites, Kishi occupa bientôt le devant de la scène. Il devint secrétaire général du P.L.D. en 1955 et fit des pieds et des mains pour devenir vice-Premier ministre sous le successeur de Yoshida, Tanzan Ishibashi. Mais lorsque Ishibashi dut démissionner au bout de trois mois pour raisons de santé, Kishi ne connut plus de bornes. Soutenu par l'argent et l'influence de Kodama, il se lança dans la course au poste de Premier ministre. Lorsqu'il prit ses fonctions, en mars 1957, il occupait le poste le plus élevé du pays, cinq ans seulement après avoir été blanchi, et neuf ans après avoir été lavé de l'inculpation de criminel de guerre. Cette assistance mutuelle entre les anciens de

Sugamo allait marquer la politique électorale du Japon, au cours des années à venir.

Kishi réussit à faire revenir sur le devant de la scène toute une galaxie d'extrémistes d'avant-guerre et d'associés yakuzas. Parmi eux, deux noms célèbres : Ichiro Kono et Bamboku Ohno. Kono avait son mot à dire dans nombre de décisions importantes du P.L.D., dont la nomination du Premier ministre Kishi et son successeur, Eisaku Sato. Kono lui-même était ministre de l'Agriculture et membre élu de la Diète. C'était aussi un frère à la vie et à la mort d'Yoshio Kodama.

Peut-être plus dangereux encore dans l'alliance extrémiste, était Bamboku Ohno, ultraréactionnaire, contrôlant une faction du P.L.D. Appuyé par Kishi et Kodama, Ohno assuma le poste de secrétaire général du Parti, où il demeura jusqu'à sa mort en 1965.

En 1963, Ohno révéla publiquement ses liens en s'adressant à un rassemblement de yakuzas de Kobé. C'était à l'occasion d'une réception en l'honneur Katsuichi Hirata, parrain du Honda-kai, sous-groupe du Yamaguchi-gumi. Plus de 2 500 personnes avaient envahi le somptueux club *Shin-Seiki* pour entendre Hirata prêter serment. Ohno arriva pour s'adresser à la foule ; il était accompagné de six gorilles portant costumes noirs et lunettes de soleil. Dans un vibrant discours, le secrétaire général déclara à l'assemblée que le *ninkyo*, ou chevalerie, faisait partie des meilleures traditions japonaises, et que cette tradition était maintenue vivante par le gang du Honda-kai. « Les politiciens, dit Ohno, et ceux qui respectent les règles de la chevalerie (yakuza) ont des occupations diverses. Mais ils ont un point commun : leur dévotion aux principes du giri et du ninjo. ... Je prie, dit-il en conclusion, pour que vous vous efforciez de suivre la voie de la chevalerie, de façon à rendre meilleurs la société et votre pays. » Il entraîna la foule à acclamer l'empereur *(banzai)*, et reçut une fantastique ovation. Les invités furent ensuite reçus par une armée de geisha.

Ohno et Kono n'étaient que les membres les plus en vue de la droite à être aidés par le régime Kishi. Nombreux, par exemple, furent les membres de la clique mandchoue de Kishi qui reçurent des postes. Pendant trois ans, de 1957 à 1960, Kishi renforça la position de l'extrême droite du P.L.D. et alimenta la haine contre la constitution. Il ne négligeait pas non plus le futur : le plus jeune membre du cabinet Kishi était Yasuhiro Nakasone, membre de la faction Kono et protégé de Kodama, avec lequel il partageait un secrétaire-conseiller. Vingt-deux ans plus tard, en 1982, Nakasone le Faucon devenait Premier ministre du Japon avec l'aide de Kodama, ce qui n'avait rien d'étonnant.

Mais malgré l'influence que Kishi semblait avoir sur la droite et sur le Premier ministre, il rencontra, au cours de son ministère, une opposition furieuse, issue d'un secteur inattendu, la gauche estudiantine.

La bataille de l'Ampo

L'année 1960 marqua le début d'une période prolongée de manifestations violentes et de conflits qui détérioreraient les relations du Parti libéral démocrate avec le pays, menaceraient brièvement les relations du Japon avec les Etats-Unis, mais démontreraient que l'appui du Milieu et des extrémistes de droite était plus nécessaire que jamais au pouvoir.

Les Américains voulaient renégocier le pacte de sécurité mutuelle qui les liait au Japon. Le pacte primitif, étroitement inspiré par le traité de paix, stipulait l'occupation par les Américains de plusieurs bases en territoires japonais, mais sans engager le Japon aux frais de leur entretien. En outre, les Etats-Unis étaient tenus de secourir le Japon si celui-ci était attaqué, mais le Japon n'était pas tenu à la réciprocité. Le gouvernement Kishi tenait beaucoup à ce que la révision de ce pacte fût rondement menée et ratifiée, mais certaines dispositions du traité étaient de nature à soulever l'hostilité de très nombreux Japonais, non seulement à gauche, mais aussi au centre.

Le projet de pacte autorisait les forces américaines au Japon à détenir des armes nucléaires ; or, après Hiroshima et Nagasaki, la sensibilité japonaise était à vif sur ce sujet. Le projet prévoyait aussi que les Américains pourraient intervenir sur le territoire même du Japon, à la demande du gouvernement japonais, et les partis de gauche étaient persuadés que cette disposition les visait. L'intérêt fondamental des Etats-Unis n'était que la prolongation de leurs anciens soucis d'occupants : se protéger des communismes chinois et soviétique et maintenir dans leur orbite le Japon lui-même. Mais ces objectifs ne rencontraient pas nécessairement l'approbation unanime des Japonais.

Au printemps 1960, un grave incident international détériora les relations. Le 1er mai, l'Union soviétique abattit un avion américain de reconnaissance de type U-2 en territoire russe. Bien que cet avion-espion eût décollé d'une base située au Pakistan, le Japon abritait une autre base fort importante de ces avions U-2, la base d'Atsugi. Les Japonais, déjà opposés au stationnement de forces américaines sur leur sol, considérèrent que ces avions représentaient un véritable aimant pour les bombardiers soviétiques.

Mais avant même l'incident de l'U-2, une opposition fondamentale au pacte de sécurité s'était développée au Japon. Dès le mois de mars 1959, une vaste coalition s'était formée, sous le nom de Conseil du peuple, contre la révision du traité de sécurité ou *Ampo Joyaku Kaitei Soshi Kokumin Kaigi*, le plus souvent appelé *Ampo*. Cette coalition rassemblait toutes les organisations de gauche et du centre, plus quelques autres encore. On y trouvait les syndicats ouvriers, les syndicats d'enseignants, les organisations féminines et tous les groupes marxistes : l'éventail s'en étendait de la Ligue des anarchistes japonais jusqu'au comité exécutif de l'Association des chorales du Japon, mais les troupes de choc de l'Ampo provenaient surtout de l'immense concentration étudiante, rassemblée à Tokyo et du mouvement gauchiste Zengakuren.

La riposte de la droite fut rapide, et bien vite la vieille alliance démontra sa valeur. Selon un journal de l'époque : « Pour contrer les manifestations de la gauche contre le pacte de sécurité, les organisations de droite patronnèrent une série de meetings publics en faveur du pacte. Et notamment, le 25 juillet 1959, une réunion du Parti patriotique à la salle des fêtes de Hibya et, au même endroit, le 25 septembre, une réunion du Matsuba-kai ou Association de l'aiguille de pin, bande yakuza des plus puissantes.

L'apparition des yakuzas dans la campagne fut le premier signe de la détermination de la droite à ne pas se contenter d'influencer l'opinion publique. Par eux-mêmes, les partis de droite et les yakuzas ne pouvaient rien sur le public qui, dans sa grande majorité, soutenait l'opinion de gauche. Mais les démonstrations de l'Ampo inquiétaient les industriels conservateurs et leurs soutiens politiques. Kishi, notamment, avait attaché son avenir à la ratification du traité et n'était pas disposé à laisser la gauche y faire obstacle.

Le 19 mai 1960, tandis qu'un ensemble impressionnant de manifestations organisées par l'Ampo secouaient le pays, le Parti libéral démocrate prit l'extraordinaire décision d'interdire l'entrée du Parlement aux socialistes et d'imposer la ratification du traité, dont la signature devait avoir lieu au mois de juin, lors d'une visite officielle du président Eisenhower. Les manifestations ne prirent pas fin pour autant. Le gouvernement fut bien obligé de prendre l'Ampo au sérieux. Si le traité entra bel et bien en application, il n'en demeurait pas moins nécessaire de réduire les manifestants au silence ou de les contenir.

A la suite de la ratification du 19 mai, les événements s'étaient précipités. Les heurts étaient fréquents entre les manifestants et la police ou les hommes de main de la droite. Mais on s'était efforcé, des deux côtés, d'observer une relative modération, de telle sorte que ces échauffourées n'avaient pas entraîné mort d'homme. Cependant, Kishi et son entourage redoutaient que leur police et ses supplétifs officieux ne puissent à la longue contenir les manifestants de l'Ampo. A la veille de la visite d'Eisenhower, la direction du Parti libéral démocrate accomplit un véritable saut dans le passé : elle s'adressa à la pègre dans l'espoir de former avec elle une armée de réserve, amalgame de yakuzas et d'extrémistes de droite.

L'initiateur de l'accord entre le P.L.D. et le milieu fut Yoshio Kodama qui en avança l'idée et persuada les politiciens qu'elle était réalisable. Alors, le P.L.D. envoya un émissaire, Tomisaburo Hashimoto, président du comité « Bienvenue à Eisenhower » à une réunion des gros bonnets de la pègre. Hashimoto entra là en relation avec des yakuzas de premier rang : Kakuji Inagawa, patron de l'immense Kinsei-kai ; Yoshimitsu Sekigami, oyabun du Sumiyoshi-kai de Tokyo ; Kinosuke Ozu, « l'Al Capone de Tokyo » et patron des tekiya de la capitale. Tous lui promirent leur aide. Pour assurer la cohésion de l'alliance, Kodama en demeura la cheville ouvrière. La situation devait avoir pour lui tous les traits d'une renaissance : une fois de plus, comme avant la guerre, le gouvernement du Japon faisait appel à une armée clandestine. Tout se passait comme si la Société du dragon noir elle-même était ressuscitée.

En un sens, le gouvernement n'avait pas le choix. Einsenhower était attendu le 21 juin et il devait faire le trajet de l'aéroport au centre de Tokyo dans une voiture découverte au côté de l'empereur. L'idée que la voiture pût être attaquée horrifiait les responsables de ce défilé. Pour parer à toute manifestation d'hostilité, les autorités prévurent la mobilisation de 18 000 policiers – de quoi poster un homme tous les deux mètres le long de la route. La police de Tokyo ne disposait que de 15 000 hommes, aussi fut-il décidé de réquisitionner des policiers d'autres villes, distantes parfois de plusieurs centaines de kilomètres de la capitale. Enfin le Parti libéral démocrate imagina d'avoir recours, en outre, à des renforts exceptionnels.

Trois groupements de droite furent invités à fournir des troupes. Le premier, le Conseil du nouveau Japon, fondé en 1958 par Kishi en personne et dirigé par Tokutaro Kimura, fut chargé d'acheminer sur les lieux des manifestants non violents, brigades d'acclamation, qui applaudiraient Eisenhower. Le Conseil des organisations patriotiques du Japon, mélange d'extrémistes et de malfaiteurs, devait fournir des troupes de choc. Enfin, était mise en réserve la Ligue japonaise des vétérans qui, parmi ses 300 000 membres, comptait plusieurs des responsables ultranationalistes de la guerre.

Koji Nakamura, vétéran de la presse de Tokyo, décrivit en ces termes, dans la *Far Eastern Economic Review*, l'état définitif des préparatifs du 21 juin :

« Kodama persuada les chefs yakuzas des organisations de joueurs professionnels, de maîtres chanteurs, de marchands forains et les membres des syndicats de la pègre de mettre sur pied "une force de riposte effective", pour assurer la sécurité d'Eisenhower. Il fut enfin prévu de mettre en ligne 18 000 yakuzas, 10 000 marchands ambulants (tekiya), 10 000 vétérans et membres des organisations religieuses patriotiques de droite. Le gouvernement devait mettre à leur disposition des hélicoptères, des avions d'observation, des camions, des voitures, des vivres, des antennes de commandement et des infirmeries ; 800 millions de yens (2 300 000 dollars) avaient été débloqués pour constituer un "fonds opérationnel" ».

Cette organisation perfectionnée n'était pas superflue. Onze jours avant l'arrivée prévue d'Eisenhower, le gouvernement japonais eut un avant-goût de ce qui pouvait l'attendre. L'ambassadeur des Etats-Unis, Douglas MacArthur II (neveu du général), avait été accueillir à l'aéroport le chargé de presse d'Eisenhower, James Hagerty. Sur le trajet de l'aéroport au centre de Tokyo, leur voiture fut bloquée par des manifestants furieux et il fallut, pour les dégager, un hélicoptère militaire.

Cinq jours plus tard, MacArthur communiquait au département d'Etat les plans japonais pour la protection d'Eisenhower, dont il n'avait, et pour cause, qu'une connaissance approximative. Outre la police, écrivait l'ambassadeur, il y aurait le long de la route des groupes de scouts, garçons et filles, qui souhaiteraient la bienvenue au président en même temps que de nombreux adultes partisans, de l'alliance américaine en général, et du président Eisenhower en particulier. Ils seraient, écrivait le diplomate, « en assez grand nombre pour dominer toute manifestation inamicale et assureraient au président un accueil convenable ». Mais au cas où les scouts ne parviendraient pas à contenir les manifestants de l'Ampo, MacArthur précisait : « 30 000 jeunes gens, membres de sociétés variées d'athlétisme, fermement opposés aux zengakuren, se verront distribuer des brassards d'identification et, si nécessaire, prêteront main-forte à la police. »

Les « athlètes » ne furent pas requis car, tandis que MacArthur communiquait à Washington toutes ces bonnes nouvelles, les manifestations anti-américaines atteignaient leur paroxysme. La gauche ne s'inclinait pas devant les menaces de l'extrême droite et intensifiait ses démonstrations d'hostilité au traité. Le 15 juin au soir, les manifestations devant le Parlement devaient finir en tragédie. Gangsters et extrémistes infligeaient de graves blessures à plusieurs protestataires et une jeune étudiante de l'université de Tokyo trouva la mort.

La coupe était pleine. Le gouvernement japonais retira l'invitation au président Eisenhower, redoutant d'autres morts et des difficultés pire encores. La confrontation entre la gauche et la droite, si la visite avait eu lieu, aurait sans doute été plus grave que la honte de l'annulation. Mais le drame n'était pas fini.

Trois jours plus tard, 300 000 gauchistes parcouraient les rues de Tokyo en scandant : *Ampo hantai !* (A bas le traité !) et *Kishi taose !* (Kishi dehors !). Mais à minuit le 18 juin, le traité fut ratifié et, le 21, le sceau de l'empereur fut apposé au pacte de sécurité. Les Etats-Unis n'auraient certainement pas évacué leurs bases si le traité avait été rejeté ; cependant la ratification fut un motif de satisfaction autant pour eux que pour le Parti libéral démocrate.

Mais il fallait encore un bouc émissaire aux troubles qui avaient ébranlé le pays. Le 23 juin, Kishi annonça sa démission de Premier ministre, ce qui désamorça l'hostilité de l'Ampo. Trois semaines plus tard, il transmettait ses pouvoirs à un autre conservateur, Hayato Ikeda. Les responsables de l'Ampo crurent un moment être parvenus à imposer un important changement dans la politique de leur pays. Mais les élections suivantes devaient donner au Parti libéral démocrate une majorité accrue, et le pacte de sécurité demeura.

Kishi, Premier ministre, n'avait jamais été très populaire. Il ne retrouva jamais de position publique aussi importante, mais il continua de tirer des ficelles. Il avait donné l'imprimatur officiel à la coalition jusque-là clandestine des extrémistes de droite et des yakuzas, et renoué de la sorte avec une tradition qui remontait aux sombres jours de l'ultranationalisme triomphant. Par lui légitimée, la coopération entre le gouvernement et la pègre devait durer vingt ans.

Le Zen Nippon Aikokusha Dantai Kaigi ou Conseil général des organisations patriotiques du Japon est peut-être l'organisation la plus solide qui soit issue de la droite, à l'époque de la grande contestation de l'Ampo. Au début des années soixante, le Zen Ai Kaigi, comme on l'appela très vite, s'était développé jusqu'à devenir la première des fédérations nationales de droite. Il comptait plus de 150 000 membres et rassemblait un total de 440 groupes. Par la suite, le Zen Ai Kaigi alimenta les partis de droite, aussi bien en troupes de choc qu'en contributions théoriques. Kodama et ses alliés en demeurèrent les inspirateurs.

Kodama lui-même n'avait pas pris très grande part à la fondation du Zen Ai Kaigi. Il ne fut que l'un de ceux qui en définirent les bases et contribuèrent à son lancement. Les oyabun du Nippon Kokusui-kai, du Matsuba-kai, du Gujin-to et d'autres furent d'emblée ses conseillers. Et l'on vit reparaître au conseil d'administration maints noms célèbres du passé. Tatsuo Amano y figurait, qui avait en 1933 manqué un coup d'Etat ; Kozaburo Tachibana, qui avait été impliqué avant la guerre dans l'assassinat d'un Premier ministre ; et Tadashi Onuma, l'assassin du ministre des Finances Junosuke Inouye. Grâce à son pouvoir financier croissant, Ryoichi Sasakawa entra au conseil, en même temps que l'ancien associé du G-2, Giichi Miura.

Bien qu'attaché aux principes généraux de droite, le Zen Ai Kaigi ne possédait pas de programme clair. Il lança cependant des actions qui dépassèrent la simple adhésion. Peu de temps après sa création, le Zen Ai Kaigi fut ainsi sollicité par l'aciérie de Chiba, préfecture proche de Tokyo, pour aider la firme à régler des problèmes ouvriers. Il s'agissait en particulier de briser une grève. Le Zen Ai Kaigi s'acquitta si bien de cette tâche que le mouvement fut disloqué et que 680 personnes se retrouvèrent à l'hôpital. Ce n'était manifestement pas, là, travail de théoriciens.

En fait, la supériorité numérique des yakuzas était telle au sein du Zen Ai Kaigi que certains observateurs l'appelaient Yakuza Kaigi. Il était normal que l'organisation veillât à ce que les yakuzas fussent tenus en laisse. Le vice-président, et en fait le patron de longue date, était un prêtre bouddhiste, Keizo Takei qui avait été yakuza dans sa jeunesse et un espion et un saboteur dans les années trente.

Au sein de cette immense coalition, les factions n'étaient pas rares. En avril 1961, des groupes yakuzas du Zen Ai Kaigi – Matsuba-kai, Nippon Kokusui-kai, Nippon Yoshihito-to – se retirèrent de l'alliance pour former une coalition extrémiste exclusivement yakuza, le Nippon Jiyu Shugi Renmei. Cette même année, un groupe plus dynamique, dévoué à Yoshio Kodama, prit forme à l'intérieur du Zen Ai Kaigi. C'était le Seinen Shiso Kenkyu-kai, ou Seishi-kai, c'est-à-dire Association d'étude idéologique de la jeunesse. Malgré son nom inoffensif, le Seishi-kai était beaucoup plus porté vers le crime que le groupe dont il était issu. Son président et réel organisateur était Tomeo Sagoya, ancien chef du corps de protection de la patrie, qui avait été impliqué en 1930 dans l'assassinat du Premier ministre Osachi Hamaguchi et emprisonné en 1955 pour extorsion de fonds. Le Seishi-kai avait également des sous-groupes dont l'un était dirigé par un ancien patron de l'énorme syndicat Sumiyoshi de Tokyo et un autre par le patron du crime coréen, Hisayuki Machii.

Dans les années soixante, et jusqu'à la fin de la décade, Kodama fit peser son autorité sur le Seishi-kai, puis au milieu d'intenses conflits internes, il retira l'organisation du Zen Ai Kaigi. Peu de temps après, 120 fidèles Seishi-kai se dirigèrent vers des montagnes de la préfecture de Niigata, au nord de Tokyo. Ils y établirent un camp d'entraînement militaire où l'on apprenait le combat de rue, la pose de bombes, et où l'on acquérait une superforme physique. Kodama gardait un œil vigilant sur ses troupes, et à la fin de l'entraînement, il les renvoyait avec cette exhortation : « J'espère que chacun de vous tuera cent ennemis contre un, au lieu d'un contre un. »

On ignore combien d'ennemis tua le Seishi-kai, si tant est qu'il en tua, mais les efforts de Kodama ne furent pas vains. Au lieu d'être utilisés en premières lignes contre la révolution communiste, les membres du Seishi-kai eurent à faire face à une contre publicité. Au début de 1971, un journaliste nommé Hisatomo Takemori était sur le point de publier un livre sur Kodama et ses amis, intitulé *L'argent noir*. Lorsque Masyoshi Takahashi, président du Seishi-kai, apprit qu'un tel blasphème allait être perpétré, il fit pression sur l'éditeur afin d'empêcher l'impression et la distribution de l'ouvrage. Il fut par la suite accusé d'avoir proféré des menaces contre l'éditeur, mais le message fut reçu : pas de livre sur Kodama sans l'accord du patron.

L'héritage de l'Ampo était alors une base de pouvoir ; incapable de saisir les rênes du gouvernement, elle était cependant une force latente. Des hommes comme Kodama pouvaient l'utiliser à leurs fins personnelles – réduire au silence l'éditeur d'un livre hostile – ou, dans une intention politique, briser une grève, recueillir des fonds pour des candidats, intimider des gauchistes. Les véritables gagnants furent Kodama et ceux qui étaient avec lui.

La montée des shoguns gangsters

Les conséquences de la guerre entraînèrent des changements dans les méthodes et les structures yakuzas. D'abord, pris individuellement ou collectivement, les yakuzas devinrent plus violents. Les vieux gangs bakuto se montraient souvent consternés par le manque de cérémonie des nouvelles bandes, les prétendus gurentai, mais qu'y faire ? Les sabres disparaissaient et les armes à feu faisaient leur apparition. A mesure qu'augmentaient les vols à main armée et autres exactions, plus personne n'était à l'abri des yakuzas. Les yakuzas ne marchaient plus nécessairement à l'ombre, pendant que les gens du commun marchaient au soleil ainsi qu'ils s'en étaient toujours vantés.

L'apparence même des yakuzas changea. L'influence persistante des Américains, pendant et après l'occupation, les amena à copier quelques-uns des traits de leurs homologues d'outre-Pacifique. Les yakuzas qui juraient de défendre les valeurs traditionnelles étaient aussi contaminés que les autres Japonais par le style américain, mais leur perception des allures et des mœurs américaines était quelque peu déformée. Comme les yakuzas ne connaissaient pas de vrais gangsters américains, ils s'inspirèrent des films qui les représentaient. Aussi apparurent-ils plutôt comme des parodies, que comme des reproductions véridiques de leurs modèles. Les kobun s'habillèrent de costumes noirs, de chemises noires et de cravates blanches. Les lunettes de soleil étaient de rigueur et, dans les années soixante, ils demeurèrent fidèles à la coiffure en brosse plus longtemps que quiconque. Avec ces tenues ils affectèrent une démarche chaloupée qui les distinguait des citoyens ordinaires. Leurs chefs prirent le goût d'un luxe d'importation et notamment – cela n'est pas sans saveur aujourd'hui – des voitures américaines. Ils demeurent parmi les rares amateurs de grosses limousines fabriquées aux Etats-Unis.

La structure des bandes changea de même. Certaines organisations surgirent du chaos de l'occupation et réussirent à s'imposer dans leurs régions par la force ou la diplomatie. Les gangs d'avant-guerre étaient de petites bandes – un oyabun ne régnant que sur une cinquantaine de kobun, au mieux –, ceux d'après-guerre rassemblèrent très vite des centaines de membres et parfois des milliers, encadrés par des douzaines de sous-oyabun. Les bandes tekiya s'étaient regroupées dans l'énorme Roten Dogyo Kumiai sous les ordres d'Ozu, leur chef de Tokyo. A l'époque du traité de paix, la réorganisation du Milieu était commencée. Le journal *Mainichi* observait en 1964 : « La croissance économique favorise l'expansion d'énormes entreprises qui en absorbent de plus petites et ne cessent de grandir ; il en est de même dans la pègre. »

La centralisation du pouvoir s'accompagnait d'une augmentation des effectifs. En 1958, la police de Tokyo estimait à 70 000 le chiffre total des yakuzas au Japon ; cinq ans plus tard, elle en dénombrait 184 000. Jamais le crime organisé n'avait représenté une telle puissance. Ses hommes étaient plus nombreux que ceux de toute l'armée. Ce chiffre était probablement inférieur à celui des malfaiteurs sous l'occupation, mais la plupart de ces derniers ne s'occupaient que de marché noir ; ce n'était plus le cas de leurs successeurs dont les activités étaient beaucoup plus dangereuses. La plupart, criminels endurcis, se répartissaient en 5 200 bandes qui prospéraient au milieu d'une économie florissante.

Selon certains observateurs, Kenji Ino, par exemple, journaliste de Tokyo, bon connaisseur des yakuzas, le gonflement des effectifs des bandes tenait au nombre élevé de boutiquiers et de marchands de loisirs qui les rallièrent à cette époque. Les quartiers de plaisir ne désemplissaient pas et les propriétaires de cabarets et de restaurants, soucieux d'éviter toute difficulté avec le Milieu, rallièrent ses rangs. Lors des jeux Olympiques de 1964 à Tokyo, la police se décida d'agir sur une grande échelle et se lança dans la répression systématique du banditisme. Ainsi prit fin la période de tolérance officielle de l'immédiat après-guerre.

L'une des bandes qui profita le mieux des vingt premières années de l'après-guerre fut le Yamaguchi-gumi. Au départ, petit « syndicat » du port de Kobé, le Yamaguchi-gumi se développa très rapidement sous l'occupation. Comme beaucoup d'autres, ses structures étaient copiées sur celles des anciennes bandes bakuto, mais il utilisait les méthodes violentes des gurentai plus récents. Dans les cinq dernières années de l'occupation américaine, le Yamaguchi-gumi parvint à contrôler la plus grande partie de la région d'Osaka, et, quelques années plus tard, son influence s'étendait au pays tout entier. L'histoire du Yamaguchi-gumi commence avant la guerre et se confond avec celle de Kazuo Taoka qui demeura longtemps son chef.

Kazuo Taoka naquit dans un petit village de l'île méridionale de Shikoku, en 1913. Orphelin de bonne heure, on l'envoya travailler dans un chantier naval de Kobé. Là, à quatorze ans, il s'associa à certains membres d'une petite bande, dirigée par Noburu Yamaguchi, qui avait pris le nom de son chef. Pendant neuf ans, Taoka suivit l'apprentissage banal du bandit : il faisait les courses, servait le patron et s'initiait aux tâches plus sérieuses de la bande. Il se fit une réputation particulière de férocité, crevant les yeux de ses adversaires dans les combats. Il fut bientôt surnommé *Kuma*, l'Ours, par ses camarades. En 1936, il devint frère de sang de la bande et fut condamné la même année à huit ans de prison pour le meurtre d'un membre d'une bande rivale.

Il passa la moitié de la guerre en prison, et lorsqu'il en sortit, en 1943, sa bande, exterminée par la police et la conscription, l'accueillit à bras ouverts. Au lendemain de la guerre, en octobre 1946, Taoka, qui avait trente-trois ans, succéda, au poste d'oyabun à Noburu Yamaguchi qui était mort de maladie. Le jeune patron n'avait que vingt-cinq kobun dévoués, mais il avait acquis un extraordinaire talent d'organisateur. Cette qualité, alliée à une cruauté légendaire, allait lui permettre de se hisser au tout premier rang de la pègre.

L'Ours apprit que l'esprit d'initiative était au moins aussi important que la brutalité, et il ne tarda pas à découvrir de nouveaux moyens de réussite. Sur les quais de Kobé, il reprit l'entreprise de construction du Yamaguchi-gumi et se lança dans des opérations locales avec une main-d'œuvre soumise. Il mit également la main sur une part plus importante du jeu et du trafic d'extorsions. A la fin des années quarante, il s'allia avec le plus grand gang bakuto de la région, le Honda-kai, mais Taoka était trop ambitieux pour demeurer dans une position d'égal à égal. La guerre de gangs qui s'ensuivit dévoila la supériorité des tueurs de Taoka sur les joueurs traditionnels. Taoka annexa donc l'Honda-kai et prit le contrôle des rackets du gang. Puis ce fut le tour d'une organisation coréenne, le Meiyu-kai ; et Taoka se rendit maître du territoire d'Osaka. Le Miyamoto-gumi tomba ensutie entre les mains des hommes de Taoka. Il opérait comme un habile chef guérillero, concentrant ses forces et attaquant sauvagement, le moment venu.

Taoka élargit également le rôle de la pègre traditionnelle d'Osaka et augmenta considérablement ses revenus. Il se lança dans le spectacle, créant une agence de placements qui imposait des artistes de la région d'Osaka. Il forma aussi une troupe d'artistes qu'il envoya sur les routes. Kobé demeurait cependant le centre de ses activités. Demeurant trafiquant de main-d'œuvre, il s'engagea même financièrement dans plusieurs entreprises de manutention. Vers 1965, le syndicat Yamaguchi contrôlait environ 80 % de tous les docks de Kobé. Taoka possédait dans la région un autre ensemble de quelque 14 entreprises – surtout des compagnies de transport – qui lui rapporta près de 17 millions de dollars dans la seule année 1965.

En 1964, Taoka contrôlait 343 gangs sous l'égide de Yamaguchi, et, à la fin de la décade, il pouvait se vanter de commander 10 000 kobun. Son succès ne passa pas inaperçu aux yeux de certaines personnalités politiques de l'extrême droite. La société-façade de Taoka, l'Association pour la promotion des dockers, reçut le soutien financier d'un extrémiste de Tokyo, Seigen Tanaka, et l'appui politique de l'allié de Kodama, Ichiro Kono, alors ministre des Transports. Taoka, en tant que grand maître de la main-d'œuvre, était considéré comme étant en mesure d'écarter des docks les syndicats de gauche. A la fin des années cinquante, craint et courtisé, Taoka était une puissance politique avec laquelle il fallait compter.

Dans la région de Tokyo, il n'y eut pas de gang dominant comme à Osaka. Il était rare en effet qu'un gang réussisse par la force, l'influence, ou les deux, à s'élever à la première place. L'un des premiers gangs était celui de Kakuji Inagawa, bakuto de Yokohama, dont les talents égalaient par bien des points ceux de Kazuo Toaka.

Pendant l'occupation, les Coréens et les Chinois devinrent particulièrement puissants dans le grand port de Yokohama, non loin de Tokyo. Non contents de contrôler le marché noir de la ville, ils développèrent leurs activités sur la côte jusqu'à la station thermale d'Atami. Atterré par l'influence de ces « étrangers », Inagawa décida d'aider son mentor, l'oyabun de Yokohama, Masajiro Tsuruoka, dont le territoire englobait Atami, à s'en débarrasser. Il mit sur pied un petit gang pour combattre les Chinois et les Coréens aux côtés des hommes de Tsuruoka. Les hommes d'Inagawa déployèrent une brutalité inouïe pour chasser les non-Japonais de la région et en quelques années Inagama avait réussi à faire de sa bande l'égale de celle de Tsuruoka. Ensemble, ils étendirent leurs activités dans la région, y compris à Shimizu, territoire de lutte du plus célèbre de tous les yakuzas, Jirocho de Shimizu.

Dès 1950, Inagawa et Tsuruoka s'étaient fait remarquer des forces d'occupation. Le consul général des Etats-Unis à Yokohama envoya à Washington un télégramme ainsi libellé : « Les activités de ce gang vont de l'extorsion de fonds jusqu'à la direction de bandes de voleurs régulièrement placés à bord de navires marchands étrangers, venus faire escale à Yokohama et Shimizu, en guise d'équipes de nettoyage. »

Inagawa ignora le déplaisir des autorités américaines. Au début des années soixante, Inagawa et son gang, le Kakusei-kai, avait gagné la côte de Tokyo et même certaines parties de l'île d'Hokkaido. En 1964, il dirigeait plus de 2 700 yakuzas. L'essentiel de ses ressources provenait des entreprises de jeu. Bien que les paris sur les courses aient été autorisés par la loi, les jeux de cartes et de casino demeuraient interdits, et un bakuto comme Inagawa pouvait amasser une confortable fortune en prenant en charge leurs organisations clandestines. Selon la police métropolitaine de Tokyo, en 1965, Inagawa ramassa 175 000 dollars, en une seule partie de cartes, c'était la part du maître du jeu.

En 1963, se sentant trop surveillé par la police, Inagawa changea le nom de son gang, il l'appela Kensei-kai. Ce nouveau nom correspondait à son nouveau statut – il avait fait enregistrer le Kinsei-kai comme parti politique. Pour les gangs, la solidarité politique était loin d'être évidente. Bien que le syndicat d'Inagawa partageât avec les autres gangs un anticommunisme viscéral et des idées extrémistes, les alliances entre eux étaient difficiles. Une lointaine menace communiste les occupait beaucoup moins que la concurrence de leurs rivaux, de sorte que l'unité des yakuzas n'était qu'une plaisante fiction. Une personne au moins eut l'idée de remédier aux divisions de la pègre et se donna les moyens d'y parvenir. Elle allait forger des alliances et accélérer la modernisation du yakuza pour que le développement politique et financier de la pègre japonaise suive la rapide expansion économique du pays. Il s'agissait de Yoshio Kodama.

Kodama se mit en tête de reconstituer la coalition qu'il avait rassemblée pendant la crise de l'Ampo, pour en faire une entité permanente où il trouverait de plus une source de pouvoir non négligeable. Le P.L.D. n'aurait plus grand-chose à lui refuser s'il contrôlait à la fois l'extrême droite et les clans rivaux de malfaiteurs. Ce qui ne manquerait pas d'inquiéter une bonne partie du gouvernement japonais.

En décembre 1963 tous les députés du P.L.D. reçurent un imprimé étrange. Les membres de la Diète y étaient mis en garde :

> « Tandis que le Parti libéral démocrate se perd en luttes intestines perpétuelles, les influences de gauche accumulent leurs énergies en vue de la révolution... Vous devriez vous rendre compte que ce qui aujourd'hui, contamine le plus le Japon, c'est la politique de faction du Parti libéral démocrate et ses querelles intestines... Avant que la bienveillance du

public envers le Parti ne se change en haine, vous devriez tous cesser vos querelles intestines. »

Plusieurs membres d'une partie du P.L.D. étaient nommément désignés dans l'imprimé, mais il y avait plus étonnant encore. Venant de la droite, des déclarations alarmistes de ce genre étaient assez communes et généralement ignorées. Mais les signataires de la déclaration constituaient une association de 7 groupes yakuzas, parmi les plus puissants du Japon. Les membres de la Diète japonaise s'inquiétèrent. Que des gangsters se mêlent de politique n'avait rien d'étonnant, mais qu'une gigantesque fédération se soit formée et évoque explicitement la politique nationale, était un fait nouveau, qui n'était pas du goût de tout le monde.

Ces 7 gangs faisaient partie d'une coalition formée en 1963 à l'hôtel Tsuruya d'Atami, la ville d'Inagawa, sous la direction de Kodama. Après avoir chanté l'hymne national et proposé un ban pour l'empereur, Kodama en vint au cœur du problème :

> « Avant de verser notre sang, réglons nos dissensions par le dialogue. Réservons notre force physique pour faire face à la menace d'une révolution gauchiste ou pour parer à quelque calamité naturelle. J'espère que dorénavant, chaque groupe s'efforcera de maintenir avec les autres des relations amicales et d'améliorer ces relations. »

De fait, les bagarres – souvent de meurtrières vendettas – devinrent moins nombreuses entre les bandes. Kodama était peut-être sincère en les déplorant, mais ses appels à la conciliation étaient d'abord politiques. L'idéologie de la nouvelle alliance était issue des conceptions de la Toa Doyu-kai ou Fédération asiatique d'avant-guerre ; il s'agissait d'établir « une digue pour temps de crise contre le communisme ». L'absence en 1963 de tout symptôme de crise au Japon n'empêchait pas Kodama d'aller de l'avant.

Plutôt qu'une fédération panasiatique, Kodama avait

en tête une fédération de bandits à l'échelle du Japon tout entier. Mais au mois de février, en pleine conversation préliminaire, Kazuo Taoka se retira brusquement du projet avec son gang d'Osaka. Ainsi, d'une organisation à l'échelle de l'Asie, Kodama dut se réduire à l'établissement d'une fédération ne dépassant pas les limites de la ville de Tokyo, appelée Kanto-kai, d'après le nom de la plaine de Kanto qui inclut la capitale du Japon. Réduite à Tokyo, l'organisation n'en était pas moins formidable. Elle comprenait 7 bandes majeures qui rassemblaient 13 000 gangsters. Elle était dirigée par Kakuji Inagawa. Si Kodama réussissait à les faire travailler ensemble, il disposerait de l'une des organisations les plus puissantes du Japon.

Un groupe de doctrinaires réactionnaires, spécialisé dans la conception de dogmes messianiques, aida Kodama dans sa tâche. Une théorie en vogue à l'époque – dite de la crise du Showa 45 – prophétisait la révolution pour la quarante-cinquième année du règne de l'empereur. Pour y faire face, la droite devait s'unir. Mais pour être efficace, la pensée de droite se devait d'être simple et directe. Et sans doute Kakuji Inagawa était-il plus éloquent que les penseurs professionnels qui lui voulaient du bien : « Nous autres, joueurs, ne pouvons agir au grand jour. Mais si nous savons nous unir et former un mur qui arrêtera le communisme, nous rendrons service à la nation. En cas de malheur, nous serions fiers d'offrir nos vies pour le salut du pays. »

Cet objectif politique ne faisait pas l'unanimité. Yoshimitsu Sekigami, président du Sumiyoshi-kai, déclara par exemple : « Pour nous, le Kanto-kai est une amicale. Je ne pense pas que la politique japonaise soit si mal en point qu'elle ait besoin du secours des joueurs. »

Pour d'autres, cependant, la gesticulation et l'action politique faisaient partie du répertoire et le Kanto-kai en était l'un des éléments. Uishiro Fujita, patron de Matsuba-kai qui comptait 2 400 membres, fulminait en public contre la nature « subversive » de l'Union des instituteurs japonais – l'une des cibles favorites de la droite – et réclamait au gouvernement la fondation d'une école militaire. Le Matsuba-kai menaça en outre la direction du Syndicat des communications pour avoir osé envisager de lancer une grève. Enfin, Fujita lui-même convoqua ses membres à une manifestation de protestation contre la visite à Tokyo du vice-Premier ministre de l'U.R.S.S., Anastase Mikoyan. Cette tactique politique ne freinait en rien les activités criminelles du Matsuba-kai ; chaque jour, au moins l'un de ses membres était arrêté, ce qui le mettait au deuxième rang, sur ce plan, de toutes les bandes de Tokyo. Aussi la police devait-elle en conclure que le militantisme politique de Fujita n'était qu'un écran de fumée destiné à couvrir des activités illégales, beaucoup plus lucratives.

L'attitude de Kodama envers le crime organisé était ambiguë. D'une part, il trouvait commode de stigmatiser la prolifération des bandes d'adolescents qui écumaient Tokyo : « Il y a trop de voyous dans les rues, disait-il. Je ne décolère pas de les voir traîner partout et agresser les passantes... C'est pourquoi, je conjure les oyabun de réformer leurs méthodes et d'encadrer ces jeunes voyous. » Pour Kodama, le chantage organisé des adultes n'entrait pas dans la même catégorie que les exactions d'une jeunesse déboussolée, et il ne lui semblait pas condamnable.

Kodama voulut forcer les bandes à s'unir, mais il finit par échouer. La tâche dépassait ses exceptionnelles qualités d'organisateur, et en à peine plus d'un an, la fédération finit par tomber en pièces sous la pression des intérêts rivaux. En janvier 1965, les 30 membres du conseil exécutif des 7 associés votèrent la dissolution du Kanto-kai, après quinze mois seulement d'existence. Mais l'échec de l'organisation n'entraîna pas Kodama avec lui.

Vers 1965, tout semblait lui sourire : les personnalités du Parti libéral démocrate, mais aussi du monde des affaires et même du monde universitaire, lui faisaient l'honneur de le fréquenter. Sa maison du quartier de Setagaya, à Tokyo, abritait d'innombrables réunions, audiences et conférences, dont il était la vedette. Il lui arrivait aussi de recevoir d'éminents visiteurs étrangers. Il s'occupait de tout : avec un chirurgien il examinait les moyens de financer un programme de recherche, avec un politicien il évoquait celui d'une campagne électorale.

Aux yeux des oyabun qui s'arrêtaient chez lui, sa stature était immense. Inagawa déclarait : « Il m'est arrivé d'attendre sept heures chez lui avant de le voir, mais dès que je l'écoute je commence à comprendre le monde. » Taoka lui-même, qui avait refusé de rallier le Kanto-kai, reconnaissait ses qualités : « Je m'opposerai toujours à le voir régner sur les yakuzas, disait-il, mais s'il demeure aussi patriote qu'il l'a déjà démontré, je serai très heureux de me compter au nombre de ses compagnons. » Taoka, un jour, dépendrait de Kodama dans d'autres domaines que celui de l'inspiration idéologique.

Le rôle charnière de Kodama entre les gangs et le pouvoir légal, s'il était souvent perçu, n'était pas toujours reconnu. Dans ce contexte d'hypocrisie, l'enquête du journal *Mainichi* sur les relations entre le Milieu et les pouvoirs officiels du mois de juillet 1964 fit date. Ce genre de reportage était beaucoup plus rare au Japon qu'il ne l'était depuis longtemps aux Etats-Unis et, pour un grand journal, se lancer dans une enquête de six mois qui risquait de mettre en cause des individus dangereux et puissants était une grande performance. Cette enquête valut au *Mainichi* de nombreuses attaques, mais le journal reçut aussi des soutiens. Dans le dernier article de la série, le *Mainichi* put citer le directeur de la Police nationale, Toshio Eguchi. Celui-ci définissait en ces termes l'hypocrisie du pouvoir japonais :

> « Les milieux politiques et financiers ne cessent de se plaindre de la violence organisée. Pourtant, ils ne cessent de financer les diverses organisations qui en sont responsables. Si nous voulons parvenir à purger notre société de sa violence, il nous faut priver la pègre de toute considération des milieux politiques. La pègre doit être combattue sans relâche, et par tous. »

Le témoignage était courageux, mais il n'eut guère d'influence sur les politiciens et financiers de droite, habitués à travailler avec les yakuzas. La police combattait les gangs, mais, en dehors d'elle, les affaires allaient leur cours et Kodama demeurait intouchable.

Pendant les années soixante, la structure du Milieu continua d'évoluer. Auparavant, le Yamaguchi-gumi de Taoka avait limité ses activités prédatrices à la région du Kansai, autour d'Osaka et de Kyoto, évitant le plus souvent Tokyo et ses environs. L'un des objectifs que s'était proposés le Kanto-kai, sinon Kodama lui-même, avait été d'opposer un front uni à tout mouvement de Taoka dans la fédération. L'intérêt économique n'était pas seul en jeu. La rivalité est très vive entre les résidents du Kansai et ceux du Kanto, un peu semblable à celle qui oppose les Américains de part et d'autre de la ligne Mason-Dixon. D'habitude, leurs différences culturelles et politiques ne donnent pas matière à de graves affrontements, mais dans le monde des gangs elles peuvent aboutir à de déplorables paroxysmes.

La constitution du Kanto-kai n'intimida pas Taoka. Pendant la brève existence de l'alliance, son syndicat, le Yamaguchi-gumi, dépêcha des hommes à Yokohama, à la grande colère d'Inagawa. En fait, les frictions entre les hommes d'Inagawa et les nouveaux venus du Yamaguchi s'exacerbèrent à tel point qu'une véritable bataille rangée – l'incident du Grand Palace – éclata dans les rues de Yokohama.

Aux yeux de Kodama, ce conflit était déplorable. Il menaçait le front anticommuniste. Aussi utilisa-t-il toute son influence à ramener la paix. Pour y parvenir, il imagina une alliance de circonstance entre Taoka et Machii, patron coréen du Tosei-kai de Tokyo. Machii se rendit à Kobé pour la cérémonie d'union des deux bandes, et l'alliance, une fois scellée, ne contribua pas peu à l'éclatement du Kanto-kai. Derechef, Kodama proposa ses bons offices entre, d'une part Inagawa et ses alliés du Kanto, et Taoka d'autre part. Une trêve fut proclamée, Taoka accepta de limiter à dix hommes les effectifs de ses représentants dans le territoire de Yokohama.

Taoka n'eut de cesse qu'il ne réussît à tourner cette restriction. Il se mit en cheville avec son ami Seigen Tanaka, activiste bien connu et rival de Kodama. Ils fondèrent ensemble, non sans cynisme, une ligue pour la répression du trafic de drogue qu'ils installèrent simultanément dans le Kansai et le Kanto. Taoka prétendit en avoir été réduit à cette extrémité à cause des dégâts que l'usage de la drogue, pendant l'occupation, avait causé à ses hommes. « Il était insoutenable de les voir en état de manque, affirmait-il. La vie de leurs femmes était un enfer. Elles tâchaient de récuper leurs maris en les bouclant chez eux, mais la moitié d'entre eux mourut et l'autre resta infirme. »

Dans le territoire d'Osaka, Taoka utilisa quelques-unes des filières de Tanaka et trouva d'insolites alliés, tels le président Masatoshi Matsushita, de l'université de Rikkyo, et Masako Hika qui dirigeait l'Association des ménagères du Kansai. Ces personnalités manifestèrent publiquement contre la drogue aux côtés de Taoka. Celui-ci envoya alors ses hommes à Tokyo sous prétexte de combattre ce fléau. A Yokohama, les hommes du Yamaguchi se répandirent dans les rues au mois d'octobre 1963 pour recueillir des signatures au bas d'une pétition contre la drogue, irruption qui mit en fureur toute la bande d'Inagawa.

Ni la police ni le public ne furent dupes de la vertueuse conversion d'une bande de criminels notoires à la lutte contre la drogue. Et pourtant, cette remarquable démonstration de cynisme yakuza connut le succès. Le Yamaguchi était désormais installé dans la région de Tokyo et de Yokohama et persista à s'opposer aux bandes qui tenaient la place avant lui et, tout particulièrement, au Kinsei-kai d'Inagawa.

La campagne antidrogue prit un nouveau tournant en novembre 1963, lorsqu'un membre du Tosei-kai, Haruo Kinoshita, tira sur Seigen Tanaka, artisan de la campagne, et le blessa grièvement. Kinoshita avait vu que Taoka, en s'alliant avec Machii, le patron du Tosei-kai, avait réduit la bande coréenne à une position dangereusement isolée à Tokyo. Les autres bandes du Kanto faisaient porter au Tosei-kai la responsabilité de l'intrusion du Yamaguchi dans la capitale, si bien que Kinoshita avait cru remédier à la situation en essayant de supprimer son principal responsable.

Taoka considéra cette tentative d'assassinat comme une insulte personnelle, malgré la complète guérison de Tanaka qui put quitter l'hôpital après quatre mois seulement. Machii, quant à lui, assuma la responsabilité de l'acte de l'assassin, bien que celui-ci ait agi de son propre chef. Il fit donc le voyage de Kobé pour y faire amende honorable, muni de deux à-côtés de nature à prévenir toute guerre entre gangs : 2 millions de yens pour Tanaka et, pour Taoka, la phalange d'un doigt.

Malgré cela, la situation demeura tendue entre Taoka et Inagawa, jusqu'à ce que l'oyabun de Tokyo, compromis dans la gestion d'un casino clandestin, fût condamné à trois ans de prison. Taoka assuma la situation et ordonna à tous les membres du Yamaguchi internés à Fukushima d'y rendre le séjour d'Inagawa le plus agréable possible, calculant qu'Inagawa serait alors son débiteur. Lorsque celui-ci fut relâché, en 1969, il trouva sa bande très entamée par la désorganisation, la mutinerie et la police. Les trois quarts de ses affidés avaient été arrêtés dans l'année précédant son élargissement. Il fallait agir avec énergie. Il commença par calmer l'agitation qui sévissait chez ses vassaux. Puis, et cela pour la pègre japonaise était bien plus important, il décida que le Yamaguchi était trop puissant pour être combattu. Aussi, entre la carotte et le bâton, Inagawa choisit l'alliance avec Taoka, choix qui lui parut à la fois raisonnable et sans doute profitable.

Inagawa se tourna vers Kodama pour préparer l'alliance. Le 24 octobre 1972, celle-ci fut scellée. CE jour-là, dix hommes en costumes sombres, les cheveux coupés en brosse, descendirent de quatre voitures américaines noires devant la maison de Taoka, à Kobé. La surveillance policière était si étroite qu'elle les avait dissuadés d'inviter d'autres patrons à la cérémonie.

Dans le salon de Taoka, ses deux premiers adjoints, Kenichi Yamamoto et Yoshio Masuda, se trouvèrent face à face avec les lieutenants d'Inagawa, Susumu Ishii et Hsiao Chun-shu, selon le rite classique du *sakazuki* (échange de coupes de saké) pour établir entre deux camps une fraternité de sang. Deux petits autels portatifs, nommés *sambo*, furent placés devant Yamamoto et Ishii et l'introducteur déclara solennellement :

« Le rituel qui va nouer les liens du sang entre Kenichi Yamamoto, représentant le chef Taoka du Yamaguchi, et Susumu Ishii, représentant Inagawa, va commencer. »

Du saké fut versé dans des coupes rituelles non vernissées. Les deux représentants le burent, enveloppèrent alors les coupes dans un papier spécial et les glissèrent dans leurs kimonos. Puis ils se serrèrent les mains, et l'introducteur, maintenant leurs mains serrées, annonça :

« La cérémonie de fraternité de la coupe de saké a été célébrée dans les formes et elle est terminée. »

Suivit une réception discrète qui faisait presque oublier l'importance de l'occasion. Les deux syndicats réunis contrôlaient – ou étaient alliés avec – presque toutes les bandes du Japon ; quatre préfectures seulement échappaient entièrement à l'alliance Yamaguchi-Inagawa. Le processus de rassemblement, commencé au début des années cinquante, atteignait son apogée, et Yoshio Kodama, le parrain visionnaire du Milieu japonais, en recueillait les bénéfices.

Kodama lui-même avait toujours affecté de se moquer de la rumeur qui faisait de lui le chef des yakuzas, ce qui, pour lui, était une façon de nier son immense pouvoir. En 1964, il déclara au journal *Mainichi* qu'il n'avait plus d'autre but que de prendre sa retraite.

« J'aimerais pouvoir abandonner les méprisables soucis du monde quotidien et, par exemple, profiter de la vie en allant à la pêche », dit-il. La référence à la pêche ne pouvait être plus juste : Kodama était le pêcheur par excellence. En page de garde de son autobiographique *Journal de Sugamo*, il inclut une photographie le représentant lançant sa ligne d'un bateau ancré au milieu d'une rivière. Il est peu probable qu'à cette époque Kodama n'ait été préoccupé que de pêche à la mouche et, publiant cette photo, il avait certainement derrière la tête une autre idée que celle de donner de lui-même la représentation d'un amateur de nature, uniquement attaché à la capture de truites ou de carpes. Pour lui, la quinzaine d'années allant de 1960 au milieu des années soixante-dix fut celle où chaque lancé lui rapportait une prise. Il avait atteint avec les organisations qu'il représentait – celles des voyous dans les rues, celles des yakuzas, ses réseaux d'obligés dans les cercles gouvernementaux – le sommet du pouvoir. Il avait à sa botte une armée d'activistes de droite et de bandits, des millions de dollars à sa disposition et la complicité de gouvernements corrompus. Le fédérateur hargneux de la pègre était devenu l'homme le plus puissant du Japon.

NOTES

- Ces scènes sont tirées d'une traduction confidentielle de l'ouvrage de Bokusui Arahara, *Dai Uyoku Shi* (La grande histoire de la droite) (1966), p. 483-485. Ce livre est considéré comme un classique pour les ultranationalistes japonais d'aujourd'hui.
- Les informations sur Tokutaro Kimura et son Régiment du sabre au clair sont tirées de Kenji Ino dans le très estimé mensuel *Ekonomisto* du 26 février 1976 ; Tetsuro Morikawa, *Chi no Sensoku* (Verdict sanglant) (1979), p. 217 ; la biographie du Premier ministre Shigeru Yoshida par J. W. Dower, *Empire and Afthermath* (1979) ; *Japan Times*, 26 octobre 1961 ; et Archives américaines du centre national de documentation de Suitland, Maryland, groupe 331, boîte 2275 G.
- Pour les similitudes entre yakuzas et extrémistes de droite dans les années 1950, voir de Marius Jansen, « Ultranationalism in Post-War Japan », *Political Quaterly*, avril-juin 1956, p. 141-151. L'article du *Daily Yomuri* cité est daté du 20 octobre 1959.

- Pour Kodama à cette période, voir Morris, *Nationalism...*, p. 444 ; *Asahi Evening News*, 16 février 1960 ; et *Japan Times*, 12 juin 1977.

- Plusieurs documents sur Sasakawa, relatifs à la période de l'occupation proviennent du Centre national de documentation américain. Les auteurs ont en outre reçu des dizaines de pages de reportages américains ultérieurs, en vertu de la loi sur la liberté de l'information. Une des principales sources d'information sur Sasakawa est aussi le magnifique ouvrage du journaliste américain en poste à Tokyo, John Roberts. Voir son article dans le mensuel de Hong Kong *Insight* d'avril 1978, sous le titre « Ryoichi Sasakawa : Nippon's Right Wing Muscleman », de même dans *Far Eastern Economic Review*, 18 juin 1973, 17 février 1978, et 23 juin 1978. Voir également d'Hanji Kinoshita, « Rightists on the March », dans l'*Oriental Economist*, novembre 1952 ; « Soft Core Fascism » des auteurs dans le *Village Voice*, 4 octobre 1983 ; et de nombreuses coupures de presse de la presse quotidienne japonaise. Sasakawa se vantant d'être « le fasciste le plus riche du monde » se trouve dans le *Time magazine* du 26 août 1974. Nous nous sommes enfin basés sur une interview de Sasakawa du 2 octobre 1976, menée par Bernard Krishner, alors qu'il était chef du bureau du *Newsweek* à Tokyo.

- La carrière plutôt contestable de Kishi est relatée par George R. Packard III, *Protest in Tokyo : The Security Treaty Crisis of 1960* (1966) ; et par John Roberts, *Mitsui*.

- L'indulgence d'Ohno pour les yakuzas est expliquée dans le *Mainichi Daily News* du 16 août 1963 et dans celui du 18 juillet 1964 ; et *Japan Times*, 30 juillet 1963.

- La citation sur l'Association de l'aiguille de pin se trouve dans le *Daily Yomiuri* du 9 avril 1960. Pour une vue d'ensemble de la crise, voir *Protest in Tokyo* de Packard.

- Pour Kodama et la protection d'Ike, voir « The Samurai Spirit », de Koji Nakamura dans *Far Eastern Economic Review*, 16 octobre 1971. Voir aussi Kenji Ino, *Yakuza to Nihonjin* (Les gangsters et les Japonais) (1974), p. 254-258 ; et *Asahi Geino*, 15 janvier 1984. Dix ans après les batailles de l'Ampo, Nakamura et Ino furent parmi les seuls journalistes japonais à considérer d'un œil critique la complicité entre le gouvernement et les groupes yakuzas d'extrême droite.

- La brillante idée que MacArthur se faisait des manifestants de l'Ampo ressort dans le télégramme n° 4230 du département d'Etat américain, envoyé de Tokyo, le 15 juin 1960. On trouve également des informations sur l'Ampo dans Richard Storry, *A History of Modern Japan* (1960), p. 274-276 ; et dans Roberts, *Mitsui*, p. 462-463.

- La seule vision complète du Zen Ai Kaigi en langue anglaise se trouve dans *The Right Wing of Japan* (1976), la perspicace thèse de maîtrise du journaliste Glenn Davis à l'université Sophia de Tokyo. Nous nous sommes aussi basés sur l'interview non publiée, du 2 avril 1976, du chef du Zen Ai Kaigi d'alors, Takei, par Davis et le journaliste Koji Nakamura, ainsi que sur les publications suivantes : *Kaibyaku* (le mensuel du Zen Ai Kaigi) d'avril 1983 et de janvier 1984 ; les articles de Koji Nakamura dans *Far Easter Economic Review*, 16 octobre 1971, et dans le magazine *National Time* (Australie), 7 octobre 1974 ; l'excellent point de vue de Donald Kirk sur les yakuzas et l'extrême droite dans le *New York Times Magazine*, « Crime, Politics and Finger Cutting », 12 décembre 1976 ; et Kenji Ino, *Kodama Yoshio no Kyozo to Jitsuzo* (Yoshio Kodama : image et réalité) (1970).

- Il existe encore moins de documentation sur le Seishi-kai que sur le Zen Ai Kaigi. Voir Ino, *Kodama Yoshio no...*, p. 35 ; *Sandei Mainichi*, 2 novembre 1969 ; *Daily Yomiuri*, 17 mars 1969 ; et *New York Times*, 7 janvier 1970.

- Les débuts et l'ascension de Kazuo Taoka sont présentés dans le deuxième et dernier livre en anglais sur les yakuzas, le vigoureux compte rendu par Florence Rome de son enquête sur la pègre japonaise, *The Tattooed Men* (1975). L'essentiel de sa documentation vient bien évidemment de l'autobiographie en trois volumes de Taoka, *Yamaguchi Gumi Sandaime* (La troisième génération Yamaguchi-gumi) (1973). Nous nous sommes également appuyés sur une remarquable série d'articles parus en 1964 dans le *Mainichi* sur les gangs (18 juillet-1er août 1964) et sur le *Mainichi Daily News* du 24 mai 1982.

- Les débuts d'Inagawa sont tirés d'une interview qu'il a accordée aux lecteurs en 1984, et de nombreuses coupures de presse japonaises. Le télégramme américain sur le gang d'Inagawa, daté du 9 août 1950, provient des archives diplomatiques aux Archives nationales.

- Toute la documentation et les citations sur le Kanto-kai sont tirées d'une remarquable série de quatorze articles sur cette coalition, les yakuzas et leurs liens avec la politique japonaise qui ont paru en 1964 dans le journal *Mainichi*. La version anglaise a paru dans le *Mainichi Daily News* à partir du 18 juillet 1984 ; il s'agissait d'une enquête fouillée et courageuse sur le sujet, à une époque où ce genre d'enquête manquait cruellement dans la presse.

- L'alliance entre le Yamaguchi-gumi et l'Inagawai-kai est décrite dans la série d'articles du *Mainichi* ci-dessus mentionnée et dans Rome, *The Tattooed Men*. La cérémonie *sakazuki* est relatée dans le *Mainichi Daily News* du 6 décembre 1972.

LA BRUME NOIRE

Sous les lumières aveuglantes de la salle 4221 du bâtiment Dirksen du Sénat, l'honorable Frank Church s'absorbait dans ses papiers. Devant lui s'agitaient une foule impatiente de journalistes, de spectateurs et le personnel de son sous-comité des sociétés multinationales. C'était le mercredi 4 février 1976, et Franck Church, sénateur démocratique de l'Idaho, candidat à la présidence, était prêt à communiquer les résultats de six mois de travail.

A dix heures une minute, il énonça l'ordre du jour :

« Nous entendrons en premier lieu, aujourd'hui, les comptables de Lockheed, la firme Arthur Young et Cie, puis les responsables de Lockheed eux-mêmes sur les pots-de-vin et versements politiques douteux distribués en Europe et au Japon.

« Nous verrons que Lockheed s'est servi d'une caisse noire pour acheter des renseignements économiques et soudoyer certains responsables de grandes sociétés européennes... Nous verrons qu'Exxon et la C.I.A. n'ont pas été les seuls à distribuer des millions de dollars à des partis et à des ministres italiens... enfin, et c'est le plus troublant, nous montrerons que Lockheed employait depuis de nombreuses années l'un des chefs les plus importants de l'extrême droite militariste japonaise et lui a versé des millions de dollars d'honoraires et de commissions, ces dernières années.

« Tandis que la politique étrangère du gouvernement des Etats-Unis s'opposait vigoureusement aux menées de cette faction japonaise, la firme Lockheed s'employait de son côté à la soutenir par d'importants subsides, destinés à appuyer au Japon ses campagnes de vente. »

Cette semaine-là, Church convoqua à Washington, à la barre des témoins, toute une bande, fort nerveuse, des principaux dirigeants de Lockheed Aircraft Corporation et de ses comptables. Pour la première fois, ces témoins révélèrent comment, durant les vingt années précédentes, Lockheed avait secrètement détourné 12,6 millions de dollars au Japon, dont la plus grande partie fut consacrée à acheter les personnalités politiques les plus puissantes du pays. Cette somme énorme fut dépensée pour soutenir la vente d'avions Lockheed à la deuxième compagnie d'aviation japonaise, par ordre d'importance, All-Nippon Airways, et à l'Agence nationale de défense japonaise, pour plus d'un milliard de dollars. 7 millions de dollars, environ, de cette somme, la plupart en billets de banque japonais empaquetés dans des boîtes en carton, avaient été remis par les agents clandestins de Lockheed au Japon, à l'omniprésent Yoshio Kodama.

Tous les journaux du Japon firent leurs gros titres sur le « Rokkiedo Jiken » (l'affaire Lockheed) et pendant les douze mois suivants, le scandale tint la vedette au Pays du Soleil Levant. L'affaire Lockheed fut au Japon l'équivalent du Watergate, le plus grand scandale de l'après-guerre. La presse japonaise rapporta dans le détail les déclarations du témoin-vedette devant le sous-comité du sénateur Church, Carl Kotchian, président de Lockheed, qui détailla de mauvaise grâce la longue histoire des paiements secrets de sa compagnie à Yoshio Kodama.

Eperonnés par les révélations de Kotchian, les enquêteurs devaient révéler que les hommes de Lockheed avaient acheté les hommes politiques les plus importants du Japon. Avant que le scandale ne se calme, la liste des personnalités officielles achetées incluait : le Premier ministre, Kakuei Tanaka, le secrétaire général du Parti libéral démocrate, les ministres de l'Industrie et des Transports, le président de la commission spéciale pour l'aviation du Parti libéral démocrate et plusieurs parlementaires, anciens et actuel vice-ministre des Transports. En outre, révélèrent les enquêteurs, Lockheed avait déboursé 50 000 dollars supplémentaires pour chaque appareil vendu, en faveur du président de All Nippon Airways.

Ces révélations n'auraient pas dû émouvoir beaucoup les Japonais, compte tenu de la longue collusion d'après-guerre entre la classe politique et la pègre de la nation. Mais le grand public japonais en avait vertueusement ignoré les signes avant-coureurs. Bien que plusieurs journalistes japonais aient été informés des dessous de table de Lockheed, dès le début des années soixante, la presse ne s'était guère souciée d'entretenir la polémique. Mais le scandale était trop important pour continuer d'ignorer ce que les Japonais eux-mêmes en étaient venus à appeler *kuroi kiri* (la brume noire) la sombre histoire des magouilles, de la corruption et du crime organisé au Japon.

En 1976 pourtant, le système politique, que Kodama avait contribué à mettre en place, commença à se défaire. Lorsque le scandale Lockheed éclata, l'atmosphère était déjà chargée : quatorze mois plus tôt, le Premier ministre, Kakuei Tanaka avait dû démissionner. Au mois de novembre 1974, il avait été épinglé par une enquête en deux parties du *Bungei Shunju*, mensuel prestigieux, très lu au Japon. Une équipe inhabituelle de journalistes-enquêteurs y avait détaillé pour la première fois la provenance et la destination des énormes sommes d'argent noir qui circulaient dans le réseau politique de Tanaka – plus de 250 000 millions de dollars, provenant de sociétés-bidons qui étaient passées des grandes entreprises au parti du Premier ministre. Les reporters devaient plus tard estimer qu'environ 15 millions de dollars de cette somme avaient servi, au sein même du Parti libéral démocrate, à assurer le poste de Premier ministre à Kakuei Tanaka.

Survenant trois mois seulement après la démission de Nixon, causé par le Watergate, les révélations du *Bungei Shunju* menaçaient de causer le plus grand tort au Premier ministre. Mais Tanaka, surnommé le Bulldozer Informatisé en raison de son habileté politique et financière, semblait inébranlable. Après tout, le Premier ministre n'avait fait qu'utiliser et développer astucieusement un système existant de cadeaux et de dessous de table.

Tanaka avait de bonnes raisons de penser que, comme d'autres scandales d'après-guerre, celui-là s'oublierait vite. De fait, dans la semaine qui suivit la parution de l'enquête, le reste de la presse japonaise demeura muet. Mais le silence devait être rompu par l'apparition de Tanaka devant l'Association de la presse étrangère au Japon, où il fut soumis à un feu de questions inhabituelleemnt directes et inquisitrices pour le pays. Le Premier ministre, humilié et exaspéré, vida les lieux en trombe, mais la presse mondiale s'étant emparée de l'affaire, on ne pouvait plus longtemps ignorer le scandale. Aussi, pleins d'un rare esprit de vengeance, les Japonais s'en prirent à Tanaka, à ses finances, à ses tactiques d'évasion fiscale. Deux semaines après la parution de l'enquête du *Bungei Shunju*, Tanaka démissionnait du poste de Premier ministre.

Si les Japonais avaient eu auparavant le moindre soupçon que le poste de Premier ministre pouvait s'acheter et se vendre, le scandale Lockheed l'aurait confirmé, mais ses conséquences dépassèrent de beaucoup la seule mise en lumière du système Tanaka de politique par l'argent ; l'étendue de la corruption au Japon en fut révélée dans toutes ses dimensions. Le politologue Chalmers Johnson de l'université de Californie, à Berkeley, spécialiste du Japon, résume ainsi le scandale :

« Ce qui est choquant dans cette affaire, ce n'est pas tant que la compagnie Lockheed se soit facilité les ventes d'avions au Japon – il n'est pas douteux que Boeing, McDonnell Douglas et Grumman aient agi de même –, mais c'est qu'il rappela aux Japonais des époques et des gens qu'ils auraient préféré oublier, les extrémistes de droite et les gangsters... L'affaire était sérieuse car elle compromettait des fonctionnaires du ministère des Transports, l'une des principales sociétés commerciales du Japon et le Premier ministre lui-même. Pire encore, elle ramenait à la surface le nom de Yoshio Kodama. »

La compagnie Lockheed et M. Kodama

Les rapports de Kodama avec la compagnie Lockheed remontent au début de 1958. Il était alors âgé de quarante-sept ans, et son influence politique s'étendait à la fois sur les gangs yakuzas en rapide expansion et sur le Parti libéral démocrate, dont le pouvoir ne cessait de s'affirmer. Kodama était en relation avec Taro Fukuda, avec lequel il s'était lié d'amitié à la prison de Sugamo. Interprète de métier, Fukuda était né et avait été élevé aux Etats-Unis ; il était venu au Japon pour faire des études à l'université de Waseda. Les Américains lui avaient retiré sa citoyenneté américaine en apprenant qu'il avait travaillé pour le gouvernement japonais en Mandchourie occupée.

Fukuda traduisit et publia l'autobiographie de Kodama, *J'ai été vaincu*, et plus tard, avec l'appui financier de Kodama, il fonda une agence de relations publiques. John Kenneth Hull, l'homme de la Lockheed au Japon, loua les services de cette agence pour mener une campagne de presse dans le pays en rapide expansion. Hull était arrivé à Tokyo en décembre 1957, lorsque sa société s'implanta au Japon pour vendre son Startfighter F-104. Hull engagea un adjoint, appelé Yoshiyoshi Oni, qui allait devenir le directeur du bureau de la Lockheed à Tokyo. Oni avait servi comme agent de renseignements en Chine pendant la guerre, et avait ensuite travaillé pour l'occupant américain, probablement recruté pour le G-2 par le général Willoughby.

Inquiet de voir sa campagne de vente des Startfighter marquer le pas au Japon, Hull demanda à Fukuda les noms d'hommes politiques japonais susceptibles de défendre les propositions de Lockheed auprès du gouvernement. Fukuda, en fait d'homme politique, lui recommanda Kodama et organisa une rencontre entre les deux hommes. Kodama accepta de devenir le consultant secret de Lockheed, tandis que Fukuda assurerait la liaison entre la firme américaine et son consultant. Cet arrangement devait durer dix-huit ans.

Kodama se mit au travail et défendit admirablement les intérêts de son nouveau client américain. Grâce à ses relations politiques, il intervint si efficacement auprès de l'Agence nationale de défense du Japon que celle-ci choisit le Startfighter de Lockheed, de préférence au Grumman F-11 F. Ses trois contacts principaux dans cette affaire avaient été trois politiciens parmi les plus proches des yakuzas : Bamboku Ohno, membre important du Parlement qui était à l'époque vice-président du Parti libéral démocrate, le puissant Ichiro Kono, lui aussi cacique du Parti libéral démocrate, et Nobusuke Kishi qui était devenu Premier ministre, grâce à l'appui de Kodama.

Lockheed continua de faire appel à lui pendant les années soixante, bien que la compagnie n'eut pas grand-chose à lui demander, ce qui convenait sans doute fort bien à Kodama qui avait bien d'autres chats à fouetter. La bataille faisait rage au sein du Zen Ai Kaigi, l'alliance nationale de bandits et d'extrémistes de droite qu'il avait lui-même formée, à tel point qu'en 1969 les plus activistes de ce rassemblement firent sécession avec Kodama pour former l'organisation encore plus réactionnaire du Seishi-kai. Mais transformer les yakuzas en superpatriotes n'était pas toujours très lucratif, aussi, lorsque Lockheed relança ses activités au Japon, Kodama fut bien content de ce surcroît d'activité.

A la fin de la décade, Lockheed avait renouvelé le contrat de Kodama et l'avait étendu à la Corée du Sud. Il se mit très vite au travail, mais cette fois, il ne réussit pas à inciter le gouvernement à l'achat d'un autre intercepteur. Son échec fut peut-être dû à l'affaiblissement de son influence sur les instances de contrôle du Parti libéral démocrate. Ohna et Kona étaient morts tous les deux vers 1965, et Kodama était moins proche des successeurs du Premier ministre Kishi, Eisaku Sato et Kakuei Tanaka. Mais Kodama n'était pas homme à se décourager facilement. Pour faire ressortir sa bonne foi envers le Premier ministre, il écrivit à Sato en 1968 une lettre ouverte, où il affirmait : « S'il existait la moindre corruption chez ceux qui, directement ou indirectement, sont impliqués dans le choix des prochains avions de combat du Japon, il faudrait dénoncer sans pitié l'immoralité de tels agissements et leur désastreuse influence sur la politique de ce pays. »

On en était là lorsque Lockheed confia à Kodama sa tâche la plus difficile, la vente de son nouvel appareil de transport civil à large fuselage, le Tristar L 1011. La vente de cet avion au Japon était d'une importance cruciale pour Lockheed pour l'aider à surmonter les difficultés financières qu'elle connaissait dans d'autres secteurs. La guerre des Jumbos, qui devait faire rage à partir de 1970, opposant, au Japon, Lockheed à Boeing et à MacDonnel Douglas, commençait.

En janvier 1969, Lockheed conclut avec Kodama son premier contrat précis à partir duquel celui-ci vit couler l'argent à flot. Kodama devait toucher 138 000 dollars par an pour ses « consultations », et une commission de 4 millions de dollars lui était garantie pour une première commande de 3 à 6 Tristar de la part de toute compagnie aérienne japonaise importante. Kodama devait aussi recevoir 120 000 dollars par appareil vendu, du septième au quinzième inclus, et 60 000 au-delà.

Fort de ces assurances, le premier courtier japonais entra en action. Faute de relation étroite avec certains personnages clés du Parti libéral démocrate, il dut se fier de plus en plus à la distribution d'enveloppes pour accélérer les choses. La principale difficulté était de toucher Tanaka, alors chef du puissant ministère du Commerce international et de l'Industrie et candidat à la succession de Sato au poste de Premier ministre. Pour l'approcher, Kodama eut recours à un ami commun, Kenji Osano.

Osano était l'un des hommes les plus riches du

Japon et l'un de ses plus redoutables kuromaku. Il était aussi l'ami intime et le principal partisan de Tanaka. Il était encore le plus important actionnaire privé des Japan Air Lines et l'un des plus importants des All Nippon Airways (A.N.A.). Il connaissait de tels succès en affaires que la presse lui avait décerné une multitude de surnoms flatteurs : « le Roi du Contrôle », « le Sphinx des Affaires », « la Caisse Ambulante » et « le Monstre Osano ».

Tandis que Tanaka s'élevait, après la guerre, dans les hautes sphères du pouvoir, Osano accumulait les succès en affaires. Vers 1955, il avait tiré une fortune d'une flotte exténuée d'autobus à gazogène, grâce à la guerre de Corée pendant laquelle il s'était fait fournisseur des Américains. En 1964, il racheta pour 6 millions de dollars la défaillante société de travaux publics de son ami Tanaka, marché tout à fait inespéré pour ce dernier.

C'est à l'époque de ce rachat qu'il semble s'être lié à Yoshio Kodama. Le journal *Asahi*, s'appuyant sur des comptes rendus de tribunaux, assure qu'en 1965, Osano versa à Kodama 200 millions de yens (environ 550 000 dollars). « M. Kodama avait besoin d'argent pour des objectifs politiques et m'avait demandé mon aide », avait déclaré Osano, « aussi lui ai-je donné deux cents millions de yens... ». Kodama, alors très occupé à transformer les yakuzas en groupes d'extrême droite, n'eut sans doute aucun mal à dépenser cet argent. Lorsqu'en 1972 – cette fois pour Lockheed – Kodama reprit contact avec Osano, ce dernier était devenu milliardaire. Le camarade kuromaku de Kodama avait bâti un empire financier d'affaires immobilières, d'hôtels, de compagnies d'aviation et de banques. La société qu'il avait achetée à Tanaka pour 6 millions de dollars en 1964 lui en rapportait en 1972 330 millions. La société mère de son groupe – Kokusai Kogyo – contrôlait 38 filiales. Au début des années soixante-dix, les actifs de ses sociétés comprenaient près de 40 hôtels au Japon, à Hawaï et en Californie, des stations de ski, des bowlings, des compagnies de taxi et d'autobus et de restaurants. D'autres sociétéslui appartenant commerçaient dans tout le Pacifique, négociant des clubs de golf aussi bien que des automobiles.

Osano se montra aussi actif en politique qu'en affaires. Avec les années, il s'était rendu célèbre pour l'importance de ses dons aux candidats du Parti libéral démocrate aussi bien qu'à ceux du Parti socialiste, contributions rarement mentionnées dans les relevés officiels de dépenses électorales. Dans la pure tradition des kuromaku, Osano était créancier d'une multitude de débiteurs. Aussi, lorsque Kodama frappa à sa porte, porteur d'une offre lucrative de ventes d'avions américains, il l'écouta attentivement.

Changeurs et émeutiers

En 1971, la guerre des avions gros porteurs battait son plein, et le président de Lockheed, Carl Kotchian, s'était rendu au Japon pour s'occuper personnellement des ventes du Tristar. Depuis 1961, il allait au Japon au moins une fois par an, mais il n'avait jamais rencontré Kodama. Avant de faire sa connaissance, il avait lu le *Journal de Sugamo*, mais la mauvaise réputation de son vendeur n'affectait pas un instant le grand patron de cette grande affaire. En 1976, dans une interview au journal *Asahi*, Kotchian reconnut : « Les idées politiques et la conduite de M. Kodama ne me regardaient pas. Il me suffisait de le savoir excellent vendeur... »

De fait, Kodama, l'année précédente, avait amplement confirmé sa valeur. L'un des plus grands obstacles rencontré par Lockheed était le président des All Nippon Airlines, Tetsuo Oba, qui avait déjà pris une option en faveur du DC-10 de MacDonnell Douglas. Pour pouvoir imposer Lockheed, Oba devait vider les lieux.

Kodama obtint d'abord d'Osano de passer du vingt-huitième rang des actionnaires des A.N.A., au dixième, de manière à s'assurer la disposition de toutes les informations internes de la compagnie. (L'opération coûta à Lockheed 200 000 dollars.) Kodama lança ensuite dans la bataille les *sokaya* qu'il contrôlait (les sokaya sont spécialisés dans le chantage financier auprès des sociétés). La veille de l'assemblée générale des actionnaires des A.N.A., les hommes de Kodama firent courir le bruit que le président Oba était impliqué dans une louche affaire de prêt bidon pour un million de dollars. Le jour même de l'assemblée, ilsse répandirent dans la salle pour exiger des informations sur cette lamentable affaire.

Ils n'en fallait pas davantage pour renverser Oba qui s'abstint de paraître à l'assemblée et démissionna le lendemain. A sa place, Kodama fit nommer un personnage plus conciliant qui venait de quitter le poste de vice-ministre des Transports.

Avant cela, lorsque Lockheed était en grand danger de perdre le marché du Tristar, Kodama fit flèche de tout bois. Parmi d'autres, il appela à la rescousse son vieil ami et quelquefois rival, Ryoichi Sasakawa, parrain de la richissime industrie des courses de bateau, qui ne le lui cédait en rien en matière d'intrigues, politiques et financières. Kodama demanda à son ancien compagnon de cellule d'étouffer, en faveur de Lockheed, les protestations de certains riverains de l'aéroport d'Itami, à Osaka, déjà jugé trop bruyant, contre sa desserte par le Tristar. Entre cent autres titres, Sasakawa était président de l'Association pour la prévention des nuisances aériennes et, bien que nuls honoraires n'aient été déclarés pour cette intervention, il veilla à ce que le Tristar ne soulève aucune objection de la part des responsables des contrôles de bruit de l'aéroport.

Kotchian fut sans nul doute impressionné par ces preuves d'efficacité car, de 1970 à 1972, les tarifs de Kodama furent multipliés par vingt, jusqu'à dépasser 2,2 millions de dollars. Aux yeux de Kotchian, Kodama devint au Japon son « ministère des Affaires étrangères ». Le marché n'était pas encore conclu, mais Lockheed, d'évidence, avait le vent en poupe.

En juillet 1972, Kakuei Tanaka devint Premier ministre et les événements s'accélérèrent. Lors d'une rencontre au sommet avec le président Nixon, à Hawaï, au mois de septembre suivant, dans un hôtel qui appartenait à Osano, Tanaka s'engagea à ce que le Japon achètât pour 320 millions de dollars d'avions civils aux Etats-Unis pour alléger le déficit commercial de ces derniers avec Tokyo. D'après la presse, certains officiels japonais déclarèrent que Nixon lui-même avait suggéré que les appareils en question fussent des avions Lockheed. Dès son retour à Tokyo, le Premier ministre convoqua le président des All Nippon Airlines et il fut immédiatement annoncé, de plusieurs sources japonaises et américaines, que la compagnie achèterait le Tristar.

Lockheed transféra soudain de grosses sommes d'argent à son bureau de Tokyo qui les versa, clandestinement, à Kodama. Dans les jours qui suivirent la rencontre de Tanaka et du président des A.N.A., Kodama signa des reçus pour plus de 3 millions de dollars en liquide. Reçus traduits en anglais par Taro Fukuda, vieil ami de Kodama et agent de longue date de Lockheed. Plusieurs millions de dollars supplémentaires furent en outre versés au représentant officiel de Lockheed au Japon, la Marubani Trading Company, dont les responsables paraphèrent une série de reçus codés « bon pour 100 cacahuètes » ou « 120 pièces », dont chaque unité valait un million de yens (environ 3 000 dollars). Comme la plus grande partie de celui qui avait été versé à Kodama, cet argent servit à l'achat de personnalités politiques et de responsables de l'industrie aéronautique.

Le marché fut enfin conclu en 1973, mais Lockheed n'en continua pas moins de transférer au Japon beaucoup d'argent noir. Car un autre marché, encore plus lucratif, s'annonçait – la vente aux forces aériennes japonaises de l'avion de lutte anti-sous-marine Lockheed P-3C Orion. Pour 100 appareils, la commande devait atteindre une valeur de 1 milliard de dollars. Kodama, paraît-il, en reçut 9 millions qui comprenaient sa commission et les sommes qu'il jugerait nécessaires à se faire entendre. L'affaire allait se conclure lorsque les responsables de Lockheed furent convoqués devant le Congrès et commencèrent à révéler aux sénateurs américains leur politique « d'enveloppes » outre-mer.

L'envoi au Japon et en liquide de sommes aussi importantes posait à Lockheed des problèmes de logistique. Les 12,6 millions de dollars envoyés à Kodama et à la compagnie Marubeni, furent, par exemple, transférés de Suisse ou de Los Angeles par le canal d'une firme new-yorkaise de courtage monétaire, Deak and Company. Bien avant d'entrer en relations avec Lockheed, Kodama aurait pu connaître Deak, car cette firme avait longtemps servi de passeur clandestin aux fonds de la C.I.A. Fondée avant la Deuxième Guerre mondiale par Nicolas Deak, émigré hongrois, qui, pendant la guerre, fut agent de l'O.S.S. (Office of Strategic Service, prédécesseur direct de la C.I.A.), cette firme, la guerre finie, développa dans le monde entier un réseau de cinquante-neuf bureaux et fut bientôt réputée pour sa discrétion auprès des personnes physiques ou morales désireuses de se soustraire aux règlements et déclarations des banques ordinaires. Le bureau Deak de Hong Kong traita pour Lockheed 10 millions de dollars dont la plus grande partie provenait de Suisse, entre 1968 et 1976.

Certains analystes ont émis l'hypothèse que la C.I.A. aurait fort bien pu guider au Japon les efforts de Lockheed. Un journaliste confirmé, Tad Szulc, traitant des relations entre Lockheed et Deak, en 1976 dans *The New Republic*, suggéra ainsi que les millions de dollars transmis à Kodama n'étaient peut-être pas venus de la seule firme Lockheed. « Il apparaît, écrivait-il, que les administrations Nixon et Ford, et la C.I.A., en particulier, ont pu utiliser Lockheed comme fer de lance de la politique américaine au Japon, et notamment dans son soutien aux groupes ultra-conservateurs de ce pays. » Il est exact que les responsables de Lockheed ignoraient l'usage final de leurs dessous de table, et ce n'est pas Kodama qui les renseignait sur ce point. Comme l'un de ses contacts auprès des services de renseignements l'avait dit à Szulc : « Lockheed... pouvait constituer un canal idéal, pour la C.I.A., de transmission de fonds secrets à des gens comme Kodama. » Le recours à une firme comme Deak n'était là que pour faciliter l'opération, et pour Lockheed et pour la C.I.A.

Quel qu'ait été le rôle de la C.I.A. dans l'affaire Lockheed, il est certain que celle-ci fut très vite informée de l'existence de ces dessous de table et de la complicité de Kodama. Dès 1968, un fonctionnaire de la C.I.A. auprès de l'ambassade américaine au Japon, avait été informé de la situation ; il en avait à son tour prévenu Washington. La C.I.A. a cependant toujours nié avoir eu le moindre rôle dans le scandale Lockheed. De leur côté, les responsables de Lockheed ont pareillement démenti que leur société ait eu au Japon le moindre rapport avec des individus connus pour appartenir à l'Agence.

L'effet immédiat, sinon involontaire, des pots-de-vin Lockheed, distribués par un Kodama lui-même bien arrosé, fut de renforcer la position de l'allié essentiel des Etats-Unis au Japon : le Parti libéral démocrate. De toute évidence, une grande partie des fonds Lockheed fut utilisée au financement des campagnes du Parti et notamment à celle des élections de 1974 à la Chambre haute. Kodama choisissait ses amis avec soin, cependant, il n'est pas impossible que quelques-uns des millions de Lockheed aient enrichi certains de ses camarades de l'extrême droite et, bien entendu, les yakuzas.

En dehors de Lockheed, Kodama et Osano ne furent pas en peine d'affaires. En 1973, une fois bien en main l'affaire du Tristar, on les retrouva ensemble au travail. Il s'agissait cette fois pour Kodama d'aider Osano à prendre le contrôle de la Kokumin Sogo Bank. Tentative couronnée de succès. Pour profitables qu'elles fussent les relations entre les deux kuromaku n'étaient pas de celles qui se pouvaient porter sur la place publique. Trois ans plus tard, sous les projecteurs du scandale, Osano témoignerait devant la Diète que ses relations avec Kodama n'avaient jamais été plus loin que prendre le thé ensemble plusieurs fois par an.

Osano pouvait dire ce qu'il voulait, mais pour la première fois de sa vie il eut à faire face à des journalistes et à des procureurs qui déployaient un zèle insolite à cuisiner les puissants de ce monde ; et ils n'en avaient pas seulement après Osano. Chaque versement de Lockheed menait à des politiciens et à des intermédiaires différents, à une strate différente d'une société corrompue. Les marchés de Lockheed avec Osano, Kodama et d'autres dissipèrent enfin aux yeux du public un large secteur de cette brume noire qui enveloppait la nation, où des politiciens de haut rang fréquentaient des bandits, où l'achat des consciences était la règle.

Après Kodama, le cas de son protégé Dietman Koichi Hamada est peut-être le meilleur exemple des connexions diverses du Milieu japonais. Celui-ci était un proche de Tanaka, étoile montante du P.L.D., et un ancien de la bande d'Inagawa.

Alors âgé de quarante-trois ans, Hamada perdit au baccara l'énorme somme de 2 millions de dollars, lors d'une série de voyages à Las Vegas financés par Osano entre 1972 et 1974, pertes essuyées par Osano lui-même avec l'argent de Lockheed. Les voyages d'Osano étaient devenus légendaires dans certains cercles de Tokyo et du Nevada. L'une de ces excursions, en avril 1974, dura neuf jours, tous frais payés pour vingt-neuf personnes, en passant par Honolulu, San Francisco et Las Vegas. Ces vingt-neuf invités formaient un lot plutôt mélangé, pour ne pas dire plus.

Les procureurs du gouvernement et les attaques contre Osano au Parlement l'accusèrent d'avoir fait profiter de ces voyages trois des principaux hefs du syndicat Inagawa et l'un des plus importants associés de Kodama, spécialiste en extorsion de fonds. Un autre invité de ces déplacements fut le célèbre Susumu Ishii, numéro deux du syndicat Inagawa qui regroupait 4 300 membres. Il n'eut pas été difficile d'établir d'autres liens entre la pègre et la clientèle touristique de Dietman Hamada. Le F.B.I. devait plus tard interroger les commensaux à Las Vegas d'Osano et de ses amis, parmi lesquels des membres connus de la Mafia américaine.

Comment Hamada s'était-il élevé jusqu'aux bonnes grâces d'Osano et du parti dominant du Japon ? Selon la presse, cet astucieux politicien possédait un casier judiciaire depuis 1952, où il fut condamné à un an de prison pour agression et détournement de fonds. A sa sortie, Hamada apprit que son ancienne bande était en voie d'absorption, comme beaucoup d'autres de la région de Tokyo, au sein du syndicat Inagawa. Vers 1955, Hamada sollicita d'Inagawa la succession de son chef fraîchement décédé. Inagawa lui conseilla de s'orienter dans une autre voie et, lorsque son ambitieux kobun se déclara intéressé par la politique, il le présenta à Kodama.

Hamada demeura dans le sillage de Kodama pendant deux ou trois ans, secrétaire et domestique, apprenant l'art de la politique d'après Kodama. Constamment soutenu par ce dernier, il fit son chemin, occupant une succession de postes d'importance locale, pour aboutir au Parlement. Il était député de préfecture lorsqu'il fit la connaissance de Kenji Osano et pendant quinze ans les deux hommes allaient mener ensemble une série de spéculations immobilières qui, pour être très lucratives, n'en étaient pas moins le plus souvent douteuses. Hamada en vint bientôt à appeler Osano *oyaji* (père) et Kodama *sensei* (maître).

Une fois engagée, une relation avec les yakuzas est très difficile à rompre ; Hamada ne fit pas exception à cette règle. Les yakuzas, de l'Inagawa-kai d'après ce que l'on sait, apportèrent leur soutien au candidat Hamada au cours de toutes ses campagnes. Soutien qui ne gênait nullement son parti, car beaucoup d'autres candidats du P.L.D. acceptaient, dans les mêmes circonstances, le concours des yakuzas. De fait, au sommet de son pouvoir en 1980, Hamada était devenu l'organisateur en chef des campagnes électorales du Parti libéral démocrate.

Hamada s'inscrivit à la fraction du Parlement de laquelle Kodama était le plus proche, la supernationaliste Société de l'Orage d'été (Seiran-kai) qui comptait aussi parmi ses financiers l'empereur des jeux Ryoichi Sasakawa et le chef de bande coréen, Hisayuki Machii. De temps à autre, Hamada y faisait fonction de secrétaire général. Lorsqu'éclata le scandale Lockheed, il était devenu l'un des membres les plus importants du P.L.D. et vice-ministre de la Défense, poste capital d'où il pouvait pousser au rapide réarmement du Japon. Son ascension politique n'avait point relâché ses liens avec son gang d'origine. En 1978, il s'en vantait encore : « L'un des hommes que je respecte le plus est le chef de l'Inagawa-kai. »

En dépit de ses liens officiels avec les yakuzas, Hamada semble avoir été populaire auprès de ses collègues du parlement. Il ne fallut rien de moins que sa participation aux excursions à Las Vegas – liées au scandale Lockheed – pour ruiner sa carrière politique. En avril 1980, Hamada démissionna de son siège de député plutôt que de voir révéler au grand jour ses activités auprès d'Osano à Las Vegas. Il refit cependant rapidement surface comme candidat indépendant dans son ancienne circonscription et retrouva sa place au Parlement. En 1984, la médiocre performance électorale du P.L.D. le fit recruter, avec huit autres conservateurs sans étiquette, par Nakasone, un Premier ministre exaspéré de cet échec relatif, pour assurer sans faiblesse le contrôle de la Chambre basse.

La chute de Kodama

Si Hamada survécut au scandale Lockheed, son mentor ne fut pas aussi heureux. Après la déposition de Kotchian devant le Sénat, à Washington, la presse japonaise déclencha contre Kodama une croisade impitoyable, rachetant ainsi ses trop nombreuses années de silence sur l'homme et son influence. Des enquêteurs perquisitionnèrent sa maison – ce qui était longtemps demeuré impensable – et saisirent tout ce qui restait de ses dossiers personnels (ceux qu'il n'avait pas brûlés). Des agents du fisc commencèrent à examiner ses comptes, à la recherche des fonds Lockheed et de preuves de fraude.

Le scandale, enfin, l'atteignit peut-être physiquement : peu de temps après la première déposition de Kotchian, Kodama, qui était âgé de soixante-cinq ans, fut frappé d'une attaque qui le confina chez lui. Mais cette retraite elle-même ne pouvait plus le protéger. Des manifestants de droite et de gauche se succédèrent devant sa maison. Des extrémistes de gauche tentèrent même d'en forcer les grilles, mais ils furent repoussés par la police et les yakuzas qui restaient loyaux. Des groupes ultranationalistes – qui avaient été de ses plus fervents admirateurs – lui enjoignirent de se suicider, de se faire hara-kiri pour laver l'honneur du Japon qu'il avait souillé. Le bruit courut même que le Yamaguchi-gumi complotait son assassinat.

Mais le pire était à venir. Kodama lui-même n'aurait pu imaginer geste aussi dramatique. Dans la fraîche matinée du mardi 23 mars 1976, Mitsuyasu Maeno, acteur de cinéma de vingt-neuf ans, se présenta avec trois amis à l'aéroport de Chofu dans les faubourgs ouest de Tokyo, tous quatre en tenues de kamikazes. Maeno, pilote confirmé, déclara au bureau de l'aéro-club qu'il désirait louer deux avions pour filmer une séquence sur les avions-suicides.

Autrefois Maeno avait idolâtré Kodama. Cinq ans plus tôt, il avait fait partie d'un groupe choisi d'ultranationalistes, rassemblés dans l'un des plus grands hôtels de Tokyo, l'hôtel *Okura*, pour assister à la création d'un nouvel hymne national : *Le chant de la race.* Cet hymne, d'après l'historien de l'affaire Lockheed, David Boulton, en appelait à « un coup d'Etat kamikaze pour restaurer les gloires du Japon impérial ». L'auteur de ce chant était Yoshio Kodama.

Maeno à l'époque était un comédien besogneux, salarié d'une importante société de production de films à Tokyo (ayant découvert que les films pornographiques payaient mieux que les autres, on pouvait le voir en 1976 dans des dizaines de salles louches des quartiers chauds de Tokyo). Lorsqu'il se présenta aux employés de l'aéroport, habillé en kamikaze avec une équipe de tournage, ils sut les convaincre de leur louer deux avions.

Maeno avait bien reconnu sa route. La semaine précédente, il avait effectué trois vols au-dessus du quartier de Kodama. Avant de s'installer dans le cockpit de son Piper Cherokee, il se noua autour de la tête un bandeau décoré du soleil levant, identique à celui des pilotes kamikazes pendant la guerre. Poussant le cri de guerre kamikaze *Tenno heika banzai!* (vive l'empereur), Maeno décolla, suivi de ses amis et commença par décrire des cercles autour de Tokyo pendant une heure. Enfin il changea de cap, informant ses compagnons qu'il devait se rendre à Setagaya – faubourg de Tokyo où habitait Yoshio Kodama.

Il s'approcha de la maison de Kodama à très basse altitude, décrivit deux cercles au-dessus d'elle, poussa son cri de guerre dans sa radio piqua sur la maison où il s'écrasa sur une véranda, tué net, mais manquant sa cible, car Kodama était couché dans une autre partie de la maison. L'impact cependant mit le feu au bâtiment et les gardes yakuzas de Kodama s'employèrent frénétiquement à l'éteindre. Ces gardes du corps étaient si enragés que plus tard dans la journée ils agressèrent des journalistes à l'extérieur de la maison. (Les reporters devaient se plaindre qu'une dizaine de policiers avaient considéré sans bouger la scène, leur conseillant de ne rien faire qui puisse « exciter ces jeunes gens ».)

La police devait conclure que Maeno avait agi seul, et non pas, comme on l'avait craint, comme agent d'un complot d'extrême droite. Mais les ennuis de Kodama ne devaient pas s'arrêter là. Il ne devait survivre à cette attaque-suicide que pour être jugé au mois de juin 1977 pour fraude fiscale et violation des lois sur les changes. Le Kodama qui comparut devant le tribunal était le fantôme de lui-même. Il plaida non coupable en tout. Puis, rentré chez lui, il refusa d'en sortir, se disant malade ; mais la justice refusa de se laisser impressionner et se transporta jusqu'à son chevet pour l'interroger à plusieurs reprises. Pire encore, outre la saisie de ses dossiers, le fisc confisqua la plupart de ses actifs, dont une importante collection d'art asiatique, pour garantir le règlement de ses retards d'impôts et des amendes qui lui seraient infligées.

L'affaire Lockheed et l'arrestation de Kodama marquèrent au Japon la fin d'une ère. Agent de la C.I.A., financier ultranationaliste, parrain yakuza, « faiseur de rois », Yoshio Kodama demeura intouchable durant toute une génération. « Kodama ignorait la police, le fisc et la justice », déclara un journaliste à un éminent ancien ministre. « Il était persuadé que personne ne pouvait l'atteindre... » Mais il n'est désormais plus interdit d'enquêter et d'écrire sur Kodama. Les éditeurs japonais ont publié quelque cinquante livres sur sa vie ; certains ont été des best-sellers. Outre une foule de pièces et de films, des quantités d'ouvrages ont été écrits sur le scandale Lockheed et ses principaux acteurs.

En même temps que Kodama et son secrétaire privé, quatorze autres individus impliqués dans le scandale furent finalement inculpés ; parmi eux, Kenji Osano. Au nombre des accusations : parjure, corruption et violation du contrôle des changes. Bien qu'il y eût au moins quatre politiciens manifestement impliqués dans l'affaire, les procureurs, faute de preuves suffisantes, n'en inculpèrent que trois : le Premier ministre, le secrétaire général du P.L.D. et le vice-ministre des Transports. Les procureurs requirent en 1981 une peine de trois ans et demi de prison pour Kodama et une amende d'environ 3 millions de dollars, mais le procès fut ajourné en raison de l'aggravation de l'état de santé de Kodama.

Les conséquences du scandale furent ambiguës. Les relations des Etats-Unis et du Japon n'en furent pas sensiblement endommagées, en dépit des premières craintes des fonctionnaires américains. Cependant, le public ne connaît pas encore tous les détails relatifs à l'affaire Lockheed. Les cours fédérales américaines ont veillé à ce que tout ne soit pas divulgué, depuis l'intervention du secrétaire d'Etat Henry Kissinger, en 1976, qui soutenait que la pleine ouverture du dossier porterait préjudice aux intérêts de la politique étrangère américaine. En 1983, les avocats de Lockheed plaidèrent « l'effet dévastateur d'une totale divulgation sur la réputation et la carrière de nombreux fonctionnaires étrangers dont certains détenaient des positions importantes pour les relations extérieures de ce pays ».

Pendant ce temps, le changeur de Lockheed, Deak and Company, avait des ennuis. La firme avait déposé son bilan à la suite d'une série de retraits consécutifs aux déclarations de la commission présidentielle sur le crime organisé qui associait publiquement la compagnie à des « blanchisseurs » d'argent. Les ennuis de Deak se terminèrent quelques mois plus tard, lorsque le vieux spectre fut assassiné dans son bureau de Manhattan par un dément, selon toute apparence.

Les révélations consécutives à l'affaire Lockheed entraînèrent la rapide adoption d'une loi par le congrès – l'acte contre les pratiques de corruption étrangères – en 1977. Cette nouvelle loi interdisait les pots-de-vin, outre-mer, aux compagnies américaines, mais cette disposition est elle-même controversée. Selon le politologue Chalmers Johnson, les bonnes intentions de la loi ont eu l'effet pervers « de peser sur la balance des paiements américaine et d'enrichir plusieurs cabinets juridiques importants... et de priver les entreprises américaines de nombreux marchés au profit de leurs concurrents étrangers ».

Les conséquences du scandale Lockheed ne furent pas plus claires au Japon. Tous les politiciens qui avaient touché de l'argent, sauf un, améliorèrent leur score aux élections générales suivantes. Sans pour autant connaître le même bonheur devant les tribunaux. En dehors de Kodama, tous les inculpés furent reconnus coupables. Le dernier jugement au mois d'octobre 1983 concerna l'ancien Premier ministre Tanaka. Le tribunal de Tokyo prit acte de ce que Tanaka avait accepté 2,1 millions de dollars pour assurer l'achat du Tristar de Lockheed par All Nippon Airways. Il fut condamné à quatre ans de prison et au règlement d'une amende égale au montant de ce qu'il avait touché. Le verdict final se fait encore attendre. Les condamnés, Tanaka en tête, ont fait appel. L'appel est suspensif, et les experts estiment à une dizaine d'années le laps de temps nécessaire à conclure l'affaire.

Osano ne parut pas affecté un instant par sa condamnation. Il continuait d'investir et de gagner beaucoup d'argent. En 1983, il présenta à la presse sa dernière acquisition, le trentième hôtel de sa chaîne. Ce bâtiment de luxe de cinq cents chambres est situé juste en face de Tokyo Eki, la grande gare centrale du Japon. On remarquait parmi les invités de cette inauguration somptueuse de nombreux responsables de l'industrie et le vieux camarade d'Osano, l'ex-Premier ministre Tanaka.

Et c'est Tanaka lui-même qui donna l'exemple de la revanche la plus complète. « Shogun de l'ombre » du P.L.D., il contrôlait 119 sièges des 422 que le parti détenait à la Diète. Il y demeurait si puissant qu'il en devint l'incontournable « faiseur de rois », assurant notamment l'élection de Nakasone au poste de Premier ministre en 1982 et sa réélection en 1984. Les longues années pendant lesquelles il avait dépensé sans compter les deniers publics pour de grands programmes de travaux dans sa circonscription d'origine continuaient de payer. Malgré les sondages d'opinion, les éditoriaux, les vigoureux appels de l'opposition et de certains membres de son propre parti à sa démission, Tanaka conservait le siège qu'il détenait depuis trente-six ans au Parlement. Deux mois seulement après sa condamnation, il remporta les élections dans sa circonscription – avec l'une des marges les plus importantes de l'histoire électorale japonaise – après une campagne entièrement consacrée à débattre de la persistance de son influence au sein du P.L.D. Il avait alors soixante-cinq ans. Le Parti lui-même ne connaissait pas le même bonheur : ces élections faillirent lui coûter le pouvoir qu'il détenait depuis la fin de la guerre. La presse n'était pas tendre : elle brocardait le nouveau gouvernement sous le nom de « Cabinet Tanakasone ». Mais Tanaka demeurait impavide. Il demeura l'homme le plus puissant du Japon jusqu'en 1985, où une grave crise cardiaque le contraignit à se ménager.

Kodama ne pouvait plus faire jeu égal avec ses vieux camarades, bien qu'il revendiqua d'avoir contribué à l'ascension de Nakasone au pouvoir, ayant un jour déclaré que son dernier effort de grabataire serait d'amener Nakasone – son protégé depuis longtemps – au fauteuil de Premier ministre. Sa condamnation, le gel de ses biens, la désaffection de ses partisans, le privaient peu à peu de son influence. De nombreuses entreprises suspendirent les versements consentis depuis de nombreuses années aux rançonneurs de Kodama. Lockheed avait annulé depuis longtemps ses accords avec lui. Des dizaines de politiciens et d'hommes d'affaires qui se vantaient naguère de leurs relations avec lui, déclaraient ne plus jamais le voir. Le fisc et la police, pendant ce temps, l'accusaient de fraudes fiscales pour 1,36 milliard de yens (environ 6 millions de dollars), à propos d'une série d'affaires indépendantes de Lockheed.

kodama passa trois ans à l'hôpital, sa santé déclinant toujours. Son empire s'écroulait. Dans une interview donnée de son lit, il déclara subir une « punition divine » pour s'être fait le serviteur d'un constructeur d'avions américains dont les appareils avaient tué tant de Japonais pendant la guerre du Pacifique. Le médecin-chef assura un peu plus tard qu'il n'avait plus tous ses esprits. A soixante-douze ans, Kodama, naguère puissant kuromaku, avait fait son temps. Le 17 janvier 1984 au soir, une nouvelle attaque l'emporta.

Une foule affligée déferla plusieurs jours jusqu'à sa maison. On y trouvait des témoins de toute sa vie : capitaines d'industries, superpatriotes, bandits, artistes, saltimbanques... Curieusement, de nombreux politiciens qu'il avait autrefois lancés et contrôlés brillaient par leur absence, peu soucieux de reconnaître leur dette envers un homme à qui ils devaient tant. Le parrain yakuza, Kakuji Inagawa, n'eut pas la même prudence, qui proclama maintes fois l'évidence : « Yoshio Kodama n'aura jamais son pareil au monde. »

Le legs du kuromaku

Les « brumes noires » japonaises ne disparurent pas avec Yoshio Kodama. L'esprit du défunt kuromaku survécut : pots-de-vin, relations avec la pègre sont encore courants dans la vie politique japonaise et ces pratiques n'affectent pas que la morale publique, elles touchent aussi le gouvernement de la nation. Moins impudente qu'autrefois, l'utilisation politique du Milieu dépasse de loin au Japon ce qui serait posible aujourd'hui aux Etats-Unis. La dénonciation de ces accointances soulève au Japon la même émotion qu'aux Etats-Unis, mais les politiciens japonais s'en accommodent beaucoup mieux que leurs homologues américains : ils ignorent les allégations publiques et continuent d'agir comme si de rien n'était. Le pouvoir ininterrompu d'un seul parti pendant plus de trente ans a produit cette impudence, et le constater ne supprime pas les conséquences fâcheuses d'un pareil monopole. Le statut quasi officiel au Japon des yakuzas, dont les organisations ont pignon sur rue, la reconnaissance, si réticente qu'elle soit, des gangs par l'opinion publique expliquent aussi la différence que l'on peut remarquer entre le rôle de la pègre dans ce pays et celui qui est le sien aux Etats-Unis. Les carrières de certains politiciens américains ont pu se faire contre les gangs ; personne au Japon n'a quoi que ce soit à gagner à s'attaquer publiquement aux yakuzas.

Aussi les yakuzas sont-ils nombreux dans la vie politique japonaise – collecteurs de fonds, gardes du corps, agents électoraux. Les chefs de bande, en retour, approchent facilement les hommes politiques les plus importants, ce dont ils tirent toutes sortes d'avantages dont la légitimité n'est pas le moindre. Il existe un relevé public des liens entre les gangs et le Parlement, étonnant témoignage de la part d'un pays considéré comme le moins « criminogène » du monde moderne. L'appui public de plusieurs des principaux personnages politiques du Japon à tel ou tel membre de la pègre est particulièrement frappant.

Les Japonais furent frappés de stupeur lorsqu'en 1971, l'ancien Premier ministre Kishi, accompagné de l'ancien ministre de l'Education, Umekichi Nakamura, et d'un autre homme politique, se porta caution pour l'un des chefs du Yamaguchi-gumi accusé de meurtre. Tous les trois étaient alors députés du P.L.D. à la Diète. Nakamura présidait même une commission judiciaire. Cette situation, apparemment, ne tracassait nullement l'ancien Premier ministre. En décembre 1963, Kishi avait accepté la vice-présidence d'un comité pour l'organisation des funérailles d'un yakuza. En 1974, il fut remarqué, parmi les dizaines d'invités importants, au mariage somptueux du fils de Kazuo Taoka, parrain du Yamaguchi. Dans l'impossibilité de s'y rendre, Kishi s'assura que la famille avait bien reçu un télégramme de félicitations de sa part. Ryoichi Sasakawa et Eitaro Itoyama, parents de Sasakawa et député P.L.D. à la Diète, agirent de même.

Bien que la police ait fini par s'habituer à ces relations, les liens d'anciens Premiers ministres avec des malfaiteurs connus la surprennent encore. Kishi n'est pas le seul ; perquisitionnant au domicile d'un chef du Yamaguchi, à la fin des années soixante-dix, lorsque Ohira était Premier ministre, la police fit une découverte inattendue : une immense photo bien en évidence du Premier ministre en grande conversation, verre en main, avec le gangster, cliché pris apparemment lors d'une réception.

Ces relations ont incité certains chefs de bande à se vanter de leur influence sur la politique de la nation. Vantardises qui ne sont pas toujours dénuées de fondements. Si beaucoup d'hommes politiques japonais évitent scrupuleusement toute accointance avec le Milieu, les liens avec les yakuzas apparaissent très répandus et si le P.L.D. n'en a pas l'apanage, c'est néanmoins dans le parti dominant que ce phénomène atteint sa pleine expression. Il n'est que de considérer le cas d'Akira Ohno, ministre du Travail dans le premier gouvernement Nakasone. Fils du célèbre cacique libéral démocrate, Bamboku Ohno, Akira place les liens avec la pègre au rang d'une tradition de famille.

Ohno junior, fils de son père, a su se faire un prénom. En 1982, à cinquante-deux ans, ce politicien confirmé avait été élu sept fois à la Chambre basse japonaise et il avait tenu plusieurs postes importants, tel celui de secrétaire général adjoint du P.L.D. Mais le public le considéra d'un autre œil lorsqu'il apprit que de 1980 à 1982 les bureaux de Ohno avaient collecté 100 millions de yens (environ 435 000 dollars) de fonds électoraux auprès d'un prêteur étroitement lié au Yamaguchi-gumi. Ohno attira aussi l'attention du public en raison d'une série de visites, par lui rendues, à des chefs de bande. Il alla jusqu'à prononcer un discours au mariage du fils d'un patron Yamaguchi, qui venait de prendre sa retraite. A ce propos, le journal *Mainichi* cita un employé du ministère selon lequel Ohno entretenait déjà des liens étroits avec ce parrain bien avant la retraite de ce dernier et qui « avait aidé Ohno à gagner des élections et à monter des affaires ». Ohno, démentit cependant énergiquement toute relation avec les yakuzas. D'autres « phares » du P.L.D. ont, prétend-on, utilisé des personnalités de la pègre. En 1976, par exemple, le défunt Rokusuke Tanaka, alors premier secrétaire du P.L.D., admit qu'un « ancien » gangster avait effectivement mené une de ses équipes électorales. Agé de trente-quatre ans, ce vigoureux yakuza avait auparavant dirigé un gang dans le district natal de Tanaka, à Fukuoka, berceau des nouveaux groupes extrémistes yakuzas du Japon. Bien que l'homme ait fait de la prison pour homicide involontaire, Tanaka lui fit, dit-on, bon accueil, sous prétexte qu'« un politicien a le devoir de réhabiliter d'anciens coupables ».

La mission de Tanaka semblait également s'étendre à des bandits en activité. A la fin de 1983, deux militants yakuzas du politicien furent arrêtés pour avoir violé la loi sur les élections aux emplois publics. Les hommes appartenaient à la famille Kusano qui compte 330 membres et tient sous sa coupe le district de Tanaka. Tanaka fut réélu à la Diète pour la huitième fois consécutive. Ses militants yakuzas ne paraissaient pas déranger la hiérarchie du Parti libéral démocrate, qui nomma peu après Tanaka, alors âgé de soixante ans, au poste de secrétaire général du Parti.

Il arrive que des politiciens éminents du Japon se servent de la pègre pour des raisons purement personnelles, par exemple intimider des parents dévoyés. Mais les yakuzas semblent surtout employés à faire campagne et à lever des fonds.

Juichiro Tsukuda, cacique du parti au pouvoir, ne voit guère d'objections à travailler avec les patrons du crime japonais. Au nombre de ses références : l'ancien ministre des Postes et Télécommunications, l'ancien gouverneur de la préfecture de Niigata et un membre de la Chambre haute de la Diète depuis 1968. En 1970, Tsukuda, alors âgé de soixante-sept ans, avait été vivement critiqué, une fois au moins, pour avoir assisté aux funérailles d'un gangster réputé. Mais en 1981, le politicien avait été plus loin encore : il n'était plus seulement question de présenter des condoléances à des yakuzas, mais de leur offrir des emplois. Tsukuda avait engagé Takashi Jo, âgé de cinquante ans, membre haut placé du gigantesque syndicat Sumiyoshi. Jo avait pour tâche d'encaisser pour quelque 250 millions de yens (environ un million de dollars) de traites et de chèques impayés, que Tsukuda avait émis au nom du propriétaire d'un bain turc, dans le cadre d'un bizarre plan de collecte de fonds qui avait mal tourné. Tsukuda déclara à un journaliste du *Mainichi* qu'il ignorait que son encaisseur eût un casier judiciaire chargé. « Nombre de traites et de chèques sont actuellement entre les mains de gangs, prétendait l'ancien ministre, c'est la raison pour laquelle je l'ai engagé. » Jo prit son travail au sérieux. Il fut arrêté par la police pour avoir frappé en plein visage un agent de change de Tokyo qui essayait d'encaisser un chèque de 2,1 millions de yens, tiré sur un compte au nom de Tsukuda dans une banque proche du parlement. Jo fut relâché le jour même sur une visite personnelle de Tsukuda à la police. La protection de Tsukuda semble avoir été parfaitement éclectique. Huit mois plus tard, il faisait de nouveau parler de lui en intervenant dans une enquête policière pour un autre syndicat. Le yakuza secouru cette fois était l'un des huit premiers lieutenants du Yamaguchi-gumi, Shigemasa Kamoda, l'oyabun qu'avouait connaître Ohno, l'ex-ministre du Travail. Tsukuda s'arrêta, comme en passant, au siège de la police d'Osaka pour l'informer que Kamoda, alors soupçonné d'infraction aux lois sur les jeux, avait en fait un bon alibi.

Semblables récits de corruption politique et de compromissions avec la pègre abondent dans tout le Japon. A considérer la banalité de ces liens publics entre yakuzas et politiciens, on ne s'étonne pas que la « brume noire » exerce ses ravages à tous les échelons.

Dans certaines régions, les yakuzas continuent de jouer un rôle énorme dans la politique locale. Ces dernières années, la liste est longue des affaires de corruption, de chantage et de fraude, où des fonctionnaires municipaux sont impliqués avec des gangsters. De même, les fêtes d'adieux des chefs de bandes qui prennent leur « retraite » sont souvent financées sur deniers publics.

L'emploi généralisé de malfaiteurs par les hommes politiques japonais ne va pas sans risques. A Shimizu, par exemple, trois membres d'une bande affiliée à l'Inagawa étranglèrent, en 1977, un ancien conseiller municipal pour défaut de remboursement des millions de yens qu'il leur avait empruntés pour assurer sa réélection.

Le yakuza politique

Les cas de politiciens compromis avec la pègre ne sont pas rares en Amérique, mais les yakuzas vont parfois beaucoup plus loin qu'aider tel ou tel candidat ; ils briguent eux-mêmes certains postes officiels. Depuis que la Société de l'Océan noir de Mitsuru Toyama brouilla la distinction entre malfaiteurs et activistes de droite, à la fin du XIXe siècle, les yakuzas ont organisé leurs bandes en partis politiques.

En pleine occupation, et souvent sous le nez de fonctionnaires américains, des chefs yakuzas se présentaient aux élections dans les circonscriptions où ils détenaient le pouvoir. L'homme fort du tekiya, Kinosuke Ozu, « l'Al Capone de Tokyo », recueillit 12 000 voix en 1947, lors d'élections à la Diète. En 1952, l'oyabun de l'Asano-gumi fut élu au conseil municipal d'une ville de la mer Intérieure. Ce succès stimula sans aucun doute l'esprit de conquête de la bande ; en 1964, l'Asano-gumi avait doublé de taille (jusqu'à 80 membres), et il était devenu le gang le plus puissant de la préfecture d'Okayama où vivaient plus d'un million de personnes.

Traditionnellement, leurs activités politiques ne servent aux yakuzas que de couverture. Les choses n'ont pas changé. Harcelés par la police à partir de 1980, les gangs ont considérablement augmenté leurs parrainages de groupes d'extrême droite. En 1981, la police nationale recensait dans cette mouvance 90 organisations nouvelles qui rassemblaient plus de 2 000 membres, la plupart d'entre elles étant soutenues par les grands syndicats du crime, tels le Yamaguchi-gumi et l'Inagawa-kai. Si l'on y ajoute les organisations qui n'entretiennent avec la pègre que des liens indirects, leur nombre passe à près de 200, qui se partagent 37 des 47 préfectures du Japon.

Beaucoup de ces nouveaux gangs « politiques » bénéficient de liens étroits avec des politiciens de premier plan, à l'instar de leurs modèles plus anciens. Selon le journal *Asahi*, l'un de ces groupes, implanté dans la préfecture de Gifu se vante d'avoir pour conseiller un député du P.L.D. à la Diète. Et dans la préfecture d'Ehime, dans l'île orientale de Shikoku, « plusieurs membres de l'assemblée de préfecture seraient conseillers d'un nouveau groupe d'extrême droite ». Un autre groupe, l'association Shigemasa Kamoda, présenta Kamoda, l'un des patrons de Yamaguchi, aux élections à la Diète de 1980. Associé des députés P.L.D. Ohno et Tsukuda, Kamoda fit campagne contre la drogue, se présentant comme un « moine suivant la voie de la chevalerie » définie par Kazuo Taoka, parrain du Yamaguchi.

Le plus étonnant, peut-être, est que, de temps à autre, les candidats yakuzas parviennent à passer dans des élections locales. L'un au moins de ces conseillers yakuzas, Eiji Sadaoka, oyabun du Sadaoka-gumi dans le sud du Japon, avait été condamné pour meurtre avant son élection. En 1975, ce bandit de quarante et un ans fut élu au conseil municipal d'une ville proche de Nagasaki, rassemblant sur son nom le plus grand nombre des suffrages. Il était arrêté quelques jours plus tard sous l'inculpation de trafic de drogue et la police révéla qu'il avait déjà été condamné cinq fois pour d'autres motifs dont celui de meurtre.

L'idéologie ne joue le plus souvent qu'un rôle secondaire dans les campagnes politiques yakuzas. Les gangs ne sont que trop intéressés au maintien d'un statu quo qui leur est si profitable. Cette attitude est constante dans la pègre du monde entier. Comme le déclarait Al Capone voici plus de cinquante ans : « Je suis partisan à cent pour cent du système américain de libre entreprise. » Le criminologue Kanehiro Hoshino, étudiant les idées politiques des yakuzas, a pu établir que plus de la moitié d'entre eux soutenaient le Parti libéral démocrate qui est au pouvoir. Mais les personnalités de ce parti qui bénéficient de leur soutien se situent toujours à la droite de celui-ci. Les candidats « yakuzas » sont invariablement anticommunistes, nationalistes, loin du centre et sur sa droite. L'engagement d'importantes personnalités liées aux yakuzas, comme Koichi Hamada, à la société ultranationaliste de l'Orage d'été, n'est pas le fait du hasard.

L'influence yakuza sur la politique de la nation japonaise est difficile à évaluer. Certaines réformes destinées à assainir les secteurs qu'ils dominent – le prêt sur gages, la protection des personnes, par exemple – sont indéfiniment reportées, du fait des amis des yakuzas au Parlement. Mais il est un débat crucial où le yakuza est engagé à fond et qui est celui du réarmement japonais.

Les yakuzas n'ont qu'une seule voix pour exiger avec la droite le renforcement de l'armée. Ils sont fidèles en cela à leur tradition : dès les années vingt et jusqu'à la guerre, ils ont toujours soutenu le Japon militaire à travers les groupes ultranationalistes qui tenaient en ce temps-là le haut du pavé. Pendant la guerre, ils participèrent aux « programmes de développement » de la Mandchourie occupée ; après la guerre, on les retrouva dans les unités paramilitaires qui aidaient la police à combattre les groupes de gauche. Les organisations politiques qui leur sont les plus proches – le Zen Ai Kaigi et le Seishi-kai, par exemple – réclament toutes l'abolition de l'article 9 de la constitution, qui limite l'armée japonaise aux dimensions très modestes d'une force de défense.

La cause du réarmement est aussi défendue par des dizaines de « partis » ultranationalistes, qui ne sont en fait que de petits groupes, répandus dans tout le pays. Ces bandes d'extrême droite, souvent dirigées par des yakuzas ou d'autres éléments douteux, font partie du paysage des principales villes japonaises. Ces ultranationalistes modernes sont les ennemis les plus notables de la paix publique et leurs pratiques détonnent singulièrement dans une culture qui ne cesse d'insister sur l'importance de l'harmonie. Casqués, vêtus de treillis militaires, le regard caché sous des lunettes noires, ils sillonnent les villes à grande vitesse dans des camions blindés, brandissant des bannières militaires et des drapeaux ornés du soleil levant. D'énormes haut-parleurs, fixés sur la cabine de ces véhicules, diffusent d'assourdissantes musiques martiales dans toutes les directions, concerts interrompus par de violents appels à l'adoption de mesures antisoviétiques radicales, à l'abolition de la constitution, au renforcement de l'armée, à la restauration de la dignité de « la race japonaise ». Certains de ces groupes préconisent même la construction d'un armement atomique, hypothèse qui devrait faire réfléchir l'Occident tout entier. En 1984, la police estimait à 120 000 le nombre de ces néo-fascistes, répartis en quelque 840 organisations dans tout le pays. Fort peu d'entre eux se déclarent yakuzas. Mais les syndicats yakuzas les utilisent souvent à des tâches bien particulières : extorquer, par exemple, de l'argent sous prétexte de protection à des gérants de boîte de nuit récalcitrants.

Le programme de l'extrême droite est considéré par les Japonais avec une indulgence surprenante, mais la grande majorité d'entre eux n'en considèrent pas moins les gangs comme une bizarrerie ; ils y voient les survivances d'une époque révolue et légitimement oubliée. Le soutien considérable qu'apportent les syndicats yakuzas aux hommes politiques de droite dont ils financent les campagnes à qui ils fournissent services d'ordre ou simples ouvriers, va beaucoup plus loin. Le militarisme impénitent de certains kuromaku ; comme Kodama et Sasakawa, qui exerce depuis longtemps une grande influence sur la droite conservatrice à la Diète, est du même ordre.

L'action constante de ces forces en faveur du réarmement japonais a produit d'importants résultats. Aiguillonné, par l'aile droite du P.L.D. et par certaines pressions de l'administration Reagan, l'armée japonaise est en voie de transformation complète. Naguère sujet de plaisanterie pour les officiers, japonais aussi bien qu'étrangers, lesdites forces d'autodéfense ont disposé en 1984 d'un budget qui les place au huitième rang dans le monde devant la plupart des pays de l'O.T.A.N. L'armée de terre japonaise a vu ses effectifs augmenter constamment : elle aligne aujourd'hui 180 000 hommes ; la flotte sous-marine n'a pas cessé non plus de se renforcer. La flotte de surface compte 52 escorteurs et frégates ; elle est dans ce domaine la cinquième du monde ; trois pays seulement de l'O.T.A.N. peuvent se prévaloir d'un tonnage supérieur. Avec 470 avions de combat l'armée de l'air est la quinzième du monde. Et l'économie du pays, qui est la troisième du monde, possède la septième industrie d'armement du monde. De récentes campagnes à la Diète, menées par des membres haut placés du P.L.D., proposent une augmentation considérable des dépenses militaires qui placerait le budget japonais de la défense juste derrière ceux des Etats-Unis, de l'U.R.S.S. et de la République populaire chinoise.

Les pourparlers de réarmement provoquent une grande consternation parmi les pays voisins qui conservent un souvenir vivace de la brutalité de la « sphère de coprospérité extrême-orientale » du Japon impérial. La campagne en faveur d'une armée plus forte alarme également de nombreux Japonais qui y voient un retour aux idéaux de la vieille droite ultranationaliste. Le projet de loi déposé à la Diète impliquerait une révision de l'actuelle constitution qui irait bien au-delà de la suppression de la clause antiguerre. Les propositions prévoient de donner à l'empereur « davantage qu'un rôle symbolique », et de rendre un soutien officiel à certaines fonctions religieuses shintoïstes. Ces deux mesures ramèneraient le pays aux temps fanatiques de l'avant-guerre. La révision de l'histoire de la Deuxième Guerre mondiale est un autre signe inquiétant, selon certains observateurs, d'un changement d'esprit. Un film à la gloire d'Hideki Tojo, Premier ministre militariste du Japon en guerre, a remporté dans tout le pays un immense succès. Et au mépris des sensibilités chinoises et coréennes, les livres d'histoire japonais ont été revus de façon à atténuer considérablement les crimes de l'ancienne armée impériale, tel le massacre de Nankin en 1937.

Bien que la crainte d'un réveil ultranationaliste concerne surtout la gauche japonaise, certains conservateurs admettent que si pareil événement devait survenir, les yakuzas se trouveraient à son avant-garde. Certains kuromaku, comme Kodama et Sasakawa, se targuent depuis longtemps de disposer de dizaines de milliers de jeunes Japonais. Kodama évoquait ses bandes extrémistes comme un « front populaire anticommuniste ». Sasakawa, quant à lui, président de quelque trente organisations, s'est maintes fois référé à « l'armée privée de huit millions d'hommes », prêts à défendre la patrie contre les gauchistes.

Aussi longtemps que le Japon demeurera prospère, il n'est guère à craindre de résurgence fasciste. Les socialistes et la fraction libérale du P.L.D. détiennent encore assez de pouvoir pour bloquer tout excès de la droite. En outre, l'opinion publique dans son ensemble n'éprouve que dégoût pour les méthodes extrémistes. De temps en temps, un incident lui rappelle jusqu'où les ultranationalistes ont naguère entraîné le Japon. La plupart des Japonais, par exemple, ont très mal ressenti l'envoi en 1971 d'un pistolet de calibre 22 et de cent soixante-quinze cartouches au Premier ministre Sato par un chef de bande yakuza de Fukuoka, âgé de quarante ans. La note suivante accompagnait le paquet : « Vous avez laissé tuer des policiers, laissé des étudiants envahir le Palais impérial et déranger l'empereur, tout cela par votre obstination à demeurer Premier ministre. Ci-joint un pistolet qui vous permettra de vous tuer dans l'honneur. »

Les Japonais d'aujourd'hui ne sont guère tentés par de telles hystéries et les extrémistes de droite ne connaissent de faveur qu'auprès d'une fraction relativement faible du public. De plus, la plupart des bandes yakuzas, malgré leur allégeance officielle aux idéaux de droite, songent d'abord à leurs propres affaires. L'influence politique du yakuza concerne avant tout son propre intérêt financier. Les syndicats s'attacheront toujours en premier lieu à défendre leurs positions traditionnelles : le contrôle des jeux, de la drogue et d'autres vices ainsi que la panoplie toujours plus variée de leurs rackets. Leur motivation première est celle de toutes les organisations criminelles du monde : le profit.

Ce désintérêt pour l'idéologie est évident, à considérer la disparition de ce grand type de l'histoire japonaise qu'était l'ultranationaliste kuromaku. Kodama est mort, Sasakawa a de beaucoup dépassé quatre-vingts ans, la scène est libre pour qu'y surgissent de nouveaux « tireurs de ficelles ». Kodama est certainement irremplaçable. Les hommes les plus aptes à correspondre au modèle kuromaku seraient les Osano et les Tanaka, hommes d'affaires de l'après-guerre, pleins d'astuce et riches de relations ; mais ils n'ont à peu près rien des parrains ultranationalistes d'autrefois. Sasakawa ne s'y trompait pas, lorsqu'il déclarait à Bernard Krisher du magazine *Newsweek*, en 1976, sentant venir la fin d'une ère : « Je suis un des derniers imbéciles de ce monde. »

La fin de Kodama et de ses homologues est cependant plus riche de sens qu'un simple changement de nature des « courtiers en pouvoir » japonais. La chute de Kodama, le scandale Lockheed et la démission de Tanaka ont marqué une étape importante du développement de la jeune démocratie japonaise. Ces trois événements ont eu l'effet le plus salubre. Ils ont dissipé, au moins pour un certain temps, le plus épais de cette brume noire qui enveloppait le Japon. Si la brume s'est reformée rapidement avec les pots-de-vin des yakuzas et leurs filières politiques, cette corruption de la vie politique a dû se dissimuler plus profondément qu'auparavant, car la presse et le public sont devenus beaucoup moins tolérants envers les anciennes méthodes.

La disparition de Kodama, à elle seule, marque une

autre étape de l'histoire contemporaine du Japon, laquelle n'est pas moins importante que la précédente. La rapide croissance économique du Japon, le perfectionnement constant de sa technologie, son accession au rang de puissance mondiale ont posé aux yakuzas des problèmes nouveaux et leur ont fourni des occasions nouvelles. Dès avant le dernier soupir de Yoshio Kodama, la situation dans les rues, parmi les bandes disciplinées dont il avait dépendu pour établir son pouvoir, était en plein changement.

NOTES

- Pour la déclaration de Church, et la documentation ayant servi à traiter le scandale Lockheed, voir « Séances du sous-comité des sociétés multinationales du comité des relations étrangères », Sénat américain, 4 et 6 février 1976.

- La citation de Chalmers Johnson est tirée de sa remarquable série de trois articles sur Kakuei Tanaka et le scandale Lockheed, parus dans l'*Asian Wall Street Journal* des 14, 15 et 16 décembre 1983. Cette série est elle-même adaptée de son article, « The Rise and Decline of Tanaka Kakuei : The Problem of "Structural Corruption" in the Japanese Political System ». Les événements qui ont conduit Tanaka à donner sa démission sont détaillés dans cet article ainsi que dans le livre de Frank Gibney, *Japan : The Fragile Superpower* (1975), p. 312-313.

- Les relations de Kodama avec la Lockheed dans les années 50 et 60 sont tirées du *New York Times*, 1er mars 1976, et du *Sunday Times* (R.U.), 7 mars 1976. Sa lettre à Sato est citée dans le *Asahi Evening News* du 17 février 1976.

- L'éviction d'Oba, le président de l'A.N.A. est décrite dans le *Wall Street Journal*, du 16 décembre 1976, et dans le *Asahi Evening News* du 23 mars 1976.

- Le rôle de Sasakawa dans le scandale Lockheed est rapporté dans Robert Shaplen, « Annals of Crime : The Lockheed Incident », le *New Yorker*, 23 et 30 janvier 1978.

- L'écoulement de l'argent de la Lockheed au Japon, le rôle de Deak and Co., et la participation éventuelle de la C.I.A. sont étudiés dans le *New York Times*, 1er mars et 2 avril 1976, et dans

« The Money Changer » de Tad Szulc, *The Republic,* 10 avril 1976.

- La déclaration d'Osano sur ses relations avec Kodama est citée dans le *Japan Times* du 22 juillet 1976.

- Les voyages d'Osano à Las Vegas et les énormes pertes d'Hamada sont tirés de différents reportages. Voir en particulier *Asahi Evening News,* du 14 mars 1980 ; *Daily Yomiuri,* 7 mars et 11 avril 1980 ; et *Japan Times,* 24 juin 1974 et 11 avril 1980.

- Les liens du Milieu avec les voyages Osano/Hamada sont mentionnés dans l'*Asahi Evening News* du 25 mars 1980 ; *Daily Yomiuri,* 13 mars 1977 ; *Japan Times,* 12 avril 1980 ; et *Mainichi Daily News,* 12 avril 1980.

- Pour Hamada, voir « Hamada's Shady Past », série de trois articles parus dans le *Mainichi Daily News* des 12, 13 et 14 avril 1980 ; *Yomiuri Shimbun* du 7 mars 1980 ; *Japan Times* du 11 avril 1980 ; et *Mainichi Daily News* du 25 février 1978.

- L'attaque kamikaze de la maison de Kodama par Maeno est tirée de l'*Asahi Evening News* du 24 mars 1976 ; *Far Eastern Economic Review,* 2 avril 1976 ; *The Times* (R.U.), 24 mars 1976 ; et David Boulton, *The Grease Machine* (1978), p. 270.

- Les derniers jours de Kodama et ses funérailles sont décrits dans le *Japan Times,* 24 janvier 1984, et *Mainichi Daily News,* 19 janvier 1984.

- Les relations de Kishi avec le Milieu sont détaillées dans *Shukan Asahi,* 7 juin 1974 ; *Far Eastern Economic Review,* 20 avril 1979 ; *Los Angeles Times,* 9 novembre 1980 ; et *Mainichi Daily News,* 9 octobre 1971. On trouve dans l'article du *Shukan Asahi* une liste des personnalités invitées au mariage Taoka, dont Kishi, Sasakawa et Itoyama.

- Les liens d'Ohno junior avec le Milieu sont détaillés dans plusieurs coupures de presse. Voir, par exemple, *Daily Yomiuri,* 12 décembre 1982 ; *Japan Times,* 27 octobre 1980 et 3 avril 1983 ; et *Mainichi Daily News,* 28 novembre 1982, 1er janvier et 3 avril 1983.

- Pour l'utilisation que fit Rokusuke Tanaka des yakuzas dans ses campagnes, voir *Japan Times,* 23 décembre 1983 et *Mainichi Daily News,* 8 février 1979.

- La prédilection de Dietman Tsukuda pour le Milieu est décrite dans *Asahi Evening News,* 26 octobre 1981 ; *Daily Yomiuri,* 21 juin 1982 ; et *Mainichi Daily News,* 26 octobre 1981.

- Les liens des yakuzas avec des fonctionnaires locaux sont détaillés dans de nombreux reportages de presse. Voir, par exemple, *Asahi Evening News,* 22 novembre 1983 ; *Daily Yomiuri,* 17 mars 1979 et 7 février 1981 ; et *Mainichi Daily News,* 13 juillet 1980.

- L'expansion des partis politiques yakuzas est tirée d'un article d'*Asahi Shimbun*, traduit par la Fondation asiatique et paru dans la presse américaine le 21 septembre 1981. La brève carrière politique de Kamoda est relatée dans *Japan Times* du 27 janvier 1980.

- L'affaire Eiji Sadaoka est tirée du *Japan Times*, 29 avril 1975.

- Les statistiques sur l'armée sont tirées de l'excellent résumé de la conférence sur le réarmement du Japon, du centre d'information pour la défense, « The Defense of Japan : Should the Rising Sun Rise Again ? », *Defense Monitor*, vol. XIII, n° I.

- Les divergences d'opinion sur le réarmement et la glorification du Japon impérial sont bien relatés dans une série de dépêches du service des informations du Pacifique datées du 29 avril et du 1er décembre 1982, et du 7 novembre 1983.

- L'envoi d'un pistolet au Premier ministre Sato par un yakuza a fait l'objet de multiples articles dans les journaux japonais. Voir, par exemple, *Daily Yomiuri*, 17 novembre 1971, et *Japan Times*, 30 septembre 1971.

akuza entièrement tatoué, posant avec un sabre de samouraï dans la nuit de okyo. (Seiji Kurata)

Mitsuru Toyama (assis, avec une barbe), pionnier du mouvement ultranati naliste japonais, avec des membres de sa Société du Dragon noir, aux ale tours de 1930. Assis au premier rang, le deuxième en partant de la droite e l'étudiant Yoshio Kodama qui allait devenir le personnage le plus puissant d yakuzas de l'après-guerre.

Kodama vers 1930 (à gauche), garde du corps de Wang Ching-Wei, chef a gouvernement fantoche de Nankin (Chine), contrôlé par le Japon. Kodam devint fabuleusement riche pendant la guerre en volant les Chinois et e approvisionnant la marine impériale.

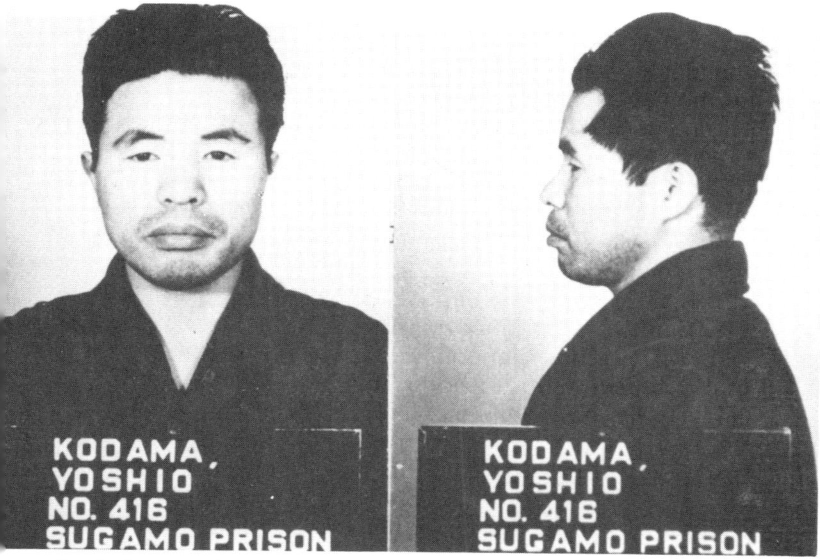

oto de Kodama à la prison de Sugamo après la guerre. Il était considéré nme criminel de guerre de classe A, passa trois ans en prison, mais ne fut nais jugé ; les services de renseignements américains avaient besoin de lui leurs.

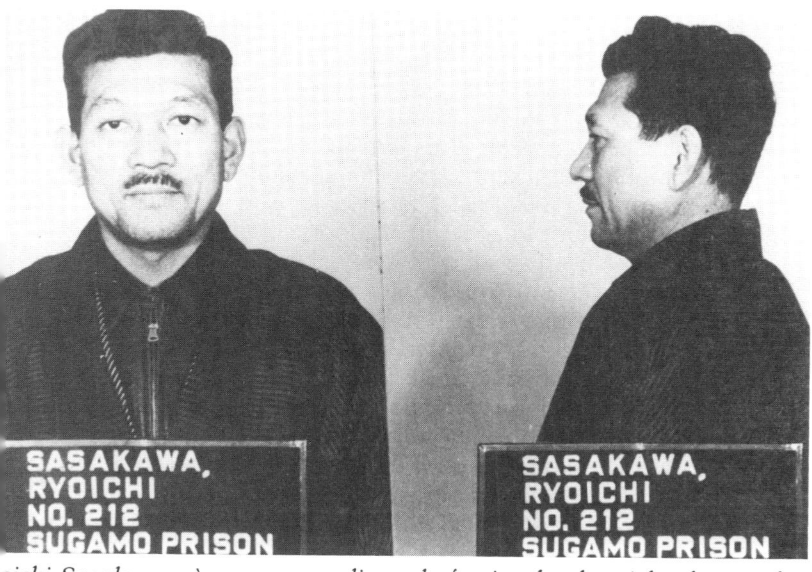

oichi Sasakawa, à ses propres dires « le fasciste le plus riche du monde », ocié aux yakuzas. Compagnon de prison de Kodama à Sugamo, Sasakawa également désigné comme criminel de guerre de classe A. Il devint l'un des nmes les plus riches du Japon grâce au contrôle de l'extraordinairement rative industrie des courses de hors-bord.

Sasakawa avec Benito Mussolini en 1939. Sasakawa est demeuré un grand admirateur de Mussolini qu'il avait un jour qualifié de « parfait fasciste et parfait dictateur ».

Major général Charles Willoughby, chef des services de renseignements [de] l'armée américaine (G-2), sous le commandement du général MacArth[ur] pendant l'occupation du Japon. Les hommes de Willoughby recrutèrent d[es] yakuzas comme espions, et pour casser l'expansion de la gauche et [les] mouvements syndicaux. (Photographie de l'armée américaine.)

hoto prise par un agent du contre-espionnage américain, pendant le défilé u 1er mai 1953 à Nagoya. En raison de la guerre de Corée, les agents de enseignement américains intensifièrent considérablement leurs activités au upon, mais leurs liens avec l'extrême droite et les yakuzas produisirent ouvent des résultats mitigés.

Une manifestation de l'ultranationalisme de l'après-guerre : l'assassinat e 1960 du secrétaire général du Parti socialiste, Inejiro Asanuma par un jeun fanatique d'extrême droite. L'agression eut lieu lors d'une réunion publiqu devant les caméras de télévision, les journalistes et une nombreuse assistanc L'assassin d'Asanuma se suicida ensuite dans sa cellule. (Photo fournie pa Mainichi Shimbum*).*

›dama avec le Premier ministre Nobusuke Kishi en 1960. Kishi est penché r les épreuves des mémoires de Kodama, le Journal de Sugamo, avant de ligier sa préface au livre. Kodama le remercia en recrutant parmi les kuzas et les extrémistes de droite une armée de 28 000 hommes pour otéger le président Eisenhower dont la visite était prévue cette même année.

oto révélatrice de l'influence de la pègre dans les années 60. En partant de gauche : Yoshio Kodama, l'un des principaux courtiers de la politique onaise, Kakuji Inagawa, parrain de l'énorme syndicat du crime Inagawa, é à Tokyo, Shunji Hasegawa, un des premiers lieutenants d'Inagawa, et iro Kono, secrétaire général du Parti libéral démocrate, alors au pouvoir. kuma Shoten)

Un typique décor tekiya (éventaires forains) pour une fête de quartier. membres des tekiya ne se limitent pas aux éventaires, ils s'intéressen l'immobilier et à des affaires, qui se chiffrent par millions de dollars. (Photo Michio Soejima)

nquet en l'honneur de l'intronisation du nouveau chef d'un des plus impor-
:ts gangs de Tokyo, aux environs de 1961. (Photo de Jacqueline Paul)

Une des dernières fois que Kodama s'est montré en public, lors de son uniq comparution devant le tribunal, dans l'affaire Lockheed, en janvier 19
(Fournie par le service d'informations de Kyodo.)

Troisième partie

LES YAKUZAS MODERNES

LES SYNDICATS

Les Siciliens l'auraient appelé le *Capo di tutti capi*. A soixante-cinq ans, il régnait comme le plus puissant des gangsters japonais, grâce à des amis comme Yoshio Kodama et à ses capacités personnelles qui étaient exceptionnelles. Il s'appelait Kazuo Taoka, troisième patron du Yamaguchi-gumi, seigneur de 12 000 yakuzas dans toutes les îles du Japon.

Taoka rayonnait de confiance en soi et, assis à sa table du night-club *Bel Ami*, il était l'image même de la puissance. Le *Bel Ami* était installé dans un quartier de plaisir de Kyoto, ancienne capitale du Japon, centre culturel et, pendant longtemps, citadelle Yamaguchi. Sur la scène, une danse indéfinissable tirait à sa fin ; une cinquantaine d'invités applaudissaient : c'était en début de soirée, un mardi de juillet 1978.

Un jeune homme en chemise blanche quitta son siège et s'avança lentement vers la table, proche de la scène, où Taoka et cinq gardes du corps étaient assis. A cinq mètres de distance, il sortit un pistolet de calibre 38 et tira sur Taoka, lui trouant le cou. Tandis qu'il prenait la fuite, Taoka fut précipité dans une Cadillac blindée et emmené par une escorte de police à l'hôpital le plus proche.

L'agresseur avait vingt-cinq ans. Il s'appelait Kiyoshi Narumi et faisait partie d'un gang affilié au syndicat

Matsuda, rival acharné du Yamaguchi dans l'ouest du Japon. A la mort d'un patron du Matsuda, abattu en 1975 par le Yamaguchi-gumi, Narumi et plusieurs autres de ses camarades avaient avalé les cendres de leur oyabun assassiné pour mieux jurer de le venger.

Cependant, comme à d'autres tentatives d'assassinat, Taoka survécut. Son assaillant eut moins de chance. Quelques semaines plus tard, on le trouva mort dans les montagnes, non loin de Kobé, quartier général du Yamaguchi-gumi.

L'attentat déclencha une guerre de bandes dans le plus pur style du Chicago des années trente. Les gangsters se combattaient en plein jour et en pleine rue et se lançaient à l'assaut de leurs permanences respectives.

Cinq autres hommes au moins du Matsuma-gumi trouvèrent la mort dans les sanglantes représailles qui suivirent.

Sa blessure écarta Taoka de la scène pour plusieurs mois, et surtout marqua le départ d'un long déclin de ce parrain célèbre, et peut-être même de l'immense syndicat qu'il avait bâti. Le Yamaguchi-gumi ne craignait pas les rivalités extérieures du type Matsuda, mais les contestations internes allaient bouleverser la plus grande organisation criminelle japonaise. Le Yamaguchi-gumi était une coalition de plus de 500 gangs qui devait beaucoup de sa force à la direction charismatique de Taoka, lequel apparut tout à coup très vulnérable. Il souffrait depuis dix ans d'une grave maladie de cœur ; lorsqu'il se rétablit de sa blessure, ses lieutenants se disputaient déjà sa succession.

Le syndicat était aussi miné par une rivalité de générations. Les vieux s'opposaient aux jeunes et inversement ; et il manquait, entre les deux groupes, d'hommes mûrs dont la présence aurait pu arranger les choses. Les anciens yakuzas, non pas seulement du Yamaguchi, mais de tous les gangs du Japon, commençaient à se plaindre de nombreuses atteintes à leurs redoutables traditions de fidélité indéfectible au chef ; les jeunes recrues ne l'acceptaient plus avec l'aveuglement d'autrefois. D'autres principes étaient aussi remis en question, touchant à la stratégie et au commandement, et non pas seulement par les troisièmes couteaux, mais par les anciens chefs eux-mêmes. Dans le seul Yamaguchi-gumi, 23 patrons de bandes affiliées furent expulsés du syndicat ou sanctionnés pour s'être opposés à sa politique. D'après la police, le Yamaguchi-gumi, pionnier de la criminalité moderne, souffrait de gigantisme, et il était trop dépendant de l'autorité de Taoka.

Les combats de rue marquaient aussi le début d'une époque. Pendant des années, la loi yakuza avait stipulé que les batailles entre bandes devaient demeurer ignorées de la société légale et se dérouler loin d'elle. L'image du bandit chevaleresque était en cause ; il ne devait jamais mêler à ses affaires les gens ordinaires, les *katagi no chu* (littéralement : citoyens sous le soleil). Mais les récentes batailles de rues faisaient fi de ce principe, et les Japonais étaient fatigués de la violence publique et regrettaient la vieille coutume. La lassitude publique atteignit un tel point que la police lança à son de trompe une gigantesque opération qui devait durer quatre-vingts jours pour mettre fin à la guerre des gangs. 1 100 hommes furent engagés dans le plus vaste coup de filet de l'après-guerre. Pendant les deux premiers mois de l'opération, 2 000 gangsters, dont 518 vétérans du Yamaguchi-gumi, furent arrêtés. Le numéro deux du syndicat, Kenichi Yamamoto, bras droit de Taoka, surnommé Yamaken, fut retiré de la circulation pour trois ans et demi de travaux forcés, sous l'accusation de détention d'armes et de chantage. La justice, un peu plus tard, devait retenir contre Taoka plusieurs chefs d'accusation, fraude fiscale et chantages à l'encontre d'entreprises de travaux publics et de compagnies maritimes.

L'opposition croissante à laquelle se heurtait son immense syndicat incita Taoka, dans l'année qui suivit l'attentat dont il avait été victime, à négocier une trêve difficile, mais qui fut effective, avec les ennemis les plus déterminés du Yamaguchi-gumi. Pour s'assurer la publicité nécessaire et convaincre le public de sa bonne foi, il agit en véritable parrain moderne et convoqua une conférence de presse. Quelque soixante journalistes se pressèrent dans sa maison sous les projecteurs de la télévision, assis en tailleur sur des tatamis. Yamaken leur faisait face, flanqué de deux chefs de bande, et il parla pendant plus d'une heure (Taoka lui-même avait jugé plus prudent de ne pas apparaître). Son bras droit commença par lire une déclaration solennelle, rédigée dans le japonais le plus littéraire, déclaration distribuée à de nombreux exemplaires sous forme de dossiers de presse. Yamaken présentait des excuses officielles au public et à la police pour les ennuis qui leur avaient été causés et annonça la fin de l'effusion de sang. La guerre des gangs était finie. La télévision japonaise donna de cette conférence une diffusion nationale. Cette initiative ramena le calme. Le Yamaguchi-gumi ne fit plus parler de lui, mais cette discrétion ne devait pas durer.

Le Yamaguchi-gumi : mort et succession

Taoka s'abstint de paraître en public pendant presque toute l'année suivante. Il se montra plusieurs fois en 1979 pour couper court aux rumeurs qui couraient sur sa santé, mais il apparut pâle et amaigri. Dans les magazines à sensation qui tiennent la chronique des activités de la vaste pègre japonaise, ces apparitions de Taoka n'eurent d'autres résultats que de renforcer les spéculations relatives à sa succession : qui serait le quatrième patron du Yamaguchi-gumi ?

Malgré ses problèmes, le Yamaguchi-gumi demeurait la plus importante organisation criminelle du Japon. Comme le faisait remarquer un journal, l'insigne en or en forme de rhombe reste « persuasif ». Dans la plus grande partie du Japon, la seule vue de cet insigne, renforcée peut-être de celle d'un tatouage, suffisait à écarter les camions, obtenir des rabais et évacuer des vestibules. Les autres gangs exhibent aussi leurs propres insignes. Chaque syndicat porte un emblème différent et déploie fièrement ses couleurs aux manifestations officielles, comme s'ils étaient membres du Rotary. Au Japon, où le groupe, et non l'individu, détermine en grande partie la vie quotidienne, les insignes constituent un bon moyen d'identification.

Les insignes n'ont pas toujours un effet magique, surtout lorsque leurs porteurs se trouvent en face de policiers ou d'autres gangsters. Ces emblèmes faisaient partie intégrante de l'attirail des membres du Yamaguchi lorsque leur gang fit une tentative, annoncée à grand renfort de publicité, pour étendre, en 1980, leur territoire à Hokkaido, l'île la plus septentrionale du Japon. Près de 200 membres du gang, vêtus de polos noirs et de blazers blancs, s'envolèrent pour la capitale de Sapporo à l'occasion de la cérémonie d'ouverture de leur bureau régional. Ils furent accueillis à l'aéroport par 800 membres de la pègre locale dont les bandes s'étaient réunies pour repousser le Yamaguchi-gumi de leur territoire. Il fallut bien l'intervention de quelque 2 000 policiers plutôt nerveux pour séparer les deux groupes. Les fonctionnaires empêchèrent les gangsters Yamaguchi d'ouvrir leur bureau en bloquant toute la délégation dans son hôtel d'une station de ski ; le lendemain, les gangsters regagnèrent Osaka par un vol des All Nippon Airways, sans avoir réussi à accomplir leur mission.

Beaucoup plus graves que l'échec d'Hokkaido étaient les nouvelles qui attendaient la hiérarchie Yamaguchi. Un an plus tard survint l'événement redouté depuis longtemps par le syndicat. Les trente-cinq années de règne de Kazuo Taoka s'achevèrent sur une dernière attaque cardiaque, en juillet 1981. Il y eut, une semaine plus tard, un service funèbre dans l'intimité avec la famille proche et les amis. Mais un second enterrement, officiel celui-là, fut jugé nécessaire par le gang. Après trois mois de préparation, et en dépit des avertissements de la police, les chefs du syndicat s'arrangèrent pour faire à Taoka des adieux bouddhistes dans la meilleure tradition yakuza. La police répondit en faisant une descente aux domiciles des gangsters et dans leurs bureaux, et cela dans tout le pays ; ils arrêtèrent près de 900 gangsters, et saisirent 102 fusils, 192 sabres et 2 livres d'amphétamines. Mais le coup de semonce n'eut pas d'effet : pour le Yamaguchi-gumi les funérailles étaient une affaire d'honneur. Par un dimanche de la fin du mois d'octobre, quelque 1 300 yakuzas, issus de 200 gangs, se rassemblèrent à Kobé pour offrir un dernier hommage à leur défunt patron. Le service se déroula là où devait s'élever un « monument à la mémoire de Taoka », à côté de la maison du parrain, dans un quartier chic de la ville. A trois maisons plus bas se dressait le tribunal de la préfecture d'Hyogo, situé au milieu des bureaux des juristes les plus respectés de Kobé. Autour de ces bureaux – et des gangsters – 800 policiers protégés par des casques et des boucliers de métal. 500 autres policiers vérifiaient l'identité des arrivants à seize points différents, dont les aéroports et les gares.

Il arriva des fleurs de tout le pays, envoyées par d'autres chefs de bandes, par des hommes d'affaires éminents et par le vieil ami de Taoka, Yoshio Kodama, qui se mourait alors lentement dans un hôpital de Tokyo. Pour ceux qui venaient personnellement présenter leurs hommages, la fouille était de règle. Parmi l'assistance se trouvaient des vedettes de l'industrie du spectacle japonaise : des chanteurs, des acteurs, des musiciens. « De la fin des années cinquante à la fin des années soixante-dix, déclarait Yoshio Tabata, une des vedettes présentes, quel est l'artiste du Japon qui n'a pas été aidé par Taoka ? » La grande vedette du cinéma japonais, l'idole Ken Takakura, apparut à la veillée mortuaire, parmi ses nombreux rôles de yakuza, il avait incarné Taoka lui-même dans une trilogie consacrée à la vie du parrain. Il était tenu pour acquis que Taoka avait choisi, pour lui succéder, son brutal bras droit, Yamaken, mais peu de temps après sa conférence de presse, Yamaken avait été jeté en prison, sans espoir d'en sortir avant la fin de 1982. Le désarroi au sein du syndicat était tel qu'on eut bien été en peine d'en désigner le chef. Aussi la police observa-t-elle de très près les funérailles, afin de déterminer qui en prendrait la tête, car ce rôle de meneur était traditionnellement assumé par le nouveau chef de bande. A la grande surprise des observateurs, ce fut la veuve du parrain Fumiko Taoka, âgée de soixante-deux ans, qui mena le deuil.

C'était sans doute donner la mesure de la quasi-panique des chefs du Yamaguchi que d'avoir mis à leur tête une femme dans le monde si misogyne des yakuzas. Le rôle de Fumiko Taoka devait être provisoire : elle assurerait un intérim jusqu'à l'émergence d'un vrai chef mâle. Mais dans un pays où les femmes étaient fort rares dans les grands emplois, où le féminisme occidental demeurait presque inconnu, la désignation d'une femme n'était rien de moins que remarquable. Dans le monde yakuza, la place des femmes avait toujours été limitée à des rôles de prostituées, d'hôtesses et de maîtresses de maison. Cette règle souffrait des exceptions et quelques femmes avaient déjà assumé des pouvoirs considérables dans la pègre japonaise. Comme l'un de ses membres l'expliquait à un hebdomadaire japonais : « Il y a des femmes oyabun, mais elles restent dans les coulisses... (Fumiko) est sans doute là comme prête-nom. »

Les 12 000 hommes du syndicat criminel le plus puissant du Japon furent donc un certain temps commandés par une femme. Fumiko occupait le siège de son défunt mari dans les réunions « au sommet » des gangs et arbitrait leurs différends. Yamaken, emprisonné pour de longs mois encore, la plupart des membres du syndicat s'attendaient à une transition douce. Ils furent vite détrompés.

Dès avant sa sortie de geôle, l'héritier désigné de Taoka commença à payer de nombreuses années d'excès de boisson. Sept mois seulement après la mort de son chef, Yamaken succomba à son tour d'une cirrhose du foie. Et d'un seul coup toute la structure du Yamaguchi-gumi tomba dans un désordre complet. Le travail d'une génération entière de bandits – mélange complexe de féodalisme et de gestion moderne – était menacé d'anéantissement.

Pendant ses trente-cinq ans de règne, Kazuo Taoka avait déployé à la tête de son syndicat le fameux sens japonais de conciliation de l'innovation technique et de la tradition. Le Yamaguchi-gumi contrôlait plus de 2 500 entreprises, dans le jeu, le prêt usuraire, les sports et les loisirs ; il fonctionnait pourtant selon des schémas féodaux datant de trois cents ans. La gestion au jour le jour du syndicat – comme celle des autres groupes yakuzas – se fondait sur la relation ancestrale oyabun-kobun, système de parentés fictives qui descendait du « parent » le plus haut placé au plus humble des « enfants ». Ces survivances féodales n'empêchèrent cependant pas les gangs de s'adapter aux impératifs des grandes affaires modernes. À l'époque de sa mort, l'organisation de Taoka, selon la police, dégageait un revenu brut de plus de 460 millions de dollars. Les dirigeants d'entreprise américains, de ceux de la General Motors à ceux de la Mafia, donneraient beaucoup, sans aucun doute, pour disposer d'une main-d'œuvre aussi dévouée à son travail que celle du Yamaguchi-gumi.

Au sommet de la pyramide, Taoka régnait comme un shogun de l'ombre. Mais comme il est fréquent, le parrain tout-puissant avait été déchargé des affaires quotidiennes du syndicat. Il avait abandonné ce domaine à son lieutenant, Yamaken, qui jouait à peu près le rôle d'un président de conseil d'administration. Le cinq de chaque mois, Yamaken tenait réunion avec douze des principaux chef du syndicat, comme un conseil de direction. Ils décidaient de la politique du Yamaguchi et se répartissaient les profits de l'industrie de la pègre.

Il y avait en tout 103 patrons de rangs variés, émanations de plus de 500 bandes distinctes. Leurs relations étaient organisées d'après la coutume oyabun-kobun. A leur tête, il y avait quatre *shatei,* ou « jeunes frères » de Taoka. Les huit autres directeurs venaient immédiatement après. Ils étaient appelés *wakashira-hosa,* ou jeunes chefs adjoints, l'un d'entre eux étant *wakashira,* ou jeune chef. Equivalents des *consiglieri,* les conseillers de la Mafia, six vétérans formaient un comité consultatif, le *sanro-kai.* Plus bas dans la hiérarchie, on distinguait une série de responsabilités moins importantes : un *kambu atsukai,* ou directeur, et 83 *wakashu,* ou

« jeunes hommes », qui commandaient chacun une légion de *kobun* (« enfants ») ou *kumi-in* (engagés). A l'intérieur même des bandes existait tout un réseau de relations similaires, lui aussi basé sur le système oyabun-kobun. Enfin, il y avait des apprentis en grand nombre et en marge, des surveillants qui jouaient au profit de la direction un rôle d'agent de renseignements.

D'importantes sommes d'argent circulaient dans cette hiérarchie féodale. Les principaux gangs affiliés et le syndicat lui-même établissaient chaque année un rapport financier. Les gangs étaient tenus de faire parvenir tous les mois au quartier général leurs contributions qui se chiffraient souvent en milliers de dollars. D'autres versements s'y ajoutaient en « cadeaux de nouvel an », pour payer les funérailles des membres (celles de Taoka coûtèrent près de 500 000 dollars), aider les condamnés à leur sortie de prison, régler les dépenses des inspections de l'état-major.

D'après les estimations de la police, Taoka aurait perçu chaque année, en redevances diverses des gangs, plus de 500 millions de yens (2,1 millions de dollars).

Ses adjoints n'avaient pas non plus à se plaindre. Un patron du Yamaguchi, interviewé en 1984 par le journal *Mainichi* révélait : « Un chef de rang intermédiaire gagne environ 130 000 dollars par an. » Il ajoutait : « Mais au niveau des parrains, le chiffre serait plutôt supérieur à 400 000 dollars. Le chef de 1 000 hommes, responsable de tout un syndicat, peut compter sur 43 000 dollars par mois... Une fois déduit de ce montant, disons 13 000 dollars pour les frais et les loisirs, il lui en reste 30 000 ; soit 360 000 dollars par an, dont il peut faire ce qui lui plaît. »

Un rapport de la police nationale, publié en 1979, devait confirmer ces chiffres et donner aussi quelques précisions sur les salaires des yakuzas de la base. Le gangster, homme de main moyen, touchait environ 14 000 dollars par an, somme à peu près équivalente au salaire d'un ouvrier. Quant aux souteneurs ou gérants de boîtes de nuit, ils faisaient beaucoup mieux, gagnant près de 45 000 dollars par an en moyenne. Juste en dessous des chefs de bandes, les anciens doublaient cette somme, pour arriver à 90 000 dollars. Mais les revenus vraiment importants ne se distribuaient qu'au sommet de la pyramide.

« Mettez-vous dans la tête, déclarait l'interviewé du Yamaguchi, que les revenus d'un chef de bande dépendent du nombre de ses hommes. Les gens racontent que le Yamaguchi-gumi contrôle tout le Milieu japonais. Nous ne voyons pas les choses de cette façon. C'est la compétition permanente entre les chefs, pour s'approprier une part plus importante du gâteau, qui les pousse à ne jamais cesser d'étendre leurs activités, jusqu'à ce qu'un beau jour le syndicat qu'ensemble ils représentent, bien que rivaux, soit partout. »

De fait, pour le Japonais des villes, il semblait bien que le Yamaguchi-gumi était partout. Dans la sphère traditionnelle des yakuzas, les hommes de Taoka dominaient le Japon occidental. Leurs diverses bandes contrôlaient les travailleurs des ports et des travaux publics, exerçaient un monopole sur des centaines de marchands forains, rançonnaient les débits de boisson aussi bien que les grandes entreprises et prélevaient leur part sur tous les jeux, des plus modestes jeux de plein air aux parties de cartes qui engageaient en une nuit des millions de dollars. Ils détenaient la haute main sur l'organisation des partis politiques et participaient aux campagnes des candidats de la droite. Boîtes de nuit, cabarets, avec leurs hôtesses et leurs prostituées, ils contrôlaient tout cela et pouvaient satisfaire tous les désirs du public, y compris ceux qu'il n'était pas censé éprouver.

La contribution essentielle de Kazuo Taoka à l'histoire de la pègre japonaise demeure la modernisation qu'il sut lui faire accomplir pour la porter au diapason d'une société en croissance rapide. Vers 1970, le Yamaguchi-gumi demeurait lié au milieu de la boxe professionnelle, du sumo et du catch occidental. Avec d'autres syndicats, il contrôlait une centaine de sociétés dans le domaine des loisirs. Il contrôlait en outre le placement des artistes. De nombreux comédiens ne se seraient pas aventurés sur une scène sans la bénédiction de leur parrain yakuza. De même, les compagnies de production de films, qui produisaient sans relâche des films yakuzas, tombèrent sous l'influence des gangs.

Mais le Yamaguchi-gumi sut dépasser le cercle des loisirs. Malgré l'interdiction formelle du commerce de la drogue par les grands syndicats, certains membres du Yamaguchi s'adonnèrent au trafic des stupéfiants, moyen facile de régler leur cotisation mensuelle. Dans les années soixante-dix, la police estimait que près de la moitié des revenus des yakuzas provenaient de la vente d'amphétamines, la drogue vedette au Japon.

Les prêts d'argent, la contrebande et la pornographie tombèrent aussi sous la coupe des yakuzas. Leurs sociétés de couverture soumissionnèrent de grands projets de travaux publics, métros et aéroports notamment. Ils truquèrent les compétitions de base-ball, les courses de chevaux et les enchères publiques sur saisie. L'agressive politique à tout-va du syndicat inspira toute une génération de malfaiteurs ambitieux. Sans cesse en quête d'occasions de profit, ils prirent le contrôle d'hôpitaux, d'écoles anglaises, de centres d'attractions et d'officines de diseurs de bonne aventure. Ils investirent dans l'immobilier, les jeux vidéo, le camionnage, le ramassage des ordures et les services de sécurité. Ils fabriquèrent et diffusèrent faux timbres, fausse monnaie, japonaise et américaine, fausses montres de Cartier, et ils allèrent jusqu'à contrefaire des marques connues de produits alimentaires.

Il fallut à Taoka un immense pouvoir pour relier entre elles des activités aussi hétéroclites. Le Yamaguchi-gumi ne fut jamais un monolithe ; les bandes agissaient souvent indépendamment les unes des autres et, malgré l'autorité incontestée de Taoka, les divisions étaient continuelles à l'intérieur du syndicat. Des gangs activistes, ambitieux et violents s'opposaient à des grouupes plus paisibles et sages. Les disputes s'élevaient aussi entre chefs tekiya et chefs bakuto ; de même les nouvelles activités des bandes, comme le racket financier et le trafic de drogue, étaient l'occasion de contestations sans nombre. Mais la direction du Yamaguchi était toujours consultée dans les matières importantes : fusion, promotions aux postes clés, guerre territoriale. Et, derrière toute décision, il y avait l'autorité de l'homme le plus puissant de la pègre japonaise. Aux yeux du yakuza de base, il n'existait pas de problème que le parrain Taoka ne pût résoudre.

Telle était la structure que les morts de Taoka et de Yamaken avaient bouleversée. Naguère invincible, le Yamaguchi-gumi se trouva soudain en butte à de multiples attaques. La police sauta sur l'occasion pour lancer une campagne « d'éradication du mal » contre le syndicat, arrêtant plusieurs de ses principaux chefs. Des querelles éclatèrent au sein de l'organisation pour savoir comment administrer au mieux les immenses ressources du conglomérat. Au même moment, des gangs rivaux, auxquels portait ombrage la puissance du syndicat, se mirent à harceler les membres du Yamaguchi, violant leur territoire et cherchant la bagarre.

Pour faire face à ces problèmes, un groupe de huit membres éminents fut sélectionné pour mener les affaires du syndicat, sous la direction et avec la médiation de la veuve de Taoka. Pendant un temps cette direction collective fut couronnée de succès. Malgré les ennuis du syndicat, après la mort de Taoka en 1981, le Yamaguchi-gumi se développa pour atteindre, en 1983, le chiffre record de 13 346 gangsters. Le syndicat rassembla jusqu'à 587 gangs répartis sur 36 des 47 préfectures du Japon.

Il était cependant évident que l'organisation aurait bientôt à choisir un nouveau parrain au sein du groupe de huit. Parmi ces huit patrons, qui avaient tous largement atteint la quarantaine ou même la cinquantaine, la concurrence était âpre pour savoir qui décrocherait la première place. La dissension éclata. La tension atteignit son point de rupture jusqu'à ne plus laisser en lice que deux vétérans. Le premier, Hiroshi Yamamoto, âgé de cinquante-huit ans, était plutôt modéré et proche allié de Yamaken. A son actif, Yamamoto avait réussi à conquérir, au début des années soixante, Kyushu, l'île la plus méridionale du Japon. Le deuxième candidat, Masahisa Takenaka, âgé de cinquante ans, chef extrêmement agressif, mais très populaire était un ami de longue date de la famille Taoka. Fumiko, paraît-il, préférait le dynamisme de Takenaka à la pondération de Yamamoto. Le casier judiciaire de son candidat prouvait sa qualification : Takenaka avait

Nombre d'entreprises sous contrôle yakuza, 1978-1982

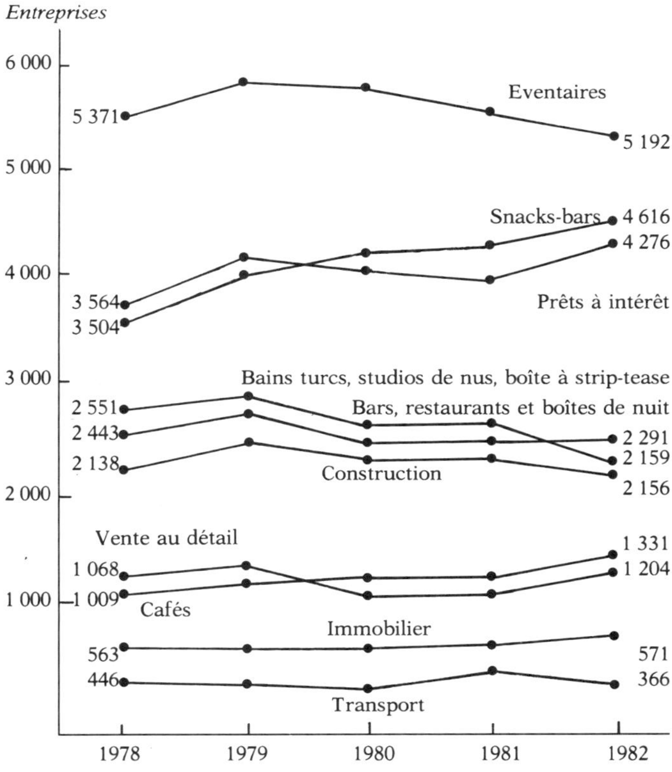

Total : 24 162 affaires. Source : police nationale, 1982.

été condamné onze fois pour extorsions de fonds, voies de fait et autres délits et se trouvait accusé d'infractions aux lois sur le jeu et de fraude fiscale.

Le choix final s'opéra selon les plus pures traditions de la démocratie des bandes, avec intenses manœuvres de couloir et plusieurs tours de scrutin de la part des 104 patrons votants. Malgré les accusations de corruption et d'intimidation lancées contre lui, on put enfin conclure : Takenaka était vainqueur, par 59 voix contre 19 et de nombreuses abstentions. Fumiko avait tenu le rôle du faiseur de roi et elle accorda au nouveau chef toutes les bénédictions de la famille Taoka. Mais le calme n'en revint pas pour autant. Quand Fumiko somma le vaincu de loyalement coopérer avec Takenaka, Yamamoto refusa tout net de devenir son subordonné.

Quelques jours plus tard, Yamamoto convoquait sa propre conférence de presse et dans une courte déclaration annonça au Japon que l'instant de vérité était arrivé : « ... Je ne saurais donner mon accord à la nomination de Takenaka comme quatrième patron du Yamaguchi-gumi ; j'ai prévenu Mme Taoka qu'à mon grand regret je ne pouvais pas accéder à sa requête. Je ne reviendrai pas là-dessus. » Cela dit, le 19 juin 1984, dans l'un des meilleurs restaurants de Kobé, Yamamoto et 18 importants chefs de bande formaient le Ichiwa-kai, emmenant avec eux la moitié environ des 13 000 hommes du Yamaguchi, ce qui, dans l'instant, faisait de la nouvelle organisation, l'une des trois plus grandes du Japon, dans sa spécialité. Les chefs de l'Ichiwa-kai, vêtus de costumes bleu sombre, scellèrent leur nouvelle alliance par la cérémonie du Sakazuki, chacun d'entre eux échangeant avec tous les autres des coupes de saké, en symbole de fraternité de sang.

Takenaka n'était pas homme à rester les bras croisés. Il organisa dans l'île de Shikoku une cérémonie encore plus imposante pour établir officiellement sa nouvelle situation de quatrième parrain du Yamaguchi. Quelque 300 de ses compagnons y assistèrent en costumes noirs et cravates blanches, l'insigne du Yamaguchi étincelant à leur revers. Dans une auberge japonaise traditionnelle, la veuve de Taoka remit solennellement une dague au nouveau chef pour marquer symboliquement l'accession de Takenaka au poste suprême du Yamaguchi.

Pendant les six mois suivants, les deux syndicats se regardèrent en chiens de faïence. Puis l'Ichiwa-kai commença doucement à perdre du terrain. La direction du Yamaguchi promit l'amnistie à tous ceux qui reviendraient dans ses rangs. Le syndicat institua même un nouvel avantage en faveur de ses membres – une allocation de retraite – et l'inaugura par le versement de 43 000 dollars à un bookmaker de soixante et onze ans, affilié au Yamaguchi depuis 1948. Cette campagne porta ses fruits. Le Yamaguchi-gumi rallia peu à peu la plus grande partie de ses effectifs perdus, et dépassa bientôt dix mille hommes. Il redevint de la sorte la principale organisation criminelle du Japon, tandis que l'Ichiwa-kai se voyait réduit à 2 800 membres. Angoissé par ces défections croissantes, Yamamoto réagit. L'embuscade eut lieu un samedi soir, le 26 janvier 1985. Quatre tueurs, au moins, de l'Ichiwa-kai se présentèrent dans une voiture noire, devant l'appartement de la maîtresse de Takenaka, à Osaka. Comme ce dernier, accompagné de ses deux premiers lieutenants, entrait dans un ascenseur, une grêle de balles les cloua tous trois sur place. Les trois hommes devaient bientôt mourir de leurs blessures. D'un seul coup, l'Ichiwa-kai avait décapité le Yamaguchi-gumi, mais déclenché une guerre meurtrière.

Le tourbillon d'attaques, d'exécutions et de représailles qui éclata aussitôt n'empêcha point le Yamaguchi-gumi de rendre les derniers devoirs à son chef. Le Japon tout entier put suivre les funérailles à la télévision. Plus de mille gangsters en costumes noirs s'étaient rassemblés chez Taoka. La maison était couverte de banderoles blanches et noires, et une longue file de Mercedes et d'autres voitures étrangères de luxe encombraient la rue. Les bandits n'étaient cependant pas d'humeur à se lamenter. « Il nous faut tuer », confia l'un d'eux à un journaliste. Un autre évoquait un « massacre total ».

Au début de février, les 83 patrons du Yamaguchi-gumi s'étaient réunis pour élire à leur tête, à l'unanimité, Kazio Nakanishi, âgé de soixante-deux ans ; ensuite ils déclarèrent ouverte la guerre à l'Ichiwa-kai. Un bain de sang instantané fut évité de justesse : la police dépêcha 600 hommes de sa force anti-émeute dans 184 domiciles et bureaux de gangsters des deux camps. Le mois suivant, elle arrêta plus de 990 malfaiteurs et confisqua quelque 50 fusils et armes de poing, dont au moins un fusil d'assaut américain M-16. En dépit de ces mesures, plus de 200 incidents éclatèrent jusqu'à la fin de l'année suivante, laissant 26 gangsters sur le carreau. Mais le plus étonnant était à venir.

Bien que les effectifs du Yamaguchi aient nettement surpassé ceux de l'Ichiwa-kai, les dissidents, au moment de la sécession avaient emporté avec eux la plus grande partie de l'arsenal du syndicat. Cherchant désespérément à reconstituer leur puissance de feu, la hiérarchie du Yamaguchi s'embarqua dans une expédition ambitieuse et désastreuse, selon les juristes américains qui instruisirent l'affaire.

Au mois de septembre 1985, à Honolulu, des agents américains déguisés en gangsters arrêtaient, Masashi, le propre frère de Takenaka et Hideomi Oda, contrôleur financier du syndicat, pour tentative d'achat de 3 lance-roquettes, 5 mitrailleuses et 100 armes de poing à ceux qu'ils croyaient être des chefs de bandes hawaïens. Selon les fonctionnaires américains, les hommes du Yamaguchi avaient notamment offert en contrepartie de vendre à leurs correspondants 52 livres d'amphétamines et 12 livres d'héroïne pour un prix public de 56 millions de dollars. En outre, Takenaka et ses compagnons étaient accusés d'avoir tenté de s'assurer les services de l'un des soi-disant bandits américains pour assassiner Yamamoto, chef de l'Ichiwa-kai, de qui leurs propres hommes ne pouvaient pas s'approcher. C'était un remarquable succès de la police américaine, conclusion d'une enquête internationale qui avait duré un an et mis à contribution six agences fédérales, la police d'Honololu et celle de Hong Kong. Pour le Yamaguchi-gumi le désastre était complet. En fait de redoutable arsenal et de tueurs étrangers, le Syndicat avait subi la perte d'une somme considérable et l'incarcération dans des prisons américaines, en attendant le jugement, de deux de ses principaux chefs, sans compter le fait d'avoir perdu la face, ce à quoi les Asiatiques sont plus sensibles qu'à tout autre malheur.

Ce lamentable épisode coûta certainement une phalange à certains membres du Yamaguchi d'Osaka. Mais les esprits se refroidirent peu à peu ; l'Ichiwa-kai avait atteint son premier objectif, et le désordre était complet dans les rangs du Yamaguchi. Enfin, ceux qui avaient prédit la disparition du Yamaguchi après la mort de Taoka ne semblaient plus si loin de la vérité. En 1985, il apparut vraisemblable que le plus grand syndicat japonais ne dominerait plus jamais le monde yakuza.

Familles, fédérations et le Sumiyoshi-rengo

Les organisations de l'Ichawa et du Yamaguchi ne représentaient ensemble que 13 % de la pègre japonaise, mais les conséquences de leur guerre furent incalculables. Tous leurs plans d'expansion se trouvaient bouleversés, tandis que d'autres syndicats, plus assurés sur leurs bases, entraient en lice pour conquérir une part plus importante du marché. Ces conséquences, de surcroît, n'étaient pas demeurées limitées au Japon. Le jeu des alliances et des hostilités ne couvrait pas seulement le Japon, il s'étendait à travers le Pacifique, si bien que dans toute la région la carte de la pègre s'en trouva transformée. Il fut plus important que jamais pour les gangs combattants de s'assurer des accords avec les bandes de la triade chinoise d'Asie du Sud-Est, aussi bien qu'avec la Mafia et les autres organisations criminelles d'Occident, accords de fourniture d'armes et de ces drogues qui rapportaient au Japon des bénéfices exceptionnels.

Pourtant, l'éclatement du Yamaguchi-gumi n'eut pas d'influence fondamentale sur les activités de la pègre japonaise. Malgré les déclarations de la police, selon lesquelles le nombre des yakuzas aurait diminué de moitié depuis leur apogée des années soixante, les grands syndicats continuaient de grandir. C'étaient les bandes les plus petites qui avaient supporté presque tout le poids de la répression policière ; beaucoup d'entre elles avaient succombé sous les arrestations massives et répétées ou s'étaient fondues dans les grands syndicats. En 1963, la police dénombrait pour l'ensemble du Japon 184 000 yakuzas répartis en 5 216 groupes. En 1983, le chiffre officiel était tombé, pour la première fois, à moins de 100 000, soit 98 771 yakuzas en 2 330 groupes. En même temps que les troupes yakuzas diminuaient de moitié, les plus grands syndicats ne cessaient d'augmenter leur emprise sur le Milieu. Depuis 1963, l'influence des 8 organisations criminelles les plus importantes du Japon s'étaient étendue de 8 % à plus de 32 % de tous les yakuzas.

Le schisme de la plus grande d'entre elles n'avait pas affecté cette tendance. En 1985, le Yamaguchi-gumi comptait 10 000 membres et demeurait de loin la plus importante du Japon et l'un des plus importantes du monde. Le dissident Ichiwa-kai en comptait moins d'un tiers, mais n'en tenait pas moins un respectable cinquième rang parmi les groupes yakuzas. La guerre d'Osaka cependant accrut l'influence des grandes organisations originaires d'autres régions du Japon, et notamment de celle de Tokyo et de ses environs. L'influence du Sumiyoshi-rengo, deuxième syndicat japonais du crime, se dévoila soudain dans toute son importance.

Les méthodes des oyabun du Sumiyoshi-rengo étaient quelque peu différentes de celles des patrons du Yamaguchi-gumi. Kazuo Taoka avait dirigé son syndicat de façon classique : il occupait le sommet d'une structurale pyramidale, lui-même investi d'un pouvoir de contrôle considérable, patron des patrons de l'organisation. Par contraste, le Sumiyoshi-rengo (*rengo* veut dire fédération), n'est qu'une juxtaposition de familles criminelles. Bien que les deux syndicats

Principaux syndicats yakuzas I

Syndicat	*Sphères d'influence (préfectures)*	*Groupes affiliés*	*Membres*
Yamaguchi-gumi	29	400	10 400
Sumiyoshi-rengo	20	113	6 723
Motokyokuto Aioh Rengo-kai*	22	105	4 416
Inagawa-kai	12	119	4 347
Ichiwa-kai	30	140	2 800
Matsuba-kai	12	41	2 147
Nippon Kokusui-kai	10	22	943
Dai Nippon Heiwa-kai	13	51	914
Toa Yuai Jigyo Kumiai	non disponible	aucun	796

(*) Officiellement dissout.

Source : Police nationale et enquêtes journalistiques, 1981-1984.

présentent nombre de caractéristiques communes, ils n'en représentent pas moins aussi les deux pôles, du point de vue des structures et de l'administration, du monde yakuza.

Le Sumiyoshi-rengo est une ligue de gangs. La pyramide du pouvoir, au sein du Yamaguchi-gumi, ne comporte qu'un seul homme à sa tête. Le sommet de la pyramide du Sumiyoshi est plus large ; un puissant oyabun règne sans doute sur le syndicat, mais il a plusieurs partenaires, considérés comme ses égaux. La structure du Yamaguchi-gumi ressemble à celle des familles de la Mafia italienne au début du siècle, fondée sur l'obéissance absolue et l'étroitesse des liens entre chacun de ses membres. Le style Sumiyoshi est plus moderne ; la part des bénéfices qui remonte jusqu'au sommet est moins importante, le parrain y a moins de pouvoir, donc ses bandes constituantes ont davantage d'autonomie.

Cette décentralisation n'avait pas affecté les capacités des gangs du Sumiyoshi à dégager des bénéfices. D'après les officiels, le revenu annuel moyen du syndicat dépasse 276 millions de dollars par an. De même que le Yamaguchi-gumi ressemble aux anciennes familles de la Mafia, la constitution du Sumiyoshi-rengo s'apparente étroitement à celle qu'adoptèrent les chefs de la pègre américaine lorsqu'ils en décidèrent la modernisation à partir de 1930. A cette époque, sous la direction de Lucky Luciano et de quelques autres, les gangsters américains constituèrent une fédération nationale du crime que les services de police appelleraient bientôt la Cosa Nostra, mais que les initiés désigneraient simplement sous le nom de la Commission.

Les deux groupes yakuzas, malgré leurs différences structurelles, se gouvernent selon les mêmes principes. Il est frappant de constater que ces lois non écrites sont aussi celles des bandes américaines depuis leur formation :

1° Ne jamais révéler les secrets de l'organisation.

2° Ne jamais faire violence à la femme ou aux enfants d'un autre membre de l'organisation.

3° Ne jamais s'adonner à la drogue.

4° Ne jamais voler l'organisation.

5° Ne jamais faillir à l'obéissance envers les supérieurs.

6° Ne jamais avoir recours à la police ou à la loi.

En dépit de ces similitudes, la Mafia classique américaine est moins étroitement structurée que les syndicats yakuzas qui lui sont comparables. L'encadrement dans la Mafia est plus léger et son contrôle sur les familles qui la composent est aussi plus lâche. Aux Etats-Unis, les associations criminelles ont besoin de cette autonomie : elle leur assure la discrétion et la mobilité, desquelles dépend, aux Etats-Unis, leur survie. La Mafia a beau être en Occident une véritable institu-

Principaux syndicats yakuzas II

Syndicat	*Sièges*	*Année de formation*	*Patron du syndicat*
Yamaguchi-gumi	Kobé/Osaka	1915	Kazuo Nakanishi
Sumiyo-shi-rengo	Tokyo	1958	Masao Hori
Motokyokuto Aioh Rengo-kai	Tokyo	1930	Haruo Tanaka
Inagawa-kai	Yokohama	1945	Kakuji Inagawa
Ichiwa-kai	Kobé/Osaka	1984	Hiroshi Yamamoto
Matsubai-kai	Tokyo	1953	Eisuke Sato
Nippon Kokusui-kai	Tokyo	1958	Kyo Koo-soo, alias Seikichi Kimura
Dai Nippon Heiwa-kai	Kobé/Osaka	1965	Katsuyoshi Hirata
Toa Yuai Jigyo Kumiai	Tokyo	1966	Chong Gwon Yong, alias Hisayuki Machii

Source : Police nationale et enquêtes journalistiques, 1981-1984.

tion, au contraire des syndicats yakuzas, elle n'a pas de façade publique et doit demeurer clandestine. Ceci explique aussi pourquoi la Mafia américaine est si peu étoffée par rapport aus yakuzas : des années de secret obligatoire ont maintenu ses effectifs à un chiffre estimé entre 2 et 5 000 membres, répartis en 24 familles à travers les Etats-Unis – soit la moitié seulement des effectifs du seul Yamaguchi (bien que la Mafia puisse compter sur plusieurs milliers d'associés), dont l'addition porterait ses effectifs à 50 000 personnes.

Limité depuis toujours aux Italiens du Sud, le recrutement de la Mafia n'en fait qu'une seule facette du crime organisé en Occident. Comme les Etats-Unis eux-mêmes, les syndicats du crime américains sont divers, et leurs origines ethniques sont multiples. Ils vont des gangs à motocyclettes, spécialisés dans la vente de drogue, jusqu'aux réseaux de bookmakers de petites villes. Par contraste, l'organisation des yakuzas est standardisée et notamment celle des bandes classiques de bakuto et de tekiya.

Pour « moderne » qu'elle soit, par exemple, la tradition yakuza est bien vivante dans le Sumiyoshi-rengo. Il n'est que d'examiner les pensées de Shotaro Hayashi, huitième patron du gang Doshida, affilié à la fédération et l'un des principaux chefs de cette dernière.

La famille Doshida est un clan de Tokyo qui comprend environ 200 membres. Hayashi, son chef, est en outre lié par des cérémonies de fraternité à six autres chefs yakuzas ; ces « frères » contrôlent ensemble un millier environ des 6 700 membres du Sumiyoshi. La fille, par le sang, d'Hayashi a épousé un Américain ; de là vient peut-être que son père aime s'entretenir avec des journalistes étrangers.

Au siège de la bande on déroule le tapis rouge pour les invités étrangers. Il faut d'abord enlever ses souliers, puis les visiteurs sont conduits par un vestibule, garni de boiseries dans une pièce de haute tenue, selon les critères japonais. Des photos couvrent les murs : portraits des parrains disparus, de la famille d'Hoshida, d'Hayashi lui-même en compagnie de Masao Hori, chef du Sumiyoshi. Sont aussi exposées des œuvres d'art et une généalogie compliquée, véritable organigramme, qui fait remonter le Doshida-gumi à plusieurs générations de joueurs. On s'assoit sur le sol en tailleur devant une élégante table de bois qui occupe le centre de la pièce.

Hayashi-san apparaît bientôt en costume japonais classique. Il accuse bien quelque peu ses cinquante-cinq ans, mais semble encore très capable de tenir son rang dans les rues louches de Tokyo. Son expression est dure et son regard direct scrute le visiteur derrière d'épaisses lunettes. On y remarque aussi une nuance de bonté, c'est le regard d'un chef qui prend soin des siens.

Fujita, l'historien des yakuzas, est présent. Sans avoir

l'air de rien, il prend note de la richesse qui l'entoure. « Hayashi, confie-t-il, est l'un des hommes les plus riches du Sumiyoshi-rengo. Plus qu'un patron de gang, Hayashi est un entrepreneur qui possède peut-être cent immeubles le long d'une voie très fréquentée de la banlieue de Tokyo. Il n'y a pas d'agglomération le long de cette ligne ferrovière où il ne possède des propriétés », assure Fujita.

Les présentations sont faites et, soudain, le maître de maison hurle quelques mots dans le japonais le plus guttural en direction de la pièce voisine. Sur-le-champ, seize hommes impeccables, les cheveux coupés en brosse dans le plus pur style yakuza, ses adjoints directs, entrent dans la salle et s'alignent contre un mur. Puis ils s'asseoient sur le sol dans un style très arts martiaux. Ils sont vêtus de costumes trois pièces et leur expression est des plus sérieuses. Hayashi prend la parole :

« Les vrais yakuzas n'existent plus depuis le début de l'ère Showa (1925). Aujourd'hui, leur éducation est tout à fait différente, à tel point que l'on peut se demander s'il existe encore des yakuzas dignes de ce nom. Autrefois, la vie était imprégnée d'esprit chevaleresque. Les temps ont changé.

« J'ai commencé à jouer à l'âge de dix-huit ans. Nous sommes des joueurs. Mais bientôt, le gouvernement a adopté cette consternante loi qui rejette dans l'illégalité les associations de joueurs. Nous avons donc été obligés de nous tourner vers d'autres activités, car il nous avait d'un seul coup "réduits au chômage". Mais leurs règlements ont fait long feu. Les joueurs se sont intéressés aux tekiya et tout s'est trouvé confondu. »

Il est maintenant tout à fait clair que cette réception est une audience, non pas une interview, et que notre parrain tient sa cour. L'occasion est importante pour le traditionaliste Hayashi d'expliquer devant l'état-major de son clan les points importants du système yakuza. Ces hommes l'écoutent comme des statues sans perdre un seul de ses mots.

« Les débuts de ma vie de yakuza furent difficiles. Lorsque je ralliai la bande, j'étais un jeune délinquant.

L'oyabun ne m'aimait pas. Je voulais devenir joueur, mais pendant longtemps on m'interdit de jouer. Je commençai comme aide-cuisinier et je faisais le ménage, car les familles autrefois n'avaient pas beaucoup de serviteurs, et les femmes étaient rares. C'étaient des hommes qui accomplissaient toutes les tâches ménagères, sauf nettoyer les cabinets, ce qui était réservé aux femmes. Le patron disposait de deux chambres, l'une pour sa femme, l'autre pour ses maîtresses. »

Comme Goro Fujita et d'autres le relateront plus tard, son apprentissage ne fut pas très différent de ce qu'il est aujourd'hui, bien que de nombreux patrons, dont Hayashi, en critiquent la brièveté et le manque de sérieux. Aujourd'hui, les recrues subissent un entraînement de six à douze mois, pendant lesquels ils doivent accomplir toutes sortes de tâches domestiques et subalternes : servir les invités, répondre au téléphone, faire la cuisine et le ménage, servir de chauffeur au patron et à sa famille. Presque tous se plaignent de l'ennui de ces fonctions. La plus grande différence entre les apprentis yakuzas d'autrefois et ceux d'aujourd'hui est peut-être que ces derniers sont maintenant fréquemment équipés de timbres électroniques, grâce auxquels on peut les appeler, où qu'ils se trouvent, vingt-quatre heures sur vingt-quatre, six jours par semaine. En cas d'urgence, l'absence de l'apprenti peut lui coûter une phalange. Les mains de Hayashi sont intactes.

« Après quelques mois de travaux ménagers, j'accédai à la position de *tachiban* (sentinelle). C'était pénible par temps froid. Puis d'autres candidats ayant rallié nos rangs, je fus nommé *zoriban* (arrangeur de souliers). Ces promotions étaient importantes, elles m'avaient permis de quitter la maison et d'échapper au ménage. Ces étapes sont indispensables pour devenir un donneur de cartes.

« On se lance dans ce genre de métier parce qu'on aime son patron. Que diable irait-on y faire si l'on n'était convaincu que son oyabun était, après l'empereur, l'homme le plus puissant du monde ?

« Autrefois, il fallait s'entailler la peau au-dessus d'un

verre de saké pour être admis. Tel est le monde des hors-la-loi. L'oyabun ne peut rien enseigner, c'est à chacun d'apprendre. Mais il faut promettre l'obéissance totale. Pour cela, il faut recevoir du saké de la main du patron, en présence d'un témoin. C'est une cérémonie très importante...

« La tradition yakuza existera toujours, car nous sommes différents des gens ordinaire. C'est pourquoi nous sommes entrés dans ce monde. Et nous sommes prêts, s'il le faut, à mourir ensemble. »

Comme d'autres oyabun, Hayashi se plaint surtout de ce que les vieilles coutumes se meurent et de ce que les grandes valeurs de giri-ninjo, d'obligation et de compassion, se sont éteintes. Il a un autre motif de plainte. Il a été récemment retenu par des douaniers américains, tandis qu'il effectuait aux Etats-Unis un voyage organisé par une banque. « J'ai été retenu pendant deux heures, et ensuite j'ai été suivi tout le temps. Dites aux Américains que toutes ces histoires, selon lesquelles nous ferions des opérations aux Etats-Unis, sont fausses. »

L'audience est presque terminée. Hayashi est pensif. « Pour la société japonaise, les yakuzas sont un plaie nécessaire. Mais à l'avenir, nous devons surtout nous efforcer de devenir des entrepreneurs, des contribuables aux mains propres. L'ère des tekiya est terminée ; il faut maintenant jouer cartes sur table. Les affaires seront désormais notre principal moyen de survie. L'important est d'avoir une surface fiscale. »

L'interview est terminée. Les seize yakuzas – jusque-là alignés, immobiles, contre le mur – se mettent à bouger. L'assistance se transporte à l'étage supérieur, dans une longue et étroite salle à manger où le couvert est mis pour vingt-cinq personnes. Un somptueux banquet attend les visiteurs. Tandis qu'on sert des tranches de poisson du Pacifique arrosé de saké, Hayashi exhorte ses lieutenants à interroger ses invités sur la Mafia aux Etats-Unis. Peu nombreux, ceux qui prennent la parole sont ceux qui fondent leurs impressions essentiellement sur *Le parrain*, film extrêmement populaire au Japon, et surtout parmi les yakuzas du Doshida-gumi.

C'est surtout l'attrait d'une famille de remplacement qui attire de nouvelles recrues dans les rangs des yakuzas. Les divers gangs servent en fait de soupape de sécurité à une société japonaise étroitement structurée, dans laquelle le fait de ne pas avoir un travail stable ou une famille solide peut suffire à gâcher une vie. En effet, la plupart des nouveaux venus ne sont guère instruits ; ils ont dix-neuf ou vingt ans, et au moment de leur adhésion, ils vivent seuls, selon l'Institut de recherche de la police nationale de Tokyo. Une proportion très élevée d'entre eux est issue de foyers brisés : 43 % ont perdu un de leurs parents, ou les deux.

Près d'un tiers de ces recrues provient des exécrables *bosozoku*, ou gangs des voitures gonflées, purs produits de l'augmentation de la délinquance juvénile dans le Japon de l'après-guerre. Les bosozoku ne le cèdent en rien aux yakuzas en fait d'organisation. En 1982, la police estimait leurs effectifs à 42 510 membres répartis en 712 bandes, elles-mêmes regroupées en cinq fédérations nationales. Bardés d'insignes, genre croix gammée et symboles similaires à l'imitation de leurs homologues d'Occident, ils portent les noms de Méduse, Empereur noir, Fasciste et Météorologiste, ignorant bien souvent le véritable sens des symboles qu'ils ont choisis. Un spécialiste de la police nationale déclarait au journaliste Michael Uehara, de Tokyo : « Ils se sont créé un monde à eux qui n'a rien à voir avec celui des autres garçons de leur âge. Ils ont des lois et des règlements, des insignes, des espèces d'uniformes... Certains d'entre eux demandent à leurs membres une cotisation et punissent les contrevenants à leurs règlements. »

En fait, les bosozoku sont le miroir de la société yakuza, à cela près que leurs membres sont presque toujours des adolescents. Plus des trois quarts d'entre eux ont moins de vingt ans et près de 60 % ont entre seize et dix-huit ans. Ils sont presque tous des laissés-pour-compte du très compétitif système scolaire japonais qui les a exclus du marché du travail.

Les relations entre yakuzas et bosozoku ne sont pas fatalement amicales. Les gangsters confirmés ont tendance à considérer avec dédain les jeunes voyous, forts de leur place au sommet de la hiérarchie criminelle. Les jeunes délinquants sont souvent désignés par le terme *chimpira* qui semble dérivé du mot japonais qui désigne le pénis et dont l'usage correspond dans la rue à celui que font les Américains du mot *prick,* qui signifie verge.

Les Méduses et autres gangs bosozoku ne sont pas les seules sources de recrutement du Milieu japonais. Les rangs des yakuzas abondent aussi en individus provenant de deux communautés qui ont jusqu'à présent souffert au Japon d'incessantes discriminations : les 676 000 Coréens de l'archipel et ses 2 ou 3 millions de burakumin – les intouchables du Japon ancestral, dont il a été question plus haut. Leur présence au sein de la pègre représente un problème assez sensible pour que la police s'interdise d'en estimer officiellement le nombre. Mais officieusement, la police est convaincue, dans le cas par exemple du Yamaguchi-gumi que les burakumin représentent 70 % de ses effectifs et les Coréens 10 %.

De même, et bien qu'à une moindre échelle, beaucoup de résidents chinois aboutissent chez les yakuzas. Pour ces minorités, pour les bosozoku, pour tous les pauvres du pays, les gangs apparaissent facilement comme les seuls recours à une existence misérable. Comme le crime organisé aux Etats-Unis, le syndicat yakuza est un instrument d'ascension sociale. Les enfants des gangsters qui ont réussi reçoivent toujours d'excellentes éducations, et ils sont toujours poussés à se lancer dans des carrières honorables. Les avantages de l'adoption dans une famille yakuza ne sont donc pas négligeables.

La structure paternaliste du milieu japonais correspond à celle de la société japonaise tout entière. L'anthropologue américain, David Stark, qui a consacré une année entière à une remarquable étude sur le terrain d'un gang japonais, écrit par exemple : « ... Une grande partie de ce qui apparaît si étrange dans l'organisation des gangs se retrouve en fait dans beaucoup d'autres organisations modernes au Japon. » Stark cite, à l'appui, l'exemple d'une banque gérée selon le principe du *daikazoku,* autrement dit « une grande famille ». La cérémonie annuelle de réception des nouveaux employés de la société rappelle beaucoup les rituels yakuzas. Les parents des jeunes impétrants transfèrent symboliquement la garde de leurs enfants à la « famille » de la banque. Les nouveaux employés se voient remettre les insignes de la société. Ils les portent comme les yakuzas portent les leurs, et sont inscrits comme eux à la place qui leur est affectée dans l'organisation.

Ces similitudes ne sont pas les seules. Comme les entreprises les plus légales, les gangs yakuzas peuvent mettre en avant tous les avantages qui s'attachent à faire partie de leurs troupes. Ainsi des cartes de crédit, dont l'usage est beaucoup plus répandu au Japon qu'aux Etats-Unis, sont remises aux membres le plus normalement du monde ; elles portent l'emblème du gang et comportent l'identification du syndicat émetteur, avec le rang et le nom du porteur. D'autres symboles sont très employés aussi : drapeaux, lanternes et jusqu'à des hymnes particuliers. Le gang, chez qui l'anthropologue Stark fut reçu sur la mer Intérieure, disposait, par exemple, de grands coussins ronds aux armes dorées de la bande, à l'arrière de la Lincoln Continental de son patron. Les yakuzas sont si bien organisés que les syndicats les plus importants possèdent leurs journaux. Le Yamaguchi-gumi, par exemple, publie le mensuel *Yamaguchi-gumi Jiho* qu'il envoie à tous ses membres. Ce magazine ressemble aux périodiques que les sociétés importantes publient à l'intention de leurs employés, en même temps que beaucoup d'autres organisations, police préfectorale y compris. Un numéro de 1973 comportait un article de deux pages, illustré de photos sur la réunion de la Ligue nationale pour le bannissement des narcotiques et la purification de la patrie, groupe en uniforme composé de membres du Yamaguchi originaires du Japon occidental. Une autre partie de la publication, « La classe de droit », comprenait quatre pages d'annonces juridiques. On y trouvait jusqu'à deux pages de poésie écrites par des membres du gang, suivies de photos et d'annonces de rites d'initiation, d'incarcérations, de libérations et de funérailles. Dans un numéro postérieur, le parrain Taoka commentait la morale du syndicat. « Je conjure les membres du Yamaguchi-gumi de faire de leur mieux pour éviter de se faire haïr du peuple, écrivait-il notamment. Efforcez-vous à une attitude de gentillesse et de douceur, souriez toujours et agissez avec sincérité. »

Les gangs utilisent d'autres moyens pour assurer leur cohésion. Outre leurs rituels variés, ils s'expriment dans un argot obscur, difficile à comprendre pour la plupart des Japonais, et cela depuis des générations ; aujourd'hui, le vocabulaire va jusqu'à varier d'une bande à l'autre. Certaines coutumes, on l'a vu, comme celle du tatouage et celle de l'ablation des phalanges jouent aussi un rôle majeur, marquant le yakuza pour la vie. Pour démontrer que les infractions à leurs règlements ne doivent pas être prises à la légère, de nombreux gangs exposent à leur siège les fragments de doigts mutilés conservés dans l'alcool.

Le sentiment d'appartenance au groupe, si important au Japon, est difficile à acquérir dans le monde yakuza. Car le dévouement à la bande est sans doute plus grand que ce qui est demandé partout ailleurs dans le pays. De nombreux candidats yakuzas échouent à satisfaire aux impératifs de la vie de la bande, abandonnent ou en sont chassés. Le taux de rotation annuel du personnel atteint 10 %, mais ceux qui parviennent à dépasser le stade des quelques premières années en éprouvent les mêmes satisfactions que tout Japonais dans une société pour qui l'emploi à vie est une institution.

A l'Inagawa-kai : conversation avec le parrain

Les magazines, les insignes, le cérémonial des bandes japonaises seraient bien peu de choses sans la présence à leur tête d'un grand patron pour en assurer la cohésion. Si la plus grande force des bandes yakuzas dépend de leur rôle de famille de substitution, c'est le père de substitution qui guide le clan sur son chemin.

Kazuo Taoka, le Parrain des parrains, une fois disparu, sans que personne au Yamaguchi-gumi s'avérât capable de chausser ses bottes, l'attention des observateurs du monde yakuza se porta sur les chefs des autres syndicats. Peu d'entre eux possédaient l'expérience et les antécédents du disparu dans le monde du crime. Pire encore, il n'y avait plus non plus de Yoshio Kodama pour jouer le rôle de médiateur et planifier de grandes alliances. Bien que l'importance et le dynamisme du Sumiyoshi-rengo lui aient valu une attention considérable, ce n'est pas à ce syndicat que les intérêts réunis de la police et du yakuza lui-même se portèrent. Ce fut le vieux rival du Sumiyoshi-rengo à Tokyo, l'entreprenant Inagawa-kai et son remarquable parrain, Kakuji Inagawa, qui en bénéficièrent.

Le seul fait qu'Inagawa ait été désigné pour prendre la tête du comité des funérailles de Taoka, position sans précédent pour un parrain d'un syndicat extérieur à celui du défunt, donne assez la mesure de l'accroissement de sa stature. Mais Kakuji Inagawa avait de bonnes raisons d'accéder à cet honneur. Dans un pays où l'âge et l'expérience ne sont jamais traités à la légère, ce patron de soixante-six ans représentait le cœur même de la tradition yakuza. C'était lui qui avait aidé à mettre sur pied l'armée yakuza de Kodama, qui avait monté la garde dans les rues, lors de la visite d'Eisenhower en 1960 ; lui encore qui avait pris la tête de la fédération Kanto-kai, forte de 13 000 hommes, qui avait constitué la tentative la plus avancée d'établissement d'une grande alliance nationale entre l'extrême droite et le Milieu, le rêve manqué de Kodama ; lui toujours qui avait négocié une trêve historique avec le Yamaguchi-gumi en 1972 ; lui enfin, qui avait su transformer une bande banale de voyous, comme il en pullulait dans le Japon d'après-guerre, en un syndicat qui devait occuper le quatrième rang des organisations criminelles japonaises, installé dans douze préfectures et dans tout le Pacifique. La mort de Taoka avait fait d'Inagawa l'incontestable figure de proue du monde yakuza.

Les Japonais n'étaient pas les seuls à s'informer de ses exploits. Un rapport des douanes américaines sur l'installation à Hawaï de membres de l'Inagawa-kai, s'inquiétait des capacités de cette organisation :

> « Ses 4 600 membres, répartis en une centaine de sous-divisions, ne font peut-être pas de ce gang la plus importante organisation criminelle du Japon, mais elle en est sans doute la plus efficacement structurée et cela fait plus que compenser sa relative faiblesse numérique ; elle combine de véritables vues stratégiques à l'utilisation tactique sans complexe de moyens de coercition... La puissance de l'Inagawa-kai est aussi renforcée par son étroite alliance avec la principale organisation criminelle du Japon, le Yamaguchi-gumi du Kansai. »

Comme celle du Yamaguchi-gumi, la structure de l'Inagawa-kai est pyramidale et accorde une grande importance aux liens familiaux entre les membres. Plus petit que l'énorme Yamaguchi-gumi, l'Inagawa-kai est plus discipliné et sa cohésion est plus grande, tout en étant plus souple que son gigantesque allié. Ses 4 000 membres le mettent à peu près à égalité avec la Mafia italo-américaine des Etats-Unis.

La composition de l'Inagawa-kai est un autre facteur de renforcement. Les hommes de l'Inagawa sont traditionnellement recrutés chez les bakuto, dans le milieu des joueurs. Le Yamaguchi-gumi, quant à lui, fait appel aux trois classes du Milieu classique japonais : les joueurs, les marchands forains, les voyous. Le Sumiyoshi-rengo peut se targuer d'un recrutement exclusivement bakuto, mais sa nature de fédération, lui fait manquer de ce qu'un responsable de la police nationale japonaise appelait « la grande force d'attachement » de la pyramide Inagawa.

Le jeu continue de représenter la source principale des revenus de l'Inagawa-kai : paris mutuels, casinos haut de gamme, croisières de jeu... Mais le syndicat a aussi étendu depuis longtemps ses activités à d'autres secteurs favoris de la pègre : celui des prêts usuraires, du trafic de drogue, des rackets en tout genre. D'après la police, en 1979, l'Inagawa-kai contrôlait 879 entreprises légales, sociétés de travaux publics, entreprises de loisirs, bars, cabarets et restaurants. Les revenus annuels cumulés du syndicat sont estimés à près de 200 millions de dollars, évaluation sans doute très prudente.

Comme d'autres syndicats, l'Inagawa-kai fonctionne grâce aux cotisations exigées de ses membres. Les donations « obligatoires » intérieures à l'organisation atteignaient en 1974 au moins 580 millions de yens (environ 2 millions de dollars), d'après un seul relevé de compte bancaire découvert par la police. Les principaux chefs de l'organisation sont taxés par exemple à 250 000 yens par mois (environ 1 300 dollars) ; les membres de rang inférieur sont imposés selon leurs moyens.

Le syndicat est composé de 119 gangs, parmi lesquels sont choisis douze patrons pour former un conseil de direction. On y trouve notamment le fils d'Inagawa, candidat possible à la succession, processus familial devenu inhabituel aujourd'hui. Ainsi le parrain Inagawa est-il peut-être sur le point de fonder une dynastie qui installera aux commandes une nouvelle génération de gangsters japonais entraînés à raisonner à l'échelle internationale. Son vieux maître Kodama en aurait été fier.

Obtenir un rendez-vous de l'homme que beaucoup considèrent comme le parrain le plus puissant du Japon, est une entreprise délicate, quelquefois risquée. Plusieurs introductions d'intermédiaires agréés sont requises et il faut montrer patte blanche au cours d'un entretien préliminaire particulièrement poussé avec l'un des plus proches adjoints du patron. Il faut en outre « sauver la face » à tous les échelons, tâche difficile puisqu'il est inconcevable que tous les intermédiaires mis en cause assistent à la rencontre finale. Le problème est d'autant plus ardu que ces questions de « face », déjà prises au Japon avec le plus grand sérieux, sont encore beaucoup plus importantes chez les yakuzas. Certaines de leurs coutumes demeurent si secrètes qu'il arrive souvent à des Japonais instruits et cultivés d'en demeurer ignorants. Se lancer dans pareille demande d'interview fait plonger le solliciteur dans un monde de relations et d'obligations invisibles, où l'étranger est condamné à trébucher sans cesse, en éléphant dans un magasin de porcelaine.

Il arrive cependant à Inagawa de rencontrer la presse, et il semble que l'intérêt des journalistes américains excite sa propre curiosité. Le facteur décisif, selon l'un des intermédiaires, fut représenté dans le cas présent par l'astrologue personnel d'Inagawa-kai, vieux sage de soixante-dix-huit ans qui lui conseilla d'accepter la demande, car la rencontre serait de bonne augure.

L'entrevue eut lieu au trente-neuvième étage du très distingué *Akasaka Prince Hotel* de Tokyo qui en compte quarante. Ce jour-là Inagawa-san tenait sa cour dans la suite directoriale de l'établissement, élégant salon qui s'ouvre par de larges fenêtres sur le centre de la capitale. Les trois premiers lieutenants d'Inagawa, qui avaient dirigé l'interview préliminaire, étaient présents, sérieux comme des papes.

Inagawa, quant à lui, se montra amical et son accueil fut chaleureux. Malgré ses soixante-dix ans, il affichait une forme remarquable, et en paraissait dix de moins. Petit, râblé, avec un soupçon de ventre, il irradiait la confiance en soi, le succès et l'autorité. Sa solide tête chauve reposait sur un cou de taureau. Comme ses lieutenants, il était habillé d'un costume trois-pièces bleu foncé.

Leur groupe était assis autour d'une grande table de verre. De jeunes domestiques du gang, le crâne rasé, allaient et venaient, apportant une succession de rafraîchissements : thé vert, sucreries et enfin du café. Personne ne toucha à rien de tout cela.

« J'aime les conversations à bâtons rompus, commença Inagawa, mais l'art de l'interview est difficile. Je ne voudrais pas devenir une pièce de musée. Nous appartenons à la face secrète de la société, et nous n'entendons pas être davantage. »

La conversation n'avait cependant rien d'impromptu. Inagawa-san s'exprimait dans le style confucéen classique, celui d'un philosophe qui s'adresse à ses étudiants et s'interrompt pour introduire anecdotes personnelles et petites plaisanteries. Le parrain faisait toutefois son possible pour mettre ses invités à leur aise, allant jusqu'à leur montrer les nombreuses cicatrices qu'il avait récoltées au cours des années. Il lui manquait un bout d'oreille, il avait été blessé à la poitrine, et surtout, il montra son crâne.

« J'ai la cervelle qui a en partie sauté ; je suis mort, mais par je ne sais quel miracle, les médecins m'ont ramené à la vie. Ensuite, la vie n'était plus la même pour moi, mon cœur était différent. Jusque-là, j'étais fort, physiquement parlant, trop fort dans ma jeunesse, et puis ma vie a changé, je me suis en quelque sorte converti. »

Depuis lors, Inagawa-san a la réputation d'être un pacificateur parmi les gangs yakuzas. Grâce à sa diplomatie, il est devenu un homme très riche. Mais ce parrain chevronné n'a pas oublié ses origines.

« J'ai grandi dans un foyer pauvre, sans chauffage et sans beaucoup de commodités. Nos repas étaient maigres, des condiments et du riz... » Son père, diplômé de la prestigieuse université de Meiji, avait tout perdu au jeu. « Maintenant j'ai surmonté tout cela », dit Inagawa, qui n'a même pas terminé l'école primaire.

Son père faisait également partie d'un groupe de fermiers gauchisants, mais cela n'attirait guère le garçon. Adolescent, le jeune Inagawa étudia les arts martiaux dans une école de judo locale, jusqu'à ce que son professeur le recommande à un chef yakuza qui avait besoin de gros bras. « Mon affaire c'était la bagarre. Je ne voyais pas très loin, je voulais être fort. »

Il fut cependant surpris par la vie du yakuza. « Je lavais le sol. Je ne savais pas que les yakuzas faisaient ce genre de chose. J'étais debout à cinq heures du matin, tous les jours, pour nettoyer les portes coulissantes avec de l'eau froide pendant l'hiver. Avant, l'entraînement yakuza était sévère. Après la guerre, nos affaires se trouvèrent bouleversées. »

Inagawa fait remonter l'Inagawa-kai à l'Han-sho-kane, gang qu'il surnomme l'université de Tokyo du yakuza, comme on dirait le Harvard de la Mafia. Mais ce n'est qu'en 1945, après avoir fait la guerre, qu'il fonda le Kakusei-kai, ancêtre direct de l'actuel Inagawa-kai.

Pour prouver sa nouvelle position, Inagawa se plaît à relater une anecdote qui met en scène la police de Tokyo. « Chaque année, nous nous déplaçons en personne au quartier général de la police pour présenter nos vœux de bonne année. Et chaque année la police demande : "Quand allez-vous dissoudre votre groupe ?" Mais en 1983, pour la première fois, on m'a souhaité longue vie et moult parties de golf (mon passe-temps favori). C'est assez intéressant d'entendre maintenant la police célébrer ma longévité. Ils disent que je suis le seul à diriger le système yakuza en maintenant la paix. Ils veulent que je vive longtemps parce qu'ils ont besoin de moi ; je leur en suis reconnaissant et souhaiterais les aider... » (La police de Tokyo réfute absolument l'exactitude de cette déclaration.)

Inagawa adore le golf. Tous les troisièmes et quatrièmes lundis, il parraine une compétition de golf sur le terrain de Lakewook dans la préfecture de Kanagawa, invitant des golfeurs professionnels et des artistes connus. Il aime aussi partir en tournée de golf, allant d'un bout à l'autre du Japon, parfois suivi par quelque soixante-dix subordonnés. Ces voyages n'améliorent pas seulement ses performances, ils lui permettent de manifester son pouvoir devant les chefs de gangs locaux. A chaque étape, Inagawa offre des banquets auxquels il invite les autorités yakuzas de la région. Ses voyages ne se limitent toutefois pas aux circuits de golf. Il apparaît souvent dans les tribunes pour V.I.P. des hippodromes. Selon le *Weekly Mainichi*, où qu'il aille, le patron yakuza est toujours suivi par un garde, porteur d'un grand sac en papier rempli de billets.

Inagawa a la réputation d'être généreux ; il amasse chapeaux et chemises blanches pour les distribuer aux jeunes membres. Il lui arrive de donner 40 dollars à un serviteur pour s'acheter un paquet de cigarettes. Il donne à ses visiteurs de bons conseils : « Méfiez-vous des faibles, car les forts n'ont besoin de personne. Et ne percevez pas de pourcentage auprès de vos subordonnés directs ; ne soyez pas avides. »

Il se montre songeur en évoquant son vieux maître, Yoshio Kodama. « C'est dommage que Kodama-sensei ait été impliqué dans l'affaire Lockheed, car nous avons perdu un grand kuromaku. Yoshio Kodama était un grand homme et on ne retrouvera jamais son semblable. » Inagawa considère en effet que l'ère du kuromaku est révolue. « Il n'y aura plus de kuromaku. Voici l'ère de la démocratie. En période de transition, nous aurions eu besoin de kuromaku... »

Inagawa-san se plaint de ce que la presse occidentale n'ait jamais rien écrit qui soit favorable aux yakuzas ; il espère que cela va changer. « J'aime les livres qui sont bien disposés en faveur des yakuzas », dit-il intentionnellement. Puis il suggére que les auteurs acceptent de lui soumettre leurs manuscrits, de façon à éviter les fausses « hypothèses ». Il propose en exemple la série d'articles, apparemment sans fin, que lui consacre l'hebdomadaire à sensation *Asahi Geino*, et qui lui ont été aimablement soumis par l'auteur avant parution. Dans un des papiers, expliqua Inagawa, les hypothèses de l'auteur étaient tellement erronées qu'il lui fallut en supprimer la moitié. Dans cette série d'articles, l'*Asahi Geino* rend hommage à l'importance d'Inagawa dans le monde yakuza ; mais, selon des journalistes qui sont au fait de la situation, le magazine ne peut pas en arrêter la publication, même s'il le souhaitait. Inagawa-san montra le trentième épisode ; ses assistants lui certifieront plus tard qu'il y en a encore beaucoup de prévus.

Plus de deux heures s'étaient écoulées et le patron

signifia que l'audience était sur le point de se terminer. « Je suis sûr que certaines choses vous laisseront une mauvaise impression, mais nous faisons de notre mieux. Notre problème, aujourd'hui, c'est de nous faire aimer par la communauté, ou au moins de ne pas nous faire détester... »

L'un de ses principaux lieutenants, Keizo Tanaka, insista sur un second point : « Nous serions très sensibles à ce que vous mettiez en évidence le fait que notre chef est un gentleman. » Certes, il l'est. On ne peut qu'être frappé par l'élégance, la politesse et l'hospitalité déployées par ces yakuzas de haut vol.

Avant la fin de la rencontre, Inagawa consacra beaucoup de temps à se répandre en imprécations contre les jeunes bandits, thème familier aux chefs yakuzas. Ces malfaiteurs de la nouvelle génération seraient moins loyaux, plus indisciplinés que leurs aînés. « J'adopte et j'élève volontiers de très jeunes gens, espérons qu'ils feront de même à leur tour, on ne peut guère en faire plus. »

Inagawa est traditionaliste, il croit aux valeurs du giri-ninjo et de la chevalerie du Milieu. Cela ne l'empêche pas de préconiser des réformes en de nombreux domaines, et il s'est fait, parmi les parrains yakuzas, la réputation d'un novateur. Il a, par exemple, raccourci les rites d'initiation sakazuki, la cérémonie d'échange du saké, autrefois très longue, mais il ne s'aviserait point de toucher à certains rituels, tels ceux des cérémonies funéraires. Il n'est pas toujours parvenu à transformer les choses : c'est malgré lui que se perpétue l'ablation des phalanges. L'Inagawa-kai est exemplaire, on l'a remarqué ci-dessus, mais 39 % de ses membres ont les mains mutilées. La rapide rotation du personnel dans les bandes yakuzas aboutit à ce qu'un grand nombre d'anciens bandits n'exhibent plus que neuf doigts. Inagawa s'en soucie beaucoup et il aime à raconter comment il a essayé de mettre un terme à cette pratique au sein de ses propres bandes.

Un yakuza de la base, du syndicat Inagawa, avait commis une faute grave, si bien que son chef immédiat l'avait condamné à se couper une phalange pour sa punition. Lorsque Inagawa l'apprit, il entra en fureur et réprimanda le chef du condamné pour avoir ordonné un tel châtiment. Humilié, écrasé de honte, le chef en question ne trouva d'autre façon de se faire pardonner par le parrain que celle qu'il connaissait : il se coupa une phalange et la lui offrit.

Inagawa fut plus heureux dans d'autres cas. Il réussit à réformer des traditions yakuzas fort anciennes. L'un des changements qui lui valut un grand intérêt au Japon fut l'abolition de l'infamant *demukai*, ou cérémonie d'élargissement, à la fin d'une peine de prison. Lorsqu'à la suite de l'une de ses quatre arrestations pour infraction aux lois sur les jeux, Inagawa atterrit en prison, sa libération, comme celle de la plupart des autres yakuzas, fut l'occasion d'une grande cérémonie. Des centaines de membres du syndicat se rassemblèrent devant la maison d'arrêt, amenés par des dizaines de luxueuses voitures étrangères. Une fois sur les lieux, les syndicalistes s'alignèrent dans un ordre parfait, d'après leurs appartenances et leur rang. Pour Inagawa, comme pour d'autres yakuzas de haut rang, les gangs associés à son syndicat avaient envoyé des délégués pour lui présenter leurs respects. De plus, la cérémonie permet au gang d'étaler sa puissance à travers un déploiement de voitures étrangères de luxe. Les Cadillac et Lincoln Continental noires exercent sur le yakuza une véritable fascination. De fait, au Japon, compte tenu des taxes d'importation et des frais d'adaptation, le prix d'une voiture américaine en vient à doubler, si bien que les gangsters sont les meilleurs clients de Detroit. La relation entre yakuza et voiture américaine est si étroite, que celles-ci sont interdites dans de nombreux parkings et que la police, paraît-il, conseille au public de s'en tenir à l'écart.

Sanglés dans leurs costumes voyants, les cheveux en brosse, les yakuzas, dont le style de conduite est en outre peu discret, sont aisément repérables sur les grandes routes japonaises dans leurs voitures étrangères. Dans ce pays où le véhicule le plus gros s'arroge la priorité, le conducteur yakuza agit en maître de la route. Il double insolemment des camions dont les chauffeurs sont le plus souvent combatifs et impose sa loi à quiconque ose lui contester le passage. Groupés en convois à l'occasion des funérailles de leurs membres, ils envahissent les aires de repos le long des routes et des secteurs entiers du réseau routier, causant des embouteillages inextricables et terrorisant les usagers ordinaires jusqu'à la panique. Comme on peut l'imaginer, semblables démonstrations de force indisposent au plus haut point la police et le public. C'est pourquoi, déclare Inagawa, il décida d'en finir avec ces cérémonies.

Un film intitulé *Shura no Mure* « Une bande de têtes brûlées », diffusé en 1984, retrace l'existence du parrain. Comme beaucoup d'autres films consacrés aux yakuzaz, celui-ci fut coproduit par l'Inagawa-kai. Inagawa avait sans doute estimé que son tour était venu de se faire immortaliser par la pellicule, puisque, dix ans auparavant, le Yamaguchi-gumi s'était intéressé à la production d'une trilogie consacré à Kazuo Taoka.

Cette vie d'Inagawa relève d'un genre cinématographique spécifiquement japonais : le film yakuza. Ces productions qui prolongent, dans la tradition japonaise, les histoires de samouraïs, n'ont que peu de rapports avec les films policiers d'Amérique ou d'Europe. Ils sont plus proches du western, où cow-boy et hors-la-loi obéissent à un code moral bien défini. Le yakuza, dans ces productions, est l'héritier du samouraï : il y apparaît comme le dernier défenseur des valeurs anciennes contre la décadence et la corruption entraînées par la modernisation et le contact de l'Occident.

A la différence du western, cependant, les films yakuzas obéissent à des règles aussi strictes que le théâtre *kabuki*, antérieur d'un siècle. Selon le metteur en scène Paul Schrader, dans le magazine *Film Comment*, leur fabrication en fait « le genre le plus étroitement défini de la production contemporaine ». « Caractères, conflits, dénouements, thèmes... tout est réglé d'avance selon une véritable grammaire... Les films yakuzas sont faits d'argot spécifique, de gestuelle subtile, de codes obscurs, de rites compliqués, de costumes issus d'une iconographie classique et de tatouages. »

Beaucoup de ces films se ressemblent à tel point – même acteurs, mêmes arguments – qu'il est souvent difficile de les distinguer. D'après Paul Schrader, l'un des principaux acteurs japonais, Ken Takakura, dont les rôles de gangster ont fait la renommée, a tourné plus de douze versions du classique yakuza *Abashiri Bangaichi* « La prison d'Abashiri ».

Le film yakuza commence toujours par la sortie de prison du héros hors-la-loi, le noble bandit ayant accepté une incarcération de plusieurs années pour épargner à sa bande une enquête policière. Et s'enchaînent une série de scènes obligatoires : scène du tripot, scène du tatouage, la cérémonie du sang, le méchant oyabun, de nombreuses ablations de phalanges et la bataille finale au sabre qui asperge l'écran de sang au cours d'époustouflants assauts. Tout au long de ce rituel, le film met l'accent sur les thèmes jumeaux de giri-ninjo, tandis que le héros est déchiré entre son devoir d'absolue allégeance à son gang, si gangrené qu'il soit par le mal, et sa compassion pour les opprimés. Le film prend fin sur sa mort, violente, mais honorable. L'obsession de la mort est quasi permanente dans ces sagas, imprégnées de fatalisme. Comme le déclare le héros de l'une d'elles : « Deux voies seulement s'offrent au yakuza : la prison et la mort. »

Si les conflits humains y sont assez bien rendus, la fabrication de ces films est rien moins que soignée. Ce sont des productions à petits budgets que les Japonais tournent à la chaîne en quelques semaines. Selon Schrader, le premier film yakuza authentique remonte à 1964. Son titre, approprié, est *Bakuto* « Le joueur ». Le genre parvint très vite à maturité et vers 1975, il se tournait une centaine de films yakuzas par an. Les Japonais en raffolaient. Les possédés du film yakuza se rencontraient d'un bout à l'autre de l'éventail politique, des activistes gauchistes aux ultranationalistes de l'armée privée de l'écrivain Yukio Mishima.

Les studios Toei sont la Warner Brothers de l'industrie du film yakuza. Ils en ont tourné bien plus de trois cents, selon le même schéma. L'entreprise doit son succès au producteur Kouji Shundo, pionnier du genre. Il connaissait le sujet à fond, étant lui-même un ancien yakuza. La plupart des acteurs japonais travaillent sous contrat avec l'un des quatre grands studios du pays, système qui rappelle la pire époque du vieil Hollywood. Pour renforcer leur emprise, certains de ces studios auraient, paraît-il, engagé des hommes de main qui se seraient rendus coupables d'un certain nombre d'agressions, qui firent beaucoup de bruit, contre de grandes stars du cinéma japonais.

Les yakuzas, bien entendu, se comptent parmi les plus grands amateurs des films qui leur sont consacrés. Ils peuvent se voir dépeints à l'écran sous les traits de ces nobles hors-la-loi qu'ils sont si rarement ; mais ce type chevaleresque est un peu démodé, il remonte à l'âge d'or du film yakuza, des années 1960 au début de la décade suivante. Un nouveau sous-genre est apparu, plus proche de la réalité : le *jitsuroku eiga* (documents véridiques), en contraste avec le plus orthodoxe *ninkyo eiga* (film de chevalerie). Le *jitsuroku eiga* insiste davantage sur la fourberie que sur l'honneur, sur les armes à feu que sur l'escrime au sabre. Le cinéma yakuza moderne a suivi l'expansion des gangs ; on a tourné récemment des films yakuzas à Hong Kong et aux Philippines. Le parrain Inagawa déplore : « Dans les films d'aujourd'hui le yakuza est toujours un personnage intéressant, mais à la fin, les autorités sont toujours gagnantes. Il est impossible de faire un film qui soit cent pour cent proyakuza. »

Mais Inagawa a bien d'autres sujets de doléances que le rôle du yakuza au cinéma. Si les images héroïques de bandits chevaleresques disparaissent des écrans, dans la vie de tous les jours, les hors-la-loi japonais perdent aussi rapidement leur auréole de noblesse. Les changements de la société en sont responsables dans une large mesure. La croissance économique de la nation a offert à leurs syndicats des occasions de développement très éloignées des activités traditionnelles où s'exprimait cette « morale » chevaleresque. L'expansion à tout va, inaugurée par Taoka et son Yamaguchi-gumi et relayée par Inagawa et d'autres, a fini, vers 1980, par dégoûter le public de l'omniprésence des gangs, le développement continu du trafic de drogue, du racket et de la violence touchant beaucoup plus les gens qu'auparavant. Mais au moment où les Japonais croyaient avoir tout vu, la gangrène yakuza gagna des secteurs où personne ne l'attendait.

NOTES

- L'agression contre Taoka et les suites de cette affaire sont décrites dans de nombreuses coupures de presse. Voir, par exemple, *Asahi Evening News,* 30 septembre 1978 ; *Japan Times,* 23 juillet 1978 ; *Mainichi Daily News,* 3 octobre 1978 ; et *Shukan Jitsuwa,* 13-20 août 1978.

- La conférence de presse du Yamaguchi-gumi a été largement couverte. On a utilisé des coupures de presse d'*Asahi Evening News,* 16 décembre 1978 ; *Daily Yomiuri,* 12 octobre 1978 ; et *Los Angeles Times,* 9 novembre 1978.

- La mort et les funérailles de Taoka sont tirées d'*Asahi Evening News,* 25 juillet et 30 octobre 1978 ; *Los Angeles Times,* 9 novembre 1978 ; *Mainichi Daily News,* 21 et 27 octobre 1981 ; et *Shukan Jitsuwa,* 13-20 août 1978.

- Le rôle de Fumiko Taoka est cité dans le *Mainichi Daily News,* 16 juin 1982 ; et *Shukan Jitsuwa,* 13-20 août 1978.

- La structure du Yamaguchi-gumi est décrite dans le *Mainichi Daily News* du 3 juin 1981. Les chiffres sur les revenus du syndicat sont tirés du *Mainichi Shimbun* du 13 février 1984 ; *Mainichi Daily News,* 16 avril 1977 ; et *Asahi Evening News* du 29 mars 1979.

- L'influence yakuza sur l'industrie des loisirs est tirée d'*Asahi Evening News,* 9 juin 1976 et *Mainichi Daily News,* 20 février 1973.

- L'élection du parrain du Yamaguchi-gumi et la rupture qui s'ensuivit sont rapportées dans de nombreuses coupures de presse. Voir, par exemple, *Asahi Evening News,* 4 juillet 1984, et *Mainichi Daily News,* 20 juin 1984.

- L'arrestation du frère de Tanaka, Masashi, et d'Hideomi Oda fut un des événements sensationnels de l'année 1985 ; elle se produisit au moment où ce livre était en fabrication. Ce sont certainement les plus importantes arrestations de yakuzas aux Etats-Unis. Nous nous sommes basés sur la plainte déposée dans le dossier de cette affaire, n° 85-0207M, tribunal fédéral américain, Honolulu, 3 septembre 1985 ; la déclaration sous serment de l'agent spécial de la D.E.A. Robert A. Aiu ; le communiqué de presse du département américain de la Justice, également daté du 3 septembre ; des interviews d'officiers de police d'Honolulu, 4-13 septembre 1985.

- Les statistiques sur les gangs yakuzas et le nombre de leurs membres provient du rapport de la police nationale, *Present State of Boryokudan* (groupes de crime organisé) *and Our Crack-down Operations* (1983), et diverses coupures de presse.

- Les différences de structure entre les syndicats ont été expliquées dans une interview de Kanehiro Hoshino, directeur de recherche à l'Institut national de recherche en science policière, Tokyo, 7 mars 1984. Les revenus du Sumiyoshi-rengo sont cités dans l'*Asahi Evening News*, 29 mars 1979.

- Les points communs entre les groupes du crime organisé américains et japonais sont détaillés dans le chapitre VI du livre de l'anthropologue David Stark, *The Yakuza*, surtout p. 241.

- Les statistiques sur le nombre des membres de la Mafia américaine proviennent d'une interview de Lane Brower du F.B.I. de Washington, D.C., août 1985 ; la commission présidentielle pour l'application des lois et l'administration de la justice, *Task Force on Organized Crime Report* (1967) ; et Charles Grutzner, « *How to Lock Out the Mafia* », *Harvard Business Review*, mars-avril 1970, p. 47.

- Les renseignements sur le bosozoku viennent de Michael Uehara, « Japan's Nocturnal Nuisance », *PHP Magazine* (Tokyo), janvier 1984 ; *Japan Times*, 4 mai 1982 ; et *Yomiuri Shimbun*, 19 avril 1985.

- La passionnante étude de terrain de Stark lui a servi de thèse de doctorat en anthropologie à l'université Ann Arbor du Michigan ; elle a pour titre : *The Yakuza : Japanese Crime Incorporated* (1981).

- Le magazine mensuel du Yamaguchi-gumi est présenté dans Ames, *Police and Community...*, p. 119-120 ; et dans le *san Francisco Examiner*, 25 juillet 1981.

- Les revenus et la structure de l'Inagawa-kai sont décrits dans le *Tokyo Shimbun* du 5 février 1975 ; *Shukan Sankei*, fin août-début septembre 1981 ; *Asahi Evening News*, 29 mars 1979 ; et *Daily Yomiuri*, 27 novembre 1974.

- Les renseignements sur les funérailles et la façon de conduire yakuzas sont tirés de Stark, *The Yakuza*, p. 136 et 139 ;

Hokubei Mainichi (San Francisco), 25 janvier 1985 ; *Shukan Asahi*, 26 octobre 1984 ; et *Focus*, 19 octobre 1984.

- L'analyse minutieuse de Paul Schrader sur le film yakuza est intitulée « Yakuza Eiga : A Primer », et se trouve dans le magazine *Film Comment*, janvier 1974. Ont également été utilisés pour cette partie les écrits de Ian Buruma dans le *Far Eastern Economic Review*, 3 mai 1984, et dans son livre *Behind the Mask* (1984), particulièrement p. 189-190.

CORRUPTION À LA JAPONAISE

Comme tant de bonnes histoires criminelles, celle-ci arriva au hasard. En mars 1982, une dame d'un certain âge pénétra dans le bureau du procureur du district d'Osaka et porta plainte contre son ami qui l'avait agressée. L'agresseur présumé était un sergent de la police locale à la retraite.

Les fonctionnaires japonais ne voyaient pas d'un bon œil que l'un des leurs soit impliqué dans une histoire de violence domestique ou dans toute autre affaire criminelle. Depuis la guerre, l'application de la loi au Japon a gagné l'admiration et le respect non seulement du peuple japonais, mais aussi de plusieurs polices de par le monde. Les succès de la police japonaise semblent aller de pair avec le « miracle économique » de la nation. Les femmes peuvent se promener seules à minuit dans les rues de Tokyo, sans avoir rien à craindre ; les chiffres de la criminalité sont parmi les plus bas du monde industrialisé et la police est devenue une force sûre, composée de professionnels hautement disciplinés.

C'est cette image qui s'est trouvée salie, lorsque le sergent à la retraite s'est mis à battre sa petite amie. Après une enquête plus poussée, on apprit que le flic travaillait également pour une société de location de machines à sous, genre jeux de poker électroniques.

Rien d'illégal en soi. Mais comme aux Etats-Unis pour des jeux similaires, la réglementation en était difficile. Avec une simple petite mise au point, apportée aux machines, certains gérants pouvaient transformer un luna-park en salle de jeux.

Il n'y avait toutefois aucune raison de penser qu'il y avait quelque chose de louche derrière la conduite tout à fait blâmable d'un vieux policier. Cette affaire allait cependant transformer complètement l'idée que l'on se faisait de la police d'Osaka et faire réapparaître le spectre depuis longtemps oublié de la corruption généralisée au sein même de l'autorité chargée de faire respecter la loi, corruption influencée, et parfois inspirée par les yakuzas.

En fouillant dans la vie de l'ex-sergent, les enquêteurs locaux flairèrent qu'il y avait quelque chose de pourri dans les rangs de la police. Leur suspect utilisait, selon toutes probabilités, ses anciens camarades pour prévenir ses compères du jeu des prochaines descentes de police.

Poussant plus loin ses investigations, la police d'Osaka mit en lumière les grandes lignes d'un énorme scandale. Les tuyaux ne provenaient pas seulement de l'ancien sergent, mais d'un nombre croissant de policiers en exercice. Et ils touchaient des pots-de-vin aussi bien de patrons de tripots que de directeurs de boîtes de strip-tease. Les officiers très respectés de la police préfectorale d'Osaka travaillaient donc, main dans la main, avec la pègre locale, de quoi scandaliser les Japonais.

Comme Chicago après New York, Osaka a toujours tenu la deuxième place après Tokyo. Les 3 millions d'habitants d'Osaka vivent au milieu d'une métropole tentaculaire de 19 millions d'habitants, au cœur d'un des principaux centres commerciaux d'Asie. Durant trois cents ans, tandis que la vie politique et culturelle se concentrait à Tokyo, Osaka s'occupait d'affaires et d'industrie.

Comme Chicago, Osaka devint la capitale de la pègre, et le port voisin de Kobé, berceau du légendaire Yamaguchi-gumi, le plus grand syndicat du crime du pays, sa citadelle. Disposant d'argent et d'influence politique, le Yamaguchi-gumi avec ses 13 000 membres était devenu une institution dans la région. Un tel pouvoir ne tarderait pas à corrompre la police locale.

Les enquêteurs mirent huit mois à monter leur affaire, mais en novembre 1982, ils étaient prêts. Le premier du mois avait lieu le premier coup de filet : un policier de grade supérieur et le directeur d'un centre de jeu étaient arrêtés pour corruption.

Le lendemain, un sergent de police chevronné, qui n'avait apparemment rien à voir avec l'enquête, se suicida, après avoir proclamé son innocence dans une note manuscrite. D'autres arrestations suivirent la semaine suivante, y compris celle du sergent à la retraite dont l'agressivité avait déclenché l'affaire.

A la fin de la même semaine, le matin du 12 novembre 1982, Tadashi Sugihara, ex-chef de la police d'Osaka, noua un cordon à la poutre maîtresse du plafond de son cellier. Puis il en enroula l'extrémité autour de son cou et se pendit. Sans laisser aucune note, au contraire de ce qu'avait fait le sergent un peu plus tôt. Ses intimes savaient toutefois qu'il avait, dans ses derniers jours, téléphoné très fréquemment à Osaka et qu'il avait paru de plus en plus préoccupé par le scandale en cours.

Sugihara avait régné deux ans sur la police d'Osaka, jusqu'à sa promotion, trois mois avant sa mort, au poste de président de l'Académie nationale de police. A sa mort, il était l'un des premiers flics du Japon, fonctionnaire d'élite dont l'avenir politique s'annonçait brillant. Car Sugihara avait été pressenti pour devenir vice-ministre de la Justice dans le cabinet Nakasone.

Ces policiers japonais se suicidaient parce que ce type de sortie leur paraissait la seule issue à une situation insoutenable. Ils avaient couvert de honte la police de leur pays, et leur existence, pour ne rien dire des témoignages qu'ils auraient été appelés à faire, ne pouvaient que déshonorer davantage la société qu'ils avaient si longtemps servie. Sugihara était hautement suspect avant sa pendaison. On l'avait vu fréquenter presque toutes les nuits, en compagnie d'un autre policier de haut rang, les bars luxueux d'un quartier de plaisir très connu du district d'Osaka, d'après un article du *Bungei Shunju*, mensuel très estimé. Une seule nuit de bombance dans ce type d'établissement pouvait facilement coûter 2 000 dollars pour deux personnes. Plus tard, un inspecteur de police, convaincu de corruption, témoignerait avoir donné 16 dollars à Sugihara pour éviter sa mutation. D'autres preuves s'accumuleraient contre l'ancien chef de la police : il s'était laissé acheter par les chefs d'une bande qui contrôlait des bains turcs. Ces *turukos* ne sont rien d'autre que des établissements de prostitution.

La mort de Sugihara éclaboussait les officiers de police les plus haut placés d'Osaka, mais on ignorait encore jusqu'où le scandale allait s'étendre. De nombreux citoyens soupçonnaient depuis longtemps l'existence d'une corruption à grande échelle au sein de l'administration et jusque dans la police. Les Japonais estimaient qu'il valait mieux laisser ce genre d'affaires dans l'ombre, mais le sentiment public évoluait peut-être, car les révélations attachées à l'affaire Lockheed étaient encore dans toutes les mémoires. La presse ne cessait pas de faire allusion au scandale de la police, et les journalistes expérimentés pariaient que le suicide de Sugihara entraînerait bien d'autres révélations. Ils n'avaient pas tort.

Dès le début de 1983, le scandale avait fait boule de neige. Les enquêteurs y impliquaient maintenant des dizaines de membres de la police d'Osaka, et ils avaient découvert des pots-de-vin individuels qui se montaient parfois à 20 000dollars. Lorsque les vagues se calmèrent 124 représentants de la loi avaient été licenciés ou sanctionnés, soit de quoi fournir les effectifs suffisants pour assurer l'ordre dans une ville de près de 70 000 habitants. Mais ce n'était pas tout.

Au mois de décembre, le quotidien national *Mainichi Shimbu* annonçait que deux politiciens du Parti libéral démocrate, dont Akira Hatano, ministre de la Justice dans le nouveau gouvernement Nakasone, avaient été consultants d'une association pour l'exploitation de machines à jeux dont les membres étaient impliqués dans l'affaire de corruption d'Osaka. Hatano protesta de son innocence, assurant que ses services ne lui avaient pas rapporté un sou et que, pour lui, l'association s'occupait « d'amusements en tous genres ». Mais en dépit de ses protestations, une certaine suspicion continua de s'attacher au ministre de la Justice dont la campagne électorale de 1980 avait bénéficié de donations d'un groupe de yakuzas d'extrême droite, de Tokyo. Ancien directeur de la police de Tokyo, Hatano déclarerait plus tard qu'il n'était pas plus raisonnable d'exiger de la moralité d'un homme politique que de « prétendre acheter du poisson chez un marchand de légumes ».

En février 1983, le scandale d'Osaka avait gagné la préfecture voisine de Hyogo, où était installé le siège national du Yamaguchi-gumi à Kobé. Un officier de police de cinquante-six ans fut arrêté, tandis que plus d'une dizaine de ses collègues faisaient l'objet d'enquêtes. Le policier arrêté avait prévenu les gérants de plusieurs centres de machines à sous des descentes de la police, moyennant des pots-de-vin de 1 000 à 2 000 dollars dont il reversait à ses hommes 50 ou 100 dollars chacun pour les dissuader de surveiller de trop près ces établissements de jeux. En outre, il invitait des policiers des commissariats voisins à dîner et à boire avec les employés et les gérants desdits établissements. Enfin, il visitait régulièrement ces commissariats en compagnie de joueurs qui arrivaient chargés de présents à l'intention des gradés d'arrondissement.

C'était un trafic à grande échelle. Ces chaînes de jeux comptaient chacune plus de 10 établissements et quelque 800 machines ; elles employaient plus de 300 personnes et encaissaient plus de 350 000 dollars par jour. Les galeries de jeux étaient ouvertes vingt-quatre heures sur vingt-quatre, et la plupart d'entre elles étaient situées le long des principales voies de communication de la région. De grandes enseignes de néon les indiquaient aux passants. Malgré cette ostentation, deux seulement de ces galeries firent l'objet d'une descente de police en trois années d'ouverture. La veille même d'une descente minutieusement préparée, au mois de novembre 1982, le gérant ferma sans prévenir tous ses établissements, déménagea les machines et disparut.

Avant que le scandale d'Osaka ne disparaisse des journaux japonais, un dernier coup, bien inquiétant, allait tomber. En mars, les journalistes du *Mainichi* révélèrent l'existence d'un syndicat de « tuyaux » couvrant tout le pays et dirigé par des officiers de police à la retraite et des hommes d'affaires, le tout lié aux yakuzas. Il avait pour but de prévenir les clubs de jeux de douze préfectures, dont Tokyo, Osaka et Hyogo, des prochaines descentes de police. Le syndicat, qui avait au moins six ans d'âge, avait acquis une réputation d'exactitude et d'à-propos ; il était en mesure d'informer ses clients entre trois et dix jours avant une descente. Un contrat avec l'organisation, qui était basée à Tokyo, coûtait, d'après ce que l'on sait, quelque 12 000 dollars, sans compter les honoraires mensuels allant de 500 à 2 000 dollars. Au nombre des organisateurs se trouvait un éminent gangster qui dirigeait plusieurs « bains turcs » dans la région de Tokyo et que les journalistes n'appelaient jamais autrement que « l'Empereur de la Nuit ».

Les meilleurs flics du monde

La police japonaise ne devait pas se borner au scandale d'Osaka. Tandis que la plus grande partie des forces de police du Japon continuent d'enregistrer des succès que ne peut manquer d'envier n'importe quelle grande cité américaine, plusieurs affaires ont fait surface qui semblent en tout cas indiquer que le système est de plus en plus fissuré. L'année 1984 a été particulièrement mauvaise : un ancien sergent de Kyoto tua un policier et un employé de banque avant de disparaître avec 2 300 dollars environ ; quelques mois plus tard, on arrêta un ancien capitaine de police de Tokyo pour un double meurtre et la possession de près de 80 000 dollars en pierres précieuses. Cette même année, on recensa plusieurs affaires de fraude, de faux et d'enlèvement, auxquelles étaient mêlés des gardiens de la paix à la retraite ou en exercice. On avait également découvert des affaires, comparables au scandale d'Osaka, mais plus anciennes, dans lesquelles les polices régionales informaient les gangs locaux des imminentes descentes de police.

En dehors de quelques rares comptes rendus sur les yakuzas, les rapports américains sur le crime au Japon ne tarissent généralement pas d'éloges sur la police. Et cela pour de bonnes raisons. La police japonaise est extrêmement disciplinée et les chiffres de la criminalité sont très inférieurs à ceux des Etats-Unis. Avec une population qui est la moitié de celle des Etats-Unis, le Japon n'a eu que 922 homicides en 1981. (Il y en a eu 1 832 dans la seule ville de New York.) Selon des statistiques officielles, les Américains ont douze fois plus de chance d'être victimes d'un viol, et vingt fois plus de chance de l'être d'un vol. Peut-être plus frappant est le fait que, depuis 1955, on observe au Japon une baisse constante de la criminalité. En d'autres termes, une période de croissance économique et urbaine sans précédent a fait monter le taux de la criminalité en flèche aux Etats-Unis, et l'a fait baisser au Japon.

La police japonaise s'est à juste titre attribué une part du mérite de cet admirable succès et s'enorgueillit d'avoir les meilleurs flics du monde. Leurs performances sont à tel point remarquables que la persistance d'un état de fait qui constitue de loin le plus important des défis à la légalité est difficilement compréhensible ; comment 100 000 gangsters parviennent-ils à prospérer dans ces îles ?

La réponse dépend, en partie, de la relation sans équivalent nulle part ailleurs qu'entretiennent au Japon les flics et les truands. Pour un esprit occidental, il s'agit là d'une forme de corruption bien plus profonde et grave que les scandales relatés ci-dessus ne l'ont laissé entrevoir. Au fil des années, par exemple, la police a exécuté dans les milieux yakuzas des descentes massives. Celles-ci se sont reproduites à intervalles réguliers, et ces immenses offensives permettaient l'arrestation de plus de 1 000 hors-la-loi en un seul jour. La lecture des journaux laisse croire facilement que le gouvernement n'a cessé de mener contre le Milieu une guerre sans pitié. Mais l'efficacité de ces descentes et de ces rafles, qui donnent certes matière à d'impressionnants articles, est surtout publicitaire ; la méthode n'est pas sans rappeler celle du chef de la police dans le film devenu classique, *Casablanca*, qui donne l'ordre d'arrêter « les suspects habituels ». L'anthropologue Walter Ames s'est interrogé sur la véritable efficacité de ces descentes. Il a passés dix-huit mois au Japon, suivant pas à pas le travail de la police. Dans son ouvrage *Police and Community in Japan*, « La police et le public au Japon », il écrit : « Ces rafles participent en quelque sorte d'un rituel ; la plupart des malfaiteurs arrêtés sont relâchés dans les jours qui suivent, faute de preuve, ou en raison du peu d'importance de leurs délits. » Ames insiste aussi sur le fait que les bandes sont la plupart du temps prévenues des opérations qui vont être lancées contre elles. Ainsi bien avant que la police ne parvienne dans leurs fiefs, les marchandises frauduleusement détenues sont cachées et les grands chefs sont en lieu sûr. Ces rafles s'achèvent « à la japonaise » : les malfaiteurs sauvent la face à la police en laissant à sa portée quelques armes à feu dont elle peut publier la découverte et la confiscation.

Dans le cadre de ces liaisons permanentes entre les gangs et la police, s'établissent de nombreux rapports personnels entre yakuzas et policiers ; ces derniers appellent les malfaiteurs par leur nom et une espèce de familiarité règle leurs relations. La voie est dès lors ouverte à la corruption. Les chefs de districts qui sont mutés ou partent en retraite, par exemple, bénéficient de collectes auprès du commerce local, comme de nombreux fonctionnaires et cadres de sociétés de la part de ceux avec qui ils étaient en relation. Le chef de district peut retirer de cette tradition d'importants cadeaux des gérants de studios de massage, d'établissements de jeux et d'autres activités illégales, à condition qu'il n'ait pas mené la vie trop dure aux « hommes d'affaires » les plus importants de la communauté.

Mais il est d'autres raisons que la corruption pour attirer les policiers chez les yakuzas. La plupart des représentants de la loi au Japon sont favorables à la philosophie ultraconservatrice des yakuzas. Les rigoureuses « enquêtes de moralité », qui ont pour but de renseigner sur le passé des candidats policiers, sont pour beaucoup destinées à barrer l'entrée de la police aux hommes de gauche. Il n'est guère étonnant que la gauche ait longtemps accusé la police d'indulgence systématique envers les yakuzas suspectés d'activités politiques d'extrême droite.

Policiers et délinquants ont d'autres points communs. Comme ces derniers, la plupart des policiers n'ont pas dépassé l'enseignement secondaire et proviennent, de même, de familles modestes. Aussi beaucoup d'entre eux admirent-ils les idéaux du giri et du ninjo, professés par les gangs ; ils s'y réfèrent eux aussi, se donnant en successeurs des samouraïs d'autrefois. Ces valeurs japonaises classiques s'expriment par des ballades composées sur des thèmes yakuzas où la relation oyabun-kobun est souvent exaltée ; ces ballades sont très populaires parmi la police.

De leur côté, les gangs respectent la police. Ils comprennent que son devoir est de faire respecter la loi. Ainsi, après un règlement de compte, le yakuza meurtrier s'en ira de lui-même au commissariat le plus proche pour faire une déposition complète. L'acte une fois accompli, il est prêt à en supporter toutes les conséquences. Chef de syndicat, Kakuji Inagawa commente en ces termes ses relations avec la police : « Nous respectons la police japonaise. Si la police déclare que le syndicat Inagawa est nuisible, c'est qu'il l'est. Je ne voudrais pas avoir à le dire, mais ce sont des gens très capables. C'est leur devoir de me surveiller. Je les respecte. Je vous prie de leur transmettre mon meilleur souvenir. »

Cette complicité est renforcée par les liens permanents, entre le haut personnel politique et les chefs de bande, qui ont tant fait pour légitimer les statuts des yakuzas dans la société japonaise. Que peut donc penser la police lorsqu'un ancien Premier ministre et un ancien ministre de l'Education nationale se portent caution en faveur d'un meurtrier du Yamaguchi-gumi ? Dès lors, les actions de la police semblent plus souvent destinées à traiter avec une opposition loyale, mais dévoyée, plutôt qu'à s'en prendre pour de bon à une pègre menaçante.

L'aspect le plus remarquable des relations entre la police et le Milieu est peut-être la fonction de force de suppléance que remplissent les yakuzas auprès de la police. Le criminologue Eric von Hurst, qui a passé quinze ans au Japon, écrit : « La seule chose qui inquiète vraiment la police, c'est le crime sauvage. Et c'est pourquoi la rue est si paisible au Japon. Les gangsters contrôlent le terrain et assurent eux-mêmes la sécurité dans les villes. Si quelques voyous s'en viennent à traîner quelque part pour semer le désordre, il y a beaucoup de chance pour que les yakuzas s'en occupent les premiers. La police japonaise préfère avoir affaire au crime organisé qu'à une anarchie criminelle. »

L'économie souterraine

L'exceptionnelle symbiose entre la police et le Milieu japonais est le signe extérieur d'une corruption structurelle beaucoup plus importante. Certains aspects de celle-ci s'apparentent de près aux grandes traditions de corruption des grandes villes de l'Est américain, où politiciens, syndicalistes et gangsters se côtoient dans une même organisation bien rodée. Mais la corruption japonaise n'en présente pas moins des traits spécifiques qui la distinguent nettement des pratiques analogues de l'Occident. Elle s'inspire de la même culture que la confusion, propre au Japon, entre le Milieu et l'extrême droite.

Pour un observateur éloigné, le très faible taux de la criminalité au Japon est trompeur ; il pourrait donner l'illusion d'une société d'automates entièrement soumis à la loi. En fait, et compte tenu du rôle strictement défini des yakuzas, un simple coup d'œil aux statistiques de la police japonaise laisse croire que ce peuple est, dans l'ensemble, respectueux des lois. Et pourtant, les Japonais ne sont pas moins sensibles aux tentations de la délinquance que les Américains, peut-être même le seraient-ils davantage. Pour n'en donner qu'un seul exemple, mais frappant, ils ne coopèrent pas de bon cœur avec leurs services fiscaux.

Il existe au Japon, comme en Amérique, une puissante économie clandestine. Il circulerait dans le pays entre 50 milliards et 150 milliards de dollars d'argent noir, encore que les autorités reconnaissent qu'il ne s'agit là que d'estimations. (Aux Etats-Unis, les services fiscaux estimaient, en 1981, à 250 milliards de dollars les sommes mises en jeu dans l'économie clandestine.) Les fonctionnaires japonais sont au moins assurés d'une chose : les percepteurs doivent faire face à une sous-estimation générale des revenus déclarés par les particuliers comme par les entreprises. En 1982, les agents du fisc ont récupéré une somme record de 529,3 milliards de yens (environ 2,3 milliards de dollars) frauduleusement dissimulés par les déclarants. En tête de la liste des fraudeurs, on remarquait les propriétaires de cliniques, suivis de près par les gérants de maisons de *pachinko* et les établissements de prêt, ces deux dernières activités relevant le plus souvent du monde yakuza. (Le *pachinko* est une variété de flipper qui est peut-être le jeu le plus populaire au Japon.) Les moines bouddhistes n'étaient guère en reste : ils s'inscrivaient au quatrième rang de la liste des fraudeurs.

La fraude est si générale qu'en 1983, les fonctionnaires des impôts ont accusé leurs concitoyens de sous-estimer de plus de 40 % les déclarations fiscales dans des secteurs entiers de l'économie, notamment celui des services, lequel inclut aussi bien les fabricants de logiciels que les salons de massage, en passant par les clubs de base-ball et les agences de voyages. La même année, le fisc a découvert des dissimulations de gains en capital, provenant de ventes de terrains et d'immeubles, qui atteignaient 300 milliards de yens, environ 1,3 milliard de dollars. Les contribuables japonais sont très nombreux à falsifier leurs déclarations de vente, comme à se prévaloir d'exemptions fiscales imaginaires et les agents du fisc sont rompus à ce sport. Certaines professions trichent davantage que d'autres. Les sondages pratiqués chez les entrepreneurs de loisirs et les médecins de Tokyo ont fait découvrir des dissimulations de revenus de plus de 20 000 dollars en moyenne par déclarant.

A la demande pressante de la police, le gouvernement s'est décidé, peu après 1970, à taxer les revenus des malfaiteurs japonais. L'idée n'était pas neuve. Les fonctionnaires américains s'étaient servis depuis longtemps de l'arme fiscale. Ainsi avaient-ils pu mettre Al Capone hors d'état de nuire, en 1931, pour fraude fiscale. Mais dans leur zèle égalitaire, tout citoyen étant égal à tous les autres devant la loi, les fonctionnaires japonais ont autorisé en 1975 les gangsters à déduire leurs « frais professionnels » de leurs déclarations. Une dépêche de l'Associated Press à Tokyo précisait : « Parmi ces dépenses déductibles, il y a la location des emplacements nécessaires pour installer les jeux, les indemnités quotidiennes des gangsters en mission d'intimidation, les indemnités de chômage versées aux employés des établissements de jeux en dehors des périodes d'ouverture et les frais des souteneurs. »

Malgré la largeur d'esprit de cette interprétation de la loi en faveur des malfaiteurs, les revenus du monde yakuza continuent d'échapper à toute comptabilité officielle et donc à l'impôt. Les gangsters ne font que suivre en cela le reste de la population en dissimulant leurs milliards de dollars aux yeux du fisc. La pratique n'est pas différente aux Etats-Unis. Mais si le penchant pour la fraude fiscale ne peut pas étonner les Américains, d'autres délits sont spécifiques au Japon ; la corruption en fait partie.

En matière de pots-de-vin, le Japon se présente comme une version perfectionnée du Mexique ou des Philippines. La corruption y est structurelle et elle atteint son suprême degré à travers un système quasi officiel de pots-de-vin généralisés. Cette pratique, qui met en jeu des milliards de dollars, concerne toutes les transactions, des plus grands marchés industriels aux ventes d'appartements et jusqu'aux examens d'entrée dans les collèges. Le concept de corruption au Japon est très vague, en raison notamment de la banalité de la pratique du pot-de-vin et de son caractère presque officiel, à un degré inconnu en Occident. La remise de cadeaux est au Japon tout un art, traditionnel et subtil, étroitement lié aux obligations du giri, même si la frontière est très incertaine entre cette tradition et la corruption pure et simple. Il est d'usage d'apporter des cadeaux lorsque l'on va visiter quelqu'un ; ainsi, deux fois par an, en juillet et en septembre, à ses associés et à ceux envers qui on se sent lié par le giri, aux employés, lorsqu'ils quittent l'entreprise ou lorsqu'ils sont mutés, au voyageur de retour chez soi, et dans une multitude d'autres occasions où s'embrouillent les Japonais eux-mêmes. La définition des cadeaux est des plus vastes : elle comprend les souvenirs de quatre sous et les objets de luxe, aussi bien que les beaux billets de banque tout neufs glissés dans des enveloppes spéciales. La pratique est si ancrée que beaucoup de foyers tiennent un livre de cadeaux où sont notés avec leurs prix les présents reçus et ceux donnés. Les Japonais reconnaissent si bien l'importance de cette coutume qu'ils désignent tous les cadeaux par le terme *junkatsuyu,* c'est-à-dire « l'huile qui lubrifie la société ».

Il n'est pas facile pour un Japonais de faire la distinction entre cadeau et pot-de-vin. La police et d'autres autorités affirment reconnaître le pot-de-vin à ce que sa valeur est supérieur à ce qu'exige l'occasion de sa remise. Mais pareilles estimations sont facilement confuses. Les flics en patrouille acceptent le plus simplement du monde les tickets d'entrée gratuite aux spectacles pornographiques de leur secteur ; des cadeaux en liquide qui peuvent atteindre 1 000 dollars et parfois les dépasser sont remis à leurs professeurs par les parents d'étudiants qui se présentent à un examen ; dans les hôpitaux universitaires, qui sont considérés comme les meilleurs, des malades donnent tous les jours des cadeaux à leurs médecins pour en obtenir un traitement préférentiel et échapper de la sorte à la médecine socialisée de leur pays. L'anthropologue Harumi Befu de l'université de Stanford écrit : « Il peut être très difficile à un observateur occidental d'arriver à croire qu'un corrupteur peut ne même pas avoir conscience de faire acte de corruption, mais... la pratique des cadeaux est si répandue au Japon et les obligations de donner, de recevoir et de rendre sont si fortes... qu'il est très difficile, sinon impossible de discerner le bien-fondé d'un cadeau. »

La corruption fait quelquefois partie si intégrante d'un rituel qu'il n'est pas question de la dénoncer. La culture japonaise rend tout simplement impossible le refus d'un présent. Le jeu de mah-jong en fournit un excellent exemple. Lors de négociations entre deux firmes, il arrive souvent que le représentant de l'une d'elles soit invité par ses interlocuteurs à jouer à ce jeu populaire. L'habileté des joueurs n'est pas en cause, mais les hôtes commencent invariablement par perdre d'énormes enjeux, partie après partie, contre leur client. Tout le monde sait de quoi il retourne, mais le sujet n'est jamais abordé. Lorsque le jeu se termine, il est entendu que le gagnant s'efforcera de passer un contrat avec cette firme, en lui proposant les conditions les plus avantageuses.

D'après la loi japonaise, il est interdit aux fonctionnaires d'améliorer en quoi que ce soit leurs salaires officiels, dans le cadre de leurs obligations. Mais la règle est beaucoup moins claire pour les personnes privées. En fait, il n'y a pas de règle. On se base sur la coutume. Certains dirigeants d'entreprises, par exemple, peuvent dépenser jusqu'à 300 dollars par nuit pour divertir leurs associés. La loi l'autorise. Mais s'ils dépensent semblables sommes en faveur de fonctionnaires, ils pourraient être accusés de corruption. La loi est cependant rarement appliquée.

Lorsqu'il était Premier ministre, Kakuei Tanaka dissimulait ses dépenses politiques en les déclarant cadeaux, simples cadeaux comme en exige la meilleure tradition japonaise. Sa générosité était légendaire : cadeaux d'été, cadeaux de fin d'année, cadeaux de « bon voyage », contributions variées aux campagnes électorales de ses amis, d'innombrables dons sortaient du bureau du Premier ministre. Il y a pourtant des cas où les tribunaux se refusent à considérer certaines dépenses justifiées par la coutume. Mais même dans ce cas, il faut un événement aussi énorme que le scandale Lockheed pour éveiller vraiment l'attention publique.

De nombreux observateurs politiques japonais, parmi les plus sagaces, conclurent sans ambages que le seul élément original de l'affaire Lockheed fut que des personnalités publiques y furent prises la main dans le sac et officiellement poursuivies ; et cela, d'après eux, ne put advenir que parce que l'affaire impliquait une compagnie étrangère et d'énormes sommes en liquide. La rareté des grands scandales, d'après les censeurs de la société japonaise, reflète surtout la capacité du système à les dissimuler.

Alors, à quel point le Japon est-il corrompu ? L'anthropologue Befu soutient, pour plaisanter, que pour assurer vraiment le respect de la loi, le gouvernement japonais devrait créer un immense ministère de la Corruption. Celle-ci est si répandue qu'il n'est peut-être pas un homme politique important au Japon qui n'ait aujourd'hui eu quelque ennui avec la loi sur la corruption, votée après la guerre. Certains chercheurs croient cependant déceler un changement. Pendant de nombreuses années, argumentent-ils, les Japonais ont toléré les trafics de leurs hommes politiques, mais le scandale Lockheed leur paraît avoir marqué le début d'une ère nouvelle, où les vieilles méthodes de traitement des affaires pourraient devoir changer de règles.

Si vraiment les anciennes coutumes sont moribondes, leur agonie durera longtemps, car la culture japonaise n'est guère susceptible de transformations rapides. Les hommes qui dans le passé ont su faire un usage si habile de la corruption – que ce soit Yoshio Kodama avec Lockheed ou les chefs du Yamaguchi-gumi avec la police d'Osaka – auront des successeurs aussi habiles qu'eux. Puis ce n'est pas la seule corruption, qui devrait être extirpée de la société japonaise. Bien d'autres pratiques délictueuses y prospèrent avec elle : chantages, extorsions de fonds, intimidations en tous genres, tout cela semble aller de soi, jusqu'à faire partie intégrante de la culture raffinée qui est celle du Japon.

Sauver la face

Deux fois par semaine au moins, la presse japonaise publie des faits divers de ce genre : Mitsuru Takahashi, lourdement endetté, incapable de supporter la honte de ne pouvoir rembourser ses créanciers, plutôt que de voir ses deux enfants grandir dans la misère, les a tués, après quoi il a vainement tenté de mettre fin à ses jours.

L'histoire ci-dessus se répète dans tout le Japon avec de nombreuses variantes. Une placière en assurances de la côte ouest s'est jetée dans la mer avec sa voiture, entraînant sa famille dans la mort, faute de pouvoir s'acquitter de 40 000 dollars de dettes. A Nagano, une famille de trois personnes se supprime à coups de feu, pour 4 000 dollars de dettes. A Tokyo, l'assassin d'une prostituée confesse n'avoir tué que pour aller en prison et se trouver ainsi à l'abri de ses créanciers.

Tous ces malheureux sont les victimes des fameux sarakin. Ce mot signifie littéralement : « financier des salariés », mais il en existe une traduction plus brutale qui est le mot usurier. Les humiliations publiques et les menaces infligées aux débiteurs de ces *sarakin,* qui dépendent le plus souvent du monde yakuza, ont poussé au suicide, en 1982, d'après les estimations de la police, près de 2 400 personnes ; cela représente 11 % du total des suicides au Japon pendant la même période. La police nationale estime d'autre part à 7 300 le nombre des Japonais qui, pour fuir les sarakin, ont abandonné leurs familles et leurs emplois, extrémité presque impardonnable dans ce pays. Les personnes qui disparaissent ainsi sont appelées *johatsu,* « les disparus » ou littéralement « les évaporés ».

42 000 officines d'usure opéreraient au Japon, mais certains observateurs estiment leur nombre réel à 220 000 dont la plupart seraient des sociétés « fantômes », sans aucune preuve officielle d'existence. Ces usuriers ont pris une place de plus en plus importante dans la société, car les institutions financières normales du pays se sont désintéressées du crédit à la consommation. La politique gouvernementale et la

coutume ont longtemps encouragé les Japonais à « épargner d'abord et acheter plus tard ». Le taux d'épargne individuel des ménages s'est longtemps maintenu à près de 20 % des revenus personnels totaux, mais les choses sont en train de changer : les nouvelles générations sont de plus en plus « consommatrices » et se rapprochent donc du mode de vie américain, fondé sur le crédit. Résultat : les crédits à la consommation n'ont cessé d'augmenter, au rythme fantastique de 33 % par an de 1971 à 1981, où ils sont passés de 1,03 milliard de dollars à 9,58 milliards. Mais l'usage des comptes-chèques est encore peu répandu (les banques paient souvent directement les factures de leurs clients), l'organisation du crédit à la consommation demeure rudimentaire et les premiers bénéficiaires de cet état de choses ont été les usuriers, nombreux aujourd'hui à s'efforcer de transformer leurs activités en affaires respectables.

Quatre de ces firmes sarakin détenaient à elles seules, en 1982, une part plus importante des crédits à la consommation que toutes les banques japonaises réunies. Les principales compagnies d'assurances du pays soutenaient leurs activités à concurrence d'un milliard de dollars de dépôts, mais cette pratique souleva de telles critiques qu'il fallut y mettre un terme. A la suite de quoi plusieurs banques, américaines et canadiennes, s'empressèrent de prendre le relais et d'entrer dans le jeu d'un crédit-sarakin, en croissance rapide, en y injectant des capitaux. L'une des principales opérations de ces financiers trouva ainsi le soutien de l'American Express International (pour 6 milliards de yens), de la Banque de Montréal (pour 4 milliards de yens), de la Bankers Trust, de la Bank of America et de la Chase Manhattan Bank.

Le marché japonais du crédit à la consommation est si lucratif que d'autres compagnies financières américaines s'y sont introduites – A.V.C.O., Beneficial, Citibank. Ces firmes américaines ont reçu une certaine aide du gouvernement japonais. Celui-ci, en 1983, fit adopter une législation longtemps attendue, destinée à mettre de l'ordre dans cette industrie. Les taux d'intérêt légaux, qui étaient montés jusqu'à 110 % par an, sont à présent limités à 73 % et devront descendre, après 1987, à 40 %.

Pourtant, bien que les crédits offerts par les firmes américaines soient bien meilleur marché (de 18 à 29 % d'intérêt), la plupart des emprunteurs japonais persistent à préférer s'adresser aux sarakin qui ne posent jamais de question. N'importe quel adulte japonais peut entrer dans l'officine sarakin locale et, contre la seule justification de son identité, en ressortir vingt minutes plus tard, 2 000 dollars en poche, au taux d'intérêt annuel de 60 %. Roger Broms, responsable à Tokyo de Beneficial, se plaignait en 1983 : « Nous pouvons consolider la dette d'un client, mais que faire, si une fois tourné le coin de la rue, il s'en va contracter de nouveaux emprunts qui le replongent dans le trou ? »

Selon Richard Huber, vice-président du bureau de la City Bank à Tokyo, la principale difficulté que doivent surmonter les firmes américaines tient à ce que leur secteur d'activité est empoisonné par le gangstérisme. Dans un article du *Business Week*, titré « Les banquiers américains et la mafia japonaise », Huber insistait sur le fait que le plus gros travail des prêteurs américains consiste à persuader leurs clients japonais que leurs méthodes n'ont rien à voir avec celle des yakuzas. « Nous nous efforçons de les convaincre que nous sommes différents, disaient-ils, et que s'ils ne respectent pas leurs échéanciers, nous n'irons pas leur briser les rotules. »

Cependant, le pouvoir des sarakin est bien loin de ne dépendre que de la violence seule. Persécutions téléphoniques et lettres ordurières n'impressionnent guère les Japonais. Ce qu'ils redoutent, c'est la capacité des sarakin à leur faire perdre la face, notion si importante dans leur pays.

Dans son sens le plus large, la capacité de sauver la face, ou autrement dit « de protéger son nom », est un souci permanent de tous les Japonais. Les hommes d'affaires y consacrent un temps considérable, à tel point que beaucoup de vendeurs occidentaux se demandent comment leurs clients japonais ont pu parvenir à leur formidable réputation d'efficacité. Dans ce type de relations, il est toutefois capital d'en tenir compte.

La perte publique de la face – de bruyants sarakin peuvent, par exemple, faire irruption au domicile ou au bureau de leur débiteur défaillant – pousse les Japonais à abandonner leur travail et leur famille, les pousse au suicide et parfois au meurtre. La tactique sarakin vise justement à maximiser la crainte du déshonneur public. On cite, par exemple, le cas de trois sarakin qui, en 1983, ont fait irruption chez une veuve éplorée, pendant la veillée mortuaire, pour exiger d'elle le remboursement de la dette, sous la menace de perturber les funérailles de son mari. Ou encore, cette même année, les lettres de « rappel » des sarakin, envoyées aux enfants des débiteurs – aux bons soins de leurs écoles primaires.

Les sarakin eux-mêmes ne sont pas insensibles à cette perte de la face. Lorsque le magazine *Gendai* publia en 1983 un article sur Yasuo Takei, le patron sarakin, les 300 000 exemplaires du numéro disparurent en trois jours. La direction du *Gendai* accusa les racketteurs d'avoir raflé tout le tirage pour que cette histoire n'arrive pas à la connaissance du public. L'article, titré « Le Roi du business sarakin », relate la carrière de Takei, le décrivant d'abord jeune délinquant, puis adonné au marché noir avant de devenir chef sarakin.

Le besoin qu'ont les Japonais de sauver la face crée un climat tout à fait propice à l'épanouissement de tout un ensemble d'extorsions de fonds. Si les cadeaux et le giri favorisent la corruption, ils rendent aussi les Japonais particulièrement vulnérables au chantage, à l'intimidation ainsi qu'à une foule d'actions similaires.

Parce qu'il est si important de sauver la face, beaucoup de crimes adoptent au Japon une forme différente de celle qui aurait été la leur en Occident, bien que l'issue en soit souvent la même. En 1984, par exemple, la police de Tokyo a accusé quatre hommes de chantage pour avoir obligé une école dentaire privée à leur verser plus de 85 000 dollars, si elle ne voulait pas que soient dévoilées les admissions irrégulières d'étudiants ayant obtenu des notes insuffisantes. Les maîtres chanteurs, qui appartenaient à un obscur « parti politique » d'extrême droite, menaçaient d'envoyer, si le versement n'était pas effectué, une voiture équipée d'un haut-parleur sur le campus de l'école, afin de dénoncer publiquement les responsables.

Dans certaines affaires, la pratique du marché noir et de l'extorsion de fonds est particulièrement bien implantée. C'est le cas pour ce que les Japonais appellent mizu shobai, littéralement « affaires d'eaux », c'est-à-dire les bars, les restaurants et les boîtes de nuit. Au cours d'une enquête effectuée par la police, en 1980, auprès de plus de 12 000 affaires de la région très peuplée de Yokohama, on découvrit que 70 % de tous les bars, cabarets, saunas, galeries de jeux et boîtes de strip-tease de la région étaient rançonnés par les yakuzas. D'après les estimations de la police, la recette annuelle des gangs locaux, provenant des extorsions, s'élèverait à plus de 6,5 millions de dollars – et pour une seule ville.

Sokaiya : « les spécialistes des assemblées générales »

Ce n'est pas, cependant, dans les « affaires d'eaux », ni même dans les pratiques des sarakin, que le Milieu japonais démontre le mieux son génie de l'extorsion de fonds. Ce génie se déploie dans tout son cynisme à travers les activités d'une profession étroitement spécialisée de rançonneurs qui se consacrent à l'« exploitation » des assemblées générales d'actionnaires de sociétés, les sokaiya. La traduction directe du mot est « hommes des assemblées d'actionnaires », ou encore « spécialistes », mais les gangs *sokaiya* ont été souvent décrits en anglais à l'aide des expressions suivantes : « rançonneurs financiers », « trafiquants d'assemblées générales », « noirs gentlemen de l'ombre », « bandits de location ».

Pendant des années, la quasi-totalité des sociétés japonaises cotées en bourse ont dû passer par eux. On les voyait qui formaient de longues queues devant les sièges des banques ou des sociétés de portefeuille. La plupart étaient vêtus de costumes discrets, comme des employés, d'autres exhibaient des vestes criardes avec de larges cravates. Dans les grandes banques, ils s'assuraient de l'inscription de leurs noms dans un registre spécial qui les assurait de recevoir, au moins deux fois par an, des pots-de-vin. Certains d'entre eux faisaient des tournées quotidiennes dans les quartiers d'affaires, visitant de la sorte plusieurs centaines de firmes par an. Une grande compagnie maritime était ainsi visitée tous les matins par 80 *sokaiya*. Ils y étaient reçus par un responsable qui réglait leurs prescriptions depuis vingt-cinq ans. L'une des plus grandes banques japonaises distribuait deux fois par an des enveloppes à quelque 2 000 personnes, dont des gangsters connus et des activistes d'extrême droite ; les versements allaient de 20 à 200 dollars, mais certains prestataires importants en touchaient dans les 15 000.

Aujourd'hui, cette activité est plus discrète, mais elle demeure bien vivante. Et s'ils ne font plus la queue devant les firmes dans l'attente de leurs enveloppes, les sokaiya continuent d'extorquer des millions de dollars aux plus grandes entreprises du pays.

Que fournissent-ils en échange ? Ils assurent aux sociétés la discrétion nécessaire à leurs opérations, les garantissent contre toute perturbation de la sérieuse routine des affaires japonaises. Pour entrer en action, les sokaiya commencent par acheter un certain nombre d'actions d'une société donnée. Forts du droit que ces parts leur accordent, ils se renseignent le plus à fond possible sur la marche et les méthodes de ladite entreprise jusqu'à ce qu'ils y découvrent une irrégularité. Une fois en possession de cet instrument de chantage, ils se font payer leur silence. Ils recherchent en priorité tout ce qui peut embarrasser les dirigeants de la firme : fraudes fiscales, contraventions aux règlements de sécurité dans les usines, entretien de maîtresses dispendieuses... Si la société refuse de s'exécuter, à l'assemblée générale suivante, les sokaiya brandissent leurs révélations et stigmatisent bruyamment sa direction. Les dirigeants, affolés à l'idée de perdre la face devant leurs employés et devant le public, ont le plus souvent casqué avant ce scandale. Selon les mots d'un policier : « Ce ne sont pas les menaces de violences qui effraient les cadres supérieurs des entreprises. Ils redoutent bien davantage les atteintes à leur réputation, susceptibles d'éclabousser leurs amis et leur famille. Nous vivons dans une société de respect humain. »

Activités des yakuzas

Activité	*Membres à part entière*	*Membres marginaux*	*Total*
Bakuto (joueurs)	26 960	5 148	32 108 (31 %)
Tekiya (colporteurs)	21 438	2 570	24 008 (23 %)
Gurentai (voyous)	9 861	1 639	11 500 (11 %)
Racketteurs des ports	3 221	0	3 221 (3 %)
Sokaiya (sociétés de racket)	47	2 417	2 464 (2 %)
Feuilles à scandales (chantage)	41	803	844 (1 %)
Proxénètes	495	74	569 (1 %)
Autres	39	29 202	29 241 (28 %)
Total	62 102	41 853	103 955 (100 %)

Source : Police nationale, 1980.

Note : Ces catégories sont assez floues et les rôles sont fréquemment interchangeables. Par exemple, des bakuto et des tekiya peuvent se comporter en sokaiya ou autres racketteurs. De même, beaucoup de sokaiya et de gangsters de droite ne sont pas comptabilisés en tant que yakuzas dans les statistiques officielles et n'apparaissent pas ici. Le nombre total des yakuzas en 1984 a été officiellement arrêté à 98 771.

Les bandes sokaiya les plus importantes jouent sur les deux tableaux, elles vendent aussi aux sociétés la protection d'équipes musclées qui assurent la tranquillité des assemblées générales et garantissent qu'il n'y sera posé aucune question gênante. Les actionnaires mécontents qui osent protester sont le plus souvent expulsés sans ménagement – et souvent molestés – par les sokaiya du « service d'ordre ». Il est arrivé que d'importantes sociétés utilisèrent des sokaiya contre d'autres sokaiya, confrontations qui ont eu des conséquences violentes. Mais le résultat le plus fréquent de l'emploi de ces « spécialistes » est d'enlever tout sens aux aux assemblées générales, réduites à de brèves comédies qui durent souvent moins de vingt minutes.

Certains érudits font remonter la tradition sokaiya aux ronin, ces samouraïs sans emploi de l'ère Meiji qui se reconvertirent dans « la protection ». Mais le premier sokaiya proprement dit apparut après 1890, au lendemain de la promulgation du premier code commercial japonais. Jusqu'à l'occupation américaine, toutefois, il était rare que le capital des entreprises fût réparti dans le public et ce fut la rapide croissance économique des années soixante qui provoqua le décollage de la profession.

Yoshio Kodama demeura jusqu'à sa mort l'un des patrons les plus importants des sokaiya. D'après ce qu'on rapporte, il s'intéressa systématiquement à leur activité à partir de 1965, organisant ses propres bandes et passant des accords avec d'autres. Derrière Kodama, les grands syndicats yakuzas entrèrent massivement en lice vers 1972 et le système sokaiya connut alors un boom, multipliant ses activités par quatre entre 1972 et 1977. La profession atteignit son apogée en 1981, où la police dénombra 6 800 sokaiya, répartis en 500 groupes distincts dont l'ensemble extorquait 400 millions de dollars par an.

Aujourd'hui, la police estime à 70 % la part des chantages sokaiya qui alimente directement les syndicats yakuzas. D'après une enquête de la NHK (équivalent japonais de la BBC britannique), un sokaiya sur quatre est aussi yakuza. D'autres sources estiment que cette proportion est encore plus élevée. Mais il existe au moins un sokaiya pour récuser l'assimilation entre les deux organisations : « Je n'aime pas entendre les gens utiliser indifféremment les termes de yakuza et de sokaiya, comme s'ils étaient interchangeables, déclare Jiro Morimoto, patron d'une bande sokaiya d'une trentaine de membres. Les yakuzas sont les héritiers du vieux bushido, l'esprit samouraï. Les sokaiya sont bien loin d'avoir la même rigueur. »

Les combines inventées par les sokaiya au fil des années sont aussi ingénieuses que lucratives. Ils se présentent souvent en respectables consultants « d'instituts de recherches économiques », spécialisés dans les renseignements sur les sociétés et tenant notamment à jour les dossiers de leurs dirigeants – jusqu'aux noms et aux adresses de leurs maîtresses. Beaucoup d'entre eux se présentent aussi en éditeurs de petits périodiques et de lettres confidentielles, trop heureux de recueillir des « abonnements » et de la « publicité », faute de quoi ils se verraient contraints d'imprimer telles histoires gênantes pour leurs interlocuteurs. Les cadres supérieurs considèrent cette presse à scandale avec la même horreur que celle que leur inspirent les trublions de leurs assemblées générales. Ces histoires louches sont toujours composées de manière à ne pas seulement impliquer les personnes physiques qu'elles attaquent, mais aussi, et surtout, les sociétés qui les emploient, de manière à multiplier leur force de chantage. Une fois bouclées et imprimées, elles sont présentées aux intéressés qui n'ont plus d'autre ressource que d'en acheter le tirage entier à des tarifs exorbitants.

Certains sokaiya montent des sociétés d'encouragement, spécialisées dans la recherche de « donations » en faveur de causes le plus souvent douteuses. La tactique des « galas » est aussi très en vogue ; y sont invités des hommes d'affaires qui sont censés y apporter des dons en espèces. Au mois de mai 1975 l'un de ces galas réunit quelque 600 dirigeants d'entreprises représentant 450 sociétés importantes, chacun d'entre eux laissant à la caisse de 75 à 300 dollars. Selon la police, Ryuich Koike, organisateur de cette fête, alors âgé de trente-deux ans, ramassa cette nuit-là plus de 100 000 dollars. Il n'était pourtant pas à sa propre fête, car il avait été arrêté le jour même, pour avoir menacé le président d'une société de matières plastiques.

D'autres bandes sokaiya manifestent un esprit d'entreprise encore plus vif. L'une d'elles organisa ainsi un concours de beauté que plusieurs sociétés se virent persuadées de commanditer. Une autre organisa à l'intention des hommes d'affaires de Tokyo un tournoi de golf pour lequel étaient fixés d'exorbitants droits d'inscription. Une troisième bande imagina la représentation d'une « irrésistible » pièce Kabuki dont elle vendit les billets cinq fois le prix normal.

Les auteurs de ces exploits relèvent de plusieurs catégories. Ceux qui animent des organisations perfectionnées et à qui il arrive de travailler en liaison étroite avec la direction des entreprises, reçoivent des salaires qui ne le cèdent en rien à ceux des cadres supérieurs les mieux payés. Ils circulent en limousines, conduites par des chauffeurs entretiennent de puissantes relations politiques. Mais la plupart des sokaiya ne sont que de pauvres diables toujours en quête d'un pot-de-vin facile. Ils sont issus de corporations diverses : chauffeurs de taxi, représentants de commerce... Certains d'entre eux forment même un groupe réputé : « les sokaiya barmen ». Il est composé d'anciens barmen reconvertis dans le chantage à force de surprendre les conversations de dirigeants d'entreprises ivres. Au dernier rang de la profession, on trouve les sokaiya banzai, qui se promènent dans les bureaux des sociétés en criant « Banzai ! » sous prétexte qu'ils viennent de devenir actionnaires de la firme qu'ils visitent et souhaitent en exprimer leur joie, et en même temps l'exhorter à la productivité. Quelques milliers de yens suffisent d'habitude à se débarrasser de ces enthousiastes intempestifs.

L'activité des sokaiya est si lucrative que de nombreux cadres d'entreprises ayant été régulièrement en contact avec eux tournent casaque et rallient leurs rangs, à la grande surprise de leurs directions, en pleine assemblée générale. Comme les yakuzas en général, les sokaiya affirment tenir dans la société un rôle important. « Les assemblées d'actionnaires sont des événements solennels, déclarait l'un d'eux au journal *Yomiuri*, nous contribuons à leur déroulement dans la dignité et protégeons les intérêts des actionnaires innocents. Nous sommes les tuteurs du capitalisme moderne. »

L'activité de sokaiya n'est possible qu'en raison de la discrétion presque pathologique des firmes japonaises, qui ont en horreur le débat public. Leurs décisions sont toujours prises en coulisse et les directions vont très loin pour éviter tout « déballage ». Si bien que les assemblées générales – les *sokai* – ne sont que des formalités, harmonieuses réunions qui se bornent à reconnaître le fait accompli.

Au cœur de ce souci d'ordre et de dignité gît le concept de *wa*. La traduction officielle en est « harmonie », mais elle n'est pas satisfaisante, car le mot désigne un concept beaucoup plus vaste. Le wa ne concerne pas seulement la vie des affaires, mais toute la vie des Japonais, c'est de lui que provient la répugnance générale des Japonais à répondre non. Lorsque des actionnaires mécontents questionnent sans ménagement la direction d'une entreprise, il y a là une faute contre l'harmonie, violation grave du wa. Mais si la firme menacée de pareilles indignités s'assure le service d'une équipe de videurs qui réduisent au silence les perturbateurs, la violation du wa est beaucoup moins grave.

Malheureusement, semblable tournure d'esprit ouvre un champ immense aux maîtres chanteurs et autres extorqueurs. Les manuels de gestion japonais demeurent muets sur leurs activités, ils jouent cependant un rôle capital dans les opérations des plus grandes firmes japonaises.

L'Institut de recherches économiques de Shimazaki, fondé par Eiji Shimazaki, est un bon exemple de l'influence sokaiya. L'institut possède des bureaux à Tokyo et Osaka, son budget annuel est de 6 millions de dollars, il étudie, analyse les sociétés et publie des magazines. Son patron déclara un jour : « Je peux faire, ou empêcher, toute fusion d'entreprises, sans parler de la composition des conseils... » L'un des succès dont il est le plus fier est la fusion de trois firmes Mitsubishi qui forment aujourd'hui le géant « Mitsubishi industries lourdes » – Mitsubishi Heavy Industries. La devise de Shimazaki, ancien instituteur, est : « Fort, juste et chaleureux. »

Ces protestations de vertu n'impressionnent pas la police. Une descente en 1973 dans les bureaux de l'Institut lui permit de confisquer une quinzaine de boîtes en carton qui contenaient les preuves d'une série de prêts illégaux échelonnés sur trois ans pour un total de 3 millions de dollars et impliquant 63 banques dans tout le pays, dont certaines des plus importantes. Le moyen de pression habituel de Shimazaki sur les compagnies n'est rien d'autre que la menace de perturber leurs assemblées générales.

Si les activités des sokaiya se limitaient à dévoiler la vie sexuelle et les entourloupes fiscales des cadres supérieurs japonais, l'influence réelle d'hommes comme Shimazaki pourrait aisément être surveillée. Mais le pouvoir de ces racketteurs professionnels va beaucoup plus loin il s'exerce au cœur de la gestion des entreprises et contamine la société entière. Si les plus grandes firmes japonaises ont servi de cibles aux sokaiya, elles-mêmes s'en sont servies, employant des hommes de main sokaiya et yakuzas à dissimuler leurs activités les plus délictueuses et aussi à empêcher qu'elles ne s'ébruitent.

L'affaire de Minamata

Pendant plus d'une génération, la Chisso Corporation domina la vie politique et économique de Minamata, ville de 36 000 habitants située dans l'île méridionale de Kyushu. Cette vieille affaire d'engrais chimiques s'était développée depuis la guerre jusqu'à tenir l'une des premières places dans la pétrochimie. Pendant des années, la compagnie avait immergé les résidus de son usine de Minamata – immense complexe de tuyaux, de tours et de citernes – dans les eaux de la baie de Minamata, très activement pêchées.

La Chisso Corporation avait déjà eu à faire face à des problèmes de pollution. Trois fois, en 1926, 1943 et 1954, elle avait dû indemniser les pêcheurs des pertes que leur avaient causées ces immersions de produits toxiques. Mais en 1953, les premiers effets d'une affaire beaucoup plus grave commencèrent d'apparaître, prélude de l'un des plus graves empoisonnements dont le monde ait eu à souffrir, du fait de l'activité humaine.

Dans l'ouvrage qu'ils ont consacré aux questions d'environnement au Japon, Norrie Huddle et Michael Reich décrivent en ces termes l'effrayante progression de ce qui porterait le nom de « maladie de Minamata » :

> « Les oiseaux semblaient perdre leurs moyens de coordination, tombant souvent de leurs perchoirs ou heurtant les maisons et les arbres. Les chats, aussi agissaient bizarrement. Ils avançaient en titubant, s'emmêlant souvent les pattes. Beaucoup devenaient soudain fous, courant en cercles, l'écume à la gueule jusqu'à tomber dans la mer et s'y noyer, à moins qu'on ne les y lançât. Les pêcheurs de la baie baptisèrent ces troubles du nom de "maladie des chants dansants" et observaient, pleins d'angoisse, les progrès de cette folie. »

La maladie attaqua bientôt les pêcheurs et leurs familles. Les symptômes en étaient horribles. Aucun diagnostic n'avait encore été établi, mais les médecins savaient que le mal attaquait le système nerveux central et le cerveau, estropiant ses victimes et les rendant folles. 40 % des malades moururent. Les autopsies révélèrent que leurs cerveaux étaient devenus des espèces d'éponges, comme si les cellules en avaient été mangées. Des centaines de familles furent touchées et les autorités médicales avertirent que des milliers d'autres étaient en danger.

En 1958, les victimes et leurs familles, traitées en parias au sein d'une population affolée, demandèrent des dommages et intérêts à la Chisso Corporation et l'installation dans son usine de meilleurs dispositifs de contrôle de la pollution. La compagnie nia énergiquement être responsable du désastre et persista dans cette tactique pendant les quinze années suivantes. Pourtant, dès 1959, ses propres tests, secrets, avaient appris à la Chisso Corporation que ses rejets massifs de mercure organique étaient bien la cause de la maladie de Minamata. Un rapport gouvernemental indéfiniment retardé devait révéler beaucoup plus tard qu'en trente-trois ans – jusqu'à 1965 – la compagnie avait déversé 80 tonnes de mercure sur les hauts-fonds de la baie de Minamata, mélangées à 600 000 tonnes de boue.

Pour les pêcheurs locaux qui avaient vu grandir le chiffre des victimes en même temps que déclinait le tonnage de leurs prises, la conduite de la Chisso était inexcusable. Ils la prirent à partie, envahirent son usine et la dévastèrent, retenant son directeur prisonnier toute une nuit. La presse s'empara de l'affaire et la compagnie admit enfin le principe d'une faible indemnisation des victimes, sans cependant jamais reconnaître sa responsabilité.

Malgré tout le bruit qu'elle avait soulevée, l'affaire resta en sommeil jusqu'en 1965, où éclata un autre scandale d'empoisonnement par le mercure, beaucoup plus au nord, dans la préfecture de Niigata. Le responsable en était cette fois une usine de la Showa Denko Corporation dont les procédés de fabrication étaient identiques à ceux de la Chisso dans son usine de Minamata. Les victimes de Niigata s'organisèrent et entamèrent les premières poursuites à grande échelle contre un pollueur industriel dans le Japon d'après-guerre.

En septembre 1968, quinze ans après les premiers cas d'empoisonnement, le gouvernement japonais reconnut officiellement que le mercure organique était bien la cause de la maladie de Minamata. Alors, les victimes de Minimata, suivant l'exemple de Niigata, entamèrent des poursuites contre la Chisso. Mais ils allèrent plus loin, jusqu'à porter leur cause au siège de la société et à l'exposer dans ses assemblées générales à Tokyo et à Osaka. C'était déclarer la guerre. La Chisso s'assura aussitôt les services de deux organisations étroitement liées à la pègre, les sokaiya et les *hosho kaisha*, ou « compagnies de sécurité ».

Empruntant aux sokaiya leur propre tactique, les victimes de Minamata et leurs partisans commencèrent d'acheter des actions, qui leur ouvraient les portes des assemblées générales de la société et les autorisaient à y déposer des motions. Bien qu'ils se fussent présentés à plus de 500, bien peu des membres de la délégation de Minamata parvinrent à franchir le seuil des locaux où se tint l'assemblée de novembre 1970. Les plus déterminés d'entre eux furent arrêtés par un barrage de gardes postés là pour s'assurer que les participants à l'assemblée avaient bien été recrutés dans les milieux de la pègre de Tokyo. L'un des protestataires qui avait réussi à pénétrer dans la salle fut bientôt convaincu de l'inutilité de ses efforts. L'amendement qu'il proposa à la direction fut aussitôt noyé, à peine avait-il ouvert la bouche, par les huées d'une foule de sokaiya qui s'étaient portés autour de lui, et la réunion fut close. L'assemblée générale des actionnaires de la Chisso Corporation avait duré cinq minutes.

L'assemblée suivante, en mai 1971, eut lieu dans une atmosphère de tension extrême. Le sentiment de frustration des victimes de Minamata et de leurs partisans s'exaspérait, alors que leurs avocats étaient promenés de tribunaux en tribunaux. La Chisso, cependant, demeurait impavide, et ses représentants arrivèrent à l'assemblée décidés à faire front.

Le scénario du mois de novembre se répéta. Les protestataires furent accueillis à la porte par une ligne menaçante de gardes, de sokaiya et d'affiliés de bandes ultranationalistes ; une fois encore ils furent contraints de battre en retraite. L'assemblée dura douze minutes.

Mais cette fois, les plaignants survoltés demeurèrent sur place entamèrent de furieuses controverses avec les sokaiya et les actionnaires de la société. Soudain, une vingtaine de gardes débouchèrent dans le hall vibrant de ces disputes et assaillirent les protestataires. Les fauteuils verts de l'auditorium furent bientôt couverts de sang. Deux minutes plus tard les gardes disparaissaient, laissant derrière eux des victimes en loques et un jeune homme grièvement blessé qu'il fallut transporter d'urgence à l'hôpital.

La police était restée l'arme au pied jusque-là, laissant s'expliquer entre eux partisans et adversaires de la Chisso Corporation. Mais une aussi flagrante agression, qui avait fait plusieurs blessés sous les yeux de la presse, l'amena à opérer une descente dans les bureaux des organisations qui avaient loué à la Chisso les services de leurs gardes. Et la police ne fut pas surprise de leur découvrir des liens très étroits avec le Milieu. Ces « compagnies de sécurité » étaient étroitement contrôlées par les yakuzas ; elles servaient souvent à la répression des grève.

L'assemblée générale suivante des actionnaires de la Chisso eut lieu en novembre 1971. Les deux camps s'y étaient préparés avec soin. Près de 300 protestataires, porteur chacun d'une action de la Chisso, s'étaient installés dans la rue pour passer la nuit devant le bâtiment où la réunion devait se tenir le lendemain. Vers 8 h 15, les partisans de la compagnie, dont un fort contingent de sokaiya et ce qu'un journal identifia comme une « délégation de 18 membres d'un groupe local d'extrême droite », furent introduits dans la salle par deux portes de derrière. L'entrée principale devant laquelle les protestataires étaient rassemblés demeura close. Lorsque les représentants de la compagnie arrivèrent, des bagarres éclatèrent entre les nervis de la Chisso et ses adversaires. 200 membres des brigades de la police anti-émeute intervinrent alors et séparèrent les combattants, expulsant de l'entrée les protestataires dont plusieurs furent arrêtés.

Pendant ce temps, dans le bâtiment, la poignée de contestataires qui avait réussi à s'y frayer un chemin se trouva incapable de déposer ses motions et même de faire enregistrer sa présence. Exaspérés, ils se lancèrent à l'assaut de la tribune hurlant « Assassins ! » et « Le mercure, vous l'avalerez ! ». Les sokaiya placés aux premiers rangs leur répliquèrent, et, ne faisant pas le poids, les intervenants furent expulsés.

A la tribune, au-dessus de la mêlée, le président de l'assemblée appela au vote sur le rapport d'audit de la compagnie. Une approbation « unanime » éclata aussitôt dans la salle. Faute d'autre point à l'ordre du jour, l'assemblée fut déclarée close. La quarante-quatrième assemblée générale des actionnaires de la Chisso Corporation avait duré neuf minutes.

Mais aux yeux du journaliste suédois Bo Gunnarson, qui représentait le grand journal *Expressen*, les choses étaient allées un peu trop loin. A la conférence de presse donnée le même jour par la Chisso, Gunnarsson, accompagné de sa femme japonaise et de sa petite fille, interpella le président de la société, Kenichi Shimada. « J'ai assisté pour la première fois à une assemblée générale et j'ai trouvé cela épouvantable, déclara Gunnarsson. Auriez-vous donc de l'argent pour payer des gangsters et pas un sou pour les malades ? »

Shimada se contint et répondit courtoisement avec un sourire modeste, mais ses yeux étincelaient : « Je crois qu'il y a malentendu, répondit-il prudemment. Nous avons pris toutes nos responsabilités, autant que je sache, envers les malades. »

Pour la Chisso, les violences de voyous de location contre les défenseurs des mêmes malades n'avaient pas de rapport avec lesdites responsabilités. Il apparaît que la compagnie avait bel et bien prévu l'escalade de cette guerre non déclarée. Deux mois plus tard, à l'usine de Minamata, les gardes de la Chisso et leurs auxiliaires de la pègre encerclèrent, pour les assaillir, un groupe de négociateurs représentant les malades. Parmi les victimes on releva W. Eugene Smith, le grand photographe américain, alors âgé de cinquante-trois ans, dont les photos avaient attiré l'attention mondiale sur la tragédie de Minamata. Délibérément, devait-il déclarer plus tard, les voyous à la solde de la Chisso l'isolèrent, détruisirent ses appareils, le rouèrent de coups et le projetèrent violemment au sol, froissant plusieurs de ses vertèbres, et surtout le blessant aux yeux, ce qui dans son métier de photographe était particulièrement grave. Vétéran de *Life*, de *Collier's* et du *New York Times*, Smith ne retrouva jamais toutes ses facultés. Cependant, lui et sa femme demeurèrent sur place pour achever l'accablant document auquel ils donnèrent le titre de *Minamata*.

L'agression contre Smith fut une lourde faute de la Chisso car elle souleva contre elle une grande indignation, non seulement au Japon, mais aussi à l'étranger. La compagnie, cependant, semblait impavide. A son siège de Tokyo, elle fit munir de barreaux de fer l'entrée principale et engagea des gardes supplémentaires vingt-quatre heures sur vingt-quatre, tandis qu'à l'extérieur un groupe de militants représentant les victimes plantait une tente symbolique sur le trottoir à côté de l'entrée. Malgré les constantes menaces de la police et des groupes ultranationalistes de la mettre en pièces, cette tente se dressa là pendant des mois, rappel symbolique du désastre à l'adresse de la compagnie, de la presse et du public.

La quarante-sixième assemblée générale des actionnaires de la Chisso eut lieu au mois de décembre 1972 ; la confrontation devenait presque rituelle. Le nombre des protestataires, cette fois, était descendu à cinquante ; la compagnie de son côté avait convoqué ce que le *Japan Times* appela : « Une horde d'actionnaires dévoués à la direction. » Une fois de plus, les contestataires furent empêchés de présenter leurs motions par les huées et les insultes des sokaiya mobilisés. Tandis que chaque énoncé du président à la tribune recueillait de la salle un « Pas d'objections ! » unanime, malgré les tentatives des protestataires pour escalader la tribune et déposer leur texte. Lorsque le président déclara la séance close, une vingtaine d'opposants envahirent l'estrade, hurlant « A bas la Chisso ! », et chargeant le barrage des gardes et des sokaiya de la compagnie, dans un tourbillon de chaises volantes et de tables retournées. La police fit aussitôt son entrée. La séance avait duré quatre minutes ; c'était sans doute un record.

La justice enfin prévalut le 20 mars 1973, où un juge fédéral déclara la Chisso coupable de négligences graves et la condamna à dédommager les plaignants. L'attitude de la société envers ceux qui ne s'étaient pas fait directement représenter devant le tribunal n'est pas encore éclaircie. 400 victimes, à peu près, avaient été officiellement identifiées, bien que les autorités médicales aient avancé un chiffre supérieur à 13 000.

Les victimes enfin pouvaient espérer. Une série de négociations âpres et tendues s'ensuivit. Deux jours après le verdict, la direction de la Chisso déclara « accepter toutes les responsabilités qui pouvaient être les siennes dans la maladie de Minamata... ». Mais ceux qui avaient si longtemps combattu l'irresponsabilité de la compagnie, ses tactiques dilatoires et ses recours à la pègre ne s'en déclarèrent pas satisfaits. Les propositions de la compagnie ne furent acceptées qu'après que son président, Keinichi Shimada, eut fait, à la japonaise, acte public de contrition, à genoux et prosterné, envers les victimes de Minamata. Le lendemain, les barreaux de fer qui obstruaient l'entrée principale du siège de la compagnie étaient enlevés.

Le 9 juillet 1973, vingt ans après que les habitants de Minamata eurent remarqué pour la première fois « la maladie des chats dansants », la Chisso Corporation signait une déclaration finale et officielle par laquelle elle s'engageait à dédommager toutes les victimes reconnues du désastre. Au début de 1975, elle avait réglé plus de 66 millions de dollars aux victimes de Minamata et un nouveau chapitre s'ouvrait de l'histoire de la protection de l'environnement au Japon.

Extorsion et compagnie

Par une certaine ironie du sort, l'image des sokaiya ne fut nullement atteinte par l'affaire de Minamata. Les sociétés continuèrent à faire appel à leurs talents de racketteurs ou de protecteurs, pendant une dizaine d'années encore. Il fallut quelque vingt ans d'obstination aux universitaires et journalistes influents, partisans d'une réforme, pour que le parlement japonais se décidât enfin à revoir le code commercial dans le sens de la rigueur. Les nouveaux règlements interdirent aux sociétés de payer des sokaiya sans pouvoir fournir la preuve de véritables services et ils limitèrent la participation aux assemblées générales aux actionnaires possesseurs d'une quantité significative de parts, tandis que les directions des sociétés étaient invitées à ne point se dérober aux questions des actionnaires ordinaires lors des mêmes assemblées générales.

Au début, les nouvelles lois parurent efficaces. Les premiers rapports de police indiquèrent une baisse importante des effectifs des sokaiya (des dizaines d'entre eux, « contraints à la retraite », obtinrent des « indemnités » des sociétés qui avaient été leurs victimes). La crise qui les affectait allait aussi les obliger à imaginer d'autres activités, comme le redoutaient certains fonctionnaires, car les capacités d'adaptation ne leur avaient jamais fait défaut. De fait, nombre d'entre eux se rabattirent sur la presse à scandales. Certains se spécialisèrent dans l'exploitation des hôpitaux, menaçant de révéler dans le détail les erreurs de diagnostic ou de traitement qui avaient pu y être commises, faute d'être payés pour se taire. D'autres se contentèrent de « changer de vitesse », leurs émoluments leur étant désormais versés par les filiales outre-mer des firmes visées par les nouvelles dispositions du code de commerce ou plus simplement, en nature. D'autres encore, revenant aux vieilles traditions, fondèrent des groupes d'extrême droite si bien que leurs revenus purent, grâce à cela, apparaître comme des « contributions politiques ».

La réforme du code de commerce encouragea néanmoins certaines compagnies à rompre leurs liens avec les sokaiya classiques – « les spécialistes des assemblées générales ». Au début de 1984, l'assemblée générale de Sony tourna à la confrontation majeure entre les représentants de la compagnie et des sokaiya mécontents, soutenus par des actionnaires. La discussion dura plus de treize heures et la séance ne fut levée que peu avant minuit. Les débats avaient si bien embarrassés les porte-parole de Sony que de nombreuses sociétés en vinrent à redouter de couper les ponts avec les sokaiya. A l'été de 1984, le *Asian Wall Street Journal* indiquait : « Les sokaiya sont de retour » et poursuivait : « La majorité des sociétés inscrites à la bourse de

Tokyo ont, soit repris leurs versements, soit envisagent très sérieusement de les reprendre. »

Compte tenu des mœurs japonaises, l'éradication des sokaiya s'avère très difficile. Comme tant d'autres organisations criminelles, celles des sokaiya survivent parce qu'elles répondent à un besoin ; le marché est demandeur et la plupart des observateurs n'envisagent pas qu'il puisse se retourner. Dans l'industrie japonaise de la protection, les sokaiya tiennent solidement un créneau important : ils brisent les grèves, fomentent des scandales, contestent les fusions d'entreprises, et continuent d'assurer l'ordre et « l'harmonie » aux assemblées générales d'actionnaires.

Pourtant les nouvelles lois ont réussi à chasser de nombreux sokaiya de cette dernière spécialité. Et si nombre d'entre eux se sont tournés vers d'autres formes d'extorsion, quelques-uns se sont portés à des extrêmes qui ont bouleversé le public japonais. L'un de ces exploits les plus célèbres fut l'agression perpétrée en 1984 contre l'ancien ministre des Affaires étrangères, Kiichi Miyazawa, alors candidat au poste de Premier ministre. Son assaillant était un racketteur de cinquante-quatre ans qui avait tout d'abord essayé de le faire chanter en écrivant dans le style sokaiya des relations de sa vie privée destinées à des feuilles de chantage.

Le lendemain de l'agression, un grand journal publia un cinglant éditorial intitulé « Les hyènes de Nagatocho » (Nagatocho étant le siège du parlement japonais). Le journal stigmatisait « ces sangsues politiques qui rôdent à la Diète », et auxquelles, bien qu'ils ne soient jamais les derniers à les dénoncer, les politiciens « n'hésitent jamais à recourir pour colporter des ragots et des scandales nuisibles à leurs ennemis... Bref, les politiciens eux-mêmes alimentent cette pourriture ».

Un mois après l'agression de Miyazawa, un autre événement sensationnel fit les grands titres de tous les journaux du Japon. Pour les Américains, cette affaire présentait une ressemblance frappante avec l'affaire du Tylenol, ce calmant qui avait empoisonné ses consommateurs, dix-huit mois auparavant aux Etats-

Unis. L'affaire avait été montée par une bande d'astucieux maîtres chanteurs qui, pendant plus d'un an, réussirent à obséder la police japonaise, aussi bien que le public. Cette équipe inonda les media de lettres signées « l'Homme aux vingt et une figures », d'après le nom d'une collection très populaire d'histoires à suspense pour enfants et d'une série télévisée des années cinquante. Exigeant des millions de dollars, la bande menaçait de mélanger du cyanure aux produits de six importantes sociétés d'alimentation, action qui ne manquerait pas de causer des faillites et d'immenses pertes financières. Dix-huit boîtes au moins de bonbons au cyanure furent trouvées dans les rayons de magasins de plusieurs villes. Une étiquette était fixée à chacune de ces boîtes, sur laquelle était écrit : « Danger. Poison. Mangez et mourez. *L'Homme aux vingt et une figure.* »

Des indices concordants et certaines rumeurs émanant des milieux sokaiya convainquirent la police qu'une bande sokaiya avait monté l'affaire. Mais comme les sokaiya ne s'étaient jamais portés à de telles extrémités, on se persuada d'avoir affaire à des dissidents. Un expert de la police alla jusqu'à voir dans l'affaire « un nouveau type de crime au Japon ».

Les services de police japonais encoururent des critiques sans précédent pour leur incapacité à arrêter le gang. Non seulement ils perdaient la face, mais ils devaient encore affronter le flot ininterrompu de lettres émanant du gang lui-même, qui ridiculisaient aux yeux de la nation les efforts de la police. Le gang adressait ses missives aux « Imbéciles des forces de police », et traitait les policiers de « pauvres idiots de flics ». Dans une lettre adressée au réseau de télévision NHK, le gang demandait combien on pouvait tuer de personnes avec 30 grammes de cyanure, et proposait d'envoyer les réponses à la police métropolitaine d'Osaka. Dix gagnants, disait la lettre, seraient sélectionnés par tirage au sort et recevraient des lots de bonbons Morinaga – une des cibles de leur campagne d'empoisonnement au cyanure. Les extorqueurs envoyèrent également une lettre d'excuse au directeur de la Police nationale dans laquelle ils prétendaient être désolés de lui avoir fait perdre encore plus de cheveux.

Pendant au moins cinq semaines de suite, la police mobilisa, en 1984, plus de 44 000 agents sur cette seule affaire. A la fin d'octobre, près de la moitié des forces de police du pays, soit 130 000 hommes, participèrent à des perquisitions dans 3,2 millions de maisons et de bureaux de la région d'Osaka-Tokyo. Mais les policiers japonais s'avérèrent incapables de débusquer les malfaiteurs, compromettant ainsi, comme jamais auparavant, la crédibilité de la police.

Combien de crimes, combien de criminels ?

Déjà entamée par le gang de l'Homme aux vingt et un visages, la crédibilité de la police était contestée sur d'autres fronts. Au début des années soixante-dix, un nombre croissant de journalistes, de juristes et de sociologues ont attiré l'attention sur une question posée par l'existence d'une pègre comptant 100 000 hommes : le Japon est-il aussi affranchi du crime que la police veut bien le dire ? Peu de gens peuvent contester que le taux de criminalité y soit beaucoup plus bas qu'aux Etats-Unis. Il suffit pour un Américain de se promener à minuit dans les rues des plus grandes villes du Japon pour remarquer la différence. Mais si le taux de criminalité est beaucoup plus bas au Japon qu'aux Etats-Unis, comment se fait-il que celui des autres délits soient comparables, en matière par exemple de corruption et d'extorsion de fonds, sans compter le grand nombre de délits qui ne sont pas enregistrés ?

L'obsession japonaise de sauver la face conduit à dissimuler un grand nombre de délits. Il est très difficile au Japon d'apporter la preuve d'un chantage sans causer un embarras considérable à l'individu ou à la société qui en a été victime. Comme les usuriers utilisent la publicité pour intimider leurs débiteurs, les sokaiya et autres maîtres chanteurs comptent sur le souci de leurs victimes de sauver la face pour qu'elles gardent le silence. Il en est sans doute de même aux

Etats-Unis, au moins dans certains cas, mais « sauver la face » est beaucoup plus important au Japon qu'en Amérique.

Un autre facteur tronque aussi les statistiques japonaises en matière de criminalité, c'est la pratique des excuses. Une simple demande de pardon clôt beaucoup de différends, sans intervention de la police ni de la justice. Un malheureux étranger apprit ainsi à ses dépens comment fonctionnait la justice lorsqu'en 1981, lui-même et deux de ses amis furent assaillis par deux voyous à coups de poing et de bouteilles de bière. Après avoir été trouver la police et avoir été confrontés à leurs agresseurs, ils furent tout surpris d'apprendre que leur cas n'intéressait guère les autorités et qu'elles ne songeaient pas à y donner suite.

« Vous pouvez déposer plainte, c'est votre droit, précisa la police aux trois victimes. Mais il vous serait difficile de prouver votre bon droit... Aussi nous vous conseillons de traiter la question à la japonaise : acceptez des excuses. Nous savons bien ce que vous ressentez et combien des excuses vous paraissent faibles après le mal qui vous a été fait, aussi n'accepterez-vous que des excuses vraiment sincères. »

Les agressés furent pour le moins surpris. Mais comme devait déclarer l'un d'eux : « Nous n'avions pas le choix. Nous échangeâmes une poignée de main avec nos assaillants et acceptâmes leurs "sincères" excuses. »

Quels sont alors les vrais taux de la criminalité japonaise ? Comme toutes statistiques, celles du crime se manipulent selon ce que leurs auteurs veulent bien leur faire dire. Et comme en Amérique, les autorités japonaises admettent qu'une grande partie des délits ne sont pas enregistrés. Ils vont même plus loin et reconnaissent que leurs propres estimations de « sous-estimation » – qu'ils appellent le « chiffre noir du crime » – sont dépassées, et que leurs méthodes mêmes de recherche les faussent à la base. Néanmoins, il n'est pas inutile de les rapporter. Selon la police nationale, en 1970, dernière année disponible, les affaires d'extorsion auraient dépassé de 238 % le chiffre officiel : les affaires de fraude, de 236 %, les affaires de vandalisme, de 2 536 %. Quant au cas de corruption, qui pourrait bien être au Japon le délit le plus ignoré, les statistiques ne sont pas disponibles.

Kenji Ino, qui fait autorité dans la presse japonaise en matière de pègre, se déclare persuadé que les statistiques de la police sur les yakuzas sont très largement fausses. Sans doute le chiffre de 100 000 bandits apparaît-il énorme à des oreilles occidentales ; Ino pense cependant que si l'on prend en compte les bandes d'extrême droite, l'ensemble des jeunes voyous employés par les yakuzas et celui de tous les groupes qui leur sont apparentés, le chiffre total des malfaiteurs japonais dépasse de plusieurs fois celui de la police. Pour Ino, cette divergence tient au fait que la police ne donne jamais que le nombre des yakuzas « officiels » – correspondant au total des listes de membres saisies lors de ses descentes ou à celui des malfaiteurs autorisés à porter les divers insignes des gangs.

Auteur d'une douzaine de livres sur les yakuzas et l'extrême droite, Ino met aussi en doute les chiffres de la police quant au revenu global des activités yakuzas. Il l'estime bien au-dessus de 16 milliards de dollars annuels, soit trois fois le chiffre qui est le plus souvent cité par les autorités. D'autres vont encore plus loin et l'estiment à 22 milliards de dollars. On demeure loin cependant des estimations les plus récentes du chiffre d'affaires du crime organisé aux Etats-Unis qui varierait de 50 milliards de dollars à plus de 120 milliards.

Une autre statistique criminelle est aussi l'objet d'un doute. Il s'agit du taux, tant vanté au Japon, de suspects condamnés devant les tribunaux, qui atteint en effet le chiffre extraordinaire, en 1981, de 99,88 %. Il n'existe point de chiffre comparable aux Etats-Unis ; les taux de condamnation exprimés ville par ville varient de 64 % à 84 %. Mais le chiffre sensationnel des tribunaux japonais tient au fait remarquable que presque tous les suspects qui passent en jugement ont préalablement signé des confessions au terme de leurs interrogatoires par la police et les magistrats instructeurs. En 1981, par exemple, 89 % des suspects avaient signé des confessions.

Reconnaître ses fautes est un élément fondamental de la culture japonaise, mais selon certains observateurs, les autorités vont beaucoup trop loin pour obtenir ces reconnaissances. Ces critiques accusent la police d'user de voies de fait envers les suspects, lors des interrogatoires de routine. En 1984, un rapport établi par un groupe d'hommes de loi de Tokyo dénonçait des interrogatoires-marathons, qui dans de nombreux cas duraient quatorze heures de suite ou davantage. Après arrestation, les suspects sont enfermés dans de minuscules cellules, violemment éclairées, baptisées « cages à oiseaux ». On les oblige à s'y asseoir en tailleur sur le sol et il leur est interdit de s'appuyer au mur. L'accès des salles d'interrogatoire est interdit aux avocats. De surcroît, la police peut maintenir vingt-trois jours les suspects en détention, sans avoir à retenir de charge contre eux. Il lui arrive d'arrêter certains d'entre eux plusieurs fois de suite pour des motifs variés, prolongeant ainsi indéfiniment cette espèce de mise au secret. (Dans certains pays européens, il faut le remarquer, et pour certains délits graves, cette forme de détention peut atteindre jusqu'à six mois.) Certains juges japonais refusent d'accorder aux suspects leur liberté sous caution, tant qu'ils n'ont pas signé d'aveux.

Dans ces conditions, soulignent les critiques, il est virtuellement certain que les suspects arrêtés passent aux aveux. Et d'après eux, ces pratiques conduisent à de nombreuses détentions sans cause. En effet, plusieurs cas d'aveux forcés ont récemment défrayé la chronique et abouti à l'annulation des jugements s'y rapportant après plusieurs années de prison. La police refuse de prendre ces arguments en considération et soutient que ces critiques sont inspirées par « l'idéologie gauchiste ».

Une dernière statistique japonaise en la matière mérite qu'on s'y arrête : le chiffre des yakuzas vivant à l'étranger. La police nationale oppose à cette question la plus simple des réponses : il n'y a pas de yakuzas à l'étranger. Pendant des années, les responsables de la police ont refusé de reconnaître l'expansion internationale des yakuzas. S'ils veulent bien admettre que ceux-ci ont des relations avec des organisations criminelles étrangères, ils nient farouchement qu'un seul yakuza en tant que tel ait jamais opéré à l'extérieur. Cette position tranche singulièrement avec celles de la police américaine, de la police coréenne et de celles de plusieurs pays asiatiques. Elle contredit aussi les nombreuses informations recueillies par la presse sur les deux continents. La logique officielle japonaise est que tous les sujets japonais qui ont quitté le pays pour longtemps cessent d'être enregistrés dans leurs syndicats respectifs.

Ce raisonnement n'est après tout qu'un moyen de sauver la face. Après les récents camouflets que la fière police japonaise a dû supporter, il doit lui être difficile

Revenus illégaux des yakusas (1982)

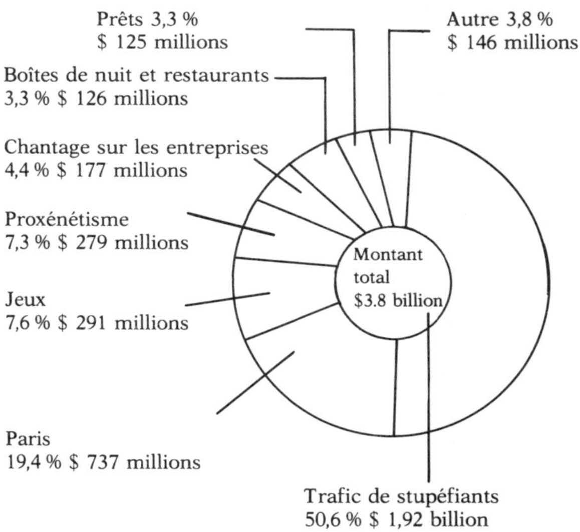

Source : Police nationale, 1983

d'admettre que le Japon avec ses télévisions et ses automobiles exporte aujourd'hui ses pires malfaiteurs, les yakuzas. Mais cette attitude pourrait changer, car dès la fin des années soixante, la police japonaise n'ignorait rien de l'expansion internationale yakuza. Le délai qu'elle s'est accordé avant de reconnaître l'expansion internationale des syndicats lui a permis de s'assurer que ces nouvelles ramifications de la pègre étaient liées à des affaires bien plus graves que la contrebande d'armes, le trafic de drogue et autres délits de ce type. Dès le début des années 1970, il apparut clairement que les yakuzas s'étaient fait hors du Japon quelques amis très puissants, économiquement et politiquement.

NOTES

- Le scandale de la police d'Osaka est basé sur de nombreuses coupures de presse et sur un long article dans le numéro de juillet 1983 du prestigieux mensuel *Bungei Shunju* : « Osaka Fukei Fushoku no Kozo » (« La structure corrodée de la police d'Osaka »). Les actions contestables de la Justice hatano sont rapportées dans le *Japan Times* du 15 décembre 1982 ; *Mainichi Daily News,* 10 décembre 1982 ; et *Los Angeles Times,* 5 novembre 1983.
- Les rapports sur la corruption de la police sont décrits dans divers reportages. Voir, par exemple, *Japan Times,* 9 septembre 1969 et 30 juin 1976 ; *Daily Yomiuri,* 25 janvier 1970 et 6 juillet 1976 ; et *Mainichi Daily News,* 27 mai 1982, 25 novembre 1984 et 15 janvier 1985.
- Les statistiques sur le taux de criminalité au Japon proviennent de *White Paper on Police 1983 (Excerpts),* p. 48, de la police nationale ; Ames, *Police and Community...,* p. 1 ; et « What Americans Can Learn from Japanese Prisons », *Parade,* 15 janvier 1984. Il a paru pas moins de quatre livres en anglais à la gloire de la police japonaise. Pour un brillant compte rendu, voir David Bayley, *Forces of Order : Police Behavior in Japan and the United States* (1976). Bayley décrivait le Japon comme le « paradis pour un flic » et considérait la corruption comme « pratiquement inexistante ». Plus pondéré est le compte rendu d'Ames, *Police and Community in Japan* (1981) ; les deux autres

sont William Clifford, *Crime Control in Japan* (1976), et L. Craig Parker, Jr, *The Japanese Police System* (1984).

- Les relations privilégiées entre les yakuzas et la police sont tirées d'interviews confidentielles de fonctionnaires chargés de l'application de la loi de Tokyo ; et d'Ames, *Police and Community...*, surtout p. 107, 142 et 159.

- La partie sur la corruption au Japon est basée sur le remarquable travail de l'anthropologue Harumi Befu de l'université de Standford. Voir « Bribery in Japan : When Law Tangles With Culture », *The Self and the System* ; et « An Ethnography of Dinner Entertainement in Japan », *Arctic Anthropology*, vol. XI, suppl., 1974. Utile aussi est de Gerald L. Curtis, *Election Campaigning Japanese Style* (1971), p. 238-242. Pour les dépenses politiques de Tanaka, voir la série d'articles de Chalmers Johnson sur le Premier ministre dans le *Asian Wall Street Journal*, 12 juin 1984 et 4 juillet 1985.

- La participation de Kodama aux rackets sokaiya est relevé dans *Asahi Evening News*, 5 avril et 7 juin 1976.

- Les bouffonneries de Koike sont décrites dans le *Japan Times*, 14 mai 1975.

- L'importance du *wa* pour les sokaiya est expliqué dans un article non publié du professeur Eric M. von Hurst, « The Sokaiya Syndrome » (1973), p. 2-3.

- L'histoire de Shimazaki est détaillée dans le *Daily Yomiuri*, 20 février 1973 et le *Mainichi Daily News*, 26 mai 1971.

- Pour la maladie de Minamata, voir l'important ouvrage de Norrie Huddle et Michael Reich, *Island of Dreams : Environmental Crisis in Japan* (1975), surtout p. 103, 107, 115 et 129.

- L'utilisation répétée par la Chisso de yakuzas, sokaiya et autres voyous est décrite dans d'innombrables articles de la presse japonaise. Voir, par exemple, *Asahi Evening News*, 4 juin 1971 ; *Japan Times*, 2 juin, 4 juin et 30 novembre 1971, *Mainichi Daily News*, 12 janvier, 27 mai et 30 novembre 1971. L'agression de W. Eugene Smith par les gangsters de la Chisso a été très largement couverte. Voir *Asahi Evening News*, 10 avril 1974, et Eugene Smith and Aileen Smith, *Minamata* (1975), p. 86.

- Les conséquences de la tragédie de Minamata sont détaillées dans Huddle et Reich, *Island of Dreams*, p. 129-131, et Smith and Smith, *Minamata*, p. 135.

- L'entrée des sokaiya dans de nouveaux secteurs est tirée du rapport de la Police nationale, *Present State of Boryokudan and Our Crackdown Operations* (1983), *Asian Wall Street Journal*, 12 juin et 3 juillet 1984 ; et *Daily Yomiuri*, 10, octobre 1982.

- L'agression des étrangers est décrite dans une lettre, parue dans le *Japan Times Weekly* du 19 décembre 1981.

- Les informations sur la sous-estimation des taux de criminalité a Japon sont tirées de « The Police and the Situation of Public Safety in Japan », discours prononcé devant la conférence d'Interpol au Caire en 1984 par Masaharu Saitoh de la Police nationale. Voir en particulier table 3 de l'appendice.

- Les estimations des revenus du crime organisé aux Etats-Unis sont tirées du *Newsweek*, 5 janvier 1981 et *Time*, 16 mai 1977.

- Les estimations des revenus du yakuza sont tirées d'une interview de Kenji Ino, mars 1984 *Mainichi Shimbun*, 4 janvier 1984 *Mainichi Daily News*, 3 novembre 1984 ; police nationale, *Present State of Boryokudan*... ; ministère de la Justice, *White Paper on Crime-1978* et divers reportages journalistiques. Peut-être en réponse aux critiques, les récentes estimations de la Police nationale sont passées de 4,5 milliards de dollars à 8 milliards de dollars.

- Les statistiques sur les taux de condamnation au Japon sont citées dans le *Christian Science Monitor*, 11 mars 1981, et le *Los Angeles Times*, 6 septembre 1984. Les taux de condamnation aux Etats-Unis sont cités dans le *Report to the Nation on Crime and Justice* (1983), p. 65, du département de la justice américain.

- La controverse sur les confessions au Japon est étudiée dans le *Los Angeles Times*, 6 septembre 1984, *Daily Yomiuri*, 4 mars 1984, Ames, *Police and Community*..., p. 136 ; et Chalmers Johnson, *Conspiracy at Matsukawa*, chapitre 4.

- L'attitude de la police japonaise envers les yakuzas à l'étranger est basée sur plusieurs interviews d'officiers du département de la Police métropolitaine de Tokyo et de la police nationale, janvier-mars 1984, ainsi que de fonctionnaires de police américains.

Yakusas se relaxant aux bains. Remarquer les phalanges manquantes s
chacune des mains de celui qui tient un journal. (Bernard Krisher)

Kazuo Taoka, « le Parrain des parrains » du Japon, lors de l'une de ses ıombreuses comparutions devant le tribunal. Jusqu'à sa mort en 1981, Taoka lirigea le plus grand syndicat du pays, le Yamaguchi-gumi, et était considéré :omme le gangster le plus puissant du Japon. (Yomiuri Shimbun)

Jne photo exceptionnelle de Taoka (à droite) avec Kakuji Inagawa, chef du uissant Inagawa-kai. Autrefois rivaux, les deux patrons conclurent, par 'intermédiaire de Kodama, un traité de paix qui leur permit d'exercer une nfluence sur 43 des 47 préfectures du Japon. (Tokuma Shoten)

Masahisa Takenaka, successeur de Taoka à la tête du Yamaguchi, en 198
Takenaka fut abattu quelques mois plus tard, l'année suivante, par d
assassins d'un groupe dissident du Yamaguchi (Yomiuri Shimbun)

embres du Zen Ai Kaigi, l'impétueuse union ultranationaliste, se heurtant à police lors de la convention de 1974 de leur cible favorite, l'Union des stituteurs japonais de gauche. Comme la plupart des groupes d'extrême oite, les membres du Zen Ai Kaigi sont en grande majorité yakuzas.

Takeshi Takagi (à l'extrême gauche), l'un des yakuzas les plus riches et l plus raffinés, qui ouvrit boutique aux Etats-Unis. Jusqu'à son expulsion e 1978, Takagi fit l'objet d'une enquête pour trafic d'armes, prostitution et tra d'héroïne. On le voit ici lors d'une convocation au tribunal de Honolulu e 1978. (Honolulu Advertiser, *photographie de Ron Jett)*

Funérailles de Takenaka, parrain du Yamaguchi, assassiné en 1985. A dro les yakuzas, à gauche la police anti-émeute. (Yomiuri Shimbun)

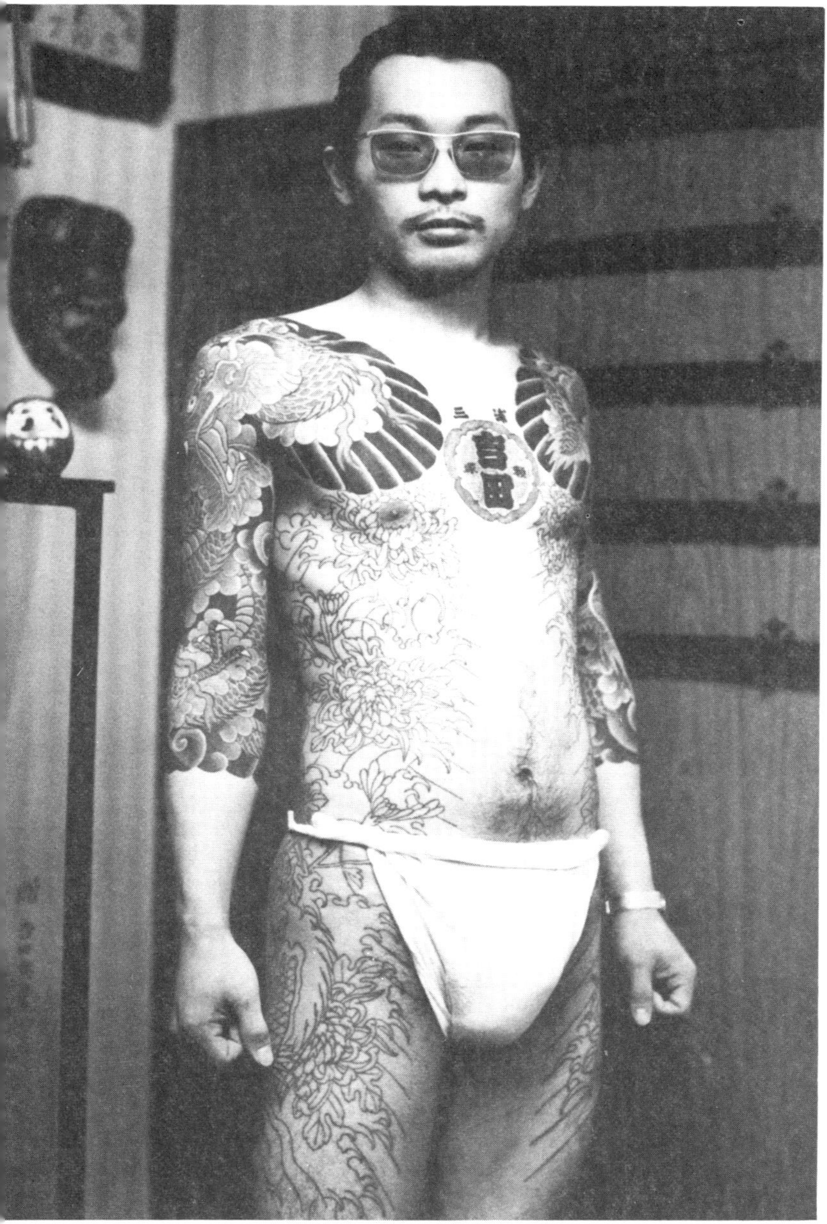

ıkuza avec un tatouage en cours d'achèvement. De nombreux gangsters nnent encore beaucoup au tatouage traditionnel, effectué à l'aide d'un éclat bambou par de longues séries de piqûres très douloureuses. L'incrustation : motif intégral peut prendre des mois et coûter plus de 5 000 dollars. (Photo Michio Soejima)

Un bosozoku (gang des voitures gonflées), principale source de recrutement d
yakuzas. D'après la police, ils seraient plus de 42 000 membres répartis e
700 gangs dans tout le pays. (Seiji Kurata)

3agarre à laquelle participent des sokaiya (racketteurs financiers) lors d'une semblée générale de la société Mitsubishi Shoji. Pour répondre aux descen- ; de police, le sokaiya à domination yakuza se sont lancés dans une vaste ·ie d'extorsion de fonds et d'escroqueries, et se sont mis à étudier les possibili- ; qui s'offraient à l'étranger. (Fournie par le service d'information de Kyodo.)

ıportante saisie d'amphétamines, découvertes cachées dans des planches à ›ile. Le commerce asiatique de « speed » ou « shabu » est devenu l'une des emières sources de drogue du monde, ravitaillant 600 000 toxicomanes au pon et inondant l'Europe et l'Amérique du Nord. (Fournie par le service information de Kyodo.)

Hisayuki Machii, célèbre parrain du syndicat Towa Yuai Jigyo Kumiai à fort majorité coréenne (Association amicale des entreprises d'Extrême-Orient Machii et d'autres yakuzas auraient aidé à mettre sur pied l'enlèvement Tokyo en 1973 de l'activiste politique Kim Dae Jung, enlèvement effectué pa la C.I.A. coréenne. (Fournie par le service d'information de Kyodo.)

Sasakawa courant avec l'ancien président des Etats-Unis, Jimmy Carter, au mois de mai 1984. Carter, qui louait en Sasakawa « l'artisan de la paix », trouva dans le vieil extrémiste un bienveillant donateur au profit de la bibliothèque et du centre présidentiels de l'université d'Emory en Atlanta. (Photo AP/Wide World)

Quatrième partie

L'EXPANSION INTERNATIONALE

L'EXPANSION DES YAKUZAS EN EXTRÊME-ORIENT

Principal représentant de l'opposition sud-coréenne, Kim Dae Jung avait sans cesse une expression tendue. C'était pendant l'été de 1973, et Kim venait d'arriver à Tokyo, en provenance des Etats-Unis. Il se conduisait en fugitif et pourtant le monde entier venait de le reconnaître pour un homme politique de premier plan. Il avait passé les trois années précédentes à esquiver les agressions du gouvernement de son pays ; où qu'il voyageât, en Corée, au Japon, aux Etats-Unis, des mercenaires de Séoul le suivaient à chaque escale, attaquaient ses réunions politiques, l'empêchaient d'honorer ses rendez-vous avec d'importants responsables étrangers. A Tokyo, toutes ses réunions publiques étaient perturbées par des bandes de truands d'origine coréenne, salariés du gouvernement de Séoul, les mêmes qui, après la guerre, s'étaient taillé une large place dans les organisations yakuzas.

Kim avait commis la faute inexpiable de défier l'homme fort de son pays, Park Chung Hee : il s'était présenté contre lui aux élections présidentielles de 1971. De l'avis général, Park ne les avait remportées que grâce à des fraudes massives et à toutes les manipulations que lui rendait possibles la détention du pouvoir. Les élections n'avaient rien résolu : la popularité de Kim était demeurée immense et constituait l'un des principaux soucis du régime en place, tandis que le candidat frauduleusement battu parcourait les Etats-Unis et le Japon, prêchant sans relâche pour la reconnaissance des droits de l'homme et de la démocratie en Corée. Ce n'était pas par accident, qu'au lendemain des élections truquées de 1971, un camion s'était écrasé sur la voiture de Kim, tuant trois personnes et le blessant lui-même si sérieusement à la hanche qu'il devait en rester boiteux. Des responsables coréens devaient plus tard avouer que cet attentat était l'œuvre de la célèbre K.C.I.A. – la C.I.A. coréenne.

Instituée en 1961, lors du coup d'Etat de Park Chung Hee, la K.C.I.A. était devenue le plus redouté des instruments de répression déployés contre les 35 millions de Coréens du Sud. Elle employait, d'après certaines estimations, plus de 100 000 agents, et son influence s'étendait à tous les secteurs de la vie coréenne. Peu de gens mettaient en doute les accusations de torture, d'enlèvement, de meurtre qui étaient lancées contre elle. En un mot, la K.C.I.A. était un instrument de terreur dirigé contre tous les Coréens qui osaient défier le régime autoritaire de Park Chung Hee.

Au lendemain des élections de 1971, comme prédit par Kim Dae Jung, Park Chung Hee décréta l'état d'urgence, suspendit la constitution et instaura la loi martiale. A ce moment-là, Kim Dae Jung était à l'étranger et il lui apparut que rentrer chez lui serrait risquer sa vie. Aussi, cet homme politique de quarante-neuf ans entreprit-il de se faire connaître de personnages influents aux Etats-Unis et au Japon et commença-t-il à prendre contact avec les communautés coréennes d'outre-mer pour les prévenir des périls qui menaçaient leur pays. Son combat pour un retour à la démocratie et pour des élections libres ne fit que stimuler la fureur répressive du régime. En 1973, Kim Dae Jung avait acquis une stature internationale et, en juillet de la même année, il fut invité à Tokyo à s'adresser à la puissante fraction coréenne du P.L.D.

« A mon arrivée à Tokyo, se rappelait Kim Dae Jung, mes amis m'ont averti que des yakuzas coréens me recherchaient pour me mettre à mal. Ils m'ont demandé d'être prudent. D'après eux, un complot avait été organisé contre ma vie et ils en avaient reçu la nouvelle de source très proche des yakuzas. Les yakuzas coréens étaient étroitement liés avec le Mindan (association des résidents de Corée du Sud) et avec la K.C.I.A. »

Kim Dae Jung prit l'avertissement au sérieux. Dès son arrivée à Tokyo, il mena la vie d'un homme traqué, changeant d'hôtel tous les deux ou trois jours et utilisant pour tromper ses ennemis de faux noms japonais. Mais le 8 août 1973, la K.C.I.A. le rattrapa.

Vers 11 heures du matin ce jour-là, Kim frappa à la porte de la chambre 2211 du *Grand Palace Hôtel* de Tokyo. Il avait rendez-vous avec un politicien ami, le Coréen Yang Il Tong, alors au Japon pour raison de santé. Deux heures plus tard environ, Kim Dae Jung quittait la chambre et se dirigeait, dans le couloir, vers l'ascenseur, lorsque six ou sept jeunes hommes costauds surgirent, le poussèrent dans une chambre voisine, le rouèrent de coups et lui appliquèrent contre le visage un linge imprégné d'anesthésique. Quatre des hommes le tirèrent ensuite jusqu'à un ascenseur pour le charger dans une voiture qui attendait au sous-sol de l'hôtel. Pendant les cinq ou six heures qui suivirent, Kim Dae Jung, que la drogue n'avait pas tout à fait privé de conscience, demeura agenouillé de force à l'arrière de la voiture, tandis que ses agresseurs le bourraient de coups de pied dans le ventre. Evitant les barrages de police, les ravisseurs s'arrêtèrent non loin d'Osaka pour attacher les mains et les pieds de leur victime avec du ruban adhésif dont ils lui recouvrirent ensuite le visage si complètement que son nez seul apparaissait. Transbordant alors leur captif dans une seconde voiture, ils roulèrent une heure environ en direction de l'océan.

L'enlèvement avait été très bien organisé. Kim Dae Jung fut embarqué à bord d'un petit bateau qui s'éloigna à toute vitesse de la côte jusqu'à un navire plus important où le prisonnier fut transféré. Comme le bateau piquait vers le large, Kim Dae Jung – toujours attaché, bâillonné et aveuglé – se sentit attacher des poids aux mains et aux pieds et il entendit des hommes d'équipage expliquer qu'ils devaient s'assurer que son corps ne remonterait pas à la surface. Catholique fervent, Kim Dae Jung commença à faire ses dernières prières.

Soudain, un hélicoptère, ou un avion, apparut au-dessus du bateau, causant le plus grand désordre à bord. Après une discussion qui lui sembla interminable, les ravisseurs de Kim Dae Jung détachèrent les poids dont ils l'avaient lesté et relâchèrent ses liens. L'ordre du jour avait apparemment changé. D'après ceux qui ont étudié cette affaire, c'est à la réaction très rapide des responsables américains et japonais, piqués au vif, que ce soir-là Kim Dae Jung dut d'avoir la vie sauve.

Le lendemain, le bateau aborda en Corée du Sud et après un nouveau déplacement routier pendant lequel il fut deux fois changé de voiture, l'équipe au complet arriva à Séoul. Kim fut encore retenu prisonnier pendant deux jours et, toujours aveuglé, relâché finalement, de nuit, à une soixantaine de mètres de chez lui. Le gouvernement coréen lui souhaita la bienvenue en l'assignant aussitôt à résidence et en lui infligeant des années de persécution pendant lesquelles il fit de la prison et fut condamné à mort, sentence que Chun Doo Hwan, successeur du président Park Chung Hee, faillit mettre à exécution.

Il ne fallut guère de temps à la police de Tokyo pour relier l'enlèvement aux activités de la K.C.I.A. Sur les lieux mêmes du kidnapping, les enquêteurs relevèrent les empreintes digitales de Kim Dong Woon, premier secrétaire de l'ambassade de Corée et chef supposé de la K.C.I.A. à Tokyo. Plus tard, ils réussirent à retrouver l'un des véhicules qui avaient servi à l'opération au vice-consulat de Corée à Yokohama. D'après les responsables japonais, quatre groupes au moins s'étaient relayés, comprenant de vingt à vingt-six hommes. Plusieurs rapports postérieurs, tant aux Etats-Unis qu'en Corée, allaient confirmer l'implication de la K.C.I.A. dans l'affaire jusqu'au plus haut niveau ; le président Park Chung Hee lui-même y aurait trempé. Ce qui en revanche ne fut jamais éclairci fut le rôle des yakuzas dans l'opération. Leur participation à l'affaire ne semble pas faire de doute, mais les officiels japonais n'ont mis aucun empressement à faire la lumière là-dessus. En dépit des réclamations répétées de l'opposition parlementaire, après onze années, la police de Tokyo n'a pas encore publié les résultats de son enquête.

Le premier suspect dans cette affaire est Hisayuki Machii, réputé le yakuza coréen le plus puissant du Japon. Machii – frère de sang du défunt patron du Yamaguchi, Kazuo Taoka, oyabun du célèbre Tosei-kai de Tokyo, intime de Yoshio Kodama – est le chef de file d'une génération entière de gangsters coréens qui opère au Japon depuis la guerre. La prestigieuse *Far Eastern Economic Review* a publié une enquête qui fait état de « sources informées » d'après lesquelles « un puissant opérateur coréen installé au Japon, Chong Gwon Yong, alias Hisayuki Machii... aurait eu dans l'enlèvement un rôle déterminant ». D'après ces informations, Machii aurait loué presque entièrement l'étage de l'hôtel où Kim Dae Jung fut enlevé, pour permettre à la K.C.I.A. de disposer de ses chambres. Cette affirmation n'a jamais pu être prouvée. Mais les soupçons ont été suffisants pour inciter le responsable du bureau de Tokyo du *Newsweek*, Bernard Krisher, à câbler à son siège : « Machii semble avoir été derrière l'enlèvement de Kim Dae Jung, en liaison avec la C.I.A. coréenne, mais la presse japonaise fait le silence là-dessus, car les hommes de main de Machii n'hésitent pas à torturer ni même à tuer leurs adversaires. »

Deux autres grandes bandes d'origine coréenne et affiliées aux yakuzas ont été impliquées dans l'affaire – l'une et l'autre dépendant du Yamaguchi-gumi. L'une, le Yanagawa-gumi, dirigé par Jiro Yanagawa, est particulièrement intéressante, car son chef aurait joué un rôle clé dans la diffusion à la presse japonaise d'un rapport diffamatoire, établi par le gouvernement coréen contre Kim Dae Jung. D'après le journaliste Takao Goto qui s'est intéressé de très près à l'enlèvement, il est vraisemblable que Yanagawa – comme d'autres patrons de la pègre japonaise – se soit abouché avec les Coréens par l'intermédiaire de Yoshio Kodama.

Les liens étroits qui unissent les services de renseignements coréens aux bandes d'origine coréenne de la pègre japonaise sont apparus patents à tous ceux qui se sont penchés sur cette question. En 1978, Pharis Harvey, alors correspondant à Tokyo de la conférence chrétienne d'Asie, s'est attaché, à la demande de la sous-commission américaine pour les organisations internationales, à éclaircir ces relations. A l'époque, le scandale « coréen » battait son plein aux Etats-Unis. Le Congrès multipliait les auditions relatives aux accusations de trafic d'influence et d'intimidation de la K.C.I.A. et de certains de ses alliés, tels Tongsun Park et Sun Myung Moon, aux Etats-Unis. Harvey se déclara convaincu que « ... la K.C.I.A. et les yakuzas d'origine coréenne avaient certainement des relations étroites, si bien qu'il était difficile de distinguer les initiatives de l'une et de l'autre partie ».

Les observateurs un peu avertis ne pouvaient guère trouver surprenant que le yakuza et la K.C.I.A. passent ensemble des marchés. Ceux qui avaient été témoins des perfectionnements apportés par Kodama à l'organisation de ses syndicats avaient vu ces relations s'établir, bien avant que les yakuzas, à la fin des années soixante et au début des années soixante-dix, eussent commencé d'étendre leurs activités très au-delà de leur archipel d'origine. A l'époque de l'enlèvement de Kim Dae Jung, les yakuzas cherchaient déjà des occasions juteuses sur les côtes du Pacifique, dans le trafic d'armes, celui de la drogue et dans la sordide industrie du sexe de l'Asie du Sud-Est.

Dans les années vingt et trente, à l'apogée de l'ultranationalisme, les yakuzas s'étaient alliés aux groupes d'extrême droite, comme la Société du Dragon noir, pour mettre le continent asiatique à sac. Et pendant la guerre, ils avaient participé au pillage de la Chine, s'intéressant particulièrement au commerce de l'opium.

Mais ces temps étaient révolus et la nouvelle génération yakuza n'avait guère l'expérience des affaires internationales. Pendant les années soixante, tandis que leurs homologues se répandaient à travers le monde, enlevant des marchés, de toutes les fournitures possibles, par milliards de dollars, depuis les automobiles jusqu'aux objets d'art, les yakuzas s'étaient cantonnés au territoire national, absorbés dans des querelles locales. Mais les choses allaient changer vers la fin de la décade et l'impact de ce changement allait d'abord toucher la nation la plus proche du Japon, celle qui avait déjà subi le premier choc de l'impérialisme japonais dans ce qu'il avait de pire : la République de Corée.

La filière coréenne

L'histoire des relations entre le Japon et la Corée a toujours été compliquée et souvent tragique. La géographie les condamne à se fréquenter. Le détroit de Corée et la mer du Japon ne séparent les deux pays que par 180 kilomètres de mer. Aujourd'hui, ces deux puissances économiques asiatiques en sont venues à une trêve pour leur bénéfice mutuel. Une grande animosité continue pourtant de séparer les deux peuples, depuis l'assassinat en 1895 de la reine de Corée par des membres de la Société de l'Océan noir, meurtre qui avait fourni au Japon le prétexte d'une invasion de ce pays que les Japonais ne devaient quitter qu'après leur défaite de 1945. Les Japonais avaient fait peser pendant quarante ans sur la Corée une occupation impitoyable. Et en 1945, des centaines de milliers de Coréens avaient été déportés au Japon, comme main-d'œuvre forcée.

Beaucoup des Coréens que la fin de la guerre surprit au Japon se lancèrent dans le marché noir et le crime organisé, formant des bandes à la longue absorbées par les grands syndicats japonais. Les yakuzas, assez curieusement, avaient été parmi les rares organisations japonaises à ouvrir leurs portes aux Coréens. Car en général, les Coréens de deuxième ou troisième génération, qui parlent bien mieux le japonais que leur langue d'origine, continuent de souffrir de discrimination systématique en matière d'emploi, de logement d'éducation. Bien que la majorité d'entre eux soient nés au Japon, les 676 000 Coréens établis dans le pays sont toujours légalement considérés comme des étrangers.

Ces conditions de parias ont poussé beaucoup d'entre eux vers les yakuzas, avec des conséquences surprenante. Lorsque le Japon et la Corée décidèrent enfin, vers 1965, de normaliser leurs relations diplomatiques, les premiers intermédiaires à se trouver disponibles furent les grands chefs yakuzas coréens. Le plus efficace d'entre eux à cette époque était sans doute celui que beaucoup d'observateurs tiennent pour l'un des grands acteurs de l'enlèvement de Kim Dae Jung, Hisayuki Machii.

Machii naquit en Corée occupée en 1923 et il effectua de nombreux séjours au Japon avant de s'y installer pour de bon après la guerre. Fils d'un petit négociant en aciers, c'était un cancre, bien plus à l'aise dans la rue qu'en classe. Pendant l'occupation, il se spécialisa bien vite dans le marché noir et du même pas devint malfaiteur. Accusé d'un meurtre et soupçonné d'un autre, au moins, il échappa cependant à la prison.

En 1948, il fonda le Tosei-kai (« Voix de la bande de l'Est »), association de délinquants en majorité coréens. C'est à cette époque troublée de l'immédiate après-guerre qu'il prit le contrôle du fameux quartier de plaisir de Tokyo, celui de Ginza. Contrôle si étroit, que le Tosei-kai fut bientôt surnommé la Police de Ginza, et il ne fait pas de doute qu'il surclassait la police par ses effectifs et sa puissance réelle. Machii lui-même y gagna bientôt, entre autres, les surnoms de Bœuf et de Tigre de Ginza. Sa bande et lui distribuaient les concessions d'exploitation de billards électriques et d'autres activités pachinko, alors foisonnantes, et s'emparèrent bientôt des restaurants et des bars. La police soupçonne encore le Tosei-kai de s'être lancé dans le trafic, à cette époque florissant, des amphétamines, et de ne l'avoir jamais abandonné.

Machii profita aussi de son statut de non-Japonais pour établir, sous l'occupation, de multiples relations. Il se fit briseur de grèves pour les Américains et cogneur anti-communiste. Il aurait été présenté à Yoshio Kodama par les services de contre-espionnage de l'armée américaine, et les deux hommes allaient entamer de longs et lucratifs rapports. Machii devait bientôt devenir l'intime de nombreux personnages importants de l'extrême droite. Un ennemi commun, le communisme, et d'importantes perspectives de profit contribuèrent beaucoup à faciliter les relations interethniques.

Machii allait plus tard soutenir que le Tosei-kai n'avait jamais été davantage qu'une force d'intervention politique. Il devait ainsi déclarer à l'hebdomadaire *Shukan Shincho* : « Comme certains de nos militants se mettent en délicatesse avec la loi, la police s'est plu à ne voir en nous que des bandits. » Pur mensonge. Entre 1946 et 1958, Machii allait être arrêté dix fois pour toutes sortes de délits, extorsion, fraude, vols et voies de fait. Il fut condamné trois fois à des peines de prison, sans pour autant séjourner longtemps derrière les barreaux. Certains journalistes japonais attribuent cette chance aux services rendus de bonne heure au G-2 contre l'extrême gauche. Ses affidés coréens n'étaient guère plus angéliques : en 1964, la police de Tokyo découvrit à Ginza, au siège du Tosei-kai, une importante cache d'armes à feu et d'explosifs. D'après le journal *Mainichi*, le Tosei-kai était « l'une des plus puissantes et des plus redoutées organisations du Milieu ».

Machii attachait une attention toute particulière à la situation des Coréens au Japon. Il mit sa bande au service des chefs de la communauté coréenne, si bien qu'il en devint bientôt l'une des principales puissances. Son rôle s'accrut encore avec la guerre de Corée. Les Coréens du Japon s'opposaient violemment les uns aux autres, les uns tenant pour le Sud, les autres pour le Nord. Deux groupes principaux s'imposèrent bientôt : le Chongnyon, qui soutenait la Corée du Nord communiste, et le Mindan, qui soutenait la Corée du Sud. Bien entendu Machii apporta tout son concours au Mindan anticommuniste et, commençant par fournir des gardes du corps, il en vint vite à rencontrer des représentants de la K.C.I.A..

En 1960, le Tosei-kai comptait quelque 1 500 membres. Bien que ce chiffre demeurât très en dessous de ceux des effectifs des autres grands syndicats, son dynamisme, sa position, ses alliances le plaçaient au premier rang. Au nombre des relations de Machii se trouvait Yoshio Kodama qui recruta son ami coréen pour grossir l'armée yakuza mobilisée afin d'assurer la sécurité d'Eisenhower pendant les manifestations qui marquèrent cette année-là la négociation du traité de sécurité entre les Etats-Unis et le Japon. Plus tard, sous les auspices de Kodama, Machii deviendrait l'ami de l'ancien Premier ministre Kishi et conclurait une alliance avec Kazuo Takoa, l'homme qui avait installé à Tokyo le Yamaguchi-gumi. Machii, encore, tint le rôle d'« auditeur » auprès de la Compagnie japonaise d'encouragement à la lutte, dont Taoka était vice-président et Kodama président. Mais l'utilité de Kodama pour Machii ne s'arrêtait pas là ; grâce à lui, ce dernier profita de toute une série d'opérations immobilières, plus que douteuses, qui en firent un homme très riche.

En 1965, plusieurs opérations de police déterminèrent Machii à dissoudre, pour la forme, son Tosei-kai dont la réputation était devenue gênante, et à lui donner dans le même mouvement un successeur « légitime », la Towa Yuai Jigyo Kumiai (Association amicale des entreprises de l'Asie orientale). Deux ans plus tôt, il avait formé la Towa Sogo Kigyo – T.S.K. – (Compagnie d'entreprises d'Asie orientale) dont Kodama fut président. A partir de ces deux organisations, Machii bâtirait un véritable empire financier.

C'est vers ce moment-là que les tentatives diplomatiques de Machii à l'étranger commencèrent à porter leurs fruits, avec l'aide de Kodama. L'omniprésent kuromaku et son ami Machii auraient joué un rôle important dans la conclusion du traité de normalisation qui devait réconcilier le Japon avec la République de Corée et permettre de rétablir entre les deux pays des relations diplomatiques pleines et entières. Grâce à cette nouvelle alliance, Machii et Kodama commencèrent à fréquenter certains des hommes politiques les plus importants de Corée et furent enfin présentés au président Park lui-même qui sembla fort satisfait de ces relations nouvelles. Avec sa bénédiction et l'aide de plusieurs amis, dont Kishi et Kodama, Machii put prendre, en 1970, le contrôle de la principale ligne de ferry entre le Japon et la Corée du Sud, de Pusan, en Corée, à Shimanoseki, au Japon, qui était la route la plus courte entre les deux pays et de ce fait, très fréquentée.

Machii était alors devenu ce qu'un hebdomadaire japonais appella un « courtier politique », un kuromaku des relations nippo-coréennes. Depuis la conclusion du traité de normalisation, les hommes d'affaires japonais envahissaient la Corée, et d'innombrables commissions et pots-de-vin s'échangeaient entre les deux pays par-dessus la mer du Japon. Machii ouvrit à Séoul des boîtes de nuit et des cabarets et en aménagea d'autres à Tokyo qui serviraient de lieux de rencontre aux responsables importants des deux pays, et où ils disposeraient de toutes les commodités souhaitables en pareilles maisons. Tandis que Machii côtoyait les puissants de ce monde, les membres de sa bande persévéraient dans leurs activités traditionnelles, maintenant étendues du Japon à la Corée, à telle enseigne que les services officiels japonais classèrent bientôt le Towa Yuai Jigyo Kumiai parmi les dix premiers syndicats yakuzas du pays.

En 1973, un soir d'été, Machii présida le gala d'inauguration de ses nouveaux T.S.K.-C.C.C. (Clubs Choisis des Célébrités). La réception, estimée à plusieurs millions de dollars, fut donnée dans son nouveau complexe de loisirs installé sur sept étages dans le beau quartier de Roppongi, à Tokyo. Plus de vingt-cinq animateurs et champions de premier rang célébrèrent l'événement avec 7 000 personnes dont de nombreux présidents d'entreprises, le patron de l'Association des bars de Tokyo et l'un des principaux directeurs du grand journal populaire *Yomiuri*. Machii avait vu grand. On trouvait au T.S.K.-C.C.C. des restaurants de luxe, des cabarets, des boîtes de nuit, des saunas importés de Finlande, un salon de beauté de Beverly Hills, et ce n'était pas tout. Machii avait, paraît-il, supervisé lui-même la décoration de toutes les pièces. La carte de membre du T.S.K.-C.C.C. donnait accès à seize autres « clubs de luxe » du quartier de Ginza. En outre, un gigantesque centre de détente, pour les membres, était en chantier. Il comprenait des pistes de ski, un golf de trente-six trous, un parc d'attractions et un lotissement. L'admission à tous ces plaisirs coûtait 700 dollars par personne, 1 900 par société. Le génial maître de maison définissait ainsi sa création : « Une oasis dans le désert des relations humaines contemporaines. »

Alors âgé de cinquante ans, Machii était devenu un archétype de chef de bande raffiné, un multimillionnaire amateur de Picasso et de belle porcelaine ancienne. Son T.S.K. était présent dans les loisirs, la restauration, l'immobilier, le tourisme et même l'industrie pétrolière. Il faisait travailler directement quelque 1 500 personnes, des employés de la ligne maritime de Pusan aux « hôtesses » coréennes de ses bars. Mais de gros nuages s'amoncelaient.

Le jour même de 1976 où Yoshio Kodama comparaissait pour la première et unique fois devant le tribunal chargé de l'affaire Lockheed, T.S.K.-C.C.C. était déclaré en faillite. Le rêve de Machii s'effondrait sous le flot de révélations issues du scandale Lockheed et de Kodama lui-même. Surchargé d'un passif de 72 millions de dollars, le T.S.K. se trouva en cessation de paiement. Tandis que la presse commençait à s'interroger sur les bizarres transactions financières de la société. La vente, en 1969, de vastes terrains, détachés du centre de détente géant prévu par Machii, intéressait particulièrement ses enquêteurs. Les directeurs du T.S.K. eux-mêmes reconnurent que Kodama avait obligé leur compagnie à vendre les terrains en question, très au-dessous du prix du marché, à une société qu'il leur avait désignée, transaction qui devait lui rapporter plus de 3,3 millions de dollars.

En dépit de ses pertes, le Tigre de Ginza conservait encore, vers 1985, un pouvoir considérable au Japon et en Corée du Sud. Bien qu'il se fût « retiré » de son organisation Towa Yuai, il en demeura directeur honoraire, situation qui ne manqua pas d'éveiller l'attention des autorités lorsque Machii diversifia ses investissements au-delà de l'Asie.

Grâce à la diplomatie de Machii, la République de Corée était devenue un terrain de chasse, un refuge et un centre d'investissements pour les yakuzas. Les Japonais qui fuyaient la justice de leur pays traversaient la mer du Japon et s'installaient discrètement dans les villes côtières de Corée, le temps de laisser passer les alertes qui les menaçaient. Des syndicats, comme l'Inagawa-kai, montaient des casinos en Corée et organisaient des circuits de jeu à travers tout le pays, exploitant, jusqu'à la ruine, les cadres supérieurs des sociétés qui s'y laissaient prendre, avec la complicité de leurs nouveaux amis coréens. Dans les grandes villes comme Séoul et Pusan, l'argent noir était blanchi dans les traditionnelles « affaires d'eaux » yakuzas : bars, cabarets, restaurants. A l'automne 1974, l'Inagawa-kai se taillait activement une place dans la construction, par l'exploitation de gravières, dans la grande île méridionale de Cheji, province coréenne depuis longtemps fréquentée comme station balnéaire. Et tous les grands syndicats étaient représentés dans les deux secteurs clés de la prostitution et de la drogue.

Malgré la présence de très nombreux Coréens dans les rangs yakuzas, cet établissement en Corée ne fut pas toujours facile à gérer, en raison surtout des différences d'organisation qui distinguaient les institutions criminelles coréennes de celles du Japon. Il n'existe pas en Corée d'équivalent à la Mafia ou aux yakuzas. Une règle, non écrite, domine dans la société ultra-autoritaire qui est celle de la Corée du Sud : il n'y peut exister d'organisation criminelle sans la permission du gouvernement. Comme le précise un fonctionnaire américain bien informé de Séoul : « La K.C.I.A., la police civile et la sécurité militaire constituent à eux trois un ensemble si puissant qu'il est impossible à une organisation crimnielle d'espérer exister sans reconnaissance officielle. S'il en existe, ou bien l'état la patronne ou bien il l'admet. »

Il n'y a donc pas de grand syndicat criminel en

Corée, mais de petits groupes de malfaiteurs qui forment le noyau dur du réseau yakuza coréen. Ces petites bandes dynamiques, qui comprennent de cinq à vingt-cinq membres, travaillent dans la contrebande, le marché noir et le vol à la tire. Leurs bandes prennent leurs noms de leurs villes d'origine, de leurs bateaux pour la contrebande ou de leur fantaisie. Ils les nomment Séoulpa, Pusanpa, Isonghopa... Le marché noir est spécialement lucratif en Corée, car il est alimenté par la présence de 40 000 soldats américains. Un seul magasin PX d'une base américaine vend davantage de marchandises, selon les fonctionnaires de l'ambassade des Etats-Unis, que ce que représentent les salaires additionnés de tous ses clients réguliers. Les fonctionnaires profitent trop souvent de ce type de trafic pour envisager sérieusement d'y mettre fin.

Les développements à long terme de l'industrie coréenne du crime inquiètent les Américains, car en tandem avec les yakuzas, les malfaiteurs coréens pourraient constituer une force formidable dans tout le Pacifique. Comme le Japon, la Corée du Sud est devenue un géant économique ; les Etats-Unis en sont le premier client, et la Corée tient le neuvième rang de leurs partenaires commerciaux. Si le côté louche de ces échanges se renforçait encore, déclarait un responsable des douanes américaines, « les exportations coréennes pourraient ne plus dépendre que d'un mélange de trafics d'influence, de corruption et d'illégalité ».

Le marché coréen est l'un des plus favorables d'Asie aux contrebandiers. La croissance rapide d'une nouvelle classe moyenne a entraîné un grand appétit de marchandises étrangères, comme les produits de l'électronique japonaise, dont l'importation est sévèrement limitée par le gouvernement. Les stocks des magasins américains PX ne suffisent pas à la demande, si bien que les entrepreneurs coréens de contrebande s'adressent aux yakuzas et aux bandes chinoises basées à Taiwan et à Hong Kong. On estime à plus de 20 millions de dollars la valeur des marchandises, en provenance de Hong Kong, saisies à Kimpo, l'aéroport de

Séoul ; la contrebande en provenance du Japon ne serait pas inférieure.

Les produits importés en fraude vont des caméras et des montres aux faux dollars, aux lingots d'or et aux pierres précieuses. Les étoles de vison, les bijoux, les articles textiles sont aussi très demandés. Ils sont introduits dans le pays par air et par mer. Certaines médecines chinoises – mixtures ancestrales dont la distribution est très strictement contrôlée par le gouvernement coréen, comme par exemple les bois de daim – sont, de même, avidement convoitées. En janvier 1980, les autorités saisirent trois bateaux et arrêtèrent vingt-trois Chinois et cinquante-sept Coréens qui convoyaient 137 000 pilules de *uhwangchongsimhwan*, herbe chinoise que les Coréens estiment toutes-puissantes contre l'hypertension et la paralysie. Selon les autorités, la valeur de ce chargement de *uhwangchongsimhwan* (mot coréen) dépassait 6,5 millions de dollars. Mais des trafics bien plus juteux attirent les yakuzas de l'autre côté de la mer du Japon.

La capitale mondiale du « Meth »

Pour les yakuzas l'attrait principal de la Corée ne réside pas dans l'importation en contrebande de remèdes chinois ou de biens de consommation courante, mais dans l'exportation frauduleuse de drogues. La Corée est pour eux le centre de la drogue, drogue qui est une amphétamine appelée « méthamphétamine », connue dans les rues d'Amérique sous les noms de « speed », de « crank » et de « meth » et dans les rues du Japon sous les noms de « shabu » et de « diamant blanc ». Le trafic qui en est organisé entre la Corée et le Japon est sans doute le plus important du monde et le moins connu, pour la simple raison que cette substance n'est jusqu'à présent consommée qu'en Extrême-Orient et que son commerce n'a donc guère éveillé d'intérêt en Occident. Mais cette ignorance risque de se dissiper à mesure que les syndicats extrême-orientaux du crime étendront leurs activités à travers le Pacifique.

De 1970 au commencement des années 80, 70 % au moins de toute la drogue vendue au Japon provenait de Corée du Sud. La demande de « meth » est si forte et la vente en est si lucrative que, d'après la police japonaise, elle représente au moins la moitié du revenu total des yakuzas, qui se chiffre en milliards de dollars. Le prix de la drogue est multiplié par 40 ou 50 entre sa sortie de laboratoire et sa vente dans la rue. Un gramme de ce « meth » peut valoir jusqu'à 1 300 dollars, et une dose de 0,1 à 0,3 grammes – que les drogués s'administrent de préférence par injection sous-cutanée – dépasser 40 dollars.

Pour les étrangers qui se font du Japon l'image d'un pays exempt de délinquance, le nombre des drogués adonnés aux amphétamines est saisissant. De 300 000 à 600 000 Japonais en seraient dépendants, chiffre à peu près équivalent à celui des consommateurs d'héroïne recensés aux Etats-Unis. D'après un expert de Tokyo : « Le Japon est le grand centre mondial du "meth". » Après avoir bloqué vers 1950 une première explosion de consommation de drogue, la police est retournée au combat, à partir de 1980, contre « l'ouragan de poudre blanche » – selon l'expression d'un journal japonais – qui se déversait de l'étranger dans le pays. De 1975 à 1983, le nombre des arrestations liées à la drogue a triplé. Ménagères, étudiants, chauffeurs de taxi, pompiers et soldats constituaient les gros bataillons des délinquants.

« Le Japon est le type même d'une société vouée aux amphétamines, remarquait un vieil habitué à Tokyo. Les routines y sont très contraignantes et les gens prennent des amphétamines pour tenir le coup. » Et il est vrai, comme l'atteste au moins une étude psychologique, que le rythme de la vie japonaise est plus rapide que celui de pays comme l'Angleterre, Taiwan ou les Etats-Unis ; tous les étrangers qui l'habitent peuvent le confirmer.

Accablés par de multiples opérations de police, les yakuzas ont trouvé en Corée une espèce de havre où ils se sont installés. Dans des laboratoires éparpillés dans tout le pays, les malfaiteurs locaux – financés par les yakuzas – fabriquent de grandes quantités de poison. D'anciennes estimations chiffraient à 2 ou 3 tonnes par an le trafic de drogue à destination du Japon, mais plusieurs affaires récentes laissent soupçonner que ces estimations sont faibles. Ainsi put-on apprendre par la presse qu'une seule bande peu importante du Japon méridional, le Sadaoka-gumi, acheminait à elle seule de Corée environ 600 kilos de drogue par an.

La route principale de la drogue relie Pusan, deuxième ville de Corée du Sud, au port japonais de Shimonoseki. Pusan, grand port de mer et centre commercial très actif, est une place forte des yakuzas. C'est un paradis de contrebandiers, où grouillent des milliers de marins, de touristes japonais et de petites embarcations. Des dizaines de laboratoires clandestins se dissimulent peut-être dans les zones industrielles de la ville et dans les îles proches de la côte. Une communauté entière de yakuzas fugitifs se cache à Pusan. Ils y vivent avec leurs maîtresses coréennes, en attendant, pour regagner le Japon, qu'un peu d'oubli se soit fait sur leurs forfaits les plus récents.

Accédant enfin, après deux ans, aux requêtes de la police japonaise, les autorités coréennes ont déclenché en 1983 une opération de vaste envergure à Pusan : quinze laboratoires clandestins de drogue ont été découverts et fermés. Mais la plupart du temps, les autorités coréennes ferment les yeux devant cet énorme trafic ; elles y sont incitées par de judicieux pots-de-vin, aussi bien que par leurs sentiments hostiles au Japon, fréquents dans les sphères officielles. Ce laisser-faire commence à changer, en même temps que l'usage du « speed » se répand chez les soldats américains et parmi les Coréens eux-mêmes. Mais la coopération entre les polices japonaises et coréennes n'en demeure pas moins fort tiède. Il n'existe aucun accord de coopération entre ces deux nations voisines en matière d'application de lois ; les parlementaires japonais de gauche se sont toujours opposés à ce type de rapprochement, de peur que le successeur de la K.C.I.A., l'Agence nationale de sécurité, n'utilise les renseignements qu'elle pourrait glaner dans les dossiers de la police japonaise. La tendance dans les deux pays a toujours été de rejeter sur l'autre la responsabilité de cet état de fait. Le plus grand mensuel coréen, le *Wolgan Chosen*, présentait récemment la position coréenne avec une franchise inhabituelle : « Les Japonais disent que le Japon est victime d'amphétamines fabriquées en Corée, mais nous savons que les laboratoires d'amphétamines coréens sont contrôlés par des associations de criminels japonais. »

Les yakuzas et l'esclavage sexuel

A la fin des années soixante, des pressions variées poussaient les syndicats japonais à étendre à l'étranger leurs activités. L'expérience coréenne avait convaincu beaucoup d'entre eux que leurs talents criminels s'exerceraient fort bien à l'échelle internationale. Quelques-uns d'entre eux géraient des sociétés manipulant des millions de dollars et considéraient, fascinés, leurs homologues légaux, qui s'installaient dans le monde entier pour y faire du commerce et investir des capitaux. La nouvelle génération de gangsters avait fait des études et s'intéressait davantage à l'étranger que ses aînés. Certains d'entre eux avaient même appris l'anglais, imposé par MacArthur dans les écoles japonaises. Mais l'impulsion décisive leur fut donnée par la véritable explosion touristique qui toucha le Japon, à partir de la fin des années soixante. Un yen fort, l'assouplissement des règlements sur les changes, l'accroissement de leurs revenus provoquèrent un déferlement de Japonais à l'étranger. Mais bien peu de ces voyageurs considéraient dans le tourisme un moyen de rapprochement culturel. Bien au contraire, beaucoup de ces touristes faisaient la queue à la porte des établissements de prostitution de l'Asie du Sud-Est. Les avions Jumbo les déversaient par cargaison de 200 à la fois dans les villes d'Asie pour des voyages organisés de trois jours consacrés à la boisson et à l'amour vénal. Ainsi naquirent les « circuits du sexe ».

L'apparition de ces circuits encouragea bientôt les yakuzas à accompagner les débordements de leurs compatriotes. Mais loin d'élargir leurs horizons, les circuits du sexe introduisirent les yakuzas dans les milieux de la prostitution internationale, entreprise impitoyable d'esclavage sexuel qui s'étendrait bientôt tout autour du Pacifique. Ce trafic d'êtres humains affecte des centaines de milliers de femmes et d'enfants misérables du tiers monde, les obligeant à se vendre, chez eux et à l'étranger. Pour la féministe Kathleen Barry, auteur de *Female Sexual Slavery* (« L'esclavage sexuel féminin »), le trafic international des femmes alimente le tourisme sexuel, la prostitution autour des bases militaires, les « mariages par correspondance » et la pornographie. On y retrouve presque partout les yakuzas, associés dans les pays les plus pauvres d'Asie à des bandes indigènes.

L'industrie du sexe en Occident ne peut se comparer à la prostitution massive, aujourd'hui pratiquée dans ces pays en voie de développement, laquelle est étroitement reliée au tourisme en provenance des pays les plus riches du monde moderne. Jusqu'en 1975, c'était l'Europe occidentale qui servait de réservoir d'esclaves, suivie de près par les pays du Moyen-Orient ; en 1980, l'épicentre de ce trafic s'était déplacé en Asie et le Japon et ses yakuzas y jouaient un rôle capital.

Les signes avant-coureurs de ce glissement géographique étaient discernables à Taiwan à la fin des années soixante. Déjà, des avions entiers de touristes japonais se déversaient dans l'île pour profiter des tarifs avantageux de ses bordels. La politique interrompit ce trafic en 1972, lorsque le Japon établit des relations diplomatiques avec la Chine populaire. La fermeture de Taiwan obligea les sociétés japonaises d'exploitation de cette forme de tourisme à redéployer leurs activités en Corée où la vie nocturne se développait rapidement.

Le tourisme en Corée avait connu une croissance sans précédent après la normalisation des relations avec le Japon en 1965. A la fin des années soixante-dix, plus de 650 000 Japonais visitaient tous les ans le pays. Bien peu d'entre eux en fréquentaient les temples superbes. D'après une enquête du ministère du Tourisme coréen, 80 % des touristes interrogés sur les charmes de leur voyage citaient les « parties de Kisaeng » comme ce qui les avait le plus impressionnés dans le pays. Or le mot de *Kisaeng* désigne depuis toujours, en Corée, les entraîneuses professionnelles, assez semblables aux fameuses geishas japonaises dont les manières et le raffinement ne sont plus à vanter. Mais le sens de l'expression s'est aujourd'hui dégradé jusqu'à ne plus simplement désigner que des prostituées.

Dans toutes les grandes villes de Corée, s'ouvrirent de vastes « maisons de Kisaeng », officiellement enregistrées. Deux d'entre elles encadraient la résidence de l'ambassadeur du Japon dans l'un des quartiers les plus huppés de Séoul. Chacune pouvait recevoir 800 clients à la fois. Leur propriétaire était, paraît-il, un politicien important qui avait servi dans la K.C.I.A. En même temps que les « maisons de Kisaeng », des centaines de bordels, où exerçaient des milliers de prostituées, ouvrirent leurs portes.

L'importance économique des « circuits du sexe » ne cessa de grandir. De grands hôtels, des agences de voyage, des compagnies aériennes se lancèrent dans ce secteur. La J.A.L. (Japan Air Lines) qui transportait le tiers des voyageurs japonais n'y allait pas par quatre chemins. Dans ses brochures publicitaires on pouvait lire notamment : « Les soirées de Kisaeng transfigurent les nuits de Corée. C'est par là qu'il faut commencer. La réputation des Coréennes n'est pas surfaite et rien ne saurait surpasser une nuit en compagnie de l'une de ces filles dans son splendide costume national... Il n'est pas de voyage réussi en Corée sans une soirée de Kisaeng ; toutes les agences de voyage les proposent dans leurs programmes. »

La réalité était moins plaisante. La plupart des pensionnaires des « maisons de kisaeng » étaient de pauvres filles de la campagne, vendues mineures pour 200 dollars à des entrepreneurs de prostitution. Dans une société aussi structurée que celle de Corée, leur statut n'était pas plus enviable que celui des intouchables de l'Inde. Leurs « impresarios » raflaient la plus grande part de leurs gains et les brutalisaient souvent. Les amphétamines étaient parmi elles d'usage courant et leurs conditions d'existence étaient rien moins qu'humaines. Dans certaines de ces maisons, l'atmosphère était celle de marchés d'esclaves : les filles y étaient bouclées à demi nues, tandis que les mâles japonais paradaient devant elles et faisaient leur choix.

La demande augmenta dans de telles proportions dans les années soixante-dix que, malgré la réouverture de Taiwan et la prodigieuse expansion de ce commerce en Corée, les entrepreneurs japonais se mirent à explorer d'autres territoires. Ils choisirent de s'installer dans les pays du sud-est de l'Asie vers lesquels Taiwan constituait une sorte de marchepied. C'est dans cette zone que l'exploitation du sexe atteindrait grâce aux yakuzas de nouveaux sommets.

L'installation, dans cette région du monde remplie de bouddhistes, de chrétiens et de musulmans fervents, d'immenses centres de prostitution défie l'imagination. Mais les pays qui en font partie sont à quatre ou cinq heures d'avion de Tokyo et ils appartiennent au Tiers-Monde, où les ravages de la misère, combinés avec le pouvoir du yen, constituaient un facteur irrésistible de développement du commerce du sexe. Vers la fin des années soixante-dix, 80 % des Japonais qui voyageaient tous les ans hors de leur pays – il s'en déplaçait de la sorte un million – alimentaient ce trafic. La Thaïlande et les Philippines étaient leurs terrains d'action favoris, et la colonie britannique de Hong Kong leur apportait un sensible renfort.

Le Japon étant le pays le plus riche d'Asie, il était prévisible qu'il en vint à jouer un rôle moteur dans le marché extrême-oriental de l'esclavage sexuel. Le dynamisme des hommes d'affaires japonais avait déjà popularisé dans la région la notion d'« animal économique », définition qui leur fut appliquée de bonne heure ; s'y ajoutèrent bientôt celles d'« animal sexuel » et d'« impérialisme sexuel ». Le spectacle de Japonais ivres titubant dans les rues, une fille accrochée au bras, rafraîchit les vieilles haines que leurs compatriotes avaient soulevées autrefois aux Philippines où les atrocités qu'ils avaient perpétrées pendant la guerre n'avaient pas été oubliées. Dans une grande partie de l'Asie, le « sale Américain » trouva de la sorte un rival. Agriculteurs, médecins, dentistes, agents immobiliers, gangsters et bien d'autres encore se pressaient à l'aéroport de Narita, à Tokyo, pour s'envoler vers les plaisirs de Séoul et de Taipeh, mais aussi de Bangkok et de Manille.

Destinations et effectifs des voyageurs japonais en 1979

Pays	Visiteurs	Hommes	Femmes
Corée	525 326	93,7 %	6,3 %
Taiwan	618 538	91,4 %	8,6 %
Philippines	190 637	83,7 %	16,3 %
Thaïlande	80 140	78,9 %	21,2 %
Etats-Unis	1 410 320	59,4 %	40,6 %
France	166 622	50,5 %	49,5 %

Source : services de l'immigration, ministère de la Justice, Tokyo.

Les femmes impliquées dans ce commerce sont souvent vendues directement par leurs familles paysannes aux entrepreneurs de prostitution ; en Thaïlande, le prix d'une fille est de 50 dollars. Certaines femmes quittent leur village de leur propre chef et s'en vont chercher du travail dans les grandes villes, mais n'y trouvent que portes fermées, hormis celles des lupanars. Elles informent alors leurs familles qu'elles ont trouvé une situation de « réceptionniste », vieille plaisanterie des prostituées de Manille. Elles font vivre leur famille entière, expédiant dans leur village le tiers ou la moitié de leurs gains. Leurs tarifs s'échelonnent de 50 dollars à beaucoup moins de 10. Cependant, la plus grande partie de ce qu'elles gagnent va aux agences de tourisme, aux hôtels, aux propriétaires de clubs, aux souteneurs et aux syndicats du crime. En aucun cas, elles n'ont la belle vie. De même qu'en Corée, beaucoup se droguent, beaucoup sont malades et beaucoup sont maltraitées.

La plupart des bordels ressemblent à des marchés aux esclaves. Dans les plus grands, plusieurs centaines de femmes sont assises dans ce qui ressemble à d'immenses entrepôts. Des numéros sont épinglées à leur robe. Certaines maisons sont équipées de glaces sans tain à travers lesquelles les clients peuvent choisir leurs partenaires plus à leur aise. « Un peu comme vous choisissez votre poisson dans le vivier d'un restaurant », précise un guide de Thaïlande.

Certains attaques accusent l'installation des grandes bases américaines, pendant la guerre du Viêt-nam, d'avoir joué dans le développement de ce trafic un rôle de catalyseur. C'est en vérité le développement du tourisme qui a provoqué celui de l'exploitation sexuelle en Asie dans les années soixante-dix. La Thaïlande, notamment, s'est acquis la réputation de bordel de l'Asie, encore que les Philippines lui disputent aujourd'hui cet honneur douteux. En 1982, la police thaïlandaise estimait à 700 000 l'effectif des prostituées dans le pays, soit près de 10 % de la population féminine entre quinze et trente ans. Aux Philippines, les prostituées seraient 300 000, dont 100 000 seraient « hôtesses » spécialisées dans le tourisme. En Corée du Sud, il y en aurait 200 000, presque toutes soumises aux syndicats criminels locaux qui travaillent en relation étroite avec les yakuzas entrepreneurs de circuits.

Les yakuzas ne furent pour rien dans les origines du trafic ; ils sont loin aussi d'en contrôler la part la plus importante. De nombreuses bandes d'origines diverses s'en chargent : malfaiteurs indigènes, souteneurs et hommes d'affaires. Mais cela n'empêche pas les yakuzas de tenir dans ce commerce un rôle capital. Ils escortent les contingents de touristes, établissent les contacts avec les souteneurs locaux et aiguillent leurs compatriotes vers les femmes, les drogues et tout ce qu'ils peuvent désirer d'autre. En outre, dans de nombreux cas, ils ont financé l'installation des maisons de rendez-vous.

Ryoichi Sasakawa, le yakuza compagnon de cellule de Kodama à la prison de Sugamo qui fit fortune dans les courses de hors-bords, fut l'un des promoteurs les plus actifs de ce commerce du sexe. Ami du président philippin Marcos, il fonda en 1979 le « World Safari Club », entreprise de tourisme privée, réservée aux Japonais avec droit d'exploitation exclusif du tourisme dans l'île intacte de Lubang. Il s'agissait d'en faire un « paradis touristique ». La campagne de publicité lancée par Sasakawa pour soutenir son projet promettait des pêches sans limites, des chasses, des plongées sous-marines, des « aires de nudisme » où l'on pourrait se détendre « en compagnie privée ». Mais ces beaux plans attirèrent l'attention d'associations féminines et religieuses qui ne cessèrent de les dénoncer : le « paradis » annoncé ne serait qu'un gigangesque bordel en plein air. Sasakawa et ses associés annulèrent l'entreprise en 1981 pour « éviter les malentendus ».

Des employeurs organisaient des déplacements de ce type pour leurs salariés méritants. La compagnie Casio, par exemple, donna en 1979 un banquet dans un hôtel de Manille pour ses 200 meilleurs vendeurs de l'année. Après force libations et ripailles, un rideau géant s'ouvrit pour dévoiler une scène où attendaient 200 « hôtesses », numérotées, pour la nuit.

Les Japonais ne sont cependant pas seuls à être responsables de ce trafic sexuel. Il s'organise aussi des circuits du sexe en Europe occidentale, en Allemagne de l'Ouest et en Hollande, notamment. Enfin, les régimes des pays où sont recrutées les femmes sont le plus souvent complices.

Le tourisme représente pour ces nations leur troisième ou quatrième source de devises, et la plupart des voyageurs qui s'y rendent sont des hommes ; aussi les administrations ferment-elles volontiers les yeux devant les trafics sexuels qui les approvisionnent en monnaies fortes quand elles ne les encouragent pas. En 1984, la respectable Eglise de l'union des femmes coréennes publiait un rapport pour condamner les « maisons de Kinsaeng » : « marchés où des filles sont troquées contre des devises ». Ces critiques accusent en outre ce commerce du sexe de s'être répandu à tel point que sa suppression aboutirait à l'effondrement pur et simple du tourisme en Corée. Il représente un très important pourcentage des devises nécessaires à payer l'énorme dette extérieure de la nation. Les associations féminines religieuses dénoncent aussi les conférences d'endoctrinement dispensées aux prostituées par les responsables du tourisme coréen, afin d'exalter leur patriotisme et de souligner l'importance des devises qu'elles rapportent pour la situation économique de leur pays. Les gouvernements des nations concernées par le commerce du sexe n'ont au mieux manifesté envers cette activité qu'indifférence bienveillante.

Le gouvernement japonais, par son désintérêt de la question, semble cautionner le trafic sexuel, mais l'opposition aux voyages organisés qui l'alimentent s'est renforcée. En 1973, des groupes d'étudiants coréens, militants politiques, commençaient à protester contre les débarquements de Japonais à l'aéroport de Kimpo, proche de Séoul. Ils furent bientôt rejoints par les militantes d'associations féminines chrétiennes qui ne tardèrent pas à prendre contact avec leurs homologues japonaises.

Au Japon même, le fer de lance de l'opposition au trafic sexuel était constitué par les 4 000 membres de l'Union des femmes chrétiennes pour la tempérance, rassemblement d'activistes aguerries qui avait joué un rôle essentiel, dans les années cinquante, pour l'adoption par le Japon de lois contre la prostitution. Aux Philippines, une coalition d'associations féminines et religieuses s'organisa également et déposa, en 1980, une première protestation à l'ambassade du Japon à Manille. Les voyages spécialisés étaient alors à leur apogée : 1 800 000 Japonais s'étaient répandus cette année-là dans l'archipel.

Au mois de juin 1981, une série de démonstrations soigneusement organisées accompagna le Premier ministre Zenko Suzuki dans son voyage en Asie du Sud-Est. A son arrivée à Djakarta, il fut bien obligé de reconnaître que quelque chose n'allait pas dans l'essence même du tourisme japonais. Les protestations s'avérèrent si efficaces que la Thaïlande et les Philippines enregistrèrent une chute de 25 % du nombre des touristes japonais mâles dans les quelques mois qui suivirent.

Ces démonstrations et la poursuite des manifestations entraînèrent un certain nombre de changements longtemps retardés. Au Japon et aux Philippines, des associations de voyage condamnèrent en commun les « circuits du sexe ». Le ministère japonais des Transports, qui avait ignoré le trafic pendant dix ans, menaça de publier les noms de ces organisations et de les admonester. En 1981, quatre grandes organisations de travailleurs japonais intervinrent de concert pour en finir avec ce qui était devenu une gêne nationale : elles en appelèrent au cabinet du Premier ministre pour faire cesser les « circuits du sexe ». Les placards publicitaires qui, dans les médias japonais, vantaient la beauté des dames de Manille et de Bangkok, mirent désormais l'accent sur les beautés naturelles de ces pays.

Ce n'est pas coïncidence si, au début des années quatre-vingts, les « circuits du sexe » ayant désormais beaucoup de plomb dans l'aile, les yakuzas s'intéressèrent en force à un autre secteur du profitable marché de l'exploitation sexuelle : la traite internationale des femmes. Les gangs japonais procédèrent le plus simplement du monde en retournant le trafic, recrutant des dizaines de milliers de femmes dans toute l'Asie, sous promesse de bons emplois et de bons salaires. Au lieu de quoi les malheureuses se trouvaient plongées dans un monde de faux passeports et de visas falsifiés pour aboutir à leur esclavage sexuel, à l'obligation de s'épuiser en prostituées misérables dans les bordels du Japon.

L'« importation » au Japon de femmes étrangères n'avait rien de nouveau pour les yakuzas. D'après les rapports de police, « l'esclavage blanc », comme l'appellent aussi les Japonais, remonte à 1970. Mais la pratique s'en est développée jusqu'à en faire un important trafic qui soulève des critiques encore plus violentes que les « circuits du sexe ». Car on touche là à un point sensible de la conscience japonaise : au début du siècle, le Japon lui-même fut victime du même commerce.

A la fin du XIXe siècle, beaucoup de familles japonaises, tombées dans la misère, vendaient leurs filles à des marchands d'esclaves qui les embarquaient non seulement vers les autres pays d'Asie, mais aussi vers Hawaï et la Californie. D'autres femmes, sans avoir été vendues, étaient trompées, comme les victimes des yakuzas modernes, par des promesses de situations intéressantes et de salaires convenables et se retrouvaient, comme les autres, prostituées à l'étranger. Le gouvernement lui-même approuvait ces trafics, encourageant les marchands d'esclaves à suivre la marche des armées japonaises à travers l'Asie, à « enrôler » jusqu'à 70 000 Coréennes pour le divertissement des troupes impériales au front.

Ces pauvres filles étaient nommées *karakuyi-san* ; le terme a aujourd'hui changé : les Japonais désignent sous le nom de *Japayuki-san* les étrangères détenues à présent dans les bars et bordels yakuzas du Japon. Le terme signifie : prostituée attachée au Japon. La police japonaise a été lente à réagir contre cette nouvelle forme de trafic sexuel. Et son action, lorsqu'elle existe, a été peu efficace ; l'attitude des pays fournisseurs de femmes, la Corée, la Thaïlande, Taiwan et les Philippines en est pour une grande part responsable. Selon les termes d'un haut responsable de la police japonaise, le trafic a en conséquence atteint « des proportions critiques ».

Il circule là-dessus d'innombrables histoires horribles. Des femmes misérables, entraînées au Japon par des promesses fallacieuses, se retrouvent à la merci de bandits qui leur confisquent leurs passeports et les obligent à se prostituer, à jouer les entraîneuses et les « hôtesses ». Sans relations, incapable de parler la langue du pays, elles sont confinées dans des chambres minuscules, esclaves virtuelles d'exploiteurs indignes.

La demande de prostituées étrangères est énorme au Japon. La série suivante d'arrestations, opérées sur plusieurs années, donne quelque idée de l'échelle de cette traite :

– En 1973, la police de Hong Kong découvrit une officine qui opérait à partir d'une boutique de tailleur et d'une agence de tourisme et expédiait, de Hong Kong et d'autres pays de l'Asie du Sud-Est, une soixantaine de femmes par mois à Tokyo. Une fois au Japon, ces femmes étaient contraintes à se produire dans des spectacles de nu et à se prostituer. Elles ne voyaient jamais la couleur des salaires qui leur avaient été promis et ne pouvaient quitter le pays.

– En 1974, la police japonaise démantela une entreprise d'esclavage sexuel, soi-disant dirigée par deux Coréens de Hong Kong et de Bangkok. D'après les enquêteurs, les deux hommes visitaient régulièrement le Japon, présentant des catalogues de Thaïlandaises et prenaient les commandes des patrons de bars et de bordels.

– En 1984, la police thaïlandaise arrêta un Japonais et son épouse thaï qui avaient envoyé quelque 200 Thaïlandaises à Hong Kong et au Japon, via l'enclave portugaise de Macao. Pendant les deux ans qui avaient précédé son arrestation, le couple avait expédié deux groupes de huit femmes par mois. La police saisit par la même occasion du matériel vidéo destiné à communiquer des « échantillons » de la « marchandise » aux éventuels clients.

Le trafic des femmes intéresse beaucoup les gangs yakuzas. Un bordel bien géré rapporte beaucoup d'argent, et les peines encourues devant la justice sont beaucoup moins élevées que celles à quoi exposent les trafics d'armes ou de drogue. Les femmes, en outre, sont bon marché : une jeune Philippine ne vaut pas plus de 1 000 dollars et peut se louer aux boîtes japonaises pour le même prix chaque mois. Un gérant d'hôtel japonais s'est vanté de contrôler plus de 70 prostituées du sud-est de l'Asie qui lui rapportaient plus de 100 000 dollars par mois : « Les agents recruteurs de femmes viennent régulièrement me voir pour s'enquérir de mes besoins... C'est aussi simple que de servir un bol de nouilles. » D'après l'Association des femmes d'Asie au Japon, les ventes d'esclaves se tiennent à Tokyo dans le quartier de Ueno, dans une série d'hôtels minables qui borde Showa Avenue. Lors de l'une de ces ventes, des vendeurs s'étaient, paraît-il, présentés de tout le pays et leurs offres s'échelonnaient de 3 000 dollars pour six mois de « service » à 800 dollars pour une « petite Noire ».

Le nombre des femmes impliquées dans ce trafic ne peut être qu'estimé, mais il est hors de doute qu'il est devenu énorme. Dans le seul quartier chaud d'Osaka, quelque 10 000 femmes, originaires pour la plupart de l'Asie du Sud-Est, sont réputées « vendre du printemps », expression argotique japonaise qui désigne la prostitution.

Des effectifs aussi importants impliquent les services de centaines de recruteurs, de souteneurs et autres malfrats. L'Eglise de l'union des femmes coréennes a accusé cinquante agences d'Osaka, se disant spécialisées dans la recherche de « talents », de se livrer en fait au recrutement de prostituées. Au début des années quatre-vingts, la moitié environ des femmes concernées venait des Philippines où les yakuzas travaillaient de concert avec des recruteurs locaux, appelés *bugaws*, qui écumaient les provinces les plus pauvres. Ces réseaux de marchands d'esclaves sont aussi frustes que criminels. L'une de ces bandes, basée à Manille, s'était spécialisée dans l'exportation de filles très jeunes – de dix à dix-sept ans – vers Singapour, Kuala Lumpur et Tokyo. Toutes étaient marquées d'un tatouage identique à la cuisse droite.

Il n'est pas douteux que certaines de ces femmes – celles qui ont exercé le métier dans leur pays natal – savent de quoi il retourne. « Les histoires de marchands d'esclaves sont vraies à 30 %, estime Tatsuo Saito, correspondant à Manille de l'agence japonaise Kyodo New's Service. En trois ans, dit-il, j'ai interrogé près de 500 femmes. Plus de 90 % de celles qui sont allées au Japon veulent y retourner. Elles y gagnent de l'argent et s'entendent très bien avec les yakuzas. » Quelques-unes ont assez de chance pour devenir de vraies hôtesses, auquel cas leur activité principale consiste à bavarder avec les clients et à les inciter à boire. Lorsqu'elles tombent sur un bon patron, elles arrivent à gagner dix fois ce qu'elles pourraient espérer dans leur pays misérable et presque tout cet argent est envoyé à leurs familles. Pourtant, malgré la pression de la demande, elles ne reçoivent que la moitié de ce que gagnent leurs homologues japonaises et bien peu d'entre elles sont préparées aux brutalités ordinaires des yakuzas.

La situation est devenue assez grave pour qu'en 1984, la police japonaise décide la création d'un service spécial destiné à s'occuper de ces femmes. A Tokyo, l'Union des femmes chrétiennes pour la tempérance a publié son intention de bâtir un immeuble qui accueillera celles d'entre elles qui auront échappé à leurs ravisseurs. Les protestations des associations féminines et religieuses continuent. En février 1985 un défilé de 10 000 protestataires fut organisé à travers un quartier « touristique » de Manille. Tandis qu'on brûlait des livres pornographiques, un camion équipé de haut-parleurs diffusait dans les rues cette proclamation à l'adresse d'un pays principalement catholique : « Notre terre, qui fut la seule nation chrétienne d'Orient, est devenue un pays de meurtriers, d'adultères et de fornicateurs. »

Les Philippines : un second foyer

Malgré les protestations des citoyens de Manille, il semble bien que les yakuzas aient trouvé une seconde patrie aux Philippines. L'importance de l'archipel philippin dans les opérations des yakuzas ne le cède, en dehors du Japon, qu'à la Corée du Sud. L'endroit convient particulièrement aux yakuzas les plus jeunes et les plus dynamiques. Autrefois colonie américaine, les Philippines sont un archipel humide, brumeux et chaud de quelque 7 000 îles, dont la métropole de Manille, avec ses 8 millions de résidents, constitue le centre. L'usage de l'anglais est très répandu et l'économie perpétuellement chancelante favorise les détenteurs de ces monnaies fortes que sont le yen et le dollar.

Reprenant aux Philippines quelques-unes des tactiques qui leur ont si bien réussi au Japon, les yakuzas ont établi d'importants contacts politiques auprès de ceux qui gouvernent les 48 millions de Philippins. Profitant de la corruption qui est presque générale dans l'archipel, les gangs ont acheté de fructueuses et permenantes relations avec les hommes d'affaires et les bureaucrates locaux. Grâce à des « dons » judicieux, les yakuzas les plus entreprenants se sont épargné la prison aussi bien que l'extradition, ont consolidé maintes affaires douteuses et obtenu chaque fois que nécessaire la neutralité bienveillante des douanes.

D'après un rapport confidentiel des services américains de répression du trafic de drogue, certains chefs du Yamaguchi-gumi, de l'Inagawa-kai et du Sumiyoshi-rengo ont ouvert de splendides bureaux dans le quartier de Makati, le Wall Street de Manille. Ensemble de gratte-ciel, de vastes avenues, d'hôtels internationaux, Makati s'élève à la frontière de certains des pires bidonvilles de la capitale et constitue un endroit idéal pour l'établissement des firmes d'import-export et agences de voyage dont les yakuzas aiment à se faire des façades. D'autres gangs yakuzas ont également pris pied aux Philippines. Selon la presse, le syndicat coréen d'Hisakuyi Machii a acquis « des droits d'exploitation sur les récifs coralliens » du pays. Mais les investissements les plus importants ont été effectués dans le quartier d'Ermita, centre minable des trafics sexuels aux Philippines. En 1982, le *Times-Journal*, l'un des principaux quotidiens de Manille, citait des rapports de police selon lesquels au moins 30 boîtes et restaurants du quartier appartenaient aux yakuzas. Ces commerces, gérés par des hommes de paille philippins, étaient supposés servir de couverture à des trafics d'armes, de drogue et de femmes.

Au début des années 1980, les journaux de Manille étaient pleins de reportages sensationnels sur les activités yakuzas. L'un d'eux publia même un immense encadré sous le titre : « Repérez un yakuza », avec photos de tatouages et d'une main mutilée. Un autre journal titra en manchette : CHASSE AUX YAKUZAS TRAFIQUANTS D'ESCLAVES. Tandis que la police de Manille obtenait les aveux d'un résident yakuza, aux termes desquels plusieurs centaines de ses confrères s'activaient en permanence aux Philippines.

En liaison avec les gangs philippins dont l'organisation se perfectionnait, les yakuzas étendirent leurs activités au jeu, à la fraude, au blanchissage de l'argent noir. Mais en deuxième position par ordre d'importance après le commerce du sexe, c'est la contrebande qui, aux Philippines, intéresse les gangs japonais. Avec ses 7 000 îles, dont la plupart en sont encore au stade primitif de la civilisation, l'archipel offre une base idéale pour l'implantation des laboratoires clandestins d'amphétamines qui dégagent des odeurs nauséabondes. Les Philippines constituent aussi, et cela est peut-être encore plus intéressant pour les Japonais, un important marché d'armes de poing ; il est très facile de s'en procurer, tandis qu'elles sont illégales au Japon. La possession de telles armes est de plus en plus nécessaire aux gangsters. Soldats et policiers sont soupçonnés de vendre les leurs. Lors d'une descente au siège d'une organisation de trafiquants d'armes, surnommée « la Filière de Manille », la police découvrit des mitrailleuses, des fusils automatiques, cinquante pistolets, des munitions en quantité suffisante pour soutenir un siège et tout un assortiment de drogue. Le cerveau de la bande, feu Hiroaki Kumitomo, yakuza de trente et un ans, avait été trouvé mort, quelque temps auparavant, dans une voiture garée dans un faubourg de Manille. Pour la police, ce meurtre était lié à une affaire de drogue qui avait mal tourné. Les cadavres de plusieurs autres yakuzas avaient été repêchés dans les rivières boueuses de Manille, après des différends avec leurs associés philippins. Mais il arrive aussi que ces victimes soient d'infortunés Japonais tombés dans les griffes de ces Apaches.

Entre 1978 et 1981, la police put relier au moins

quatre meurtres à des escroqueries à l'assurance. Les malfaiteurs obligeaient d'abord, par intimidation, tel ou tel homme d'affaires à souscrire au Japon en leur faveur d'énormes polices d'assurance sur la vie. Dans un second temps, ils attiraient, sous quelque prétexte, leurs victimes à Manille et, pour 2 500 dollars, s'assuraient les services de tueurs à gages philippins qui les liquidaient. Après le quatrième assassinat de touristes japonais, les autorités eurent finalement vent de la combine et, en 1981, la police et l'armée s'emparèrent d'un camp d'entraînement, dans une ville au sud de Manille, où s'exerçaient les tueurs. Huit suspects furent arrêtés, des cibles, des cartouches et un petit lot d'armes de poing saisis.

Les officiels philippins ne ferment pas tous les yeux sur la présence des yakuzas dans leur pays. Au contraire, de nombreux Philippins des deux bords, celui de la légalité et celui de la délinquance, déplorent profondément l'installation chez eux de gangsters japonais. Les autorités ont déclenché contre les yakuzas une série d'opérations de police. Plusieurs bateaux de contrebande ont été saisis, leurs équipages traqués, la marchandise confisquée et les coupables expulsés. Entre 1975 et 1983, la police, selon la presse, a arrêté et expulsé 83 yakuzas suspects, tandis que 21 autres étaient recherchés. Hélas ! au point où en sont les choses, il faudra bien davantage que de périodiques coups de poing pour bouter les yakuzas hors des Philippines. Les hommes tatoués du Japon y ont fermement pris pied et ne se laisseront pas facilement déloger.

L'Asie du Sud-Est et les triades chinoises

Vers 1975, la police japonaise commença à recevoir des informations sur l'activité nouvelle de bandes japonaises en Asie du Sud-Est. On avait vu des yakuzas en Indonésie, en Malaisie, en Thaïlande, à Singapour, à Hong Kong et à Taiwan. Ils s'y livraient presque toujours à leurs activités habituelles : trafics d'armes, de drogue et de femmes. Et leur expansion leur avait appris l'usage d'une certaine diplomatie clandestine, car leurs voyages les avaient mis en contact avec d'autres syndicats criminels dont la taille et le degré d'organisation rivalisaient avec les leurs : les triades chinoises.

La liaison des gangs japonais avec les principaux syndicats criminels chinois est le résultat le plus lourd de conséquence de l'expansion des yakuzas en Asie orientale. Fondées sur l'appartenance ethnique et la loi du silence, les triades existent sous des formes diverses à Hong Kong et en Thaïlande – où elles financent une grande partie du trafic mondial d'héroïne – et presque partout où se sont installés les 20 millions de Chinois qui ont essaimé dans le monde. Aujourd'hui, les Chinois constituent la principale organisation internationale du crime ; leurs réseaux s'étendent de Sidney à Singapour, de San Francisco à Amsterdam, de Yokohama à New York. Aussi n'est-il pas sans importance que des alliances aient été conclues et des affaires entamées entre les yakuzas et les triades – les plus grands syndicats criminels du plus vaste continent du monde.

Le danger ici n'est pas celui d'une mafia asiatique monolithique, lancée à la conquête de l'Occident. L'imaginer serait se tromper lourdement. Les différences de langues, de mœurs et d'histoires sont telles qu'il est à peu près impossible que de véritables fusions interviennent entre les différentes composantes de la pègre d'Asie. Au contraire, ces bandes variées sont beaucoup plus susceptibles de se combattre que de coopérer. Il arrive pourtant qu'en matière, notamment, de trafic de drogue des alliances se fassent entre les syndicats criminels les plus puissants du monde, la Mafia américaine et la triade de Chiu Chao ; et elles opposent un grave défi aux responsables du respect des lois comme à l'ensemble du public. Pour bien comprendre le sens de la relation des triades avec les yakuzas, un peu d'histoire est nécessaire.

Comme les yakuzas, les triades représentent une diversité, souvent querelleuse, d'organisations criminelles. Les bandes chinoises ont de nombreux traits communs avec leurs homologues japonais : rituels anciens, stricte discipline et traditions qui remontent à quelque trois siècles. Comme les yakuzas, l'image des triades se rapproche de celle de Robin des bois ; films et séries de télévision ont popularisé cette représentation. Enfin, comme les yakuzas, les triades sont mêlées depuis longtemps à la politique de leur pays.

Certains érudits chinois font remonter les sociétés secrètes de Chine, d'où sont sorties les triades, à l'an 21 de notre ère, mais la plupart des spécialistes font plutôt remonter à 1674 la première triade fondée par un groupe de moines bouddhistes, d'un monastère du Fukien, pour résister à l'oppression mandchoue. Ces moines avaient mis au point une technique très efficace d'autodéfense, bientôt baptisée kung-fu. Leur cause était perdue d'avance, mais ils n'en fondèrent pas moins un système de sociétés secrètes qui devait se perpétuer à travers les générations.

Bien des années plus tard, lorsqu'en 1911 Sun Yat Sen fonda la République de Chine, les triades étaient à ses côtés. Lorsqu'il décida de contrôler toute la Chine, son successeur Chiang Kai-shek fit lui aussi appel aux triades qui entre-temps avaient glissé dans le crime, et notamment, dans le trafic de l'opium. Chiang lui-même en faisait partie. Il se reposa tant et si bien sur ses alliés de la pègre qu'il en fit des généraux, des soldats, des espions, des hommes d'affaires et des hommes de main, au sein de son Kuomintang et de son armée nationaliste chinoise.

La victoire de Mao en 1949 scella l'arrêt de mort des triades en Chine continentale. Les contrebandiers, les trafiquants, les escrocs endurcis de toutes sortes furent arrêtés et emprisonnés sans autre forme de procès, et beaucoup d'entre eux liquidés purement et simplement. La prise de contrôle communiste sur la Chine mit, prétend-on habituellement, un terme à l'opiomanie du pays. L'activité des triades n'en fut pas pour autant terminée. Elles suivirent dans sa fuite l'armée nationaliste de Chiang, à Hong Kong, à Taiwan et en Birmanie.

En partie à cause des Japonais, Hong Kong avait

déjà eu de sérieux problèmes avec les gangs des triades. Après s'en être emparés, durant la guerre, les Japonaisles, nouveaux maîtres de la colonie avaient organisé en Hing Ah Kee Kwa, « Association florissante d'aide à l'Asie », les coopératives de triades et les avaient utilisées pour le maintien de l'ordre. Les Japonais partageaient avec leurs collaborateurs les profits de la prostitution et du jeu et autorisaient les gangs à contrôler le trafic de l'opium dans la colonie. Les occupants japonais, comme les Anglais avant eux, comptaient sur l'opiomanie pour tenir la population en respect.

Après la guerre, les triades s'enracinèrent plus encore à Hong Kong (de nouveau entre les mains des Anglais), grâce à l'arrivée massive de membres fuyant le continent. Les Anglais commirent alors l'erreur grave d'interdire l'opium dans la colonie, ce qui donna immédiatement naissance à un marché noir florissant et procura une source de revenus régulière aux gangs de l'après-guerre. Les triades locales jouèrent bientôt un rôle capital dans le trafic mondial de stupéfiants et se développèrent comme un typhon. Dans les années quatre-vingts, malgré trois décades de descentes de police, les syndicats de Hong Kong totalisaient 80 000 membres avec un solide noyau de criminels professionnels estimé à 12 000 personnes. Avec un peu plus de 1 000 km^2 et 5,5 millions d'habitants, Hong Kong peut se glorifier d'être parmi les villes où le nombre de gangsters par tête d'habitant est le plus élevé de la planète. La police a identifié 200 gangs, groupés en au moins 33 syndicats distincts.

Plus grave pour l'avenir du crime organisé fut le sort de ces unités de l'armée nationaliste qui traversèrent la frontière méridionale de la Chine et pénétrèrent en Birmanie. Ce fut là qu'au début des années cinquante, les services de renseignements américains, désireux d'établir un second front contre Mao, le premier étant Taiwan, aidèrent les débris de l'armée de Chiang à se constituer en force de résistance de quelque 10 000 hommes. C'était une grave erreur. Comme ils l'avaient fait en Chine, les nationalistes se servirent de l'opium pour financer leurs activités. Faute de défaire les communistes, ils se transformèrent bientôt en une milice privée de la drogue qui aujourd'hui, de concert avec les triades de Thaïlande et de Hong Kong, contrôle une part considérable du trafic mondial d'héroïne.

La région où se sont installés les soldats renégats de Chiang est le fameux Triangle d'or de l'Asie du Sud-Est, zone montagneuse et écartée, où se rencontrent les frontières imprécises de la Thaïlande, de la Birmanie et du Laos. Des tribus de montagnards farouchement indépendants, vivant de la culture du pavot, vendent leurs récoltes illicites aux survivants du Kuomintang, bizarre assortiment de seigneurs de la guerre déchus et de marchands de drogue. De là, l'opium brut est transporté en caravanes de mules lourdement armées jusqu'aux raffineries lointaines où il est transformé en héroïne. C'est à ce stade, le raffinage, que les 16 000 membres de la triade Chiu Chao entrent en scène. La Chiu Chao est réputée la mieux organisée des nombreuses sociétés que rassemblent les triades. Elle a pris le contrôle de la distribution de l'héroïne en Thaïlande vers 1950 et le détient fermement depuis. Aujourd'hui, elle continue de détenir un quasi-monopole sur les expéditions de narcotiques hors de l'Asie du Sud-Est. De concert avec leurs frères de Hong Kong, ces trafiquants chinois financent dans le monde entier des cargaisons d'héroïne pour des milliards de dollars. Des chimistes hautement qualifiés, recrutés à Hong Kong ou à Macao, supervisent la production de ces stupéfiants. Durant les années soixante, la plus grande partie de l'opium était raffinée à Hong Kong même. Aujourd'hui, la colonie sert plutôt d'entrepôt et de centre financier au trafic de la région. Ce sont les syndicats Chiu Chao qui, à partir de Hong Kong et de Bangkok, ont développé au fil des années des contacts avec la Mafia américaine, avec les Corses, avec d'autres bandes chinoises et, plus récemment, avec les yakuzas.

Les Chinois ne sont pas les seuls responsables de l'explosion du trafic de l'héroïne en Asie du Sud-Est.

Dans son livre fracassant de 1972, *Politique de l'héroïne en Asie du Sud-Est,* le journaliste Alfred McCoy a méticuleusement décrit comment la C.I.A., précédée par les services de renseignements français, a joué un rôle capital dans le développement du trafic des stupéfiants dans cette région du monde. C'est une histoire compliquée qui mêle les partenaires américains de bandits corses, siciliens et chinois, la guerre du Viêt-nam, des gouvernements corrompus et des armées de mercenaires pour aboutir à l'épidémie d'héroïne qui a frappé la jeunesse américaine. L'obsession américaine de faire flèche de tout bois contre le communisme, c'est-à-dire de soutenir n'importe qui contre lui, a conduit, selon McCoy, les Etats-Unis à épauler beaucoup des principaux responsables du trafic de l'héroïne tel qu'il s'était organisé après la guerre. « Le rôle de la C.I.A., conclut-il, ne fut que la conséquence involontaire et inévitable des tactiques de la guerre froide. »

La situation n'a guère changé depuis le livre de McCoy. En dépit d'efforts internationaux concertés et du versement de plus de 30 millions de dollars d'aide étrangère depuis 1970, le Triangle d'or continue de fournir entre 20 et 40 % de l'héroïne qui entre aux Etats-Unis. Bien qu'il s'en produise à présent de grandes quantités au Mexique et dans le « Croissant d'or » de l'Asie du Sud-Ouest – Iran, Afghanistan et Pakistan – les trafiquants américains persistent à préférer l'héroïne du Triangle d'or qui est de meilleure qualité. Et, bien que l'épidémie de consommation d'héroïne n'intéresse plus autant la presse que par le passé, les 500 000 héroïnomanes américains demeurent toujours responsables d'une proportion très importante de la criminalité aux Etats-Unis.

Il est difficile d'estimer la vraie part des yakuzas dans le trafic international des stupéfiants. Les spécialistes de sa répression s'inquiètèrent beaucoup de la pénétration des gangs japonais sur le marché de l'héroïne du Sud-Est asiatique. Selon eux, si elle se poursuit, il sera bientôt impossible de les arrêter. Les effectifs, l'argent, la discipline yakuza, conjugés avec le commerce considérable du Japon avec le reste du monde, pourraient permettre d'acheminer d'immenses quantités de drogue aux Etats-Unis, en Australie, en Europe, au Japon même.

L'expansion internationale des yakuzas ayant commencé par l'Asie du Sud-Est, leurs membres ont acquis une grande expérience de tous les aspects du trafic de l'héroïne qu'ils achètent en Thaïlande et à Hong Kong et introduisent frauduleusement au Japon et ailleurs. Vers 1975, l'Inagawa-kai, le Sumiyoshi-rengo et d'autres syndicats auraient ouvert à Hong Kong des boîtes de nuit et agences de voyage à seule fin de se faciliter leurs opérations de contrebande. A la même époque, les 2 500 membres du Matsuba-kai commençaient à lancer en Thaïlande et à Singapour des spectacles de boxe et de lutte féminine. Aussi ne fut-ce peut-être pas un hasard si, en 1971, la police japonaise arrêta dix membres du Matsuba-kai qui avaient vendu pour 45 000 dollars d'héroïne à ses entraîneuses de Tokyo. D'après la police, c'était la première fois depuis plusieurs années que des yakuzas étaient convaincus de trafic d'héroïne.

Bien que faibles en quantité, les saisies d'héroïne révèlent par leur nombre la volonté des yakuzas d'entrer dans le trafic des narcotiques. Entre 1977 et 1982, les autorités ont saisi en moyenne 1,25 kg d'héroïne par an. Mais les descentes plus récentes ont alarmé les polices japonaises et étrangères. En novembre 1984, la police fit sa plus belle prise : 3,3 kg en une seule saisie, pour une valeur de 4,5 millions de dollars, transportés par un Thaïlandais d'âge moyen. Deux mois plus tard, c'était 4,3 kg d'héroïne en provenance du Triangle d'or dans les bagages d'une hôtesse des Thaï Airlines.

Cependant, le gros coup survint en septembre 1985, lorsque les polices de Hong Kong et des Etats-Unis arrêtèrent dix personnes impliquées dans la contrebande de 23,5 kg de speed et 5,5 kg d'héroïne vers les Etats-Unis. L'affaire, résultat d'un an d'enquête de la part de la D.E.A. et des agents secrets des douanes, recouvrait, à ce qu'on dit, des trafics de drogue dure, d'armes à feu et de tueurs à gages. Des policiers américains à Honolulu arrêtèrent deux des plus puissants patrons du Yamaguchi-gumi qui s'étaient rendus à Hawaï pour superviser personnellement les transactions. Cette affaire convainquit de nombreux agents du service de répression des trafics de drogue qui, jusqu'alors, n'avaient considéré que de loin l'hypothèse d'un engagement yakuza dans le trafic d'héroïne, que leurs bandes établissaient déjà, ou allaient établir, les circuits nécessaires à des expéditions à grande échelle de drogue vers l'Occident.

Syndicats du crime organisé chinois

Nom / base	Membres	Gangs	Zone d'opérations
14K / Hong Kong	24 000	23	Asie du Sud-Est Amérique du Nord Europe de l'Ouest
Wo / Hong Kong	29 000	10	Asie du Sud-Est et outre-mer
Chiu Chao (Chao Zhou) / Hong Kong	16 000	6	Asie du Sud-Est et outre-mer
Bambou unifié (Chu Lien Pang)/ Taiwan	10 000 15 000	N.D.*	Asie de l'Est Amérique du Nord Arabie Saoudite
Luen / Hong Kong	5 000	4	Asie du Sud-Est et outre-mer
Tung / Hong Kong	3 000	2	Asie du Sud-Est et outre-mer
Autres / Hong Kong	4 000	9	Asie du Sud-Est et outre-mer
Quatre mers (Shih Hai) / Taiwan	milliers	N.D.	Asie de l'Est et outre-mer
Niu-Pu / Taiwan	1 000	N.D.	Taiwan

Sources : rapports de police, 1980 ; divers reportages de presse, 1984-1985.

(*) N.D. = non disponible.

Bien que le Japon ait la réputation d'ignorer l'héroïne, les Japonais n'en possèdent pas moins une certaine expérience de la drogue. Les yakuzas attachés à l'armée impériale pendant l'expansion en Asie avaient acquis une grande habitude du commerce de l'opium. Entre 1960 et 1965, tandis que s'effondrait le marché des stimulants, les gangs avaient participé à l'entrée en contrebande dans le pays de quantités substantielles de narcotiques dont les saisies avaient atteint en 1966 un point culminant : 55 kg d'opium, de morphine et d'héroïne. Les triades, de leur côté, connaissent bien le Japon dont elles se sont servi pendant des années comme d'une base de transfert. Le Japon n'étant pas considéré comme producteur de drogue, les cargaisons qui y sont embarquées sont moins suspectes qu'au départ de Hong Kong ou de Singapour. Les accords qui auraient pu être pris entre les triades et les yakuzas, s'il en fut, demeurent inconnus, mais en tout état de cause, les syndicats japonais sont assez bien organisés et comprennent dans leurs rangs assez d'individus d'origine chinoise pour que de tels rapprochements n'aient jamais posé de problèmes.

Avant son déclin, le fameux Limpy Ho, parrain du Chiu Chao de Hong Kong, se rendit plusieurs fois au Japon, entre 1970 et 1971, pour y rencontrer des acheteurs américains. Limpy avait organisé une ligne maritime clandestine par le Japon et introduit par là de grandes quantités d'héroïne de bonne qualité sur le marché des Etats-Unis. L'écrivain anglais Sean O'Callaghan affirme dans son livre *Les Triades* que cette filière existait encore à la fin des années 70 et que des quantités considérables d'héroïne atteignaient Amsterdam – centre européen du trafic de drogue – cachées dans des réfrigérateurs, des ventilateurs et autres appareils d'équipement électrique.

La police japonaise dément que les yakuzas se soient jamais intéressés en force au trafic de l'héroïne et cite volontiers, à l'appui de leur dire ; le très petit nombre d'arrestations opérées pour ce motif (vingt-deux seulement pour tout le Japon en 1983). D'autres facteurs contribuent à tenir le Japon à l'écart de ce trafic. Le moindre n'en est pas l'inconvenance, aux yeux des Japonais. Pour eux, en effet, faire parvenir en contrebande de l'héroïne aux Etats-Unis ou en Europe serait d'une inconvenance majeure. Cela ne peut pas se faire parce que cela n'est pas convenable. Les Japonais demeurent très attentifs à l'image que l'étranger se fait de leur pays et les chefs yakuzas ne tireraient aucun bénéfice de transgresser ce souci et de ternir cette image par de scandaleux trafics. Mais ce souci de probité sociale pourrait s'estomper si la jeune garde yakuza était aussi indifférente aux traditions que certains observateurs le croient. (L'administration japonaise redoute, en tout cas, que les yakuzas ne se lancent en grand dans la contrebande de marijuana, car cette drogue est devenue populaire auprès de la jeunesse. La proximité du Japon, avec les aires de production que sont la Thaïlande et les Philippines, pourrait permettre aux yakuzas d'en tirer de grands profits.)

Le statut de Hong Kong est un autre facteur à considérer. La Chine doit reprendre en 1999 le contrôle de l'actuelle colonie de la couronne britannique, et le rôle de Hong Kong dans l'approvisionnement en héroïne de toute la région pourrait bien changer. Les triades songent déjà à de nouvelles bases et transfèrent à l'étranger d'énormes capitaux. Si le contrôle de Hong Kong venait à leur échapper, il serait plus facile aux yakuzas, avec leurs bases intactes, de s'adjuger une part bien plus importante du marché. Tandis que les syndicats chinois pourraient bien de leur côté se féliciter de trouver en eux d'autres réseaux de distribution, solvables et dignes de confiance.

Historiquement, la Mafia américaine a hésité des années avant de se lancer en grand dans l'héroïne, et les yakuzas en sont peut-être, tout simplement, à attendre un patron assez énergique et dépourvu de scrupules pour prendre cette initiative. Selon John Y. Y. Lee, ancien chef des services antidrogue américains à Honolulu, le principal obstacle à l'entrée en force des yakuzas dans le trafic de l'héroïne est l'absence, en dehors du Japon, d'un réseau de distribution adéquat.

« Peu d'entre eux parlent assez bien l'anglais pour négocier des contrats importants », affirme-t-il. Il pourrait aussi bien ajouter que peu de gangsters américains parlent japonais.

Mais les yakuzas, comme les autres hommes d'affaires japonais, possèdent de grandes facultés d'adaptation. Leur vaste expérience en matière de trafics d'armes, de stimulants et de femmes prouve assez leur aptitude à s'entendre avec des organisations criminelles étrangères. Et s'il n'existe pas encore de réseau efficace de distribution d'héroïne à l'étranger, le réseau d'approvisionnement est, lui, déjà en place. Depuis 1975, les yakuzas ont transporté de grandes quantités de leurs amphétamines par les mêmes routes que celles de l'héroïne. Les triades de Thaïlande et de Corée du Sud sont leurs nouveaux fournisseurs.

Le cœur de la zone des stupéfiants du Sud-Est asiatique exerce sur les yakuzas un attrait puissant. Hong Kong, notamment, qui abrite beaucoup de Japonais, leur est un havre naturel. Cette minuscule colonie est en même temps l'un des ports les plus actifs du monde, un centre financier d'importance mondiale et un aimant à touristes. En 1982, 20 % des voyageurs qui s'y sont arrêtés étaient japonais. 10 000 Japonais y résident en permanence et plus de 800 firmes japonaises y sont représentées. Le vice exploite les touristes, les sokaiya exploitent les sociétés ; mécontents de leur réinsertion au pays, ils ont transporté leur spécialisé, l'extorsion, à l'étranger.

En 1980, un rapport confidentiel du bureau d'Interpol auprès de la police royale de Hong Kong concluait que le Sumiyoshi-rengo était très actif dans la colonie, mais se plaignait d'une grave absence d'informations sur les yakuzas. Rappelant qu'un flot de visiteurs japonais et d'argent de même origine se déversait dans la colonie, ses rédacteurs écrivaient : « Il serait naïf d'imaginer qu'ils ne soient pas représentés ici... Nous avons vu des colonnes de touristes japonais se laisser conduire vers telle boutique bien précise ; ne peut-on se demander qui joue le rôle de guide ? »

Une réponse au moins partielle à cette question fut

donnée en 1978, lorsque la police japonaise prit d'un seul coup de filet 16 membres du Yamaguchi-gumi soupçonnés d'avoir sorti de la colonie une centaine de kilos d'amphétamines. Soupçons confirmés l'année suivante, lorsqu'au Japon même la police parvint à relier 100 autres kilos d'amphétamines à la triade 14K qui rassemble 24 000 membres. La 14K, qui est basée à Hong Kong, dispose d'un réseau mondial, du quartier chinois de San Francisco aux boutiques louches d'Amsterdam, grâce auxquelles elle contrôle la plus grande partie de l'héroïne introduite en Europe occidentale. En 1985, le nom du syndicat fut de nouveau prononcé à l'occasion de la saisie de 29 kilos d'héroïne et de « speed » sur des courriers du Yamaguchi par les polices de Hong Kong et d'Honolulu.

La traversée aérienne de Hong Kong à Bangkok est courte. La métropole grouillante et le marché thaïlandais sont presque voisins. Comme partout en Asie du Sud-Est, c'est le trafic du sexe qui a d'abord attiré les yakuzas à Bangkok. Mais la Thaïlande est un peu à l'Asie du Sud-Est ce qu'était l'Ouest aux Etats-Unis, et elle exerce un grand attrait sur les plus aventureux des gangsters japonais. Trois guerres permanentes se déroulent en Thaïlande : la guerre des barons de l'opium au nord, la guerre contre l'armée vietnamienne à l'est, la guerre contre les musulmans sécessionnistes au sud. Ce désordre endémique donne naissance à de massifs trafics d'armes. En 1977, la police dut enquêter sur la « disparition », chez un armurier de Bangkok, de 700 000 cartouches. Quatre ans plus tad, une descente lui permit de saisir 100 000 cartouches de guerre, 17 grenades, pièges explosifs et fusées. Il faut, de plus, compter à Bangkok avec la corruption de la police. Tout cela constitue pour les yakuzas un centre idéal de contrebande d'armes.

La nature elle-même, en Thaïlande, enveloppe toutes ces opérations d'un parfum exotique. Un expéditeur dissimula ainsi un chargement d'armes de poing dans 7 boîtes contenant 70 serpents venimeux, parmi lesquels 15 cobras et 15 vipères à chaîne. La cargaison parvint à franchir les douanes japonaises, mais la police répandit bientôt la panique dans la ville de Hakone lorsqu'elle révéla que les gangsters avaient jeté les serpents dans la rivière qui la traverse.

Installés dans les meilleurs hôtels de Bangkok, les yakuzas ont conclu des marchés de femmes, d'armes et de drogues. Les représentants sur place des triades Chiu Chao auraient pour leur part participé à l'acheminement de stimulants fabriqués en Europe, parallèlement à l'approvisionnement des gangs en héroïne thaï. L'une de ces équipes de contrebandiers, démantelée à Tokyo, soutenait que son principal intermédiaire à Bangkok était un capitaine de la police nationale thaï. Une autre opération de police concernait le patron dynamique d'un gang de Saitama, dans la préfecture du même nom, qui dirigeait une entreprise de construction et exportait des tracteurs en Thaïlande, à l'intention de ses clients chinois. Les yakuzas avec qui il travaillait étaient payés en nature : armes, lingots, bijoux et montres-bracelets.

Après la victoire communiste en Chine, les triades n'ont pas seulement émigré à Hong Kong et dans le Triangle d'or, mais aussi à Taiwan où elles ont reconstitué d'impressionnants cartels criminels. Taiwan, qui a été, comme la Corée, colonie japonaise pendant quarante ans, est située à 1 100 kilomètres seulement de l'extrémité méridionale du Japon et exerce une grande attraction sur les yakuzas. Cette île, dont la croissance industrielle est exceptionnellement rapide et dont la population s'élève à 18 millions d'habitants, était la première destination des « circuits du sexe », organisés par les Japonais mâles, et sert toujours de réserve de femmes au florissant trafic sexuel des yakuzas. Les gangs y ont beaucoup investi dans l'immobilier et dirigent un nombre important de sociétés d'import-export qui trafiquent de tous les produits possibles, depuis les carottes et les bananes jusqu'à l'art populaire.

A la différence de leurs homologues de Thaïlande et de Hong Kong, les syndicats de Taïwan ne s'intéressent guère à l'héroïne ; en revanche ils se consacrent au meth dont ils produisent de grandes quantités. D'après la police, la « filière taiwanaise » a été organisée en 1975, lorsque, empruntant cette tactique aux triades de Hong Kong, les yakuzas ont envoyé dans l'île des chimistes japonais pour enseigner à leurs alliés chinois la fabrication des amphétamines. La police put se faire une idée de l'échelle de l'opération quand, en 1984, la découverte d'un réseau de contrebande permit d'apprendre qu'en cinq mois la bande en question avait convoyé jusqu'au Japon 163 kg environ de ces drogues, pour une valeur de 135 millions de dollars. Le principal passeur de la bande aurait été Tancredo Duluc, ambassadeur à Taiwan de la République dominicaine. Ce diplomate, d'après les fonctionnaires taiwanais, était sorti quarante-huit fois de l'île dans l'année qui précéda sa mise en cause.

L'engagement d'opérations de contrebande à pareille échelle exige de puissantes organisations ; Taiwan les possède en abondance – on y décompte plus de 700 gangs différents dont la plupart sont regroupés en une demi-douzaine de grands syndicats. La triade la plus puissante de l'île est la Bande du bambou unifié dont les effectifs sont estimés à 40 000 hommes par certains, tandis que d'autres observateurs ne les croient pas supérieurs à 20 000. Au deuxième rang vient la Bande des quatre mers, et les deux syndicats réunis contrôlent plus de 60 % des revenus de la prostitution, du jeu et des rackets exercés dans l'île. Comme ils l'avaient fait en Chine, les nationalistes chinois qui dirigent Taiwan continuent à y utiliser les gangs à des tâches politiques. Jusqu'en 1980, ils ont servi à espionner et neutraliser les opposants à Chiang Kai-shek. Puis en 1984, les services de renseignement du ministère de la Défense de Taiwan ont confié à une équipe de la Bande du bambou le soin de réduire au silence le journaliste sino-américain Henry Liu qu'ils assassinèrent dans son garage aux environs de San Francisco.

Les relations sont si étroites entre les syndicats criminels taiwanais et japonais que les yakuzas ont conclu avec leurs correspondants chinois une alliance formelle sans précédent. Plusieurs membres du Bambou ont reconnu avoir conclu un pacte important avec le principal syndicat japonais, le Yamaguchi-gumi. D'autres alliances du même type auraient été scellées entre d'autres syndicats des deux pays.

Le gang du Bambou est à Taiwan une sorte de pionnier en matière d'opérations d'outre-mer. Il s'est acquis depuis longtemps la complicité de correspondants à Los Angeles et dans d'autres villes américaines et, au début des années 1980, il offrit une somptueuse réception à Hong Kong pour fêter la conclusion d'un pacte avec les triades locales. Utilisant comme couverture une association sportive, l'Association sportive unifiée de Churan, les patrons du Bambou expédièrent des invitations à dîner où était gravé : « Nous sommes tous membres d'une même famille. » Les détails manquent sur cette fête, mais d'après différentes sources, 350 responsables des triades y auraient assisté, représentant toutes les bandes importantes de Hong Kong.

Pareilles alliances gênent beaucoup les représentants de la loi qui les considèrent comme des sources d'ennuis sans fin. L'activité internationale croissante des syndicats chinois et japonais, les perfectionnements constants de leurs organisations, annoncent de nouveaux types de coopération criminelle – crimes nouveaux, investissements illégaux nouveaux, organisation de nouveaux réseaux de contrebande. Certains juristes sont cependant sceptiques quant à l'étendue des changements à venir. « Ces alliances sont surtout fondées sur des relations personnelles, remarque un policier de haut rang à Hong Kong qui a derrière lui de longues années de lutte contre les triades. Les liens entre les organisations criminelles asiatiques dépendent des initiatives des malfaiteurs et de l'aptitude de la police à les bloquer. La situation n'est pas statique. » Quoi qu'il en soit, il y a gros à parier que l'avenir verra se développer la coopération des grands syndicats criminels d'Asie.

L'Europe occidentale, l'Amérique du Sud et le Pacifique central

Une fois que les yakuzas eurent goûté aux joies et aux bénéfices des opérations internationales, les plus entreprenants d'entre eux ne cessèrent de sauter sur les occasions qui pouvaient s'offrir à eux tout autour du monde. Leurs voyages les entraînèrent bien loin de l'Asie, en Amérique du Sud, en Europe occidentale et dans les pays du Pacifique. On sait peu de chose de l'activité des yakuzas dans la plupart de ces régions. Leurs délits sont rarement enregistrés et les polices locales travaillent contre eux dans le brouillard. Tatouages et doigts amputés n'obsèdent pas forcément les inspecteurs des douanes de Sidney et de Sao Paulo.

En dépit des pudiques assertions de la police japonaise, il ne fait pas de doute que depuis les années soixante-dix, les gangs yakuzas se montrent empressés à établir des liens dans tous les pays non communistes qui leur en offrent la possibilité. Cependant, comme les Chinois, ils ont tendance à s'appuyer sur la présence de communautés de leur nation. Le cas, surprenant, du Brésil en donne sans doute le meilleur exemple.

Les Japonais ont commencé à émigrer au Brésil en grand nombre à partir des années trente, où beaucoup d'entre eux s'y sont rendus pour travailler la terre. A la fin de la Seconde Guerre mondiale, une imposante vague d'immigrants est venue grossir leurs effectifs, en majorité composée d'anciens soldats qui, une fois rapatriés au Japon, après avoir fait la guerre outre-mer, se sont empressés de quitter leur pays natal ravagé pour vivre ailleurs une nouvelle vie. Résultat : la communauté d'origine japonaise aujourd'hui établie en Amérique du Sud est estimée à un million de personnes. Plus des trois quarts d'entre elles sont installées au Brésil, où elles forment la deuxième communauté japonaise du monde après le Japon. 80 000 autres Japonais résident au Pérou, 30 000 en Argentine, 10 000 en Bolivie. C'est leur importance au Brésil qui a fait de ce pays le troisième centre d'investissements japonais dans le monde et qui a provoqué la constitution d'une pègre spécifique, indigène et d'importation.

La criminalité au Brésil pourrait se passer des yakuzas. Le trafic de cocaïne, en provenance de la Bolivie et du Pérou voisins, ne cesse d'y augmenter, soutenu par d'actifs associés de la Mafia italienne et par les marginaux des très nombreuses communautés ethniques du pays. Les yakuzas se sont fait leur place au cœur même de la communauté japonaise, dans le quartier de Liberdade (Liberté), dans l'immense ville de Sao Paulo. Quelque 250 000 Japonais y sont installés, entassés dans une vingtaine de pâtés de maison de cette cité de plus de 10 millions d'habitants.

Ce n'est que vers la fin des années soixante-dix que les yakuzas ont commencé à faire parler d'eux au Brésil, lorsque éclatèrent à Liberdade, entre gangs japonais et coréens, les violences qui couvaient depuis longtemps. La communauté japonaise les appelle gurentai ou voyous. Ces jeunes gangsters ne se coupent pas les doigts et ne se font pas tatouer. Mais nombreux sont ceux qui ont conservé des liens, au Japon, avec les yakuzas, et leurs activités criminelles nous sont étrangement familières. En association avec des yakuzas à l'étranger, ils ont monté des affaires commerciales qui leur servent de façades : restaurants, bars, sociétés d'import-export, commerces de fleurs. Ils font beaucoup de contrebande : marchandises brésiliennes vers l'extérieur, et marchandises japonaises (surtout des appareils électriques, dont l'importation est strictement réglementée) vers l'intérieur. Dans la zone de Liberdade, ils contrôlent le jeu, la drogue, la prostitution et la protection forcée, et ont aidé leurs associés du Japon à alimenter en Brésiliennes le trafic du sexe. Selon d'autres rapports, les yakuzas brésiliens se seraient lancés dans les distributeurs automatiques et les machines à sous, ainsi que dans la construction.

Les yakuzas firent encore la une des journaux en 1979 au Brésil, lorsque la police coinça deux gangsters impliqués dans une affaire de meurtres en escroquerie à l'assurance-vie, étrangement semblables à ceux des Philippines, à peu près au même moment. Les compagnies d'assurance ayant alerté la police, les yakuzas, qui devaient alors se trouver au Japon, se rendirent à Taiwan où ils rencontrèrent Che Quan, individu âgé de cinquante-trois ans, naturalisé paraguayen et probablement membre d'une triade. Quan les fit passer au Paraguay, et les yakuzas finirent par rejoindre la communauté japonaise de Sao Paulo. Comme la police brésilienne, alertée par Interpol, se préparait à mettre la main sur les fugitifs, les gangsters s'enfuirent vers le nord et gagnèrent la ville d'Araguaia, de l'autre côté de la frontière brésilienne, où ils furent tués au cours d'une fusillade avec des agents fédéraux. Quant à Chen Quan, le contact chinois des yakuzas, il fut arrêté en 1985 pour avoir fait entrer dans le pays près d'un demi-kilo d'héroïne, jusqu'alors la plus grosse prise jamais effectuée au Brésil.

Les yakuzas se sont également distingués en Amérique du Sud. Des recruteurs travaillant pour le trafic du sexe ont entraîné des Colombiennes, des Brésiliennes, et probablement des femmes originaires d'autres pays, à partir pour le Japon. On a dénombré au moins deux opérations de contrebande d'armes en Argentine, et on pense que des sommes considérables d'argent se font blanchir sur le continent. En outre, selon des sources dignes de foi, les yakuzas auraient établi une filière péruvienne, destinée à faire entrer de la cocaïne au Japon. Etant donné l'énorme succès remporté au Japon par les stimulants, la cocaïne pourrait un jour rivaliser avec la methamphétamine et devenir la drogue de choix du pays.

⁂

Après la Colombie et le Paraguay, il n'est pas étonnant de retrouver des yakuzas en Europe occidentale. Toutefois, le préfet de police japonais, en séjour à Paris à l'occasion d'un séminaire, eut un drôle de choc lorsqu'il se trouva nez à nez avec plusieurs des principaux membres du Yamaguchi-gumi. Entre autres délits, on avait dépisté en Europe une série d'affaires de trafic d'armes. En 1965, déjà, on avait surpris un pilote d'Air

France, passant des armes en contrebande aux yakuzas. Plus récemment, on a découvert une filière italienne. En 1982, la police japonaise arrêta un membre du Kyosei-kai, âgé de vingt-huit ans, et l'accusa d'avoir fait entrer en fraude 300 armes de poing Garesi, calibre 25, et 20 000 cartouches dont il avait pris livraison à Milan. Un an plus tard, un deuxième contrebandier était pincé avec 37 de ces mêmes armes, ce qui amena la police à remarquer combien les modèles italiens étaient devenus populaires au sein de la base yakuza.

L'énorme industrie pornographique européenne exerce un grand attrait sur les gangs japonais. Les associés du Sumiyoshi-rengo faisaient le trafic d'armes et de films pornographiques durs en provenance d'Europe du Nord en 1980. Les gangs se sont également tournés vers l'Europe pour s'y approvisionner en drogue. Ils se fournissent de méthamphétamines en Allemagne de l'Ouest, qu'ils acheminent au Japon avec l'aide des triades. Des sociétés yakuzas, spécialisées dans l'importation au Japon de voitures de luxe, s'intéressent également de très près au marché allemand. On soupçonne aussi les yakuzas de trouver en Allemagne un débouché à leurs trafics sexuels, compte tenu de leur rôle désormais classique de courtiers en femmes asiatiques, si prisées des hommes allemands et hollandais.

L'Europe est encore pour eux un intéressant champ de manœuvre où exercer leur activité bien connue : le rançonnement des firmes japonaises. Chassés du Japon par la répression policière qui s'est abattue sur les sokaiya, une poignée de ces racketteurs professionnels a fait de l'Europe son nouveau terrain de chasse. Les sociétés japonaises, toujours très jalouses de leur image publique, sont des cibles faciles pour les sokaiya, assez habiles pour apprendre à les pressurer à l'étranger. Seiji Hamamoto, spécialiste notoire de ce type d'extorsion, a ouvert à Londres, à l'automne de 1981, un bureau de « correspondant étranger ». Il n'a guère fallu de temps à la police de Tokyo pour deviner que cette façade ne faisait que dissimuler une officine de chantage sur les compagnies japonaises installées en Europe. Un autre groupe important de sokaiya, le Rondan Doyukai, a investi, au début des années 80, des milliers de dollars en actions d'au moins trois importantes firmes européennes : Rotterdamsch Beleggings Consortium, la Compagnie française des pétroles et la Compagnie financière de Paris et des Pays-Bas (Paribas). Le groupe a poursuivi cette politique en 1984, où, disposant de liquidités provenant du rançonnement des grands magasins Isetan il a envoyé seize de ses membres faire un tour d'Europe pour y étudier les opportunités offertes par les places de Londres, Paris, Genève et Rome.

Malgré leurs attraits, l'Amérique du Sud et l'Europe demeurent pour les yakuzas des terres lointaines. Pour opérer à l'étranger, la plupart des gangsters japonais préfèrent se cantonner au bassin du Pacifique. Cette zone est leur vrai domaine – compte tenu des marchés asiatiques de drogue, du faible coût de ses femmes et de la croissance rapide de ses économies. L'industrie japonaise touristique sert de base aux investissements des gangs, à leurs trafics de contrebande et à leurs autres exactions ; le fait pour eux de pouvoir se mêler aux flots de voyageurs japonais et d'entreprises japonaises qui ne cessent de parcourir et de travailler dans cette région du monde est un grand atout. Ces conditions de « travail » ont encouragé les gangs à étendre leurs opérations. Ils ont pris pied en Australie où, conjointement avec d'importants investissements japonais parfaitement légaux, ils sont soupçonnés de blanchir l'argent de la drogue, de diriger des ranchs, des casinos et des sociétés de construction. Et ils ont prospecté de nombreuses petites îles du Pacifique en vue d'y installer des bases.

Les quelques fonctionnaires américains qui s'occupent des yakuzas n'ont guère consacré de temps à s'inquiéter de ce qu'ils pourraient faire en terres étrangères ; ils sont bien trop occupés à traiter de ce qui se passe aux Etats-Unis mêmes. Car au début des années soixante-dix, les yakuzas commençaient déjà à s'installer en Amérique, entamant de nouvelles campagnes criminelles qui les conduiraient d'abord à Honolulu, puis à Los Angeles, San Francisco, New York, et peu à peu dans tout le pays.

NOTES

- Les événements qui ont conduit à l'enlèvement de Kim sont décrits dans *Hearings before the Subcommittee on International Organizations of the Committee on International Relations,* « Activities of the Korean Central Intelligence Agency in the United States », part I, 17 mars 1976, p. 12-13, de la chambre des représentants américaine. Voir aussi *San Francisco Chronicle,* 13 janvier 1985 ; et *Mother Jones,* mai 1985.

- La documentation sur la K.C.I.A. est tirée de *Hearings...,* p. 12 ; Robert Boettcher, *Gifts of Deceit : Sun Myung Moon, Tongsun Park, and the Korean Scandal* (1980), p. 23-30 et le *New York Times,* 20 août 1973.

- Les déclarations de Kim sont tirées d'une interview accordée aux auteurs en décembre 1984. Son enlèvement est décrit dans *Asian Wall Street Journal,* 17 août 1978, *New York Times,* 15 août 1973, *San Francisco Chronicle,* 13 janvier 1985 et la dépêche du département d'Etat américain, de l'ambassade des Etats-Unis (Séoul) à Washington, D.C., « Account of Kim Tae Chung's Kidnapping », août 1973.

- L'implication de la K.C.I.A. dans l'enlèvement de Kim est tirée du témoignage de Ranard dans *Hearings...,* 17 mars 1976 ; *Japan Times,* 8 février 1984, *Mainichi Daily News,* 25 septembre 1973, et *Asahi Evening News,* 26 septembre 1973.

- Le prétendu rôle de Machii dans l'enlèvement est examiné dans *Shukan Gendai,* 30 août 1973 Takao Goto, *Koria Uochiya* (un observateur de la Corée) (1982), p. 94 et la *Far Eastern Economic Review,* 12 novembre 1973, et 13 mai 1974. Le rôle éventuel d'autres yakuzas est cité dans *Koria Uochiya,* p. 93 et *Mainichi Daily News,* 8 février 1977.

- Pour les débuts de Machii on a rassemblé des interviews de son associé américain, Ken Ross, et de fonctionnaires de la police métropolitaine de Tokyo. Ont également été consultés les articles suivants : *Shukan Bunshun,* « Kankoku Kara Kita Otoko » (« L'homme venu de Corée »), série en trois parties,

23 juin, 30 juin et 7 juillet 1977, *Shukan Shincho*, 26 juillet 1973 et *Mainichi Daily News*, 20 novembre 1964.

- Les contacts de Machii avec des fonctionnaires coréens de haut rang sont détaillés dans *Ekonomisto*, 16 mars 1976 et le grand mensuel coréen, *Wolgan Chosen*, février 1984. Les activités criminelles de son gang sont, entre autres, répertoriées dans *Yomiuri Shimbun*, 8 juin 1975.

- La migration des yakuzas en Corée du Sud est rapportée dans *Tokyo Shimbun*, 12 février 1975 et *Daily Yomiuri*, 8 juin et 20 octobre 1975.

- La contrebande en Corée est détaillée dans de nombreuses coupures de presse du *Korea Herald*, quotidien anglais de Séoul. L'affaire de contrebande d'*uhwangchongsimhwan* est tirée du *Herald*, 30 janvier et 17 avril 1980.

- Le prix de vente des amphétamines est tiré du *Japan Times*, 15 octobre 1983 et *Present State of Boryokudan...*, Police nationale.

- Le nombre impressionnant d'utilisateurs de « speed » au Japon est cité dans de nombreux reportages de presse. Voir *Daily Yomiuri*, 2 septembre 1984, *Japan Times Weekly*, 28 juillet 1984 et *Japan Times*, 14 mars 1982. D'autres informations proviennent du « Drug Problem in Japan », Police nationale (1979) et « Drug Problem in Japan » (1983).

- Le reportage sur le Sadoaka-gumi figure dans *Asahi Geino*, 15 mars 1984. A noter également une opération de contrebande portant sur quelque 200 millions de dollars par an, décrite dans un article de *Asahi Shimbun*, traduite par la Fondation asiatique et publiée par la presse américaine, le 18 décembre 1981. La citation de *Wolgan Chosen* est tirée d'un numéro de février 1984.

- Les informations sur le tourisme de Kisaeng sont tirées d'interviews confidentielles données à Séoul et de *Kisaeng Tourism* (1984), p. 10-12, 19-20, de l'Eglise de l'Union des femmes coréennes.

- La situation de la prostitution dans le Sud-Est asiatique est décrite dans « Hospitality Girls in the Philippines », *Southeast Asia Chronicle*, janvier-février 1979 et dans « Prostitution in Asia », document préparé par sœur Mary Soledad Perpinan, Manille, pour l'assemblée générale du Conseil mondial des églises, 1983.

- Le nombre des prostituées en Asie est cité dans *Kisaeng Tourism*, p. 24-25, le *Progressive*, février 1985, *Far Eastern Economic Review*, 9 janvier 1976, *Action Bulletin*, bulletin du Mouvement du tiers monde contre l'exploitation des femmes, mars

1981 et Kathleen Barry et autres, *International Feminism : Networking against Female Sexual Slavery* (1984), p. 39.

- Il est question du « paradis touristique » de Sasakawa à Lubang dans l'*Action Bulletin*, mars et juillet 1981, *Japan Times*, 25 mai 1981 et *Mainichi Daily News*, 15 avril 1981. L'histoire Casio est tirée du *New York Times*, 5 août 1979.

- La complicité du gouvernement dans le commerce du sexe a été dévoilée par des journalistes éminents de Séoul et de Manille. Voir aussi *Kisaeng Tourism*, p. 17 et 26 et le *Progressive*, février et mars 1985.

- Les informations sur le *karayuki-san* sont tirées de Mikiso Hane, *Peasants, Rebels, and Outcasts : The Underside of Modern Japan* (1982), p. 207, 218-225.

- Les informations sur le *Japayuki-san* sont tirées de « Women in Crisis in Japan », journal d'information de l'Union des femmes chrétiennes pour la tempérance, Tokyo, non daté (vers 1983) et *Daily Yomiuri*, 5 août 1984. Pour des cas précis de trafic sexuel, voir *Asahi Evening News*, 7 septembre 1974, *Daily Yomiuri*, 25 avril 1984, et 16 octobre 1973, et *Bangkok Post*, 17 février 1984.

- La vente d'esclaves est rapportée dans *Asian Women's Liberation*, n° 6, 1984, Association des femmes asiatiques, Tokyo. Les prix d'achat et de location des Philippines sont tirés de *Mainichi Daily News*, 24 février 1985.

- Les investissements yakuzas aux Philippines sont décrits dans le *Times Journal* (Manille), 12 novembre et 8 décembre 1982, et un reportage des services antidrogue américain, « A brief History of Japanese Organized Crime » (1979). Les investissements du syndicat de Machii sont cités dans *Daily Yomiuri*, 8 juin 1975, et *Mainichi Daily News*, 16 février 1975.

- L'expansion yakuza en Asie est rapportée dans *Tokyo Shimbun*, 5 février 1975, *Yomiuri Shimbun*, 8 juin 1975 et *Daily Yomiuri*, 22 décembre 1981.

- L'histoire des triades est extraite de Fento Bressler, *The Chinese Mafia* (1980), p. 28-32, 39 et Sean O'Callaghan, *The Triads* (1978), p. 11, 48-49. La triade de Chiang et ses liens privilégiés avec les gangs sont longuement évoqués par Sterling Seagrave dans *The Soong Dynasty* (1985).

- L'impact des débris de l'armée du Kuomintang, les services de renseignements occidentaux et le crime organisé dans le trafic d'héroïne du Triangle d'or sont détaillés dans Alfred W. McCoy, *The Politics of Heroin in Southeast Asia* (1972). Voir surtout p. 7-8, 92-95, 223, 232 et 315. Voir aussi le travail plus récent de John McBeth, dans *The Far Easter Economic Review* surtout celle du 27 décembre 1984.

- Les statistiques sur les saisies d'héroïne et autres opiats au Japon proviennent de la Police nationale, « Drug Problem in Japan », 1983. Les cas précis cités sont tirés du *Japan Times*, 13 mars 1971, *Mainichi Daily News*, 27 novembre 1984 et 23 janvier 1985 et *Japan Times Weekly*, 23 février 1985.

- L'activité yakuza à Hong Kong est décrite dans un rapport confidentiel de D. M. Hodson, Interpol, Police royale de Hong Kong, « Organised Crime in Japan », 19 décembre 1980, *Daily Yomiuri*, 4 mars 1978, *Far Eastern Economic Review*, 27 décembre 1984 et « Drug Problem in Japan », de la police nationale, 1983.

- Pour les énormes saisies d'armes, voir le *Bangkok Post*, 25 novembre 1977 et 26 octobre 1981.

- L'activité yakuza à Taiwan est rapportée dans *Yomiuri Shimbun*, 8 juin 1975 et *Mainichi Daily News*, 16 février 1975. La prétendue implication de l'ambassadeur dominicain a fait l'objet de nombreux articles. Voir, par exemple, la dépêche du service des informations de Kyodo, 2 août 1984 et *Mainichi Daily News*, 30 juillet 1984.

- L'information sur l'alliance entre syndicats de Taiwan et du Japon provient d'une interview donnée à notre collègue par des membres du gang du Bambou à Los Angeles en 1985. Ces alliances ont également fait l'objet d'un article dans le *Far Eastern Economic Review*, 27 décembre 1984. La fête du gang du Bambou unifié à Hong Kong a été décrite dans le *Newsweek*, 1er avril 1985.

- L'activité yakuza au Brésil est décrite dans deux des principaux journaux du pays, *Folha de São Paulo*, 18 septembre 1983 et *Jornal do Brasil*, 22 février 1985 et dans une série d'interviews données en 1984 à notre collègue, Michael Kepp, par Antonio Carlos Fon de *Isto E*, le deuxième hebdomadaire du Brésil, Ari de Moraes du *Diario Popular*, quotidien de Sao Paulo et William Kimura, rédacteur en chef du *Diario Nipak*, quotidien bilingue de Sao Paulo.

- L'activité yakuza en Europe est décrite dans un rapport interne du service d'immigration et de naturalisation américain, *Strategic Assessment : Asian Organized Crime*, 1er mars 1985, et dans diverses coupures de presse. Voir, par exemple, le *Guardian*, 20 mai 1979, *Asahi Evening News*, 22 et 23 mai 1979, *Japan Times*, 1er mars 1983 et *Daily Yomiuri*, 29 décembre 1982. Les sokaiya en Europe sont mentionnés dans le *Wall Street Journal*, 16 avril 1981 et *Daily Yomiuri*, 10 octobre 1982 et 4 juin 1984.

- L'activité yakuza en Australie est basée sur un reportage radio de l'Australian Broadcasting Corporation à Sidney, « Background Briefing : The Yakuza » et le *Newsweek* du 11 février 1985. L'intérêt des gangs dans les îles du Pacifique est constaté dans « A Brief History of Japanese Organized Crime », 1979, de la D.E.A. (Drug Enforcement Administration).

HAWAÏ :
LA QUARANTE-HUITIÈME PRÉFECTURE

De 6 heures à 10 heures et demie du matin, dans l'aérogare grouillante d'Honolulu, Al Gano et Bill Sweet étudient les foules de voyageurs asiatiques qui font la queue devant la douane pour le rituel de l'inspection. Pendant ce temps-là, les 747 en provenance de Taipeh, de Manille, d'Osaka et de Tokyo dégorgent leurs passagers vers les aires de contrôle, dévolues à l'arrivée, dans le secteur international. Ces passagers sont des touristes, des immigrants, des hommes d'affaires et des yakuzas.

Nous sommes en janvier 1982. Gano et Sweet sont deux officiers des douanes, en civil ; ils guettent les contrebandiers et autres indésirables, dont les yakuzas. Ces deux professionnels confirmés ne savent plus où donner de la tête, car depuis quelque temps un cortège apparemment ininterrompu de truands japonais passe par Honolulu avant de s'envoler vers le continent. Pour Sweet, Gano et tous leurs collègues, une évidence douloureuse s'impose : les yakuzas ont jeté leur dévolu sur Hawaï. D'après les estimations officielles, ils y ont investi plus de 100 millions de dollars et se sont acoquinés avec les principaux malfaiteurs de l'archipel.

Ce sont les douanes américaines, service sous-estimé de l'administration, qui ont dressé la première ligne de défense contre l'invasion yakuza. Et c'est à l'aéroport international d'Honolulu qu'ils ont mis au point des techniques de repérage des hommes tatoués qui, si elles ne sont pas toujours efficaces, n'en jouent pas moins un rôle très important.

« Il y a deux moyens de repérer un yakuza », déclare Al Gano. C'est un homme svelte, alerte, avec une fine moustache, un regard aigu et l'accent du New Jersey. « D'abord, le touriste japonais ordinaire... eh bien, se déplace humblement. Les yakuzas scrutent tout. On les repère facilement aussi lorsqu'ils arrivent en groupe. Le patron – l'oyabun – est le plus souvent entouré de ses hommes – les kobun ; ils portent ses bagages, lui allument sa cigarette et disent sans cesse *hai ! hai !* (oui, oui). »

Bill Sweet remarque en outre : « Vous pouvez aussi avoir la chance de repérer un petit doigt manquant. »

Mais les doigts amputés sont très difficiles à repérer à 10 ou 20 mètres de distance. Les vêtements sont des repères plus faciles. A l'embarquement, Gano montre du doigt un groupe de yakuzas en attente d'un vol des Japan Air Lines pour rentrer chez eux. Les douanes n'avaient pas de raison de les retenir, mais les yakuzas ne pouvaient pas empêcher non plus qu'on les observât à loisir.

« Ils étaient presque tous coiffés en brosse, reprend Gano, mais aujourd'hui beaucoup d'entre eux se font faire des permanentes. Bien entendu, tous les porteurs de permanente ne sont pas des yakuzas. »

Ceux-là n'étaient que menu fretin. Quelques-uns portaient des permanentes – le cheveu court et frisé – mais leurs signes distinctifs les plus apparents étaient leur absence d'expression et leurs méchants costumes de polyester. Auraient-ils été américains qu'on aurait pu les prendre pour une paire de patrons de boîte de nuit de petite ville, accompagnés de leurs employés.

En arrière de la ligne frontière, un inspecteur s'avance vers les deux officiers des douanes et leur murmure : « Nous avons une touche. »

Un autre douanier escorte un Japonais costaud et souriant jusqu'à une pièce séparée, tandis que sa femme, l'air soucieux, est priée d'attendre dehors. La pièce n'a rien de sinistre, elle est remplie de bureaux, de cartes et de classeurs. Le suspect est conduit au Centre de documentation sur les yakuzas (Y.D.C. ou, plus familièrement, Yak Doc). Le Yak Doc est de loin la meilleure source d'informations sur les yakuzas aux Etats-Unis ; il témoigne de plusieurs années de dur travail des douanes d'Honolulu et, a contrario, de l'apathie qui sévit partout ailleurs. Sweet et Gano font partie de la poignée des représentants américains de la loi qui se sont intéressés et s'intéressent toujours à la nature de la criminalité japonaise.

Sweet commence à interroger l'homme dans un japonais aisé. En dehors de sa permanente et de son pantalon noir, l'homme n'a guère l'air d'un criminel et ne paraît nullement embarrassé. Il répond cordialement aux questions de Sweet et accepte sans hésitation la présence d'un journaliste. « Ça ne veut rien dire, déclare Gano, les oyabun eux-mêmes sont ridiculement polis. »

Les douanes ont établi un questionnaire type à l'intention des individus soupçonnés d'être yakuzas. Outre leur nom, leur adresse, leur profession, l'objet de leur voyage, d'autres questions plus précises le complètent :

> Comment l'intéressé est-il reconnu susceptible d'appartenir au yakuza : portrait, informateur, associés.
>
> Caractères d'identification : doigts, orteils, tatouages, coiffures, cicatrices. Excès de bijoux susceptibles d'être convertis en argent liquide.

Ce document comprend aussi une liste de délits en japonais avec sa traduction anglaise. On y trouve *kyohaku* (extorsion), *tobaku* (jeu clandestin), *satsujin* (homicide) et *baishun torimoshi* (proxénétisme).

Sweet ne pousse pas très loin son interrogatoire, il s'aperçoit assez vite qu'il y a méprise. Le Japonais qui lui fait face possède une petite affaire de construction à Hokkaido – dont le seul nom évoque les yakuzas et leur emprise –, mais il n'est pas l'homme recherché. Il se trouve seulement porter le même nom qu'un yakuza connu. L'erreur est fréquente.

Malgré toutes sortes de difficultés, Sweet, avec son air modeste et sa voix rugueuse, a réussi, à partir de pratiquement rien, à réunir suffisamment d'informations sur les yakuzas pour constituer un système de renseignements complexe. Ce vétéran, qui a déjà consacré quatorze années de sa vie au service des douanes, passe souvent douze heures d'affilée à développer le fichier du Y.D.C. et à se charger des requêtes d'hommes de loi curieux de Hawaï et du continent. Il est le seul officier bilingue des Etats-Unis affecté aux yakuzas.

Sweet a fait connaissance avec la pègre japonaise pendant l'occupation, alors qu'il était agent secret dans la division d'enquête criminelle de l'armée. Depuis lors, et pendant douze ans, il a fait des séjours intermittents au Japon pour y établir des contacts avec la police locale. Aidé de sa femme japonaise, il traduit des volumes de reportages et d'articles sur les yakuzas, s'intéressant tout particulièrement à sa source de renseignements favorite, *Shukan Jitsuwa*, qui signifie « Vérité hebdomadaire », mais que l'on devrait plutôt appeler « Le temps des gangsters », en raison de ses innombrables histoires de yakuzas pleines de sang. Ce magazine a été pour Sweet d'une grande aide, lorsqu'il publia un article sur les cent oyabun qui avaient le plus d'avenir.

Sweet et ses collègues du Y.D.C. n'ont pas seulement à faire face au manque d'argent, d'hommes et de reconnaissance qui caractérise les bureaux éloignés de Washington. Les problèmes les plus pressants découlent des barrages bureaucratiques et linguistiques qui neutralisent souvent les efforts du Y.D.C. pour identifier les gangsters de passage.

Dans sa forme présente, cependant, le Y.D.C. a déjà fait beaucoup de chemin : 7 000 noms et les faits et gestes des 100 000 yakuzas supposés ou signalés au Japon et à l'étranger, répertoriés dans trois fichiers se recoupant qui constituent le « cerveau du Y.D.C. ». Il est remarquable que Sweet et Gano aient constitué des dossiers sur ne serait-ce que 7 % des yakuzas reconnus, car les policiers japonais ne sont guère disposés à fournir des renseignements sur le sujet. En raison de la faible circulation d'informations entre les deux pays, les fonctionnaires américains sont dans l'obligation d'étudier chaque cas individuellement avec leurs homologues japonais, procédé décourageant qui entraîne de fréquents malentendus, sur les plans juridique et linguistique.

Ce sont surtout les noms qui posent les plus gros problèmes. L'homme d'Hokkaido n'était qu'un exemple parmi les innombrables suspects mal identifiés. Le problème vient de la langue. Il n'est pas rare que des personnes cultivées, dont la langue maternelle est le japonais, ne réussissent pas à lire correctement un nom donné, ou bien à l'orthographier sans faute, après l'avoir entendu. Les *kanji,* idéogrammes basés sur le chinois, qui constituent l'écriture japonaise ne sont pas phonétiques ; on peut les lire de différentes manières. Les noms coréens sont peut-être encore plus difficiles à traduire correctement en japonais. (Selon Bill Sweet, il y aurait trente-cinq kanji différents pour le seul nom de Lee.) Les Coréens, qui forment une part importante des nouveaux yakuzas, utilisent généralement un nom coréen, comme Lee, Kim ou Park, suivi d'un nom japonais d'adoption. Pour comble de malheur, le Y.D.C. doit également compter avec les gangsters chinois de passage à Honolulu dont les noms peuvent s'écrire de la même façon, mais se prononcer ni à la manière japonaise ni à la manière coréenne.

Si Sweet tente d'obtenir le dossier d'un yakuza présumé, il doit faire face à un problème complexe. Par souci d'exactitude, il doit d'abord traduire en kanji le nom écrit en caractères romains. Pour ce faire, il utilise une collection de dictionnaires asiatiques, ainsi qu'un énorme index de 36 000 noms japonais et un guide coréen-japonais. Pour vérification, il a recours à de vieux codes de l'armée américaine, servant à transformer le kanji en signaux télégraphiques.

Une fois traduits, les noms et les demandes d'information sont transmis par téléphone ou télégraphe à Tokyo – mais pas directement aux autorités japonaises. Par souci diplomatique, la demande doit d'abord être adressée à l'attaché des douanes auprès de l'ambassadeur des Etats-Unis à Tokyo qui la remet en mains propres à des bureaucrates de la police nationale. Si tout se passe bien, Sweet reçoit une réponse dans les trente-six heures, mais ça prend souvent beaucoup plus longtemps. Les renseignements rassemblés par Sweet sont également communiqués à l'ordinateur du T.E.C.S. (Treasury Enforcement Communication System), qui est à son tour relié à l'énorme fichier du Centre national d'information criminelle du F.B.I.

Il arrive souvent que le Y.D.C. soit submergé de yakuzas. Chaque année, par exemple, les douanes doivent faire face à la « semaine sainte », période de vacances, qui chez les Japonais coïncide avec Noël et le Nouvel An. Des milliers de touristes japonais – et des centaines de yakuzas – se déversent dans Honolulu durant cette période.

« La plupart des yakuzas arrivant ici ne sont que des touristes, expliquait Al Gano. Ils ont besoin de vacances, comme tout un chacun, j'imagine. Ils viennent dépenser de l'argent, s'étendre sur la plage, faire étalage de leurs tatouages, et rentrent chez eux. Sauf que quelques-uns d'entre eux ne rentrent pas chez eux. »

En 1982, la politique américaine envers les yakuzas était encore relativement laxiste. De petites irrégularités de visa ou d'argent ne suffisaient à interdire l'entrée des Etats-Unis aux yakuzas. Pour la plupart, c'étaient des touristes ; depuis lors, ceux qui sont restés et ont organisé des rackets ont fait de plus en plus l'objet de surveillance de la part des autorités. Pour les habitants d'Hawaï, cependant, les yakuzas ne représentaient jamais qu'une organisation criminelle de plus et pas nécessairement la pire.

Gangsters au paradis

Comme leurs compatriotes, les yakuzas aiment beaucoup Hawaï. Dès avant la Deuxième Guerre mondiale, les Japonais y venaient en vacances ; après la guerre, dès que la prospérité s'établit au Japon, ils y retournèrent, mais en foules, cette fois. En 1984, 814 000 d'entre eux se rendirent dans l'archipel, où ils dépensèrent un milliard de dollars. Hawaï est si populaire au Japon que certains Japonais ont pris l'habitude de désigner ces îles par le surnom de « Quarante-huitième Préfecture », un peu comme si les Américains se référaient au Canada comme au cinquante et unième Etat de l'Union. Comme tant de touristes un peu partout, nombreux sont les Japonais qui, une fois à Hawaï, ne se contentent pas de laisser derrière eux leurs soucis, ils y laissent aussi leurs inhibitions. Bien que Hawaï n'ait jamais rivalisé avec les marchés sexuels de l'Asie du Sud-Est, les Japonais mâles lui trouvent les mêmes attraits.

D'après la police, 500 prostituées au moins travaillent en permanence à Honolulu, sans se cacher le moins du monde. Les studios de massage font de la publicité dans les journaux. Des « maîtres baigneurs » distribuent des cartes où sont imprimés les numéros de téléphone d'Américaines accueillantes. Des appartements, des hôtels, des immeubles en copropriété servent de bordels occasionnels. Et comme cette prostitution est liée au tourisme, les représentants de la loi ne sont pas très sévères envers ceux qui l'enfreignent. Certains juges se refusent même à connaître d'affaires de prostitution tant que ne s'y mêle pas la drogue.

Les touristes en quête de drogue disposent à Hawaï d'un approvisionnement spécifique : la marijuana hawaïenne – Maui Wowoe, Puna Purple, Kona Gold – est réputée dans tous les Etats-Unis pour son efficacité. La production de marijuana est massive dans les jardins, son chiffre d'affaires est de 600 millions de dollars par an qui permettent de prospérer à de nombreux gangs, parfaitement organisés. D'autres drogues, et notamment les amphétamines si prisées des Japonais, sont disponibles à Hawaï, comme partout ailleurs aux Etats-Unis, notamment dans les villes.

Qu'Hawaï ne soit pas l'Etat américain où la délinquance est la plus élevée, cela pourrait bien se discuter. Sa principale industrie, le tourisme, fournit aux organisations criminelles et les fonds et les victimes. Il leur fournit aussi des troupes : les employés sous-payés de la même industrie.

En dehors de leur pittoresque argot local, les hommes de main des bandes hawaïennes sont des voyous ordinaires. D'après un rapport de la Commission hawaïenne du crime organisé, en 1978, les malfaiteurs indigènes auraient beaucoup à apprendre :

> « ... La part visible des organisations criminelles de Hawaï, celle que l'on peut observer dans la rue, les fait juger plutôt primitives. Le noyau de la bande peut ne comprendre que de 3 à 12 individus, qui se considèrent eux-mêmes comme des conspirateurs. Comparées à leurs modèles continentaux, ces organisations apparaissent sommaires, dans leurs méthodes et dans leurs structures.
>
> « Leurs différents groupes travaillent sur des bases géographiques, comme Maui, ou se spécialisent dans telle ou telle activité, comme la prostitution ou le jeu. Les gangs se regroupuent aussi en des espèces de confédérations lâches, fondées sur l'origine ethnique ou des liens professionnels. »

Les gangs hawaïens les plus importants sont composés, assez logiquement, d'Hawaïens de souche. Bien qu'ils ne représentent que 12 % de la population, les Hawaïens de sang, pur ou mêlé, sont présents en force dans les organisations criminelles de l'archipel. Comme les indigènes du continent, ils constituent la communauté la plus pauvre de leur propre Etat. Mais bien d'autres groupes entrent en ligne de compte. Lors d'un procès qui fit grand bruit en 1984, le chef de gang Henry Huihui fut présenté comme superviseur d'un vaste ensemble de bandes composées d'Asiatiques, de Polynésiens et de Caucasiens. Les Hawaïens s'entendent de préférence avec les natifs des Samoa qui sont aussi rudes qu'ils sont grands. Coréens, Philippins, Chinois, Japonais, « haoles » (Blancs) et Noirs composent le reste des troupes de la pègre. Malgré cette abondance de bandes, les yakuzas ne semblent pas avoir eu de peine à se faire une place dans l'archipel. Il n'est guère difficile de s'en rendre compte.

Il n'est que de se promener un soir de chaleur dans l'avenue Kalakaua à Waikiki. A côté des pizzerias, des Woolco, des bazars japonais de sept étages et autres boutiques classiques, on remarque un déploiement de studios de massage, de boîtes de nus, de cinémas pornos et de librairies de même catégorie, exactement semblable à ce qui existe à San Francisco dans le quartier de Tenderloin et à Subic Bay aux Philippines. Les enseignes de ces commerces sont souvent bilingues, et les caractères japonais sont souvent les plus grands. Des inscriptions rouges indiquent « poruno » et les studios de massage sont appelés « turuko », ou bains turcs. Beaucoup de ces « turukos » se sont adjoint les services d'une « mama-san » paresseusement étendue dans un transatlantique, sur le trottoir à côté de l'entrée. Elles sont là pour communiquer aux individus intéressés les tarifs et les pratiques de l'établissement.

Presque tous ces commerces sont liés aux yakuzas. Une opération de contrôle, organisée en janvier 1981 par la police d'Honolulu dans 14 studios de massage, a révélé que la moitié d'entre eux était gérée par des personnages portant des surnoms japonais, et que 2 de ces 7 établissements dépendaient entièrement d'organisations yakuzas. L'un de ces deux gérants, Tsuyoshi « Bambi » Bamba, était lié à l'Inagawa-kai et fut donc expulsé. Le second, lié à un important entrepreneur yakuza, était propriétaire d'un bar, d'une armurerie et d'un établissement de spectacles pornographiques. Les commerçants en pornographie et autres marchands de sexe qui ne sont pas yakuzas sont presque tous obligés de leur acheter leur « protection ». Mais les yakuzas ont aujourd'hui dépassé de beaucoup le proxénétisme et le trafic de drogue. Ils se sont installés dans le trafic d'armes, le jeu et, ce qui est peut-être plus important, dans le blanchissage d'argent noir.

Les yakuzas sont confrontés à la grande difficulté que connaissent tous les malfaiteurs heureux : que faire de l'argent indûment raflé ? Les immenses profits que les yakuzas tirent du trafic des amphétamines (shabu) leur posent le même problème que ceux de la cocaïne aux Colombiens et aux Américains. Une solution simple leur est apparue : investir à Hawaï même. La police japonaise et l'administration fiscale auraient rendu la vie impossible aux yakuzas connus qui auraient investi au Japon des milliards de yens, mais le problème ne se posait pas à Hawaï. De très nombreux Hawaïens acceptent, sans en demander l'origine, l'argent liquide des Japonais. Dès lors, la seule question qui demeure est la suivante : quel est le montant des capitaux yakuzas investis dans la Perle du Pacifique ? Un fonctionnaire d'Honolulu, devant lequel on avait avancé la somme de 100 millions de dollars, s'étouffa de rire en répondant : « C'est plusieurs fois cette somme. »

Les yakuzas, comme les autres syndicats du crime, n'exigent pas nécessairement de gros bénéfices de ces investissements. « Si les yakuzas obtiennent 1 dollar pour 2 dollars investis, déclarait un ancien détective d'Honolulu, Bernie Ching, ils s'estiment contents. » Pour la bonne raison que ce dollar est alors propre, qu'il peut être employé sans problème ou envoyé au Japon. Cet argent est déclaré comme bénéfice ou vente d'une affaire légitime, ou simplement transféré au Japon par virement télégraphique, sans la moindre explication. En règle générale, les banquiers japonais ne se montrent pas particulièrement curieux quant à l'origine de ces fonds.

Mais à leur arrivée, les yakuzas n'étaient pas des blanchisseurs d'argent de haut niveau, ni même des criminels. Les yakuzas firent leur première apparition à Hawaï dans les années soixante ; ils étaient restaurateurs, cuisiniers, plongeurs. Ils prenaient tous les petits boulots leur permettant de regarder discrètement autour d'eux. Au début des années soixante-dix, ils se mirent à rencontrer des membres des syndicats du crime locaux et conclurent des alliances, ou tout au moins des pactes de non-agression. Les premiers yakuzas ne semblaient pas constituer un danger pour les criminels hawaïens. En fait, ce n'était qu'une bande de dépravés et d'incapables, à cent lieues de la pure tradition du Milieu, vieille de deux siècles et demi. Mais faute de mieux, ils préparaient le terrain pour d'autres.

La première vague

En 1973, la police surveillait une poignée de yakuzas et commençait à penser que leur présence ne constituait pas un phénomène passager. Pour meilleures preuves, Wataru « Jackson » Inada, criminel complet, s'établit sans la moindre discrétion à Honolulu et se lança dans une série d'escroqueries qui allaient le conduire à une mort prématurée en 1976.

Inada qui était membre du Takahashi-gumi de Tokyo, filiale du Sumiyoshi, arriva à Hawaï en 1972. Peu de temps après son arrivée, il s'associa avec un gangster local d'origine coréenne, John Chang Ho Lee ; ensemble ils montèrent différentes affaires, aussi bien légales qu'illégales, avec les fonds yakuzas d'Inada. Lee n'avait pas la réputation d'être un gangster particulièrement prudent, et depuis 1961, où il avait été surpris en train de déménager un coffre-fort d'un théâtre d'Honolulu, il avait à plusieurs reprises été arrêté et condamné à la prison. Mais Inada avait trouvé en Lee une âme sœur ; de plus l'homme avait de précieuses relations, car il connaissait presque toute la pègre d'Honolulu.

Les deux gangsters créèrent les voyages Mitsui qui s'adressaient exclusivement à des touristes japonais et sont probablement à l'origine des séances aux stands de tirs, dorénavant couramment proposées aux touristes. Les Japonais peuvent s'y adonner au plaisir, chez eux interdit, de tirer au pistolet. L'idée était bonne, mais l'entreprise n'échappa pas à la malchance de Lee. En juillet 1974, au stand de Koko Head, l'un des joyeux tireurs en tentant de décoincer son 45 automatique enrayé réussit à se loger une balle dans le cœur. Koko Head refusa désormais à Lee et Inada l'accès à ses installations, mais Inada avait déjà entrevu la nécessité de diversifier leurs opérations et il ne fut pas pris au dépourvu.

Au cours des deux années qui suivirent, Inada se

lança dans la prostitution, les jeux et le rançonnement de magasins pornos. En 1973 déjà, Inada s'était rendu compte qu'on pouvait vraiment gagner beaucoup d'argent dans le trafic d'héroïne. Avec ses liquidités, ses relations asiatiques et le réseau de distribution de Lee, il pouvait faire fortune. Malheureusement pour Inada et pour Lee, les choses ne se passèrent pas ainsi.

Inada n'eut aucun mal à trouver de l'héroïne en Asie, mais c'est aux Etats-Unis que son manque d'expérience se fit sentir. Inada et Lee avaient engagé pour les aider le célèbre patron de la Mafia de Los Angeles, Peter John Milano qui, pour 100 000 dollars, aiderait à faire passer un kilo d'héroïne par Los Angeles et à le remettre à un acheteur du Middle West. Ce devait être le début d'une collaboration régulière. Mais à la fin de l'année, Lee fut arrêté pour avoir tenté de vendre de l'héroïne à un agent secret des services antidrogue et, en échange d'une réduction de peine, il accepta de témoigner contre ses anciens associés. Si bien que Milano et six autres Continentaux furent arrêtés et jugés.

Inada ne comprit sans doute jamais qu'il n'était pas fait pour le trafic d'héroïne. Il fut de nouveau arrêté en juillet 1975, pour la vente de 165 000 dollars de cette drogue à un autre agent secret. Il devait être traduit en justice l'année suivante, sachant que Lee témoignerait contre lui. Le procès s'annonçait sensationnel. Mais Lee n'avait nulle intention de témoigner publiquement et d'être classé comme mouchard tout le reste de sa vie.

Cinq jours avant la date d'ouverture du procès, Inada, alors âgé de quarante-trois ans et sa maîtresse coréenne, Ju Nam Song qui en avait vingt-six, furent trouvés assassinés. Ils avaient été tués d'une balle dans la tête et le double meurtre avait été maquillé en suicide. Inada représentait une source d'ennuis pour toutes sortes de gens, malfaiteurs aussi bien que défenseurs de la loi et il ne fut sans doute guère regretté. Le mystère de sa mort n'a jamais été éclairci bien que la police ait suspecté Lee d'avoir monté l'affaire. Mais comme jamais il ne témoigna devant un tribunal, l'administration put reprendre ses promesses et il fut condamné à quinze ans de prison et dix ans de liberté sur parole.

Jackson Inada fut un grand maladroit, mais il fut aussi un pionnier. Il s'était intéressé à tous les secteurs de l'exploitation touristique dont les yakuzas allaient s'emparer, et à quelques autres, au-delà du simple tourisme. Comme pour tant de pionniers, on lui saura davantage gré de ses tentatives que de ses résultats.

Le seul trafic auquel Inada sembla se désintéresser, où du moins il n'intervint jamais, fut celui des armes. Ce fut un autre représentant du Yamaguchi-gumi, un obscur ancien boxeur du nom de Takatsugu Yonekura, qui inaugura la contrebande d'armes. Yonekura n'avait rien du yakuza typique. Il avait été au collège et avait fait partie de l'équipe olympique japonaise de boxe. Il avait fait la connaissance, au Japon, d'une Américaine qu'il avait épousée ; ils émigrèrent aux Etats-Unis où il obtint le statut de résident et la carte verte d'immigrant.

C'est vers 1975 que Yonekura se lança dans le trafic d'armes, mais sa carrière fut courte. En mai 1976, il fut arrêté par les douanes, à Hawaï, en possession de 50 pistolets automatiques Raven de calibre 25 et de 900 cartouches. En décembre de la même année, il fut condamné à rééducation dans l'établissement de Halawa à Hawaï. (Pendant son procès son avocat fit remarquer que les tatouages qui lui couvraient le corps n'étaient que le résultat d'une « profonde dépression » et ne signifiaient nullement une quelconque appartenance au monde yakuza.)

Durant son temps de liberté sur parole, Yonekura témoigna de la même légèreté que son ami Inada. D'après un agent secret fédéral, le yakuza se lança dans l'organisation d'un lucratif jeu de mah-jong à l'intention de ses compatriotes touristes. De surcroît, il s'associa avec l'organisateur de réunions de boxe, Kuwashi Shimizu, et un ancien chef cuisinier, Yoji Kawakami. Cette association était formellement légale, mais cependant très suspecte. La compagnie Takara Sogyo, officiellement société d'investissement, se consacrait en partie à l'exportation au Japon, où la détention d'armes est interdite, de gilets pare-balles. Les clients de ces gilets étaient sans doute les mêmes qui n'avaient pas reçu les pistolets Raven 25, confisqués à Yonekura lors de son arrestation. Pour couronner ses activités, Yonekura s'associa enfin avec John Chang Ho Lee, le vieux partenaire d'Inada, dans une entreprise de chantage auprès des firmes de Waikiki.

Tout cela n'était sans doute pas assez risqué pour Yonekura. Il n'hésita point à violer sa parole de la façon la plus flagrante, s'en allant au Japon sans prévenir les autorités américaines. Il en revint porteur de 10 000 dollars en liquide, mais amputé de la dernière phalange de l'auriculaire droit. De toute évidence, il était allé se faire pardonner ses maladresses américaines, et sa loyauté lui avait valu une prime de son chef du Takahashi.

A son retour à Hawaï, Yonekura dut affronter de nouveaux ennuis. Non seulement sa liberté conditionnelle fut révoquée, mais il fut en outre inculpé pour avoir fait entrer, sans les avoir déclarés, 10 000 dollars, en violation du contrôle des changes. Lors de son procès, le procureur général américain décida de faire de Yonekura un exemple, de manière à décourager les autres yakuzas, désireux de tenter leurs chances en Amérique. L'infortuné kobun fut condamné à cinq ans de détention dans une prison fédérale et à une amende de 10 000 dollars, soit la somme trouvée sur lui à l'aéroport. Pour justifier cette amende, les procureurs fédéraux la présentèrent comme une « "taxe" appliquée à ceux qui s'engageaient délibérément dans la délinquance, au sein d'une association de malfaiteurs ». Ce que le juge admit.

Les yakuzas sont réputés pour leur stoïcisme en prison, mais cela se passait en Amérique, et apparemment Yonekura ne se sentit pas lié par les règles du *giri-ninjo*. En 1981, il prit congé de la prison fédérale de Lompoc en Californie et disparut avec beaucoup de talent. Si maladroit malfaiteur qu'il se fût montré, Yonekura manifesta des dons remarquables d'évadé.

La police le rechercha en vain dans tout Los Angeles. Six mois plus tard, il réapparut à Mexico pour se plaindre amèrement à un journaliste japonais du traitement qu'il avait subi, avant de disparaître de nouveau. « Cinq ans de prison, disait-il, c'est tout à fait injuste pour une simple violation du contrôle des changes. » Et c'était parfaitement vrai. D'ailleurs, la sentence n'eut aucun effet dissuasif sur les yakuzas.

A la fin des années 70, les yakuzas s'efforcèrent de prendre pied sur le marché américain de l'héroïne, le plus important du monde, avec des fortunes diverses. Leur propre incompétence alerta tout d'abord les administrations fédérales et locales. Mais ce fut surtout l'affaire des Trois Mules, qui convainquit les représentants américains de la loi que les yakuzas ne plaisantaient pas et que leur volonté de participation au trafic de l'héroïne était sérieuse.

Le 9 mai 1979, l'inspectrice des douanes, Yenlyn Shadowens, contrôlait un passager japonais à l'arrivée de l'aéroport international d'Honolulu. Elle examina Satoshi Meguro et lui demanda son passeport. Ce document révélait de nombreux voyages à Bangkok, Honolulu et Guam, à partir de Tokyo. Une semaine avant son débarquement à Honolulu, Meguro s'était trouvé à Bangkok. Shadowens demanda le renfort de l'inspecteur des douanes et lui fit part de ses soupçons.

Meguro fut alors conduit dans un bureau à part où il fut interrogé par le truchement d'un interprète. Il déclara travailler au Japon, dans un bar. Pour tout bagage, il n'avait qu'une petite valise et un sac d'une boutique « détaxée » contenant une bouteille de Rémy Martin et une cartouche de cigarettes Dunhill. Lorsque les inspecteurs ouvrirent la cartouche, ils y trouvèrent des paquets de poudre blanche. Deux camarades de Meguro, Tamotsu Omori et Yasuhiro Ono ayant déjà passé l'inspection furent repérés dans l'aéroport. Une seconde fouille permit de mettre la main sur les sacs d'une boutique « détaxée » qui contenaient des cartouches de cigarettes Dunhill, elles-mêmes remplies de poudre blanche.

La poudre en question s'avéra être de l'héroïne n° 4,

excellente qualité du Sud-Est asiatique, dont chaque carton contenait une livre. Alerté, le D.E.A. débusqua un quatrième homme, Kiyoshi Yoshioka, dans un hôtel de Waikiki. Soupçonné d'être le chef de l'équipe, il fut, faute de preuves, laissé en liberté.

La police de Tokyo révéla que Yoshioka était membre du Seishi-kai, affilié au Sumiyoshi. La police japonaise effectua des perquisitions aux domiciles des trois passeurs ou « mules ». Dans les papiers saisis, on trouva des schémas détaillés des douanes des aéroports de Bangkok, Hong Kong et Tokyo, ainsi que les instructions pour les franchir le plus facilement possible.

Mais les informations les plus intéressantes concernaient le règlement imposé aux passeurs. Une obéissance aveugle leur était naturellement demandée, mais, en retour, les compensations qu'ils pouvaient en attendre étaient précisément détaillées. D'après ce code :

> « Vous devez obéir en tout à votre chef de groupe. Vous n'avez pas le choix ; vous ne pouvez ni refuser ce qu'il vous ordonnera, ni vous en plaindre. Les instructions ci-dessus ont été mises au point à la demande de notre commanditaire à seule fin de nous protéger et de nous permettre d'accomplir notre travail. Donc si vous désirez travailler avec nous et en recevoir
> salaire, vous devez suivre ces instructions.
>
> « Vous recevrez 5 000 dollars par voyage, plus 500 dollars environ de frais ; votre chef de groupe en déterminera le montant exact. Les « souvenirs » sont à votre charge. Votre chef de groupe réglera vos frais d'hôtel et de restaurant. Il règlera aussi vos frais de boisson, à concurrence de 75 dollars. »

Ces tarifs étaient invariables quelle que fût la destination : Amérique ou Sud-Est asiatique. Mais les voyages aux Etats-Unis comportaient, pour les passeurs, une curieuse restriction. Les instructions disaient : « Votre chef de groupe paiera vos déplacements, vos frais d'hôtel et de restaurant, mais les autres dépenses, boissons ou casse-croûtes, seront à votre charge. »

Conclusion de ce règlement : « Toute objection entraîne exclusion. Soyez bien prévenus qu'il ne vous sera pas versé un sou, si vous contrevenez aux instructions du financier ou des intermédiaires. » Combien de trafiquants américains du Nord ou du Sud ont dû envier une telle déférence de la part de leurs employeurs !

Le 28 août 1979, les trois malheureuses « mules » ont été condamnées à des peines de dix à douze ans de prison. Leurs camarades et associés, qui avaient sans aucun doute participé aux voyages précédents, n'ont pas été inquiétés à leur retour du Japon. Quel qu'ait été le sort final des passeurs, il est clair que les Américains n'en ont pas fini avec les contrebandiers d'héroïne yakuzas. Depuis, la police a repéré toute une troupe de passeurs de drogue japonais qui s'infiltrent par Los Angeles, San Francisco et Vancouver. S'il était besoin d'autres preuves pour l'administration, elles lui ont été apportées en 1985 avec la saisie de 5,5 kilos d'héroïne et de 23,5 kilos d'amphétamines à Honolulu et Hong Kong. Dans ces deux villes, la police a arrêté sept Japonais et trois Chinois, dont deux des principaux chefs du Yamaguchi-gumi et plusieurs associés de la célèbre triade 14 K de Hong Kong.

La grande époque et la mangouste

Aux yeux de certains Hawaïens influents, connaître des yakuzas n'est pas dénué d'intérêt. D'une part, ils peuvent espérer des bénéfices tangibles d'une alliance de l'argent et de la violence brute ; puis, les réseaux yakuzas au Japon peuvent souvent apporter des affaires juteuses, légales ou illégales. D'autre part, fréquenter des yakuzas a quelque chose d'exotique. Les truands japonais sont connus pour leur goût de la fête somptuaire. Quant aux Japonais, les bénéfices à retirer de relations avec des Hawaïens puissants sont évidents pour eux. Ceux-ci leur ouvrent la porte des milieux d'affaires, cautionnent leur présence et multiplient leurs chances de profit.

Parmi ces Hawaïens, séduits par les yakuzas, se comptait Charles Higa, l'un des hommes les plus riches de l'archipel. En fait, Higa avait été puissamment riche jusqu'à ce qu'il eût dilapidé l'immense fortune bâtie par son grand-père et par son père dans les affaires maritimes. Les entreprises Higa travaillaient aussi dans le camionnage et le stockage ; elles étaient représentées sur le continent et avaient passé des contrats officiels au Japon.

Charlie Higa se mit à fréquenter les malfrats de piètre envergure – voyous des Samoa et truands japonais notamment. Lorsque son entreprise de camionnage commença à battre de l'aile, il se résolut à tâter du même expédient dont avaient usé Inada, Yonekura et beaucoup d'autres malfaiteurs anonymes : faire chanter des entreprises marginales pour se procurer de l'argent frais. Le 22 septembre 1983, Higa et deux de ses complices furent arrêtés et accusés d'extorsion de fonds et d'association de malfaiteurs ; ils avaient notamment tenté de soutirer 300 dollars par mois au gérant d'un établissement pornographique de Waikiki, le Tsukoba Book and Video Store.

Au cours du procès qui suivit son inculpation, Higa reconnut sa participation à association de malfaiteurs. D'après le journaliste Jim Dooley du *Honolulu Advertiser*, Higa se montra là-dessus tout à fait naïf :

> « Il déclara avoir rencontré pour la première fois des yakuzas au Japon, à la fin des années 50. Au Japon, son entreprise familiale de camionnage dépendait, dit-il, d'une main-d'œuvre contrôlée par les yakuzas. Aussi dut-il se plier à la coutume locale qui exige d'offrir des dons – d'argent ou de saké – aux yakuzas importants. A partir de là, selon lui, il rencontra d'autres chefs yakuzas. Jusqu'à se lier personnellement avec les trois principaux patrons du Sumiyoshi-rengo, importante organisation yakuza de Tokyo qui, depuis quelques années, s'était montrée active à Hawaï. Et il déclara avoir rencontré

deux fois à Hawaï, Kazuo Taoka, patron aujourd'hui décédé du Yamaguchi, le plus grand de tous les syndicats yakuzas. Enfin, Higa révéla avoir eu des relations avec Kaoru Ogawa qui, selon la police de Tokyo, est "le racketteur le plus influent" du Japon. »

Higa fut condamné à cinq ans de détention pour extorsion de fonds ; quant aux faveurs qu'il accorda à divers oyabun yakuzas, il n'en fut pas question devant le tribunal. Lorsqu'il admit l'avoir connu, Kaoru Ogawa, le maître chanteur japonais avait déjà, semble-t-il, quitté les îles pour de bon. Mais en 1978, on le vit réapparaître à Hawaï avec toute sa famille qu'il y installa, et il se lança dans une série d'investissements variés ; à partir de quoi il s'efforça d'éviter la publicité défavorable qui pouvait lui venir du Japon.

Ogawa, à l'époque, était le plus célèbre sokaiya du Japon. La police nationale japonaise estimait à plus de 100 le nombre des entreprises qu'il avait pressurées en deux ans avec ses hommes de main. En 1982, il fut appelé à témoigner, à Hawaï, dans une âpre et complexe bataille juridique pour le contrôle des actions de la City Bank d'Honolulu. Il fut lui-même accusé d'avoir secrètement tenté de prendre le contrôle de la banque. Durant le bref laps de temps qu'il passa à Honolulu pour ce procès, Ogawa fut en outre accusé d'avoir tenté de faire chanter des employés de la City Bank pour étouffer leurs témoignages. On ne sait pas aujourd'hui ce qu'il reste de ses investissements immobiliers, mais il est au moins sûr qu'il était proche d'un certain nombre d'Hawaïens parmi les plus nantis, dont Charles Higa.

En réalité, Ogawa n'a jamais été un yakuza à part entière, mais un autre familier de l'île ne peut pas en dire autant. Hisayuki Machii, patron « retraité » du Towa Yuai Jigyo Kumiai se montre de temps en temps à Hawaï. Lors de l'un de ces voyages, en 1982, il affirma n'être venu que pour y subir une intervention chirurgicale à la bouche. Il trouva, néanmoins, le temps d'aller voir Ken Mizuno, associé supposé du Towa, investisseur et restaurateur à Las Vegas. La police pense que Machii ne s'est pas borné à voir Mizuno et qu'il a rencontré à Hawaï des personnages encore bien plus douteux ; elle est d'autre part persuadée qu'il a investi une bonne partie de sa fortune dans l'archipel.

La figure la plus intéressante de Hawaï est sans doute le fameux kuromaku, Kenji Osano. Osano est souvent placé sur le même rang que Kodama et Sasakawa, mais excepté son rôle essentiel dans le scandale Lockheed, il est parvenu à maintenir de lui-même une meilleure image publique. Pourtant, nombreux sont ceux qui l'associent au monde noir de la politique et des affaires au Japon.

En 1973, sa fortune était estimée à plus d'un milliard de dollars dont il s'est servi pour devenir l'investisseur japonais privé le plus important des Etats-Unis. Sa société d'investissement, la Kokusai Kogyo Co, Ltd., avait ouvert en 1961 des bureaux à Honolulu. Mais ce n'est que dix ans plus tard qu'Osano commença d'acheter des propriétés, comme s'il jouait au Monopoly. Lorsqu'il en eut fini avec ces achats sur le continent et à Hawaï, il était devenu propriétaire de quelque 6 000 chambres d'hôtel. A Waikiki, il possédait cinq hôtels : le *Sheraton*, le *Royal Hawaïen*, le *Surfrider*, le *Moana* et le *Princess Kaiulani*, plus le *Sheraton* de l'île Maui.

Mais il ne se contentait point d'investissements immobiliers. La police d'Honolulu n'avait cessé de surveiller ce kuromaku prospère depuis ses premières acquisitions. L'identité de l'un de ses compagnons les plus proches, Susumu Ishii, numéro deux de l'Inawa-ka, avait attiré son attention. A l'occasion d'autres voyage à Hawaï, Osano, selon les comptes rendus de presse, avait été vu en compagnie d'autres dirigeants du même syndicat. La compagnie d'Osano avait financé plusieurs parties de jeux pour joueurs de haut vol, parmi lesquels plusieurs chefs yakuzas. Un policier d'Honolulu assura un peu plus tard que les hôtels d'Osano servaient de point de chute aux yakuzas, mais il n'alla pas jusqu'à affirmer que celui-ci intervenait personnellement en faveur des gangs. « Ils trouvent ici du travail auquel ils s'attachent quelque temps, puis ils s'en vont rejoindre leurs domaines favoris d'activité. »

⁂

Vers 1985, il devint évident que les yakuzas s'étaient bel et bien installés dans les îles. Selon certaines sources policières, les gangs japonais occupent désormais le deuxième rang dans l'archipel, immédiatement après les bandes hawaïennes. Il ne fait pas de doute que les yakuzas ont gangrené l'industrie du tourisme japonais, qui met en jeu des milliards de dollars, et qu'ils utilisent les îles pour y pratiquer la contrebande d'armes, y exploiter la pornographie et y faire transiter des quantités de plus en plus importantes de drogue.

Il est même vraisemblable, compte tenu de la valeur des entreprises hawaïennes liées aux yakuzas, que l'archipel dépend de plus en plus des investissements yakuzas. 100 millions de dollars, c'est une somme, mais Honolulu ne fait pas encore partie de la ligue de Miami. Quoi qu'il en soit, il est évident qu'aujourd'hui, le volume des liquidités détenues par les yakuzas incite certains Hawaïens à faire la cour aux gangs japonais, ou du moins à leurs oyabun. Cet argent fait maintenant partie intégrante de la structure économique des îles. Comme le formule, morose, un policier d'Honolulu, Bernie Ching : « Les yakuzas sont ici pour de bon. »

Les Hawaïens pourraient comparer les yakuzas à d'autres immigrés d'origine asiatique, les mangoustes. Il y a des années, les planteurs de canne à sucre d'Hawaï introduisirent la mangouste dans l'archipel pour débarrasser leurs plantations d'une autre créature d'importation, le rat. La mangouste, qui ressemble à une belette, n'a nullement réduit les populations de rats. En revanche, elle a dévasté les basse-cours d'Hawaï jusqu'à représenter une plaie permanente. Accueillis à bras ouverts par certains, en raison de l'argent qu'ils apportaient, les yakuzas s'avéreront peut-être aussi parasites et voleurs à la longue que les mangoustes, en tout cas aussi difficiles à déloger.

NOTES

- On trouve une bonne analyse de l'industrie du tourisme à Hawaï dans *Hawaii : Islands under the Influence* (1983) de Noel Kent. Voir particulièrement p. 177.

- Le rapport de 1978 de la Commission hawaïenne du crime, *Organized Crime in Hawaii*, était une excellente introduction à une enquête publique. Cette citation est tirée de la page 9 du rapport. Il est dommage que la Commission du crime ait heurté trop de gens importants ; son pouvoir lui fut retiré et les vivres coupés, après que ce rapport eût laissé entendre que la Commission était en mesure de donner les noms des puissants d'Hawaï, ayant des liens avec les organisations criminelles. Pour plus de renseignements sur la Commission, voir C. F. Wang, *Hawaii State and Local Politics*, p. 523-528. Le procès d'Henry Huihui a été couvert par les journaux d'Honolulu ainsi que par le *New York Times* et Associated Press.

- La plupart des articles sur les yakuzas à Hawaï ont été écrits par Jim Dooley dans le *Honolulu Advertiser*. Dooley, Californien transplanté, est devenu le premier reporter spécialisé dans les affaires criminelles de Hawaï ; il a certainement davantage écrit sur les yakuzas que n'importe quel autre journaliste américain.

- La plupart des reportages sur Inada, Yonekura et autres yakuzas d'Hawaï apparaissent sous la plume de Jim Dooley dans le *Honolulu Advertiser*. Voir particulièrement son reportage en quatre parties, paru à partir du 19 mars 1978. Nous nous sommes également basés sur un rapport interne des douanes américaines de 1979, « Yakuza – Japanese Organized Crime », et sur les coupures de presse suivantes : Inada – *Honolulu Advertiser*, 20 mars et 17 décembre 1980, *Penthouse*, avril 1983, Yonekura – *Honolulu Advertiser*, 19 mars 1980, *Rafu Shimpo* (Los Angeles), 31 mars 1982 et un mémorandum du tribunal d'Hawaï sur Yonekura, Cr. n° 79-00418.

- L'affaire des « trois mules » est détaillée dans un document de la D.E.A., obtenu conformément à la loi sur la liberté de l'information, *Report of Investigation* R4-76-0055, 11 mai 1979, Honolulu, rapport des douanes américaines, « Yakuza... » et l'article dans l'*Advertiser* de Jim Dooley, 29 août 1979.

- Les renseignements sur Charlie Higa proviennent d'interviews confidentielles d'officiers de police d'Honolulu, du *Hono-*

lulu Star-Bulletin, 25 janvier 1984 et des articles de Jim Dooley dans le *Honolulu Advertiser*, 22, 23 et 29 septembre 1983.

- Les renseignements sur Kaoru Ogawa sont basés sur des interviews confidentielles de la police à Hawaï et au Japon ; *Mainichi Daily News*, 19 janvier 1980, *Shukan Yomiuri*, 30 mai 1982 et le *Honolulu Advertiser*, 15 et 18 août 1982.

- Les activités d'Osano à Las Vegas sont rapportées dans la quatrième partie. Pour celle-ci, nous nous sommes également inspirés d'interviews confidentielles d'officiers de police d'Hawaï, *Asahi Evening News*, 5 octobre 1974 et *Japan Times*, 24 juin 1974.

AMÉRIQUE DU NORD : UN PIED SUR LE CONTINENT

En 1975, sortit aux Etats-Unis un film de gangsters avec Robert Mitchum et l'acteur japonais Ken Takakura ; il n'eut guère de succès. Son intrigue plutôt faible, le jeu étrange, trop stylisé des Japonais, sa composition insolite ne firent pas courir les foule. Cependant les acteurs durent prendre quelque plaisir à ces duels au sabre, et les amputations de phalanges leur parurent sans doute à la fois fascinantes et horribles. Quoi qu'il en soit, le film, titré simplement *Le yakuza*, ne connut qu'une brève carrière devant des salles presque vides. Il méritait mieux. La télévision le passe encore parfois aux heures les plus tardives, mais en 1975, les Américains ignoraient tout de son sujet, le crime organisé au Japon, et ils ne s'en souciaient pas.

Au début des années quatre-vingts, les choses commencèrent à changer. D'autres Américains que les Hawaïens prenaient lentement conscience de la réalité yakuza par les médias et, indirectement, par l'attitude nouvelle de la justice américaine à leur égard. La presse et certains rapports officiels dramatisèrent quelque peu la situation par des titres de ce style : « Les gangs japonais envahissent l'Ouest » ; « Le chef du F.B.I. tire la sonnette d'alarme : les malfaiteurs japonais s'organisent ».

Les plus hauts fonctionnaires de l'administration juridique de Washington, dont le ministre de la Justice,

William French Smith en personne et le patron du F.B.I., William Webster, s'efforcèrent à plusieurs reprises d'attirer l'attention publique sur la menace que constituait l'arrivée des yakuzas aux Etats-Unis et la nécessité d'y réagir rapidement. En réponse à ce tollé, l'administration Reagan inscrivit la question yakuza à l'ordre du jour de la Commission présidentielle du crime organisé, officiellement créée en juillet 1983. Précédemment, l'action de certains parlementaires, comme les sénateurs Kefauver et McLellan, avait accéléré les mesures de répression et ouvert les yeux des citoyens. Mais la commission Reagan fut la première à reconnaître l'évolution de la délinquance organisée et à admettre que la Mafia n'en possède plus aujourd'hui l'exclusivité, si tant est qu'elle la posséda jamais.

Les autorités de Californie ont été les premières à tenir compte de ce changement, en raison, peut-être, de la faiblesse, dans cet Etat, des syndicats criminels italiens traditionnels. Dans les années quatre-vingts, l'administration californienne se désintéressa des bandes italiennes pour s'occuper davantage des groupes atypiques, c'est-à-dire de tous les autres. En 1981, le rapport des services californiens spécialisés – California Bureau of Organized Crime and Criminal Intelligence (BOCCI) – consacraient autant de place aux bandes israéliennes, vietnamiennes et japonaises qu'à la Mafia. Trois ans plus tard, il n'était plus possible d'ignorer que ces nouvelles organisations criminelles étaient solidement implantées dans tous les Etats-Unis, yakuzas compris.

La commission présidentielle consacra sa première audience publique, en novembre 1983, à l'examen de la délinquance organisée en Amérique. Smith, Webster et Francis Mullen, patron de la D.E.A. (Drug Enforcement Administration) préconisèrent l'adoption de nouvelles stratégies adaptées à l'évolution de cette criminalité.

La seconde audience publique de la commission, en mars 1984, à New York, fut consacrée au blanchissage de l'argent noir, tâche obligée de toutes les associations de malfaiteurs, yakuza comprise, à l'intérieur et à l'extérieur des Etats-Unis. Le directeur de la commission,

James Harmon, devait déclarer : « L'argent liquide est l'élément vital de toute délinquance, faute duquel elle ne pourrait pas exister. » Ainsi la commission devait-elle découvrir que le trafic de drogue produisait chaque année 80 milliards de dollars à blanchir, en provenance du monde entier – d'Extrême-Orient, aussi bien que d'Amérique latine – et que beaucoup de banquiers américains n'étaient que trop heureux de rendre service à la pègre internationale.

Enfin, à sa troisième audience, le 25 octobre 1985, à New York, la commission ouvrit le dossier des associations de malfaiteurs asiatiques dont les yakuzas devaient occuper le tiers de l'ordre du jour. Attention amplement justifiée. Des rapports, vérifiés, de police les situaient aussi bien à Roanoke, en Virginie, qu'à Seattle et en Arizona. Les yakuzas furent reconnus profondément infiltrés dans l'industrie japonaise du tourisme, dans la contrebande d'armes et la pornographie ; la commission admit encore qu'ils avaient passé des accords avec des gangsters américains, des joueurs et des entreprises spécialisées dans le blanchissage de l'argent noir. Bref, ils étaient solidement installés en Amérique et il n'était que temps de leur accorder l'attention qu'ils méritaient.

Le premier témoin qui comparut devant la commission présidentielle était vêtu d'une robe noire et d'un capuchon, comme un *ninja*. Il fut conduit, à travers la vaste salle à colonnes où se tenait l'audience, jusqu'à un siège dissimulé derrière un écran qui le protégeait des regards de la presse et du public. James Harmon révéla alors à la commission et à l'assistance que l'homme était un oyabun, soit un chef, au sein d'une importante association japonaise de malfaiteurs.

Les douze membres présents de la commission écoutèrent attentivement la description que leur fit le témoin du tatouage et de l'ablation rituelle des phalanges ou yubitsume ; il produisit ensuite un dessin qui montrait la façon dont cette opération douloureuse est effectuée. « La procédure est la suivante. Le yakuza repentant prend un petit couteau d'argent, en applique le tranchant à la jointure de la phalange et le tire vers lui tout en se penchant ; le poids du corps suffit à détacher le doigt. La phalange coupée est alors enfermée dans une petite bouteille remplie d'alcool, sur laquelle est écrit le nom du mutilé et envoyée à la personne envers laquelle il veut prouver son repentir. »

L'oyabun sans nom commenta de même les statuts et organigrammes du Yamaguchi-gumi et du Sumiyoshi-rengo qui lui avaient été fournis par la commission et expliqua les méthodes des yakuzas dans le domaine qui était le sien, celui des délits économiques. Les malfaiteurs japonais, dit-il, recherchent les sociétés en difficulté et élaborent les schémas qui pourraient leur permettre d'en prendre le contrôle. Par des rapports truqués et des menaces aux dirigeants et créanciers des affaires en question, ils parviennent parfois à s'en emparer, vendent les actifs et tirent profit de ces déconfitures.

Le témoin avait lui-même dirigé au Japon, deux ou trois fois par mois, des parties de cartes où se jouaient de très gros enjeux. Sa position lui valait 40 % des gains réalisés qui oscillaient entre 40 000 et 60 000 dollars par séance. Une fois déduits ses frais, il lui restait 16 000 dollars qu'il devait transmettre aux plus hauts échelons de son syndicat ; c'est par l'argent que les chefs yakuzas exercent leur contrôle, et le meilleur moyen de s'élever, pour un yakuza subalterne, est de leur en transmettre le plus possible. Néanmoins, déclara le témoin : « Je ne peux pas nier avoir mené une vie très agréable, sans doute équivalente à celle du président d'une société de trois cents à cinq cents personnes. »

Un peu plus tard, le même jour, un autre témoin en cagoule comparut. Lui aussi citoyen japonais, cet informateur anonyme résidait depuis dix ans aux Etats-Unis, et il décrivit devant la commission l'activité des yakuzas à New York. En liaison avec des voyous italo-américains, ils organisaient des parties de cartes dont les enjeux se chiffraient par milliers de dollars. Les clients de ces jeux étaient soit japonais, soit nippo-américains. D'après lui, les Italiens auraient été les vrais maîtres de ces jeux, car ils étaient armés et profitaient de ces réunions pour y vendre des marchandises volées.

Moins théâtrales que les dépositions des témoins masqués, mais aussi révélatrices, furent les dépositions de trois policiers américains, spécialistes des yakuzas aux Etats-Unis : l'inspecteur John McKenna, de la police de San Francisco le détective George Min, de la police de Los Angeles, Bernard Ching, de la police d'Honolulu. Ces trois spécialistes décrivirent en peu de mots comment les yakuzas parvenaient à s'emparer de positions essentielles dans leurs communautés respectives.

Bernard Ching décrivit les menées des yakuzas à Hawaï, à peu près dans les termes dont il s'était servi, près de trois ans plus tôt, à l'intention des journalistes : contrebande d'armes, prostitution, pornographie, extorsion de fonds et trafic de drogue. Pour certains observateurs, il y eut cependant de la nouveauté en ce que Bernard Ching ne limitait plus l'activité yakuza au seul archipel d'Hawaï. Le détective Ming, de Los Angeles, énuméra une liste impressionnante d'interventions yakuzas parmi les importantes communautés japonaises de la Californie du Sud. « J'ai constaté qu'une foule de délits leur était imputable : homicides, évasions de prison, contrebande d'armes, blanchissage d'argent noir... » L'inspecteur McKenna, quant à lui, ajouta que la police de San Francisco avait identifié dans le territoire de son ressort plusieurs membres du Sumiyoshi-rengo. D'après lui, les milieux d'affaires japonais étaient en butte aux activités d'un réseau de chantage et d'extorsion de fonds.

Aucun de ces témoignagnes n'apportait rien de bien neuf, sinon peut-être la description du rituel d'ablation des phalanges et d'autres coutumes japonaises. Le « lavage » de l'argent, le meurtre, etc., ressortent de la définition même de l'activité criminelle. La nouveauté dans tout cela tenait à ce que ces activités étaient le fait de sujets japonais et qu'elles étaient partagées entre le Japon et les Etats-Unis et cela contredisait toutes les idées reçues. Selon l'opinion commune, les Japonais n'avaient pas de problèmes de criminalité et les

Nippo-Américains étaient des citoyens modèles. Désormais, l'ouverture du dossier yakuza allait faire surgir du passé d'affreux fantômes.

Ron Wakabayashi, directeur national de la Ligue des citoyens nippo-américains, déclara au *New York Times* que la chasse aux yakuzas exciterait « un sentiment anti-asiatique » ; compte tenu de la propension américaine à s'en prendre périodiquement aux Asiatiques, on ne peut dire que l'avertissement ait été mal fondé. La compétition économique avec le Japon avait amené de nombreux Américains à critiquer les Asiatiques – tous les Asiatiques – à qui ils reprochaient leurs propres difficultés. En 1982 par exemple, deux ouvriers de l'automobile de la région de Detroit, aigris et intoxiqués, s'en prirent à une réception d'enterrement de vie de garçon sino-américaine et tuèrent le fiancé. Pour leur défense, les agresseurs déclarèrent qu'ils avaient cru que leur victime était japonaise, et le tribunal se montra extrêmement clément envers eux.

Dans le même temps, les Américains éprouvent une véritable fascination pour les choses d'Asie en général, et celles du Japon en particulier. Cet état d'esprit, ajouté au racisme latent d'une partie de la population, peut amener à se faire des idées fausses sur la nature de la criminalité japonaise. Les Américains éprouveront sans doute une grande déception à découvrir que les Japonais n'ont pas de solution magique à leur criminalité. En aurait-il qu'elle ne serait pas transposable aux Etats-Unis.

Compte tenu du mélange d'amour et de haine que ressentent les Américains envers les Japonais il n'est pas surprenant que les yakuzas soient surestimés ou sous-estimés. En revanche, est quelque peu surprenant le manque de perspective historique avec lequel les Américains – magistrats, policiers, journalistes et public – considèrent le phénomène de la criminalité japonaise organisée aux Etats-Unis. Lorsque, par exemple, le ministre de la Justice évoque le spectre d'un vaste trafic de drogue japonais aux Etats-Unis, il est hors du coup, car il évoque le futur. Or les Japonais ne *seraient* pas seulement capables de vendre un jour de l'héroïne en Amérique, ils en vendent déjà.

La filière du coton

Au début des années trente, des Japonais s'étaient introduits dans le trafic des narcotiques aux Etats-Unis, pour la seule raison que les conquêtes de l'Empire japonais en Extrême-Orient lui avaient donné le contrôle d'une grande partie du marché de l'opium, de la morphine et de l'héroïne. Il était dès lors logique que s'établissent des relations entre distributeurs de drogue d'Asie et d'Amérique. C'est ce qui s'était passé, sans difficulté.

Harry J. Anslinger, chef passionné du Bureau américain des narcotiques, déclarait avant la guerre : « Nous ne serions pas très loin de la vérité si nous affirmions que 90 % des "drogues blanches" illégales du monde sont d'origine japonaise et fabriquées dans la concession japonaise de Tien-Tsin, aux environs de Tien-Tsin, à Dairen et aux environs de Dairen ou dans d'autres villes de Mandchourie et de Chine occupée, et cela, toujours... sous contrôle japonais. » Malheureusement, avant la guerre, la propagande exagérait beaucoup les activités criminelles des Japonais, mais même si Anslinger multipliait par deux ou trois le pourcentage des narcotiques fabriqués par les Japonais, leur chiffre réel représentait encore une quantité considérable. Une certaine part de ce pourcentage parvenait aux Etats-Unis.

Dès 1932, un an seulement après la conquête de la Mandchourie par les Japonais, le Bureau des narcotiques remarquait la présence en Amérique de morphine japonaise, baptisée « morphine coton », en raison de son aspect. L'année suivante, les graves avertissements lancés par le Bureau se trouvèrent justifiés, encore que les quantités de drogue saisies aient été faibles. On arrêta des Japonais porteurs de « morphine coton » à Tacoma dans le Washington, à Portland dans l'Oregon, à Hawaï. Tous les Japonais arrêtés étaient résidents en Amérique. A Portland, quatre boîtes métalliques, saisies le 24 février 1933 par la police, étaient étiquetées : « Office pharmaceutique du Japon. » Elles contenaient du chlorhydrate de morphine. Lors des autres arrestations, on trouva de la morphine de même type.

Au cours des cinq ou six années suivantes, on arrêta de nombreux Japonais, passagers ou membres d'équipage de navires dont la plupart battaient pavillon japonais. Ces passeurs transportaient de la morphine, de l'héroïne et quelquefois de la cocaïne, laquelle ne venait manifestement pas de Tien-Tsin, mais d'Amérique du Sud. Déjà fonctionnaient des réseaux de distribution américains, dirigés par des Japonais.

En avril 1935, les autorités de Californie arrêtèrent Fujiyuki Motomura, important trafiquant de drogue de San Pedro sur qui furent saisies pour 5 000 dollars de cocaïne et de morphine, soit 4,5 kilogrammes environ. La police soupçonna Motomura de ne pas être étranger à l'existence d'un entrepôt d'une vingtaine de kilos des mêmes drogues, découvert au sud de la Californie. L'année suivante, les autorités californiennes firent une autre prise d'importance en la personne de Toshiyoshi Nagai, arrêté par la police de Los Angeles pour avoir tenté de vendre plus de deux kilos de morphine à des agents secrets. Nagai expliqua à ses acheteurs potentiels que son frère possédait une fabrique de morphine au Japon et que lui-même pourrait répondre à toute demande des acheteurs. Apparemment, ces contrebandiers disposaient de plusieurs filières qui fonctionnaient pour la plupart sans encombres. En 1938, le représentant américain à la conférence de Genève sur la drogue révéla aux fonctionnaires participants que 650 kilos d'héroïne japonaise avaient été saisis sur la côte Ouest. L'application de la formule habituelle à ces trafics – multiplier par dix les quantités saisies pour estimer le total de la marchandise écoulée – laissait donc croire que les Japonais avaient pu introduire aux Etats-Unis, pendant la période de référence, 6 500 kilos d'héroïne.

En supplément à leurs propres opérations, les Japonais fournissaient d'énormes quantités d'héroïne aux plus importants réseaux des Etats-Unis. A l'époque, ces gangs étaient partagés entre Juifs et Italiens et ils opéraient sur l'ensemble du pays. A San Francisco, par exemple, le chef de bande, Mario Balestreri, successeur de Parmagini, désirant augmenter ses recettes, décida de s'adresser directement aux producteurs. Il envoya ses hommes acheter la drogue à des Japonais de Kobé, au Japon, et de Shangai, en Chine, alors tenu par les Japonais. En 1939, la police découvrit que deux des lieutenants de Louis « Lepke » Buchalter, Yanis Tsounias et George Mexis, s'étaient enfuis dans la concession japonaise de Tien-Tsin, où ils avaient monté une vaste opération de fourniture d'héroïne. Ils en expédiaient assez aux Etats-Unis, selon le Bureau des narcotiques, pour alimenter 10 000 drogués pendant un an.

La filière japonaise fut naturellement interrompue au lendemain du 7 décembre 1941 – jour de Pearl Harbor. Les trafiquants japonais et coréens poursuivirent leurs activités dans les territoires occupés d'Asie, et des preuves concordantes subsistent que les Japonais s'attachèrent à accroître, ou au moins à maintenir à son plus haut niveau, la consommation de drogue, spécialement chez les Chinois.

Les Japonais s'intéressaient d'autre part depuis longtemps aux jeux aux Etats-Unis, encore que dans ce domaine les résidents japonais en aient tenu la meilleure part. Vers 1910, plus de 70 000 personnes d'ascendance japonaise vivaient aux Etats-Unis, un tiers d'entre elles au moins étant concentrées à Los Angeles et dans ses environs. Le centre de l'activité japonaise aux Etats-Unis était la communauté du Petit Tokyo, dans la basse ville de Los Angeles. Le *Tokyo Club* qui occupait le niveau supérieur d'un bâtiment de deux étages, donnant sur Jackson Street et Central Avenue, contrôlait tous les jeux et bien d'autres activités encore de cette communauté.

Bien que basé à Los Angeles, le *Tokyo Club* avait des émanations dans tout l'Ouest, de Seattle à la frontière du Mexique. Le gros de ses opérations s'effectuait en Californie, où huit *Tokyo Club* prospéraient dans la seule Vallée centrale. L'affaire était très brillante : dans les années vingt, ses bénéfices dépassaient un million de dollars par an, somme importante à l'époque. Comme il détenait la plus importante accumulation de capitaux de la communauté japonaise, le *Tokyo Club* faisait aussi office de banque. Il finançait également des équipes sportives et « améliorait l'ordinaire » de certains policiers et fonctionnaires municipaux.

Les dirigeants du *Tokyo Club* tenaient du gangster et de l'homme d'affaires. Howard M. Imazeki, directeur à la retraite du quotidien nippo-américain de San Francisco *Hokubei Mainichi*, se souvient : « A l'époque, nous ne les appelions pas yakuzas, mais aujourd'hui, je pense qu'ils l'étaient. » La possession du pouvoir donnait lieu à de luttes fréquentes au sein du club, qui allaient parfois jusqu'à des fusillades. Le criminologue Isami Waugh écrit : « Itatani, le président du club, réglait par la manière forte les cas d'insubordination et de désobéissance ; il envoyait ses équipes de gros bras s'occuper des rebelles, dans le style de Chicago... Dans deux ou trois cas extrêmes, la rumeur publique rapporte qu'il y eut meurtre, si bien déguisé que la police n'en put jamais rien prouver. »

Les patrons du *Tokyo Club* et des réseaux de contrebande de drogue furent internés avec toute la population japonaise des Etats-Unis, au début de 1942. Comme les yakuzas au Japon, beaucoup d'entre eux professaient des opinions ultranationalistes. Les extrémistes de droite déclarés des camps furent regroupés dans une section spéciale du camp du lac Tulé en Californie et beaucoup d'entre eux, après la guerre, furent rapatriés au Japon. On ne sait pas ce que sont devenus les patrons du *Tokyo Club*, mais il est plus que probable que beaucoup d'entre eux ont regagné leurs terres ancestrales. Quoi qu'il en soit, le *Tokyo Club* ne rouvrit jamais ses portes, après la fermeture en 1941.

Privée de ses chefs de bande, traumatisée par son internement, la communauté japonaise se trouva bien incapable après la guerre de se lancer dans l'illégalité. Aussi, la criminalité y fut-elle particulièrement faible pendant longtemps. Toutes les études en témoignent :

le taux des arrestations, opérées parmi les Américains d'ascendance japonaise, demeura extraordinairement bas pendant les années cinquante et soixante. Le jeu n'avait naturellement pas disparu, mais il était légal : les Japonais s'étaient inscrits aux clubs de poker qui avaient été organisés à Los Angeles dans le faubourg de Gardena. Selon la police de Los Angeles, il fallut attendre la fin des années soixante pour voir apparaître, venus des îles, des joueurs nippo-hawaïens qui se lancèrent dans des opérations de paris illégaux.

Les yakuzas de Californie du Sud

Los Angeles constitue un grand centre d'attraction pour les yakuzas. Outre son climat, son argent et son prestige, Los Angeles possède la plus importante communauté japonaise du continent. La région de Los Angeles abrite plus de 200 000 habitants d'origine japonaise. Plus de 99 % d'entre eux n'ont aucun rapport avec la pègre, mais un nombre croissant de yakuzas se sont infiltrés parmi eux et certains se débrouillent fort bien.

L'un d'entre eux, Tetsuo « Leo » Orii, dirige le *Club Niji*, équivalent moderne du *Tokyo Club*. Bar d'entraîneuses, proposant un assortiment d'Asiatiques et de femmes blanches à peine vêtues, le *Niji* s'adresse surtout aux hommes d'affaires japonais. Orii a été impliqué dans diverses entreprises hasardeuses à Los Angeles et dans ses environs ; un rapport de police le définit comme « le personnage le plus influent de l'organisation criminelle japonaise » de la ville.

Orii se montre tout à fait conscient de ses liens avec les yakuzas. « Je reçois les oyabun du Sumiyoshi, lorsqu'ils viennent ici, dit-il fièrement. Nous sommes frères. Lorsque le chef du Sumiyoshi est venu aux U.S.A., il a habité chez moi. Ils fréquentent mon bar. »

Orii prétend qu'il s'est rallié aux yakuzas à seize ans, et qu'il a ensuite passé dix années à faire le va-et-vient entre la prison et les gangs du Sumiyoshi-rengo qui contrôlent la majeure partie de Tokyo. Il s'est fait un nom en extorquant de l'argent à des lycéens du quartier très animé de Ginza. Mais après dix ans avec les yakuzas, il en eut assez. « Il n'y avait qu'un moyen : quitter le Japon, mais j'en fais toujours partie. On ne vous laisse pas en sortir. »

Le jeune Tetsuo arriva donc en Amérique et se lança dans des affaires régulières, prétendant conserver ses liens avec les yakuzas simplement en logeant l'oyabun dans sa maison de Pacific Palisades. Même s'il le voulait, dit-il, il ne pourrait pas être un vrai yakuza en Amérique. Il admet qu'il y a des activités yakuzas à Hawaï, mais pas sur le continent. « Il n'y a pas de yakuzas en Californie, car ce n'est pas rentable, prétend-il. Ils peuvent gagner deux fois plus d'argent au Japon. Ils ne parlent pas très bien l'anglais, aussi vont-ils où sont les Japonais. »

Le problème, soutient Orii, c'est la police. Le détachement asiatique de la police de Los Angeles s'en prend à lui « pour se donner une raison d'être », dit-il. La plupart des gangsters se plaisent à déclarer haut et fort qu'ils ne sont que d'honnêtes citoyens, avec des associés peut-être un peu louches. Cependant Orii a été pris. En 1975, lui et son associé, Tomonao Miyashiro, alias Tony Kawada, furent arrêtés et déclarés coupables d'avoir soutiré de l'argent à un homme d'affaires japonais. La police de Los Angeles les accusait de conspiration, extorsion, enlèvement et portait plainte contre Miyashiro pour tentative d'assassinat. Orii, qui n'était apparemment pas présent lorsqu'eurent lieu les coups de feu, ne fut accusé que de tentative d'extorsion de fonds.

Orii n'est qu'un individu au sein d'un groupe assez vaste et plutôt flou de Japonais de la région de Los Angeles, liés aux yakuzas. Des membres de ce groupe se seraient lancés dans le racket et autres escroqueries. Des noms apparaissent et réapparaissent, mais il y a peu d'arrestations.

Reste à la police à comprendre ce que mijotent les yakuzas. La déclaration la plus importante provient du BOCCI, branche du département de la Justice de Californie. Dans son rapport annuel, le BOCCI écrivait en 1981 :

> « Au cours des dernières années, les autorités ont remarqué qu'un nombre croissant de membres d'organisations criminelles japonaises ont quitté le Japon et résident actuellement dans les régions de San Francisco et Los Angeles. Il y a environ 50 membres et associés de gangs vivant actuellement en Californie.
>
> « D'après ces mêmes sources, les groupes de criminels japonais géreraient des agences de voyages. Leurs activités criminelles comportent : chantage aux sociétés japonaises, harcèlement de touristes japonais, prostitution, contrebande d'armes et d'articles pornographiques, distribution de narcotiques et blanchissage d'argent. »

Pour de profondes raisons culturelles, et parce qu'aux Etats-Unis ils sont des étrangers, les ressortissants japonais répugnent à raconter à la police les ennuis que leur causent les gangsters. Ceux que les yakuzas rançonnent subissent généralement en silence et s'efforcent d'oublier. Le détachement asiatique de la police de Los Angeles a bien essayé de franchir cet obstacle. Bien que considéré par certains comme une unité de relations publiques, le détachement asiatique a axé son effort sur le simple maintien d'une présence dans les diverses communautés asiatiques de Los Angeles, y comprise la communauté japonaise. L'un des problèmes que posent les yakuzas tient à leur relative discrétion. Contrairement aux gangs chinois et vietnamiens, ils se sont jusqu'à présent gardés de troubler l'ordre dès lors la police a mieux à faire qu'à s'occuper d'eux.

Mais comme le prouvent les prouesses de l'associé d'Orii, Miyashiro, cela ne veut pas dire pour autant que les yakuzas de Californie se montrent toujours délicats dans leurs méthodes. Deux crimes mystérieux, rappelant les massacres du *Tokyo Club*, cinquante ans plus tôt, montrent à l'évidence que les yakuzas doivent être pris au sérieux. Les corps de deux Asiatiques retrouvés dans des coins perdus du sud de la Californie, l'un dans une fosse peu profonde près d'Oxnard, au nord de Los

Angeles, l'autre près du lac Castaic, dans la forêt nationale d'Angeles, ont mis la police sur la piste yakuza. « Il nous a été impossible d'identifier les corps, déclara l'inspecteur George Min de la police de Los Angeles, mais l'un était abondamment tatoué, et l'autre était sans doute également un yakuza. »

En février 1984, un Japonais fut retrouvé assassiné et positivement identifié par la police qui soupçonnait les yakuzas d'être à l'origine de ce méfait. Hiroshi Eto, qui avait fui le Japon en raison d'énormes dettes de jeu, avait été retrouvé étranglé dans sa chambre du *Hilton* de Los Angeles. Selon un journal japonais, Eto, directeur d'un « club de rencontres », aurait contracté un gros contrat d'assurance auprès d'un courtier américain, juste avant son départ de Tokyo. Après la mort d'Eto, un Taiwanais se présenta pour toucher environ 315 000 dollars en yens, conformément aux méthodes abominables, mais maintenant classiques, que les yakuzas ont trouvées pour récupérer de vieilles dettes. Certains yakuzas de Los Angeles se font ainsi tueurs à gages, afin d'assurer leur subsistance.

Outre les extorsions et les assassinats, la principale activité des yakuzas de Californie du Sud consiste à blanchir de l'argent, opération que la police a beaucoup de mal à déceler. Ici, comme à Hawaï et ailleurs, les affaires qui blanchissent le plus facilement l'argent sale sont celles qui brassent le plus de liquide, c'est-à-dire les bars, les restaurants ou les boutiques de cadeaux. Selon l'inspecteur George Min, les yakuzas investiraient également dans d'autres genres d'affaires de la région de Los Angeles. Les entreprises de construction sont, comme au Japon, particulièrement appréciées des gangs, et la police de Los Angeles surveille de près plusieurs firmes détenues par des Japonais. Mais comme l'ont fait remarquer des policiers de Hawaï, même si on parvient à remonter la filière de l'argent jusqu'au Japon, là, on se heurte à un mur de pierre. « Les banquiers japonais sont comme les banquiers suisses, déclarait un policier d'Honolulu. Ils ne révèlent rien. »

La plus importante entreprise américaine liée aux yakuzas, est installée dans la région de Los Angeles. Elle s'appelle la Machii-Ross Petroleum, propriété de l'un des patrons yakuzas les plus connus du Japon, l'omniprésent Hisayuki Machii. Lorsque le chef coréen du Towa Yuai Jigyo Kumai décida d'investir aux Etats-Unis, il choisit, semble-t-il, une branche d'activité prestigieuse et complètement étrangère au domaine yakuza : le pétrole. En 1970, la Machii-Ross était enregistrée comme société de recherches pétrolières ; aujourd'hui elle est propriétaire de plus de cent puits, notamment au gisement Wattenburg, au centre du Colorado. La société, qui possède des bureaux à Santa Monica, s'est aussi lancée dans l'exploration pétrolière au Texas, et a construit une unité de production de gaz naturel qu'elle exploite elle-même. La Machii a investi plus d'un million de dollars dans cette activité dont aujourd'hui les futurs bénéfices nets, calculés à partir des réserves de pétrole reconnues, dépassera cent millions de dollars.

L'associé américain de la compagnie est Kenneth Ross, ancien agent parlementaire et député de l'Etat de Californie. Ross exprima « de la surprise » lorsqu'il fut informé des accointances peu orthodoxes de son partenaire. « Lorsque nous avons fondé la compagnie, dit-il, tout ce que je savais de lui était qu'il était un riche Coréen vivant au Japon. Je n'avais jamais entendu parler des yakuzas. »

En quinze ans, Ross déclare avoir appris à bien connaître Machii, bien qu'ils aient besoin d'un interprète pour se comprendre. Les activités criminelles de Machii, assure Ross, relèvent du passé. Cela ne l'empêche pas de regretter la réputation qu'il se voit aujourd'hui obligé de partager avec lui. Machii, quant à lui, a toujours affirmé à son associé : « Je suis fier de ce que j'ai fait. Fier de mon combat contre le communisme. »

Le communisme, Machii l'a combattu avec tant de succès qu'il a amassé une fortune considérable. « Machii, déclare Ross, vit à peu près comme Howard Hughes dans une immense maison de quatre étages, dont il ne sort que rarement. Je le soupçonne de valoir bien plus d'un milliard de dollars, et peut-être deux fois cette somme. »

Les investissements américains de Machii ne représentent donc qu'une faible part de sa fortune. Ils n'en ont pas moins attiré l'attention des fonctionnaires américains. Ross, dont la réputation est sans tache aux yeux de la police américaine, a été visité plusieurs fois par les autorités locales et fédérales et questionné sur ses relations avec Machii sans qu'aucune inculpation en ait découlé.

Un certain rapport de police accuse toutefois une société, dont il ne donne pas le nom, mais qui ressemble de façon frappante à la Machii-Ross, d'utiliser des fonds suspects. Ce rapport se réfère à une compagnie « d'exploration et d'exploitation pétrolière d'origine japonaise qui possède des bureaux en Californie et au Colorado ». Les soupçons étaient loin d'être vagues : « L'argent provenant de la drogue passerait par cette compagnie. » D'autres sources de police estiment que la Machii Ross fait partie d'un réseau d'entreprises liées aux yakuzas, sans que l'on ait retenu contre elle d'accusations spécifiques.

Ross, qui dirige la partie américaine de l'entreprise, sans beaucoup d'aide ni d'interventions de Machii, nie toute possibilité d'illégalité. Il s'abrite derrière les audits de cabinets réputés et les registres des fonds transférés du Japon aux Etats-Unis par le canal des banques Mitsui et des manufactures Hanover. Sans connaître pour autant la source exacte des fonds investis dans l'entreprise, il ajoute : « Pour autant que je sache, la bande s'est dissoute en 1967. »

Le sexe sur la côte Ouest

Les magazines japonais publient souvent des photos de jeunes femmes nues, mais la pornographie « dure » est interdite au Japon. Ce sont les pays d'outre-mer, Etats-Unis inclus, qui répondent à la demande. De même, des femmes sont importées des Etats-Unis au Japon, avec leur consentement ou plus souvent par tromperie et subterfuge. Ladite « traite des Blanches » d'origine américaine n'est pas comparable au trafic de femmes qui se pratiquent entre la Thaïlande, les Philippines et le Japon, mais elle existe et ne montre aucun signe d'essoufflement. La raison en est simple, c'est la nouveauté.

La journaliste américaine Jean Sather, en poste à Tokyo, s'est penchée sur le problème pour s'apercevoir que les femmes américaines exerçaient sur les Japonais un attrait singulier. Sather, qui travaille aujourd'hui pour le groupe Asahi écrivait :

> « De nombreux clubs de luxe, et leurs clients, préfèrent l'exotisme des femmes occidentales. C'est aujourd'hui une tendance générale au Japon que de préférer les femmes blanches aux femmes japonaises, de les trouver plus belles et beaucoup plus désirables. Les mannequins blancs envahissent la publicité, et les films porno qui montrent des femmes blanches ont beaucoup de succès tandis que de nombreuses Japonaises ont recours à la chirurgie esthétique pour se faire débrider les yeux et augmenter la proéminence de leur nez. »

Gyo Hani, directeur de la rédaction du *Japan Times*, a déclaré à Sather :

> « Les attitudes fondamentales n'ont pas changé envers les personnes de race blanche. Elles ne sont pas considérées comme des extra-terrestres, mais elles sont cependant ressenties profondément étrangères. Les étrangères d'Asie sont comme nous, mais une femme blonde aux yeux bleus et à la peau blanche constitue un véritable trésor. »

La technologie japonaise demeure incapable à ce jour de satisfaire la demande intérieure et le Japon, dans ce cas précis, doit recourir aux importations. Bien entendu, les yakuzas ne sont que trop empressés de gagner de l'argent dans ce domaine, mais ils se heurtent à un obstacle : peu d'entre eux parlent assez bien anglais pour persuader des femmes à les suivre au

Japon. Aussi, ont-ils tendance à agir par l'intermédiaire d'hommes de paille, ou représentants rémunérés, de la côte Ouest. Selon les rapports de police, ces agents se procurent les femmes au moyen de petites annonces dans la presse spécialisée, proposent des situations de chanteuses et de danseuses. Ces publications sont, par exemple, le *Drama-logue* et la *Music Connection* de Los Angeles. Ces publications organisent des auditions de recrutement pour des spectacles de variété, ainsi que pour des rôles moins reluisants, mannequins nus et sujets de films pornographiques. Les annonces sont conçues pour séduire les chanteuses et les actrices au chômage.

Une fois au Japon, le sort de ces femmes varie, dans d'étroites limites. Au lieu de chanter et de danser, ces femmes doivent se recycler en entraîneuses de bars ou en prostituées tout simplement. Selon un reportage du magazine *Play-girl,* « une Américaine racontait que dans un club on l'obligeait à danser nue avec une demi-douzaine d'autres filles, jusqu'à ce qu'une bande de spectateurs envahisse la scène, rudoyant les exécutantes ». Un autre reportage décrivait un club où des godemichés étaient lancés au hasard aux spectateurs, à charge pour eux de s'en servir sur les interprètes.

Quelles que soient les tâches des femmes, il arrive souvent qu'elles ne soient pas payées, ou beaucoup moins que promis, si bien que s'échapper du Japon ou échapper à l'employeur devient presque impossible. Une Américaine recrutée à Los Angeles raconta son histoire au *Japan Times* quelques heures avant de quitter le Japon. Durant son séjour, elle avait échappé à deux tentatives de viol et son contrat avait subi de nombreuses violations. Son employeur, un certain Kanji Chiba, « avait insisté pour lui faire abandonner, "par mesure de précaution", son billet d'avion de retour », ce qu'elle avait fait. Même exploitées, certaines femmes coopèrent au-delà de toute mesure avec leurs exploiteurs. L'une d'elles avouait : « J'ai accumulé les bêtises. On est naïve, vulnérable, ambitieuse – on rêve. Et ils en profitent. Ils profitent de vos rêves. »

Les femmes qui échappent à ces expériences souvent infernales dans les clubs yakuzas sont souvent assoiffées de vengeance, mais il leur est rarement possible d'assouvir ce désir. Les agents recruteurs sont difficiles à retrouver, et leurs victimes n'ont que peu de recours légaux contre ceux qu'elles parviennent à repérer à leur retour. D'après les lois américaines ces intermédiaires, pour être reconnus coupables, doivent avoir sciemment envoyé les femmes à la prostitution et c'est toujours difficile, sinon impossible, à prouver.

Un certain nombre d'actions en justice ont toutefois été lancées par des femmes contre ce type d'agent. Lisa Pétridès, de Berkeley en Californie, avait répondu à une annonce du *San Francisco Chronicle*. Voulant devenir chanteuse, elle s'était rendue à une audition « très professionnelle » dans une agence de San Francisco et s'était retrouvée coincée au *Little Club* de Tokyo, où ses employeurs yakuzas lui avaient vivement conseillé d'abandonner le chant et de se consacrer à recevoir les clients. Du Japon, elle prit contact avec son agence californienne, mais son agent refusa de l'aider. A son retour en Californie, elle traîna l'agence en justice et en obtint un faible dédommagement. L'agence a toujours pignon sur rue.

Kristina Kirstin, de Los Angeles, est une autre victime de ces arnaqueurs. En mai 1982, elle réclama en justice la somme de 3,5 millions de dollars à trois adversaires : son agent américain, le correspondant au Japon de ce dernier et Alexander Haig, alors secrétaire d'Etat. Ce dernier pour le motif que l'ambassade des Etats-Unis au Japon avait refusé de lui venir en aide lorsqu'elle avait voulu fuir le pays. L'ambassade, soutint Kristina, était demeurée indifférente au martyr qu'elle endurait au *Mil Members Club* de Kyoto, malgré la réputation établie de cette entreprise, propriété yakuza. Les fonctionnaires du département d'Etat lui avaient répondu que, selon la loi, elle s'y trouvait de son plein gré et qu'ils ne pouvaient rien faire pour elle.

Quand bien même le département d'Etat s'impliquerait activement dans la question, il est très improbable qu'il puisse parvenir à faire cesser ce trafic. Il y a trop d'argent en jeu. Les mâles japonais sont prêts à payer des sommes énormes pour le piment de relations sexuelles avec une femme blanche, et les bénéfices à retirer de ce penchant sont immenses. Dans le seul domaine de « l'accueil », où le travail des hôtesses et des entraîneuses est tout de même mieux protégé que celui des prostituées, les bars qui emploient des Blanches en tirent de superbes profits.

Tarir le trafic à la source, c'est-à-dire en Amérique, ne semble pas davantage possible. Car s'il y a bien quelques victimes pour se rebeller, la plupart demeurent passives. Fred Clapp, détective de la police de Los Angeles, expert en matière de trafics sexuels, estimait que, dans la seule année 1982, les victimes de cette traite des Blanches, dans la seule agglomération de Los Angeles, se sont comptées par centaines. Clapp avait dépouillé plus de cinquante rapports d'escroquerie aux métiers artistiques dont les victimes étaient des femmes et, selon lui, il n'y avait aucun espoir de mettre fin à ce trafic. « La demande de prostituées blanches, dit-il, est beaucoup trop importante pour pouvoir être satisfaite. »

Le réarmement du Japon

A considérer le commerce des machines de précision entre les Etats-Unis et le Japon, le courant semble à sens unique, tout entier orienté du Japon vers l'Amérique. Mais il y a un domaine où ce flot est inversé, où il se déverse tout entier de l'Amérique vers le Japon. La conjonction d'une très haute qualité, d'une grande disponibilité et d'un minimum de restrictions légales fait avidement rechercher par les Japonais les armes à feu américaines. Les distributeurs, qui en sont en même temps les clients, sont d'abord les yakuzas. Les fabriquants américains ont de nombreux concurrents étrangers, mais le deuxième fournisseur des yakuzas en la matière – les Philippines – vendent aussi de grandes quantités d'armes de fabrication américaine. Ainsi les Etats-Unis arment-ils la pègre japonaise.

Eddie Kurimata (c'est un pseudonyme) est un représentant typique des accointances yakuzas avec le continent américain. Nippo-Américain, naturalisé, il n'était pas étranger au monde du crime lorsqu'il entra en contact avec les yakuzas. Ayant été condamné pour trafic de drogue, il rencontra à San Francisco des gangsters japonais à qui il proposa ce qu'il jugeait être une collaboration très précieuse. Il se fit pour eux acheteur d'armes. « J'en ai fini maintenant avec ça, insiste-t-il, mais j'ai gagné beaucoup d'argent, ici, avec les yakuzas. Ils ont besoin de nous. Sans nous, ils ne peuvent pas se procurer toutes les armes dont ils ont besoin au Japon. »

Pendant trois ans, Eddie passa son temps dans les armureries de la baie de San Francisco. Il achetait trois pistolets à Daly City, quatre à Oakland, deux à San Rafael. Une bonne vente à ses clients yakuzas pouvait fort bien ne pas dépasser une douzaine d'exemplaires de ces armes, mais les bénéfices étaient coquets. « Je ne travaillais que pour l'argent, dit-il. Comment négliger pareils profits ? » Chaque arme de poing pouvait lui laisser un bénéfice de 1 000 dollars.

Ces profits ne sont possibles qu'en raison des divergences entre les législations américaine et japonaise sur les armes à feu. Pour toutes sortes de motifs, les armes à feu sont interdites au Japon et sont en vente libre aux Etats-Unis. Dès lors, la différence de prix d'un bord à l'autre du Pacifique est immense. Un pistolet dont le prix de vente moyen aux Etats-Unis est de 250 dollars, un Smith & Wesson Chief's Special, par exemple, se vendra dix fois ce prix au Japon. Le prix des cartouches y atteint souvent de 5 à 12 dollars l'unité.

L'Amérique se présente aux acheteurs d'armes comme un gigantesque supermarché à peu près libre de règlements restrictifs. Comme le fait remarquer un fonctionnaire de l'administration des alcools, tabacs et armes à feu de la côte Ouest : « La plupart des polices étrangères considèrent la législation américaine sur les armes comme une pure plaisanterie. La japonaise, en tout cas, est tout ce qu'on veut, sauf une plaisanterie.

La simple idée que la population civile pourrait librement se procurer des armes à feu contredit une tradition japonaise qui remonte à près de quatre siècles. Depuis deux cents ans, les Japonais respectent une disposition remarquable pour la paix civile : les armes à feu sont tout simplement bannies de l'archipel. La mesure a été prise au début du XVIIe siècle, en réaction contre l'impulsivité irréfléchie des combats à l'arme à feu et pour exalter la pratique du sabre, symbole d'honneur et de faiblesse. C'était aussi un moyen expéditif d'assurer l'autorité du gouvernement central.

Comme le raconte Noel Perrin dans son passionnant *Giving Up the Gun*, les armuriers japonais ont été forcés de se rassembler en 1642 dans une même ville et de ne plus travailler que pour un monopole gouvernemental ; ils en vinrent doucement à ne plus pouvoir vivre. Les dirigeants du Japon féodal confisquèrent d'énormes quantités d'armes à feu et pendant deux cents ans tout progrès fut impossible à l'armurerie japonaise. Lorsque le commodore Perry se présenta devant Tokyo en 1853, ses marins remarquèrent avec dérision que les pièces des batteries côtières qui défendaient le port étaient de si faible calibre qu'ils pouvaient les glisser dans leurs propres canons et s'en servir de projectiles.

Ce contrôle très strict survécut à la révolution industrielle et même à la Seconde Guerre mondiale. En 1958, la Diète vota la loi sur le contrôle des armes à feu et des armes blanches qui eut pour effet d'éliminer du pays presque entièrement les meurtres par armes à feu. En 1980, par exemple, 48 personnes périrent par balles au Japon contre plus de 10 000 aux Etats-Unis. Il y a pourtant au Japon des détenteurs privés d'armes à feu – 881 204 en 1981 – mais ce chiffre officiel est trompeur. Il inclut les armes vétustes et les pistolets à béton (pour faire des trous dans le béton), aussi bien que les fusils de chasse et les armes de précision. En fait, les particuliers ne possèdent pratiquement pas d'armes de poing ; elles sont réservées à l'armée et à la police.

Pour combler ce « vide », les Japonais entreprenants ont importé clandestinement dans leur pays des milliers d'armes de poing, en nombre sans cesse croissant.

Ces armes ne finissent pas chez les collectionneurs ou chez les citoyens honnêtes désireux de protéger leurs foyers ; elles tombent aux mains des gangs. D'après un rapport de la Police nationale de 1981, 89,5 % de toutes les armes de poing, saisies au Japon, provenaient de « syndicats criminels ». Pour passeurs, les syndicats utilisent des Nippo-Américains, des ressortissants de l'île de Guam, des soldats américains, des touristes, des étudiants et quiconque est susceptible de passer la douane avec un petit arsenal. Des Américains ont participé à ce trafic, dès le début de l'application de la loi sur les armes à feu après la guerre, et beaucoup d'entre eux appartenaient à l'armée. Cela n'est guère pour surprendre, si l'on considère qu'environ 48 000 hommes sont répartis dans les 118 bases consenties par le Japon aux Etats-Unis. La plupart de ces hommes s'ennuient. Ils sont seuls, sans beaucoup d'argent, et l'accès aux armureries de leurs unités leur est facile.

Les yakuzas ont trouvé commode d'exploiter cette source militaire, mais ils cultivent parallèlement la marine de commerce américaie. D'après un rapport interne des services antidrogue (D.E.A.), leurs points de contact favoris sont les bars, en limite des bases, où militaires et autres viennent boire et rechercher de la drogue et des femmes.

Le fonctionnement de cette filière a été décrit aux représentants de l'ordre par Anthony Bridgeport, vétéran de l'aviation. Au début de 1983, une opération combinée des douanes, de l'aviation et du B.A.T.F. démantelait un réseau de contrebande d'une douzaine d'hommes, dirigés par Bridgeport. Basé à Tucson en Arizona, ce réseau utilisait les transports militaires pour acheminer des armes au Japon.

C'est au Japon que Bridgeport avait commencé de se commettre avec les yakuzas. Il devait déclarer : « Ça a démarré par de petites faveurs, des prêts d'argent, puis j'ai été dépassé. J'ai commencé à rencontrer des gens, à emprunter... et les choses sont allées trop loin. Lorsque j'ai voulu faire marche arrière, ça a été impossible. »

Ses yakuzas obligèrent alors Bridgeport à travailler pour eux, c'est-à-dire à passer en contrebande des amphétamines, puis des armes. Il échoua à accomplir la première mission qu'ils lui confièrent, un transport d'amphétamines ; il fut alors passé à tabac et menacé d'un pistolet braqué sur sa bouche. Il parvint enfin à passer une cargaison de « speed » de Corée au Japon. A son retour aux Etats-Unis, les yakuzas ne le lâchèrent pas et l'obligèrent à leur faire parvenir des armes. En deux ans, Bridgeport ramassa de la sorte 250 000 dollars. Tant d'argent était séduisant, mais il finit par craindre pour sa vie et disparut, jusqu'à ce que l'un de ses hommes fût pris à San Francisco avec 38 pistolets et révélât toute l'affaire.

Plus récemment, la plupart des lots d'armes, introduits au Japon en contrebande, l'ont été par des civils plutôt que par des militaires. Certaines pratiques de ces contrebandiers trahissent une grande ingénuité. Les armes sont cachées dans des sacs à double fond, dans les articles folkloriques, dans des lecteurs de cassettes, des fers à repasser, des caméras et jusque dans des ananas, articles qui font souvent partie des souvenirs importés de Hawaï par les Japonais. Les lots plus importants prennent davantage de place, et c'est ainsi qu'en 1980, la police japonaise découvrit 5 pistolets dans le réservoir d'essence d'une voiture anglaise Jensen en provenance des Etats-Unis. Mais les voitures américaines conviennent aussi bien et ce n'est peut-être pas un hasard si les oyabun yakuzas en sont les principaux acheteurs.

La filière trans-Pacifique des armes était assez développée en 1985 pour que les contrebandiers puissent faire face sans préavis à des commandes particulières. Ainsi, lorsque Masahisa Takenaka, nouveau chef du Yamaguchi-gumi, fut assassiné au mois de janvier par les tueurs de l'Ichawa-kai, syndicat sécessionniste du Yamaguchi, la police américaine fut avertie que des cargaisons d'armes seraient bientôt expédiées au Japon. Et les agents de la D.E.A. se trouvèrent à même d'en profiter pour aboutir, après un an d'enquête, à l'arrestation à Honolulu de deux des principaux chefs du Yamaguchi-gumi, sous la triple inculpation de contrebande d'armes, de trafic de drogue et de conjuration pour meurtre. Sans pour autant que ce succès entame sérieusement les capacités d'action des yakuzas à l'étranger.

Mais les yakuzas, ainsi que de récents événements l'ont montré, ne se contentent pas simplement d'acheter américain. En bons hommes d'affaires, ils sont aussi investisseurs et ont développé leurs activités en Amérique à partir de la puissante tête de pont qu'ils y avaient installée en relation avec leur activité favorite à l'étranger, l'exploitation du tourisme.

Le tourisme, cible facile

Avec les oranges et la *sinsemilla* (espèce de marijuana), les touristes japonais mériteraient bien d'être considérés comme l'une des meilleures ressources de l'Etat de Californie. En 1983, 463 000 d'entre eux le visitèrent, y laissant des centaines de millions de dollars. Cependant, la part la plus importante de ce tourisme florissant fonctionne en circuit fermé. Ces Japonais débarquent d'appareils des Japan Airlines, descendent dans des hôtels qui appartiennent à des Japonais, prennent leurs repas dans des restaurants japonais, font leurs courses dans des boutiques japonaises, visitent le pays dans des cars japonais et se fournissent de boissons, d'armes et de vices auprès de marchands japonais. Selon la police, les yakuzas tiennent dans tout cela le haut du pavé. En 1981, un rapport d'Etat signalait déjà que les syndicats japonais avaient apparemment lancé une grande offensive « pour dominer l'industrie du tourisme japonais à San Francisco et Los Angeles ». Dans le même rapport était décrite la méthode générale d'approche des touristes japonais, riches d'argent liquide, lesquels, par menace ou duperie, sont embringués dans des circuits choisis.

L'inspecteur John McKenna, chef de la brigade d'intervention antigang de San Francisco, est l'un des meilleurs experts américains en matière de délinquance asiatique. Mais lui-même et ses hommes, quoique très avertis des pratiques yakuzas d'extorsion et de racket, ne parviennent pas à enregistrer beaucoup d'affaires en raison du mutisme quasi général des témoins. Il n'est pas plus facile pour eux de savoir ce qui se passe dans les quartiers touristiques, souvent sordides.

Les antigangs ne sont pas les seuls ennemis des yakuzas de San Francisco. Il faut compter aussi, par exemple, avec Stuart Eugene « Steve » Conn. Cet homme d'affaires d'une cinquantaine d'années est aussi loin que possible de l'idée que l'on pourrait se faire d'un ennemi des yakuzas ; pourtant, Conn s'est attaqué en Californie au tourisme japonais tout entier. En juillet, le pugnace Stuart Conn était ramassé par la police non loin des quartiers japonais de la ville, blessé par balles à la jambe et à l'épaule. De son lit de l'hôpital général de San Francisco, il clama à qui voulut bien l'entendre que ses agresseurs étaient des yakuzas. Sans en convaincre tout à fait la police, compte tenu de sa carrière antérieure – Conn est suspecté d'accointances avec la bande de Bonnano. Et d'aucuns pensèrent plutôt qu'il avait été victime d'un débiteur aux abois ou d'une vengeance quelconquee. Cela dit, ses ennuis commencèrent avec sa décision de concurrencer les Japonais sur le terrain de leur propre tourisme. Là-dessus, Conn déclara avec colère : « Je ne fais rien d'autre que tâcher de gagner ma croûte, dans le respect de notre constitution. »

Ainsi, ouvrit-il une boutique de souvenirs dans les bas quartiers de la ville. Il y vendait des vêtements et leurs accessoires, à l'enseigne pour les uns de *Nikkaido* (« En-haut »), pour d'autres de *Sakura* (« Fleur de cerisier »). Il s'était spécialisé dans les vêtements de cow-boys dont les Japonais raffolèrent un certain temps. Il présentait en outre, dans une arrière-boutique, un choix considérable de magazines, de films et d'objets pornographiques, dans le pur style des pièges à touristes – touristes japonais – de la côte Ouest.

D'après la police, Conn ne prit pas de gants : « Les Japonais sont attirés dans la boutique par des bonimenteurs qui les accostent dans leur langue. Une fois à l'intérieur, on les oblige, sous la menace, à acheter des objets à très hauts prix. Les victimes s'en vont rarement se plaindre, par crainte de représailles ou de peur de perdre la face aux yeux de leurs familiers. » Si ce rapport est exact, il correspond exactement à l'exploitation classique des touristes japonais qui va de la vente forcée de souvenirs surpayés au dépouillement pur et simple des clients des prostituées. « Sauver la face » n'est pas la seule raison du silence des victimes ; bien peu de touristes japonais ou autres, peuvent se permettre de demeurer dans un pays étranger pour témoigner contre leurs entôleurs.

L'hostilité des organisateurs de voyages japonais fit péricliter le magasin de Conn. Et tout à coup, un sauveur apparut. Des intermédiaires présentèrent Conn à un Japonais riche et influent qui, lui dit-on, soutiendrait son entreprise et glisserait un mot aux Japan Airlines et autres organisateurs de voyages pour qu'ils ne l'oublient pas. Auparavant, Conn n'avait jamais entendu parler de son commanditaire, mais on lui dit qu'au Japon, il était très connu. Il s'appelait Sasakawa. C'était le milliardaire Sasakawa, l'homme du monopole des courses de hors-bords, le financier des organisations d'extrême droite et l'ami des yakuzas.

Sasakawa délégua son fils, Takashi, pour s'occuper de l'affaire et il y investit quelque argent, juste assez, semble-t-il, pour remplir ses engagements. La situation de Conn ne s'améliora pas ; il ne parvenait pas à regarnir ses stocks et les agences de voyage continuaient à l'ignorer. Enfin, il abandonna, se plaignant amèrement auprès d'une presse sceptique d'être victime d'une conspiration.

Qui avait voulu le tuer ? La question reste posée. Il n'en demeure pas moins que l'exploitation des touristes japonais dans l'Ouest met en jeu des sommes énormes, et que ceux qui en profitent, individus ou groupes, défendent leurs places becs et ongles. Même si Steve Conn n'a pas été éliminé par les yakuzas, son cas constitue la plus claire des leçons pour les candidats au partage d'un trafic à ce point lucratif.

L'envers des affaires japonaises

On ne sache pas que l'éminent activiste de droite, Ryoichi Sasakawa, désirât jamais posséder un autre magasin de souvenirs. On sait en revanche qu'il perdit des sommes énormes dans une autre affaire de tourisme à plus de 5 000 kilomètres de San Francisco. C'est cette affaire qui attira l'attention sur les liens de Sasakawa avec les yakuzas au Japon et qui mit, à son sujet, la puce à l'oreille à la police américaine.

En 1978, Takashi Sasakawa, second fils de Ryoichi, s'associa avec un Japonais bien connu, restaurateur, pilote de hors-bord, aérostier, Hiroaki « Rocky » Aoki. Il s'agissait pour les deux hommes de louer le vieux *Shelburne Hotel* d'Atlantic City et de le transformer en casino. La fièvre du jeu gagnait la côte Est, et Sasakawa ne voulait pas manquer d'en profiter. Aoki de son côté, propriétaire de la célèbre chaîne Benihana, jugeait qu'une note japonaise ajouterait un exotisme bien venu sur la côte du New Jersey. L'affaire elle-même, d'une désespérante complication, impliqua une paperasserie énorme en Amérique et au Japon, et mit en jeu plusieurs centaines de millions de dollars. Officiellement, Takashi était propriétaire de 47 % de l'entreprise, sans qu'aucun observateur sérieux puisse cependant voir en lui autre chose qu'un prête-nom. Son avocat new-yorkais affirma à la presse que son père Ryoishi « n'était pour rien dans le contrat », sans convaincre personne.

Au bout de quelques mois, la commission américaine des opérations de bourse accusa Takashi Sasakawa et Hiroaki Aoki d'opérations délictueuses. Les deux hommes avaient acheté 60 000 actions de la Hardwicke Company, sachant qu'ils la chargeraient un jour de gérer le futur casino *Shelburne Benihana*. Cette transaction fit monter la valeur de l'action en pleine illégalité. Sasakawa fut condamné à restituer aux vendeurs les actions Hardwicke qu'il avait acquises.

D'après ce que l'on sait, les Sasakawa furent complètement désarçonnés par ce coup. Au Japon, Ryoishi ne cessait de se livrer, pour son propre compte, à des manipulations boursières, sans que le gouvernement s'en émeuve une seconde. Après ce désagrément, Sasakawa continua d'investir dans le projet Shelburne, mais l'enthousiasme n'y était plus. L'ouverture du casino n'était plus du tout certaine, et non pas seulement parce que la commission des opérations de bourse épluchait l'affaire. Le passé de Sasakawa et ses accointances douteuses avaient fini par le rattraper. En raison de son dossier, les banques américaines refusèrent les prêts qui auraient permis d'accrocher le projet, et la police du New Jersey fit savoir que toute société où figurerait Sasakawa aurait bien du mal à obtenir la licence d'exploitation du casino. Si le New Jersey voulait tenir la pègre américaine à l'écart d'Atlantic City, ce n'était pas pour en ouvrir la porte à des Japonais, étroitement liés aux yakuzas.

Sasakawa avait très bien vu l'intérêt de l'opération et l'avait très soigneusement étudiée. L'empereur du hors-bord n'ignorait rien du jeu, et la gestion d'une entreprise de très grande échelle ne lui faisait pas peur. Aurait-il réussi que son casino aurait constitué la plus importante « blanchisserie » japonaise aux Etats-Unis. C'est pourquoi les responsables de l'ordre du New Jersey firent de leur mieux pour faire avorter le projet. Lorsque les Sasakawa, père et fils, Aoki et leurs associés inconnus se retirèrent – vendant leurs intérêts à un agent immobilier de Philadelphie en 1981 – on estima leur perte à 27 millions de dollars. Ce n'était pas la première fois que l'activiste vieillissant laissait des plumes aux Etats-Unis, mais il dut être ulcéré d'y perdre une pareille somme.

En février 1983, Ryoishi Sasakawa débarquait impavide à San Francisco pour y recevoir la médaille Linus Pauling de l'humanitarisme, à la suite d'une donation de 770 000 dollars à l'Institut Linus Pauling pour la science et la médecine. L'homme qui s'était autrefois surnommé lui-même « le fasciste le plus riche du monde » était en passe d'en devenir le plus grand philanthrope.

Les efforts d'autopromotion de Sasakawa sont stupéfiants. Avant le dîner en tenue de soirée, donné en son honneur par l'Institut Pauling, il offrit un déjeuner au très élégant *Bohemian Club* de San Francisco – qui n'a rien de bohême – ayant auparavant passé la matinée à donner des interviews aux médias locaux. Au déjeuner, il reçut ses invités avec une parfaite aisance, heureux comme un poisson dans l'eau, un perpétuel sourire aux lèvres. Son agent de publicité, de la firme Doremus de New York, informa l'assemblée qu'entre autres choses, Sasakawa était un patriote, un homme qui ne rougissait pas d'aimer sa mère et son pays. De fait, Sasakawa avait fait ériger au Japon une statue le représentant portant sur son dos sa vieille mère, mais l'objet de sa vénération était sans doute moins la vieille femme que son porteur.

Il dénonce toujours, comme il le fit à San Francisco, les reproches qui lui sont faits sur son passé ultranationaliste et ses bénéfices de guerre ; ils sont, dit-il, inspirés par les communistes. A peu près sûr en cela de ne pas être démenti, maintenant qu'il a enterré presque tous les témoins de cette époque de sa vie. Lorsque les auteurs de ce livre lui firent remarquer que les archives de l'armée américaine ne laissaient aucun doute quant à sa participation au pillage de la Chine, il s'exclama : « Je n'ai pas gagné en Chine un seul yen ni un seul penny. J'ai fait cadeau à la Chine de plusieurs millions de doses de vaccins antituberculeux. » Il montra la même véhémence et la même imagination à démentir toute relation avec les yakuzas, oubliant fort à propos s'être publiquement vanté d'avoir compté Kazuo Taoka, défunt patron du Yamaguchi, au nombre de ses compagnons de boisson.

Les médiocres résultats des efforts de Sasakawa pour refaire l'histoire du Japon et la sienne propre n'empêchent point ce grand kuromaku de continuer à se faire un nom dans la philanthropie et la promotion d'entreprises diverses. Sa Fondation pour les chantiers navals du Japon a distribué des millions à des œuvres charitables dans le monde entier. Il est le plus important donateur privé auprès des Nations unies, et il a fondé plusieurs centres internationaux de la santé, des universités, et jusqu'à la bibliothèque présidentielle de

Jimmy Carter, qui l'a félicité de « son bon travail pour la paix ». Il a rencontré moins de succès dans ses entreprises de promotion industrielle, ayant dépensé en vain des millions pour introduire en Californie du Sud le train rapide Shinkansen – le train Projectile.

Le cadeau le plus ambitieux de Sasakawa aux Etats-Unis est la Fondation nippo-américaine, installée à New York et lancée en 1980 grâce à une donation de 48 millions de dollars. La fondation a choisi de placer à sa tête Richard W. Petree, ancien responsable des services politiques de l'ambassade des Etats-Unis à Tokyo, publiquement accusé à la Diète d'avoir été un agent actif de la C.I.A. (accusation que Petree ne confirma ni n'infirma jamais). Le groupe de travail américain de la Fondation comprend toute une série de personnalités : Henry Kissinger, Angier Biddle Duke qui fut ambassadeur des Etats-Unis dans quatre pays et qui est l'héritier d'une grande fortune de tabac, James A. Linen, ancien président de Time, Inc. Robert Sarnoff, ancien président de la R.C.A., John Lindsay, ancien maire de New York.

L'objet officiel de la Fondation nippo-américaine est le développement, par les subventions et par l'éducation, de la coopération entre les deux pays, en premier lieu de la coopération économique. Mais la Fondation a un autre objectif, plus discret : la promotion personnelle de Sasakawa dans les milieux influents d'Amérique. Selon Rocky Aoki, l'ancien associé de Sasakawa, le vieil ultranationaliste voudrait obtenir le prix Nobel de la paix, et il semble déterminé à dépenser n'importe quoi pour y parvenir. Il a été jusqu'à ouvrir un bureau à Oslo, en Norvège, pour assurer dans les meilleures conditions sa propagande auprès du comité Nobel. De fait, en 1985, son nom figurait sur la liste des nobélisables.

En dépit de toutes ses bonnes actions et de toutes ses générosités, Sasakawa demeure un empereur du jeu, étroitement lié à l'extrême droite japonaise et, plus discrètement, mais non moins solidement, aux yakuzas. S'« il essaie de racheter des fautes anciennes », selon l'opinion du docteur Linus Pauling quant à sa philanthropie, il a encore beaucoup à faire, et le temps lui est compté.

Sasakawa n'est pas la seule puissance financière quelque peu contestable, des Etats-Unis, à être arrivée du Japon. Aussi inquiétante est la venue au seuil de l'Amérique d'importants groupes sokaiya. Les essais de casino plutôt maladroits et les gestes humanitaires ostentatoires de Sasakawa sont transparents ; la tactique des sokaiya est beaucoup plus difficile à percer à jour.

Le 21 avril 1982, le directeur du puissant groupe sokaiya Rondan Doyukai, répondant au nom de Shigeru Kobayashi, assista à une réunion d'actionnaires à la Chase Manhattan bank de New York. Kobayashi écouta sans broncher les remarques préliminaires de David Rockefeller et les questions de l'assemblée, qui durèrent pas moins de quarante minutes – il devait bouillir de faire taire les contestataires – avant de s'adresser à la foule : « Nous représentons, déclara Kobayashi, vos actionnaires du Japon. Je suis heureux d'assister à votre assemblée générale. J'ai enfin l'honneur de voir le président Rockefeller... C'est un grand homme car il a rencontré Sa Majesté l'empereur, lorsqu'il est allé au Japon, il y a deux ans, et très peu de gens au Japon ont le privilège de serrer la main de l'empereur. J'aimerais également exprimer ma reconnaissance pour vos importants dividendes. »

Les actionnaires présents furent probablement amusés par la déclaration de Kobayashi, mais d'aucuns ne manquèrent pas d'en être perplexes. Pourquoi le Rondan Doyukai aurait-il envoyé un de ses patrons à New York à seule fin de flatter la société ? Par la suite Kobayashi déclara à un journal japonais : « Nous sommes venus à New York pour leur montrer ce que sont les sokaiya japonais. Mais juste avant la réunion, le *Wall Street Journal* a sorti un article sensationnel avec une manchette, où l'on pouvait lire : "Les Sokaiya arrivent, les Sokaiya arrivent", comme si les gangsters japonais étaient sur le point d'envahir les Etats-Unis. Cet article a provoqué un véritable esclandre. Nous savons que l'ordre public est mal assuré à New York, aussi avons-nous pensé que nous pourrions bien être éliminés par la Mafia. »

Kobayashi évita donc un voyage au fond de l'East River. Près de six années auparavant, un autre groupe de sokaiya avait fait son apparition à Los Angeles où la violence est aussi répandue qu'à New York. En 1976, d'après des sources policières, cinquante dirigeants d'entreprises japonais s'étaient réunis dans une des salles du *Biltmore Hotel*, dans la ville basse. C'étaient les responsables des principales firmes japonaises, installées sur la côte Ouest, et ils étaient venus présenter leurs respects à un groupe de sokaiya de passage (qui avait omis d'en avertir la presse). Au même moment, la police repérait le sokaiya Masato Yoshioka qui faisait le tour de Los Angeles pour se présenter aux banques, conglomérats et sociétés d'investissements japonais, afin, probablement, de toucher les sociétés qui auraient manqué la réunion du *Biltmore* ; quoique les milieux d'affaires aient gardé le silence sur cet événement, les responsables du maintien de l'ordre furent informés par leurs indicateurs qu'à Los Angeles, comme au Japon, il revenait moins cher aux entreprises visées de payer les sokaiya que de s'exposer aux conséquences d'un refus.

En 1981, le Rondan Doyukai avait envoyé des représentants à l'assemblée annuelle de la Bank of America à San Francisco. Selon les termes du secrétaire de séance, John Fauvre, il furent « polis, mais insistants ». Ils s'approchèrent du micro, rapporta Fauvre, avec leur propre photographe et un traducteur et se présentèrent dans les formes avec beaucoup de solennité. Cette fois-là, les sokaiya ne firent rien de plus que de souhaiter bonne chance à la banque, comme Kobayashi le ferait un an plus tard à la Chase Manhattan.

Le Rondan Doyukai est la plus importante association japonaise de sokaiya ; la crise de 1982 l'a amené à diversifier ses acivités. Selon la même enquête du *Wall Street Journal* qui inquiéta tellement Kobayashi, l'association, dont la plupart des membres ont fréquenté un établissement d'enseignement supérieur d'Hiroshima, a investi 232 000 dollars dans l'acquisition d'actions d'une sélection de sociétés américaines et européennes d'importance stratégique. On relève parmi les sociétés visées, outre la Chase et la Bank of America, la General Motors, IBM et Dow Chemical.

D'autres opérations sokaiya se préparent. Les polices de Los Angeles et de New York City ont découvert que des feuilles à scandale de type sokaiya servent à extorquer de l'argent à des firmes japonaises ; les sokaiya constituent donc une menace pour les filiales en Amérique des sociétés japonaises, surtout pour les plus petites. Mais il apparaît que, à mesure que les investissements japonais affluent aux Etats-Unis et que les firmes américaines font de plus en plus d'affaires avec les japonaises, les compagnies proprement américaines pourraient elles aussi avoir affaire aux méthodes d'extorsion qui paraissent inhérentes au capitalisme japonais. Au début, cela pourrait être imperceptible, mais la remarquable souplesse et l'astuce des sokaiya leur permettront certainement de se tailler une part croissante des 85 milliards de dollars de transactions qui se font chaque année entre les deux pays.

Alliances dans la pègre

La police de New York a beaucoup de mal à traquer les activités des yakuzas dans la ville. Un officier de police sino-américain en témoigne, avec un fort accent new-yorkais : « Dans toute la police, on ne compte qu'un seul Nippo-Américain, et il ne parle pas japonais. »

Pourtant, les flics d'origine asiatique de la division des renseignements ont eu vent de chantages yakuzas envers des firmes japonaises et des individus japonais, sans que la police de la ville soit véritablement convaincue que les gangsters japonais soient à même d'y mener des opérations importantes. D'après un officier : « S'ils voulaient se lancer dans quelque racket que ce soit, la prostitution par exemple, les cinq familles s'en mêleraient. On ne peut rien faire à New York sans que la pègre traditionnelle en soit avertie. Dans le secteur des bars, il faut traiter avec eux ; ils contrôlent l'approvisionnement des restaurants, le commerce de l'alcool et toutes les activités qui y sont liées. Pour moi, New York, pour des raisons géographiques, ne peut convenir aux yakuzas. C'est bien pourquoi ils ont beaucoup mieux réussi à Los Angeles – la criminalité y est beaucoup moins organisée. »

Moins d'un an après cette déclaration, le président de la commission du crime organisé révélait que la pègre new-yorkaise ne demandait pas mieux que de s'allier aux gangsters japonais dans le domaine des jeux. Le raisonnement de la police était correct jusqu'à un certain point : la pègre installée ne veut certainement pas de concurrent sur son territoire, mais elle est très heureuse de gagner des clients. Les yakuzas ne menacent nulle part les positions des malfaiteurs établis avant eux sur le continent ; ils peuvent au contraire conclure avec eux des alliances, bénéfiques aux deux partis.

Cette perspective inquiète beaucoup les responsables américains du maintien de l'ordre. L'établissement de liens entre malfaiteurs américains et étrangers a toujours fortifié les premiers. D'ailleurs, les associations de malfaiteurs américaines se sont internationalisées, dès le début du siècle, avec l'arrivée de bandits siciliens qui conservaient des liens avec leurs cousins du Vieux Monde, et celle de trafiquants de drogue juifs et grecs qui en faisaient autant avec certains de leurs parents résidents de localités intéressantes pour leurs activités. Avec les années, la délinquance organisée américaine s'est de plus en plus impliquée dans le trafic international de la drogue et, pendant la prohibition, dans celui de l'alcool. Après la Seconde Guerre mondiale, certains gangsters américains de haute volée se sont lancés dans le jeu, à La Havane, aux Bahamas et en Europe.

Sans doute existait-il, dès les années vingt ou trente, des accords entre malfaiteurs américains et asiatiques à propos de drogue, mais l'importance croissante des relations entre gangsters des Etats-Unis et du Japon allait les éclipser. Deux des pègres les plus puissantes du monde, avec lesquelles seuls les grands syndicats chinois peuvent peut-être rivaliser, allaient travailler ensemble. Les mafias américaine et japonaise s'intéressent aux mêmes activités – de la délinquance en col blanc jusqu'au contrôle des marchands forains – et l'une et l'autre ont des troupes, de l'influence politique et de l'argent.

L'une des conséquences possibles d'une alliance effective entre ces deux puissances pourrait être un accroissement du vol international. Aujourd'hui, l'une des principales ressources de la Mafia est le détournement organisé de marchandises, à l'aéroport international Kennedy et dans les docks du port de New York. Le volume du commerce entre les Etats-Unis et le Japon est devenu gigantesque, il dépasse maintenant le trafic transatlantique, et si la pègre parvenait à en prélever sa part, celle-ci pourrait fort bien se monter à des milliards de dollars.

La puissance potentielle d'une pareille alliance préoccupe vivement les hommes de loi américains. L'ancien secrétaire à la Justice, Michael Sterrett, qui est aussi l'un des observateurs les plus avisés des activités yakuzas, est formel : « Il existe aujourd'hui aux Etats-Unis et au Japon des gouvernements de l'ombre qui perçoivent leurs impôts, établissent leurs lois et les font respecter. Une alliance entre les yakuzas et les organisations criminelles américaines signifie que drogues, armes et des sommes énormes circuleraient dans le monde, sans autre contrôle que celui de ces malfaiteurs. Il existerait dès lors un gouvernement international de l'ombre. »

L'établissement d'une pareille alliance se heurte cependant à la difficulté majeure que constituent les différences linguistiques et culturelles et le défaut de relations préalables. Bien rares sont les mafiosi qui ont des cousins yakuzas ; quant à parler japonais, fût-ce pour le baragouiner, c'est encore une autre affaire. Du fait de cette incompréhension, un élément essentiel manque, et c'est la confiance, sans laquelle il est impossible d'organiser un système trans-Pacifique de détournement de marchandises. Dans le monde du crime, il n'y a pas de contrats écrits et les millions changent de main sur parole.

Les deux puissances ont donc besoin d'un lieu de rencontre où elles apprendraient à faire connaissance – un endroit de détente, peut-être, où leurs représentants mangeraient, boiraient ensemble, disposeraient peut-être de filles et joueraient aux mêmes jeux... de façon à se rapprocher, fût-ce par l'entremise d'interprètes, à établir les bases de la confiance indispensable à l'établissement de toute relation d'affaires. Ce lieu stratégique devrait être assez fréquenté pour que ces rencontres n'éveillent pas trop de suspicion... Cet endroit existe, c'est Las Vegas.

Il y a maintenant dix ans que les Japonais, malfrats ou joueurs, fréquentent Las Vegas, soit comme opérateurs soit comme clients des jeux. Le plaisir a bien vite mené aux affaires. Dès 1975, enquêteurs américains et japonais pensaient avoir découvert un lien entre le *Caesar's Palace* de Las Vegas et le crime organisé japonais. Le *Caesar,* depuis longtemps soupçonné d'être tombé sous le contrôle direct de certains gangs, engagea en 1973 un producteur de films, supposé être yakuza, Kikumaru Okuda, afin de trouver des clients et de recouvrer certaines dettes de jeu. Deux ans plus tard, selon la presse japonaise, plusieurs de ses associés avaient menacé des débiteurs dont l'ensemble des dettes envers le casino dépassait 200 000 dollars. Les débiteurs se plaignirent d'avoir été menacés de mort : les yakuzas les tueraient, disaient-ils, s'ils ne réglaient pas leurs dettes. Les responsables du *Caesar's Palace* nièrent qu'Okuda ait eu la moindre relation avec aucun voyou en quelque pays que ce fût, mais au Japon l'affaire parut assez grave pour l'envoyer en prison, pour chantage, avec deux complices.

Les Japonais s'étaient aperçus de bonne heure à quel point la disposition à Las Vegas d'une base permanente pourrait leur être profitable et ils avaient fait plusieurs tentatives pour en acquérir une. En 1971, le milliardaire kuromaku, Kenji Osano, était entré en négociations pour l'achat du *Sands Hotel* et de son casino. Comme Sasakawa, sept ans plus tard, Osano savait bien qu'un grand casino, où circulent des masses d'argent liquide, situé dans l'une des capitales mondiales du jeu, faciliterait beaucoup ses opérations et celles de ses amis. Osano fut cependant obligé de renoncer à cette acquisition lorsque ses ennuis avec Lockheed commencèrent.

En 1982, un ancien joueur professionnel de base-ball et de golf, Ken Mizuno, tenta d'acquérir une licence de vente de boissons alcoolisées pour le restaurant japonais du *Tropicana Hotel* et de son casino. D'après le *Las Vegas Valley Times*, il était arrivé aux Etats-Unis avec 3 millions de dollars en travellers checks – méthode plutôt inhabituelle de transfert d'argent. Mais selon la police, ce n'était pas de 3 millions de dollars dont il disposait, mais de 100 millions, et c'était de l'argent yakuza. Aussi, lorsque Mizuno se porta candidat à l'acquisition de sa licence, la police de Las Vegas l'accusa d'étroite association avec des yakuzas. La licence lui fut cependant accordée, mais il demeura sous la surveillance continuelle de la police.

Le fait est que, depuis la construction du *Flamingo* par Bugsy Siegel, en 1946, Las Vegas blanchissait de l'argent. Il n'est donc pas surprenant que des Japonais aient souhaité profiter de ce service, et il l'est encore moins qu'ils aient conclu, pour ce faire, des accords avec des gangsters américains. De nombreux rapports de police américains traitent de rencontres à Las Vegas entre bandits japonais et américains ; la conclusion entre eux d'accords majeurs n'est plus qu'une question de temps – si la chose n'est déjà faite.

Des rencontres secrètes ont lieu tous les deux ou trois ans entre Japonais et Américains. La première de celles-ci eut lieu en 1980 sur l'île de Kauai à Hawaï. Une autre se tint à Honolulu, en décembre 1983. Au programme : les yakuzas ; c'étaient des policiers qui se rencontraient. Ces rencontres portent le nom de conférences américano-japonaises sur le crime organisé, mais le travail est à sens unique : selon un participant à la rencontre de 1983, les gangsters américains ne travaillent pas au Japon.

Ces rencontres constituent un contrepoint à la quasi-absence de communication, entre les fonctionnaires de police américains et japonais, en matière de yakuza. Y assistent du côté américain : des représentants de la plupart des polices fédérales – du F.B.I. au I.R.S. – et des polices locales d'Hawaï et de la côte Ouest ; du côté japonais, la Police nationale (N.P.A.) et la police métropolitaine de Tokyo.

Bien que certains policiers japonais minimisent, ou nient tout simplement, le problème des yakuzas aux Etats-Unis, il y a eu des exceptions. En 1982, un policier qui avait servi vingt ans dans la police métropolitaine de Tokyo, Masanori Kita, fut nommé au consulat du Japon à Honolulu, notamment pour faire la liaison avec les polices fédérale et locale. Il n'y avait pas là que générosité. Kita se rendit compte que les yakuzas à Hawaï constituaient un problème plus préoccupant pour les Japonais que pour les Américains, dans la mesure où l'essentiel de leur activité consistait à envoyer en contrebande au Japon armes et articles pornographiques.

La police américaine s'est malgré tout décidée à aborder le problème du crime organisé d'une manière nouvelle : l'arrêter avant qu'il ne soit indélogeable.

Bien que l'efficacité de cette nouvelle méthode laisse sceptique, il ne fait pas de doute qu'au niveau fédéral au moins la police ait pris l'offensive, avec ou sans la coopération des Japonais. Le laisser-faire que les officiers des douanes d'Honolulu, Bill Sweet et Al Gano, avaient décrit en 1982 a été considérablement révisé au cours des deux années qui ont suivi, et un nombre record de yakuzas ont été pris et expulsés. A la fin de 1983, les douanes se sont jointes au service d'immigration et de naturalisation (I.N.S.) et au F.B.I. pour la discrète opération 893, « grâce à laquelle les yakuzas sont identifiés, poursuivis ou expulsés pour violation des conditions d'obtention du visa ». Le procédé d'identification n'a pas toujours été utilisé avec justice, mais il s'est avéré d'une redoutable efficacité. Les yakuzas désirant entrer aux Etats-Unis se trouvent dans une situation délicate : s'ils rendent compte de leur casier judiciaire, ils risquent de se voir refuser l'entrée dans le pays ; s'ils omettent d'en rendre compte et qu'ils sont pris, ils risquent davantage que l'expulsion, pour faux témoignage sur une demande de visa. Un nombre surprenant de gangsters japonais se mettent à table, lorsqu'ils se sentent soupçonnés.

Au cours de l'année 1983, les douanes ont livré des individus suspectés d'être yakuzas à l'I.N.S. Ceux qui ont reconnu avoir omis de déclarer leur passé criminel ont été autorisés à prendre le premier avion à destination du Japon. Mais en 1984, l'attitude des Etats-Unis s'est durcie, et les suspects arrêtés ont été envoyés devant le tribunal. En mai de cette année (1986), treize yakuzas ont été reconnus coupables, condamnés à des amendes dont le total se monta à 100 000 dollars, laissés en liberté surveillée et expulsés.

Mais cela ne suffit pas aux yakuzas. Au début de 1985, huit d'entre eux furent arrêtés ; l'un d'eux portait une fausse phalange, mais cet artifice ne trompa pas les douanes. Reste à savoir quelles « contre-contre-mesures » les yakuzas vont inventer, mais ils essaieront certainement de contourner les mesures policières. Les possibilités de blanchissage de l'argent, de jeu et autres escroqueries qu'offrent les Etats-Unis, valent bien le risque. Evitant tout simplement les postes de douanes dangereux d'Honolulu et de Los Angeles, de nombreux yakuzas se présentent à des postes où les inspecteurs ne savent pas encore reconnaître un yakuza d'un Eskimo. De là ils peuvent facilement gagner Hawaï ou la Californie en empruntant un vol intérieur avec un visa valide.

Les mesures policières, à Hawaï en particulier, ont cependant gêné certains plans yakuzas. Un patron du Sumiyoshi a déclaré en 1984 qu'il avait été traité de façon indigne aux Etats-Unis, qu'il avait été la victime des histoires d'épouvante yakuzas. Il avait, raconta-t-il, été arraché à son groupe de touristes – un voyage organisé par une banque –, interrogé pendant deux heures, et suivi pendant tout le reste du voyage. Inagawa, le parrain yakuza, déclarait à son tour : « Je vous en supplie, dites aux Américains que nous ne leur voulons aucun mal. La seule chose que nous souhaitons, c'est d'aller jouer au golf à Hawaï. »

Les précautions prises aux frontières ont-elles un effet réel sur les entreprises yakuzas sérieuses ? Bernie Ching d'Honolulu est de ceux qui doutent de leur efficacité. A ses yeux, elles n'ont abouti jusqu'ici à rien de déterminant. « Les types qu'ils coincent, assure-t-il, ne sont que des touristes. Les vrais entrepreneurs sont beaucoup plus difficiles à repérer. Auparavant, nous n'avions aucun mal à repérer les yakuzas qui débarquaient. De véritables comités d'accueil les attendaient à l'aéroport. Aujourd'hui, ceux qui ont quelque chose à cacher passent subrepticement, et voilà tout. »

Au printemps de 1985, il apparut que la répression pourrait tourner court. En dépit de la publicité apportée à la cause par la commission présidentielle, l'enthousiasme de Washington pour les programmes anti-yakuzas connaissait des hauts et des bas, et leur financement, des bouleversements constants. Le centre de documentation yakuza de l'aéroport international d'Honolulu pourrait bien se trouver victime de restrictions budgétaires, nonobstant le paradoxe que cela représenterait de la part d'une administration Reagan qui s'était proclamée tellement décidée à lutter contre le crime.

Dans le même temps que des crédits étaient supprimés, une commission, au Capitole, s'inquiétait comme jamais du trafic de drogue contrôlé par les yakuzas. Le 22 février 1985, la commission de la Chambre des représentants pour les Affaires étrangères publiait un rapport intitulé *Les Etats-Unis et la lutte antidrogue outre-mer*, dont la partie japonaise était à la fois succincte et accusatrice :

> « 1. Le Japon est pour les stupéfiants un centre de transbordement. Il est l'un des grands centres commerciaux de la région ; les organisations criminelles y sont très puissantes (yakuzas), et sa réputation internationale est si bonne que les douanes américaines ne contrôlent guère les cargaisons qui en proviennent.

« 2. Il est impossible de juger de l'importance du trafic de stupéfiants qui y transite, en raison du défaut de coopération des Japonais. Les Japonais ne communiquent que très peu d'informations aux Américains en matière de drogue, refusent l'accès de leur territoire aux enquêteurs étrangers, gardent pour eux les relevés de condamnations, les listes d'individus reconnus comme yakuzas et toute autre information importante. »

Les yakuzas représentent aujourd'hui pour les Etats-Unis une double menace, réelle et potentielle. Ils continuent d'exploiter le tourisme, de rançonner les hommes d'affaires japonais, de s'adonner à la contrebande d'armes, de matériel pornographique et de femmes vers le Japon. Ils blanchissent de l'argent et l'investissent dans des entreprises légales. Ils participent enfin à l'introduction aux Etats-Unis d'héroïne asiatique. Mais le degré de leur activité, de leur autonomie, de leur implantation au sein des diverses communautés japonaises, demeure mal connu. Sans opposition, ils continueront de s'étendre, comme tout autre organisation criminelle. La myopie des autorités américaines, renforcée par la mauvaise volonté des autorités japonaises, compromet peut-être les chances de porter des coups sévères à l'un des syndicats de malfaiteurs les plus puissants du monde.

Les complicités qu'elles rencontrent sont l'un des éléments majeurs du succès des organisations criminelles modernes. Les yakuzas ont besoin de la double bienveillance des administrations locales et des malfaiteurs locaux. Incapables de s'y opposer, il leur faut les gagner à leur cause. S'ils y parviennent, les conséquences en seront graves.

Leurs immenses disponibilités liquides leur permettent toujours l'achat de quelques fonctionnaires. Ainsi certaines astuces réglementaires peuvent beaucoup faciliter la tâche des « investisseurs ». Dans certains cas, les policiers peuvent s'entendre dire qu'il est d'autres priorités que la chasse aux yakuzas. Des amis dans les milieux gouvernementaux peuvent permettre aux représentants des yakuzas d'obtenir les licences et les permis indispensables à certaines affaires. Rien de tout cela n'est jamais public et, avec un peu de chance, ces manœuvres peuvent rester à jamais ignorées.

De l'autre côté de la barrière, les truands américains découvriront que ceux qui jouent le jeu avec les yakuzas ont des chances de gagner beaucoup d'argent d'une manière ou d'une autre – dans le jeu d'abord, ultérieurement peut-être dans la drogue. Et pourquoi se méfier des Japonais ? Les Américains qui aideront les yakuzas et leurs amis à monter des affaires auront eux aussi la possibilité de s'enrichir.

Il n'est donc pas nécessaire que les yakuzas envahissent l'Amérique pour y réussir. S'ils opèrent avec circonspection et choisissent bien leurs alliés, ils peuvent y remporter de grands succès. Et quand ils auront réussi, il ne restera plus, comme au Japon, qu'à accepter les gangs comme faisant partie du paysage des affaires.

NOTES

- Les titres cités sont empruntés au *Los Angeles Times*, 14 novembre 1981, et au *U.S.A. Today*, 28 novembre 1983. D'autres titres incendiaires sont apparus dans les kiosques.

- « Organized Crime and Criminal Intelligence Bureau », de Californie réadapta son nom en « Bureau of Organized Crime and Criminal Intelligence » pour profiter du sigle B.O.C.C.I. Cette agence publie un rapport annuel. La citation est tirée de *Organized Crime in California : 1981.*

- Le témoignage devant la Commission présidentielle sur le crime organisé a été enregistré dans les transcriptions préliminaires de la commission, datées du 23 octobres 1984, et dans plusieurs coupures de presse.

- La citation sur la morphine japonaise en Amérique du Nord provient de l'*Annual Report of the Bureau of Narcotics*, 1932, du gouvernement américain, p. 10.

- L'information sur le trafic japonais de narcotiques aux Etats-Unis avant la guerre provient, pour l'essentiel, des rapports annuels du Bureau des narcotiques, 1930-1942. Ce sont là des rapports tout à fait objectifs, mais ils sont basés sur des documents officiels. La participation de la Chine et du Japon au trafic d'héroïne a été traitée de façon détaillée et savante par Jonathan Marshall dans son excellente étude, « Opium and the Politics of Gangsterism in Nationalist China, 1927-1945 », parue dans le *Bulletin of Concerned Asian Scholars*, juillet-septembre 1977. Pour une vision propagandiste, mais intéressante du trafic japonais des narcotiques, voir le livre de Violet Sweet Haven, *Gentlemen of Japan* (1944). Voir aussi Harry J. Anslinger, *The protectors* (1964), p. 31.

- Les informations sur le *Tokyo Club* ont été réunies par Isami Arifuku Waugh, et proviennent essentiellement de rapports conservés dans la Bancroft Library de l'université de Berkeley en Californie. Les conclusions de Mrs Waugh ont été publiée dans sa thèse de doctorat (1978) de l'école de criminologie de l'université de Berkeley, *Hidden Crime and Deviance in the Japanese-American Community*, 1920-1946. Voir aussi *Heroic Struggles of Japanese Americans* (1981), ouvrage contesté, et publié à compte d'auteur, de James Oda et *Rafu Shimpo* (Los Angeles), 20 octobre 1930.

- La citation sur le *Tokyo Club* est parue dans le quotidien nippo-américain, maintenant disparu, *Pacific Citizen* (Los Angeles), 19 septembre 1949.

- L'histoire de Leo Orii est basée sur deux interviews de Mr Orii en 1982 ; sur des interviews de membres de la police de Los Angeles, 1982-1985 et sur des rapports de police confidentiels.

- Les activités de Machii aux Etats-Unis sont basées sur des interviews de son associé américain, Kenneth Ross, en 1982 et 1985, sur des rapports de police confidentiels et sur une séquence télévisée du journal *20/20* d'ABC, « Japan's Other Exports », 27 mai 1982.

- Le compte rendu sur la « traite des Blanches » provient d'interviews d'hôtesses et d'entraîneuses aux Etats-Unis et au Japon, effectuées par les auteurs et nos collaborateurs, ainsi que de nombreuses coupures de presse. Voir, par exemple, *San Francisco Examiner*, 6 mai 1982 et 10 août 1983, *Los Angeles Times*, 13 avril 1982, *Japan Times*, 13 avril 1982, *Japan Times*, 17 avril 1981 et 13 juin 1982, le magazine *Playgirl*, « White Slaves », novembre 1982 et *Penthouse*, « Yakuza », avril 1983. Voir aussi « Japan's Other Exports », du journal *20/2* d'ABC, 27 mai 1982.

- Les citations de Sather sur l'image des femmes occidentales sont tirées de *Hostesses* (1984), sa thèse de maîtrise en journalisme pour l'université de Berkeley en Californie.

- Pour l'histoire des armes et de leur contrôle au Japon, voir le fascinant ouvrage de Noel Perrin, *Giving Up the Guns* (1979). Les informations sur la contrebande d'armes proviennent de nombreuses interviews de fonctionnaires de police japonais et américains et de différents rapports de presse. Voir en particulier, *Japan Times*, 15 juillet 1966, 20 décembre 1980, 17 avril 1981 et 21 novembre 1981, Sankei Shimbun, 15 juillet 1981, *Mainichi Daily News*, 1er juillet 1976 et *Asahi Evening News*, 7 juillet 1976. L'information sur l'affaire de Guam vient, en partie, d'un rapport d'enquête du Bureau des alcools, du tabac et des armes à feu, Honolulu, 24 juillet 1980, acte d'accusation, tribunal de district de Guam, affaire criminelle CR82 00015 et le *Pacific Daily News* (Guam), 5 mars et 18 mars 1982.

- L'affaire Steve Conn est tirée d'interviews d'officiers de police, de Mr Conn et de son agent de publicité, Davy Rosenberg. Voir aussi *San Francisco Chronicle*, 19 juin 1984.

- Les activités de Sasakawa aux Etats-Unis n'ont pas cessé et sont fascinantes. Notre histoire est basée sur des interviews de Sasakawa, de Rocky Aoki, Richard Petree et de fonctionnaires de police du New Jersey, divers documents de la Fondation nippo-américaine et de nombreuses coupures de presse. Voir en particulier « Soft Core Fascism », écrit par les auteurs dans la *Village Voice*, 4 octobre 1984, *New York Times*, 11 juillet 1978 et pour un examen complet du cas Sasakawa et d'Atlantic City, voir l'excellent reportage de John Mintz dans le *Trenton Times* (New Jersey), 8 février 1981.

- Les activités des sokaiya aux Etats-Unis sont tirées de rapports de police confidentiels, *Wall Street Journal*, 16 avril 1981 *Shukan Bunshun*, 7 mai 1981 et « The Yakuza Are Coming », écrit par les auteurs dans *California Living*, le magazine du dimanche du *Los Angeles Herald Examiner*, 6 février 1983.

- Les informations sur les activités yakuzas à Las Vegas proviennent de sources policières et de nombreuses coupures de presse. Voir *Yomiuri Shimbun*, 22 juin 1975, *Mainichi Daily News*, 29 juin 1975, *Japan Times*, 23 juillet 1982 et 19 octobre 1975. L'affaire Mizuno est basée sur plusieurs reportages de presse. Voir, par exemple, l'article de Jim Dooley dans le *Honolulu Advertiser*, 19 juillet 1982.

- Les mesures prises à l'encontre des yakuzas proviennent de sources policières, et des documents suivants : Memorandum, Department of Justice Organized Crime Strike Force, bureau de San Francisco, 12 décembre 1983, *Honolulu Advertiser*, 23 avril 1983, et 25 mai 1984 et *Honolulu Star-Bulletin*, 1er décembre 1983.

ÉPILOGUE

LES NOUVEAUX YAKUZAS

« Les yakuzas finiront comme la Mafia américaine, explique Kakuji Inagawa, le parrain le plus considéré du Japon. A l'avenir, dit-il, il n'y aura plus qu'une pègre nationale. De même que mon organisation s'est imposée, de même les sociétés les plus importantes prendront le dessus. Vous pouvez constater une tendance vers une structure plus corporative. »

Il est cependant clair que cette perspective n'enchante pas Inagawa. « La Mafia est capable de tuer par intérêt. Les yakuzas doivent respecter la moralité et le règlement, mais cette tradition est en train de disparaître... Tout serait facile si l'on pouvait revenir en arrière. Ce qui me préoccupe, c'est le conflit des générations. »

Inagawa n'est pas le seul de cet avis. Les chefs du Milieu japonais se plaignent que les nouveaux yakuzas sont plus violents, moins obéissants, et plus intéressés par les gros profits que par les traditions féodales. Ils n'arrivent plus à maîtriser cette génération des jets, des gangs de motocyclistes, de la télévision, des loisirs et du crédit à la consommation.

Les yakuzas sont en pleine transformation. Leur univers insulaire et structuré de giri-ninjo, de tatouages, de doigts coupés, d'obéissance absolue et autres cérémonials de la chevalerie du banditisme, est menacé de tomber en désuétude. Dans un sens, ce changement se fait attendre depuis longtemps. Bien que le

Japon de l'après-guerre ait conservé quelques bribes du système de l'oyabun-kobun, rares sont, en effet, les Japonais qui vivent selon les principes séculaires du féodalisme. Comme les samouraïs qui, il y a cent ans, échangèrent leurs sabres contre des relevés de profits et pertes, les yakuzas, aujourd'hui, se débarrassent de leur passé médiéval ; et les conséquences de ce changement peuvent être aussi considérables. Les gangsters japonais viennent de découvrir que le monde criminel de la fin du XXe siècle n'exige ni idéologie, ni chevalerie, ni loyauté absolue. En contrepartie, l'heure a sonné pour les escrocs et les intrigants astucieux et audacieux. En conséquence, pour la première fois dans leur histoire, les yakuzas agissent autant pour eux-mêmes que pour le gang dans son ensemble, et ceci constitue une révolution au sein du crime organisé au Japon.

Ces changements ne surviennent pas de manière systématique, comme cela s'est passé, par exemple, à New York, au début des années trente, lorsque Charles « Lucky » Luciano manigança l'élimination des principaux patrons ultraconservateurs ; avec eux s'en allèrent tous les « Pierrots à moustaches », les gangsters natifs de Sicile avec leurs façons du vieux monde. La modernisation du Milieu japonais a germé sur les décombres de 1945, et depuis, elle est en marche.

En 1954, un oyabun anonyme mettait en garde contre les dangers auxquels s'exposait la pègre :

> « Ce qui survient aujourd'hui ne s'est encore jamais produit. Auparavant, les yakuzas se battaient entre eux, et il leur arrivait de voler, mais ce n'était que pour des raisons de survie. Si un yakuza faisait du tort à des gens du commun, nous le punissions sur-le-champ. Notre loi interdisait de faire du mal au faible ; et pourtant, de nos jours, la force est utilisée sans discrimination contre le faible, et le sens de l'ordre a disparu du monde yakuza. »

D'aucuns pourraient se demander si les yakuzas ont jamais été véritablement chevaleresques. Au cours de leur longue histoire, les gangsters japonais se sont surtout comportés en criminels, extorquant, brutalisant et dévalisant ceux qui avaient le malheur de se trouver sur leur chemin. Mais même les membres de la fameuse police japonaise admettent en confidence que leur bête noire possède une face noble. Comme la civilisation japonaise dans son ensemble, les organisations criminelles du pays sont caractérisées par une infinité de contradictions. Les yakuzas ont joué un rôle d'honorable opposition, intégrée et cependant rejetée, légale et cependant criminelle. Mais la réponse est un oui nuancé : le yakuza a sans conteste un côté chevaleresque, et c'est précisément ce qui a changé de manière si radicale. A mesure que les gangs s'arment de revolvers américains et que leur conduite devient plus étrange aux yeux de leurs patrons aussi bien que du public, l'image et la substance du noble hors-la-loi tend à disparaître.

L'écroulement du système autoritaire traditionnel est lié au changement de structure de nombreux syndicats. Nul ne sait de manière certaine si, comme le croit Inagawa, il y aura à l'avenir un seul et unique syndicat national. Mais, comme la Mafia, les groupes criminels japonais s'intègrent dorénavant dans d'immenses syndicats centralisés. Et le modèle de ces syndicats n'est pas le Yamaguchi-gumi, strictement hiérarchisé ; ce serait plutôt le Sumiyoshi-rengo dont les structures, plus proches de la Mafia, sont moins rigides. Le Yamaguchi, d'organisation pyramidale, a toujours dépendu de la très contraignante relation oyabun-kobun, qui laisse peu ou pas du tout de place à la dissension. La mort de son chef, Taoka, et les querelles sanglantes qui s'en sont suivies, prouvent à l'évidence l'affaiblissement de ces liens féodaux. Toute une génération de gangsters japonais est en train de disparaître, et la police s'en préoccupe autant que les parrains.

La police métropolitaine de Tokyo, qui compte parmi ses membres les meilleurs observateurs du phénomène yakuza, a fait publiquement savoir en 1984 ce dont les gangs avaient depuis longtemps pris conscience. Chez les yakuzas, « solidarité et obéissance sont manifestement sur la pente déclinante, déclaraient certains fonctionnaires de police. Cela provient du départ des vieux chefs de bande qui maintenaient une stricte discipline, autant que du changement de mentalité des gangsters de la base ». Le kobun, semble-t-il, ne dira plus que la vache qui vient de passer est blanche, pour la seule raison que l'oyabun en a décidé ainsi.

Selon Kanehiro Hoshino, l'un des plus grands experts du Japon en matière de yakuzas, c'est ce qui se passera après qui est intéressant. Hoshino, chercheur à l'Institut national de recherche de science policière, estime que les changements les plus profonds dans les grands syndicats auront lieu lorsque le dernier des grands patrons, ceux qui ont accédé au pouvoir pendant l'occupation, s'éteindra. En dépit de l'agitation qui secoue le Yamaguchi-gumi, Inagawa et les autres traditionalistes ont toujours la situation en main – mais jusqu'à quand ? C'est leur mort ou leur départ à la retraite, estime Hoshino, qui pourrait pousser les éléments plus jeunes à modifier de manière radicale la structure et le caractère des gangs.

L'installation des yakuzas à l'étranger est directement liée à l'effondrement de l'autorité traditionnelle. Une fois encore, les déclarations du parrain Inagawa sont révélatrices. « Les yakuzas de Hawaï sont des marginaux et des laissés-pour-compte, dit-il. Ils sont incapables de s'adapter au Japon. » Ce sont pourtant ces marginaux qui ont formé le fer de lance de l'expansion yakuza à l'étranger. Ils font partie d'une nouvelle génération de criminels japonais, plus ouverts au monde moderne, beaucoup trop occupés à ramasser de l'argent à Honolulu ou à Hong Kong pour se soucier de doigts coupés et de cérémonies de saké. Sans se soucier de savoir s'ils sont membres à part entière des syndicats traditionnels ou estimables associés, ils travaillent cependant de concert avec les yakuzas de la mère patrie.

Ces yakuzas remuants sont loin d'être tous des inadaptés. Ils appartiennent tout simplement à une autre génération. Les plus jeunes d'entre eux qui n'ont pas débuté dans les ports, les syndicats « patronaux » ou le marché noir, mais dans la rue, au sein des bandes qui s'y forment aujourd'hui, n'éprouvent guère d'attrait pour les vieilles traditions du banditisme « samouraï ». Ils sont beaucoup moins enclins à obéir au doigt et à l'œil à leurs chefs, et bien peu d'entre eux seraient prêts à sacrifier leur vie à quelque abstraite dévotion au devoir. Il n'est pas jusqu'aux traditions les plus populaires qui ne changent. Les plus jeunes yakuzas abandonnent les tatouages complets. Ils les remplacent par un simple motif ou par une phrase sur le bras, assez semblable aux tatouages des jeunes Occidentaux. La raison en est bien simple ; selon Hoshino, elle ne relève nullement d'un changement d'esthétique, il se trouve simplement que les tatouages classiques coûtent une fortune et que leur exhibition ne semble plus valoir la douleur ni le prix qu'ils coûtent.

Les yakuzas les plus agressifs ne se donnent plus la peine non plus de respecter la vieille tradition de ne jamais causer de tort aux *katagi no shu,* « les citoyens sous le soleil ». Ce principe est pourtant aussi vieux que les yakuzas eux-mêmes. L'oyabun anonyme qui, en 1954, déplorait l'oubli des valeurs et du sens de l'ordre par la pègre, ne croirait pas ses yeux de ce qu'il pourrait constater aujourd'hui. Les gangs japonais ne songent plus qu'à faire les profits maximum dans le minimum de temps et la possession d'armes à feu est désormais chez eux l'un des insignes de la puissance. Résultat : la violence est entrée dans leurs mœurs. En 1983, les fusillades entre bandes ont doublé à Tokyo, pour y atteindre le record de l'après-guerre. Des batailles rangées se sont déroulées en plein jour et d'innocents passants en ont été les victimes, déplore la police. Et puis la violence ne se limite pas aux guerres de gangs, les armes ponctuent désormais tous les actes des malfaiteurs, de l'extorsion de fonds à l'usure, et cela ne s'était jamais vu.

Etudiant la police japonaise en 1976, l'érudit américain David Bailey pouvait écrire : « Le Japon est une société totalement désarmée ; les criminels ne portent pratiquement jamais d'armes à feu ». Le changement est si important que huit ans seulement plus tard, un policier déclarait : « Nous sommes convaincus que chaque yakuza ou peu s'en faut possède une arme et que beaucoup d'entre eux ne s'en séparent pas, même dans la rue, ce qui est absolument nouveau. » Quand bien même cette déclaration serait un peu exagérée, il n'en demeure pas moins que la police est aujourd'hui informée que les yakuzas – grâce à une florissante contrebande d'armes – sont armés jusqu'aux dents, au sein d'une société qui bannit la possession d'armes de poing. Les yakuzas sont armés, car il y a au Japon beaucoup plus d'armes disponibles qu'autrefois. L'interdiction des armes de poing est beaucoup moins respectée, au moins dans la pègre. Les Etats-Unis sont quelque peu responsables de cet état de fait : l'Amérique, où 200 millions d'armes à feu sont en circulation libre, est la principale source d'approvisionnement des yakuzas.

En 1983, le prestigieux journal japonais *Asahi Shimbun* consacrait un éditorial à dénoncer la violence de la pègre. Analysant les causes des fusillades qui éclatent à tout bout de champ dans les petites villes du pays, le journal remarquait que leurs causes débordaient de beaucoup celles des conflits territoriaux d'autrefois. Les bandes se tirent dessus pour toutes sortes de raisons : pour le partage des bénéfices d'une course ou de dérisoires rivalités de bistrots.

Les policiers eux-mêmes sont parfois les victimes de cette nouvelle mode. En août 1983, deux chefs du Kawai-gumi entreprirent un coup de main contre les bureaux d'une organisation rivale, le Kyokuto-Sekiguchi du quartier d'Ikeburo à Tokyo. Tombant sur quatre policiers, les gangsters ouvrirent le feu, blessant sérieusement l'un d'eux. Dans le passé pareille réaction, pour un mobile aussi futile que le désir d'échapper à une vérification d'identité et à une éventuelle condamnation pour port d'arme, eût été aussi improbable qu'une agression contre l'empereur.

Au-delà des changements de structures et de mentalité, les yakuzas en viennent à ressembler à leurs homologues américains sur un autre plan au moins : ils sont de plus en plus nombreux à pratiquer des formes de criminalité perfectionnées. Bien entendu, le voyou sommaire continue de constituer la base de leurs troupes, mais les *interi yakuza*, gansters intellectuels, ont fait leur apparition : escrocs en col blanc, financiers racketteurs, sokaiya polyvalents. Les délits économiques de ces malfaiteurs moderne, la police américaine ne le sait que trop, sont difficiles à déceler et plus difficiles encore à poursuivre. Ces changements vont de pair avec d'autres évolutions qui déterminent l'avenir des gangs : les nouveaux yakuzas sont plus instruits que les anciens ; ils voyagent ; un nombre croissant d'entre eux parlent l'anglais qui demeure la langue du commerce dans la plus grande partie du monde.

Ces transformations s'inscrivent dans un changement plus vaste qui affecte le Japon tout entier. Le crime organisé n'est pas seul à subir cette mutation ; le crime tout court en est affecté. En 1979, par exemple, il était constaté que les arrestations pour trafic de drogue augmentaient depuis plusieurs années de 20 % en moyenne par an, que les femmes commettaient de plus en plus de délits, et que les délinquants juvéniles étaient de plus en plus jeunes, tandis que la violence croissait et que les attaques de banques se banalisaient, amenant la presse japonaise à conclure que le crime « à l'occidentale » avait fini par s'imposer dans l'archipel. Bien que les chiffres disponibles situent encore le Japon très en deçà des Etats-Unis, il a désormais rejoint les pays de l'Europe occidentale. Cela représente une augmentation importante de la criminalité et pose de désagréables questions pour l'avenir du maintien de l'ordre et de la sécurité publique dans ce pays.

Les changements qui affectent les milieux yakuzas et le Japon tout entier, affectent aussi le rôle de la pègre dans la politique japonaise. Bien peu d'organisations criminelles dans le monde sont aussi liées à des forces politiques que le sont les yakuzas à l'extrême droite japonaise. Aux Etats-Unis, l'idée d'une confusion possible entre un groupe politique extrémiste et une organisation de type mafia, n'a rien qui puisse surprendre. Mais le Japon des années quatre-vingts n'est plus celui de l'occupation et il n'est plus non plus celui des années soixante qui a engendré les vastes coalitions de l'extrême droite et de la pègre. L'extrême droite elle-même a changé, sinon dans sa détermination, du moins dans l'image que s'en fait le public et dans ses capacités d'influence.

Le scandale Lockheed a, dans une certaine mesure, déconsidéré les extrémistes de droite et notamment ceux du Milieu, tels les héritiers de Kodama. Il les a quelque peu écartés des cercles du pouvoir. Et, aujourd'hui, les triomphes économiques du Japon ont affaibli le pouvoir de séduction de l'extrême droite sur les Japonais. La plupart des attentes du peuple ont été satisfaites ou sont en voie de l'être, si bien que le charme des théories ultranationalistes sur les masses a cédé à l'augmentation des salaires et à la profusion des biens de consommation.

Autre cause à cette éclipse : de même que les parrains yakuzas traditionnels s'éteignent, de même les grands kuromaku d'extrême droite – les faiseurs de rois du Japon du XXe siècle – disparaissent. De l'abominable trio des criminels de guerre de la prison de Sugamo relâchés en 1948, Kodama est mort, et Sasakawa et Kishi seront bientôt nonagénaires. Les nouveaux kuromaku sont des hommes d'affaires et non plus des ultranationalistes et, s'ils conservent quelques liens avec le Milieu, les temps sont loin du Régiment du sabre au clair et de l'Ampo. Et puis, il n'y a plus au Japon de fonctionnaires américains en quête d'agents de renseignements et de briseurs de grève ; plus de ministres de la Justice pour unifier la pègre dans le dessein d'en former une milice anticommuniste. Et Yoshio Kodama n'est plus là pour lever une armée yakuza destinée à maintenir l'ordre pendant la visite d'un président américain.

On aurait cependant tort d'ignorer l'extrême droite japonaise. La pègre reste étroitement liée au mouvement ultranationaliste, et l'extrême droite est toujours vivante et active. Certains groupes, tel le Seiran-kai qui regroupe des membres de la Diète, se sont dispersés, mais d'autres, comme le Zen Ai Kaigi qui a fêté ses vingt-six ans, continuent à prospérer.

Bien que son charismatique patron, Keizo Takei, se soit retiré, le Zen Ai Kaigi prétend encore disposer de milliers de fidèles et de 400 bureaux répartis sur l'ensemble du territoire japonais, d'Hokkaido, au nord à l'île d'Okinawa, au sud. Une visite, en 1984, du quartier général du groupe, dans le district Ueno de Tokyo, qui était depuis longtemps un centre d'activité ultranationaliste, révéla que l'organisation, infestée de yakuzas, patronnait toujours des exercices et des démonstrations paramilitaires dans le pays.

Utilisant une tactique qui avait déjà été celle de l'Océan noir – premier groupe ultranationaliste moderne du pays – le Zen Ai Kaigi extorque des contributions aux principales sociétés japonaises, sous forme de publicité. Comme les sokaiya et d'autres racketteurs financiers, le groupe est accusé de faire chanter les grandes affaires pour leur extorquer de l'argent. En 1983, deux numéros du journal du Zen Ai Kaigi, *Kaibyaku* (qui signifie « fondation » ou « commencement »), se trouvèrent remplis d'encarts publicitaires. S'y trouvaient représentées, plusieurs des principales banques japonaises : Fuji, Mitsubishi, Mitsui, Sanwa, Sumitomo, et d'autres, des agents de change : Daiwa, Nikko, Nomura et Yamaichi, les Industries lourdes Kawasaki, les Aciéries Kawasaki, la Compagnie Iwatate, et beaucoup d'autres encore. Il est clair que l'extrême droite est encore assez forte pour pressurer impunément les principaux établissements du pays.

Pour l'instant le danger ultranationaliste n'est que potentiel, mais si discrète soit-elle, l'extrême droite ne devrait pas être ignorée. Selon plusieurs spécialistes, il suffit d'une vague menace de la gauche, manifestations prolongées ou marche socialiste vers le pouvoir, pour que l'extrême droite redevienne une des principales forces du pays. Le rapide réarmement du Japon rend plus préoccupante cette perspective. En 1960, le professeur Ivan Morris de l'université de Columbia, l'un des plus grands spécialistes de la civilisation et de la droite japonaise, s'interrogeait sur les conséquences d'une menace de la gauche. Il n'y a pas un mot à changer aujourd'hui de ce qu'il écrivait :

> « Le fait que dans l'ensemble l'extrême droite soit devenue beaucoup moins radicale et anticapitaliste devrait rendre plus facile qu'avant la guerre sa coopération avec les conservateurs. Nombreuses sont les organisations nationalistes de l'après-guerre dont les états-majors comprennent des hommes politiques, des hommes d'affaires et des activistes professionnels ; ces groupes pourraient facilement gagner en nombre et en importance... Les milices les moins respectables pourraient efficacement coopérer avec la police, dès lors qu'il s'agirait de briser des grèves et de se renseigner sur les militants de gauche et les syndicalistes. Au cas où un Etat vraiment policier verrait le jour, beaucoup de ces activistes pourraient être de même mobilisés pour former des troupes de choc anticommunistes. Si le gouvernement en venait à accentuer sa politique antidémocratique, les personnalités influentes de l'extrême droite acquéreraient dans l'Etat des positions importantes et beaucoup de politiciens conservateurs jusque-là modérés pencheraient probablement de plus en plus à droite... On verrait entrer en jeu, avec l'ultranationalisme, une xénophobie virulente et d'autres facteurs irrationnels qui concourraient à l'instabilité et à l'imprévisibilité de la politique étrangère. »

Les disparitions de Kodama et d'autres kuromaku de moindre envergure ont sans doute quelque peu affaibli la probabilité de ce scénario. Leur décès, avec l'impact du scandale Lockheed, a tout de même diminué l'influence yakuza dans les milieux gouvernementaux. Un nombre étonnamment élevé de politiciens continuent d'utiliser les gangs à collecter des fonds et à effectuer certaines sales besognes, mais les chefs de file évitent de plus en plus de se compromettre avec des gangsters, des ultranationalistes et quiconque est un peu trop lié au système de corruption de la « Brume noire ».

L'un des principaux facteurs de ce changement d'attitude est que la presse et le public ont pris meilleure conscience de l'engagement des yakuzas dans les aspects les plus sordides de la vie politique et qu'ils pardonnent moins facilement à ceux qui s'y laissent entraîner. Le rôle quasi officiel des yakuzas dans l'affaire d'empoisonnement au mercure de la baie de Minamata et dans l'enlèvement de Kim Dae Jung ont braqué contre eux de vastes secteurs de l'opinion publique. Depuis le scandale Lockheed, la presse est devenue moins timide à dénoncer ce type d'incidents et à rechercher les liens qui peuvent unir les milieux officiels au Milieu tout court. Ce nouvel état d'esprit, avec l'accroissement constant du trafic de drogue et celui de la violence, a fini par entamer l'ancienne tolérance envers les gangs.

La police a réagi aux pressions publiques et à l'affaiblissement de la protection politique des gangs, en s'attaquant avec une énergie accrue à la criminalité la plus dangereuse. Mais si ses porte-parole peuvent revendiquer, du fait de son action, une division par deux du nombre des yakuzas recensés depuis 1963, les effectifs des bandes sont aujourd'hui stables et les yakuzas qui ont tenu bon sont les plus astucieux, les plus riches et les plus dépourvus de scrupules. En outre, la police a, sans le vouloir, renforcé les syndicats les plus puissants, à mesure que les bandes plus faibles ralliaient leurs rangs pour subsister ou prononçaient leur propre dissolution. Autre effet pervers de l'activité policière : sa pression croissante a incité à s'expatrier de nombreux yakuzas qui échappent outre-mer aux poursuites des autorités japonaises.

Les yakuzas ont mis longtemps, après la guerre, à traverser les mers. Dans ce mouvement, ils sont venus bien après leurs homologues corses, italiens, américains et chinois, en raison, notamment, de l'occupation qui les a fixés dans leur pays jusqu'en 1952. Mais il était inévitable qu'ils accompagnent un jour leurs compatriotes hommes d'affaires qui remportent dans le monde entier d'éclatants succès. Et c'est ce qu'ils ont fait : ils les ont suivis. Si, depuis 1970, les événements ont un sens, ils n'ont cessé de prouver la volonté permanente d'expansion des yakuzas et leur aptitude à saisir toutes les occasions possibles. Ils ont pris pied dans les communautés japonaises de l'hémisphère occidental, de Honolulu à Sao Paulo, investi des sommes immenses autour du Pacifique et conclu des alliances effectives avec les syndicats du crime chinois et américains.

Plus que leurs escroqueries homicides à l'assurance-vie, leurs extorsions outre-mer et leurs opérations de contrebande, ces alliances sont très troublantes. L'apparition des yakuzas sur la scène internationale coïncide avec le déplacement du principal centre économique du monde, de l'Atlantique-Nord au Pacifique. L'idée que l'ère du Pacifique est arrivée est de plus en plus répandue chez les hommes d'affaires et va sans doute gagner du terrain chez les responsables de l'ordre et des diverses polices intéressées, parallèlement avec le renforcement de l'engagement yakuza aux côtés d'autres organisations criminelles.

La grande criminalité a pris racine dans le Pacifique avec le trafic de l'héroïne, assuré par les triades chinoises et la Mafia américaine. Mais aujourd'hui, la délinquance intéresse des secteurs bien plus vastes que la seule contrebande de drogue. Le danger, dans ce contexte, ne vient pas de la probabilité d'affrontements entre bandes qui troubleraient la paix civile, mais bien plutôt des alliances qui pourraient coaliser contre la loi plusieurs organisations criminelles perfectionnées et performantes. Ces coalitions ne sont pas limitées aux trois grands conglomérats de syndicats américains, chinois et japonais. En Corée du Sud, l'administration s'attend à voir émerger de redoutables syndicats criminels, en phase avec la constitution de la puissance industrielle du pays. Aux Philippines, les bandes traditionnelles ont noué des liens avec des immigrés aux Etats-Unis. En fait, dans une grande partie de l'Asie du Sud-Est, aussi bien qu'en Amérique latine, un trafic trans-Pacifique contrôlé par des malfaiteurs s'organise lentement. C'est d'Hawaï, sans doute, que l'on peut le mieux évaluer l'avenir. Là, tout un ensemble de gangsters d'Orient et d'Occident coopère déjà, adaptant leurs langages, au seul trafic de la drogue, en un anglais pidgin qui prévaut désormais sur le chinois, le japonais et l'espagnol des Philippines.

Les profits principaux sont tirés de la drogue et sans doute en sera-t-il longtemps ainsi. Bien que la demande actuelle paraisse convenablement servie par les Chinois et les Occidentaux qui s'en occupent, il y a encore de la place ; d'autres « commerçants » pourraient s'installer et notamment toute organisation plus riche, plus forte ou plus féroce que les occupants présents du marché. Le massif trafic d'amphétamines contrôlé par les yakuzas, et à peu près inconnu hors d'Asie, a cependant fait naître – et alimente – une clientèle de 600 000 drogués dans le seul Japon. La longue expérience du marché de la drogue que possèdent ces gangs prouve assez qu'ils disposent de tous les moyens – en hommes, en argent, en savoir-faire – pour prendre pied dans le trafic international des stupéfiants. Les filières sont déjà en place : les gangs japonais font transiter d'importantes quantités de « speed » par l'intermédiaire des triades chinoises, les mêmes qui contrôlent la plus grande partie du trafic de l'héroïne de l'Asie du Sud-Est par le Japon, jusqu'aux Etats-Unis. Les yakuzas n'auraient donc qu'une décision à prendre pour envoyer vers l'Ouest de grandes quantités d'héroïne. Les syndicats japonais exercent déjà une influence considérable sur les docks immenses de Kobé et de Yokohama, et une seule Toyota, bourrée d'héroïne, pourrait enrichir d'un seul coup beaucoup de yakuzas.

C'est cette menace potentielle d'importation massive d'héroïne japonaise, qui n'est pas sans précédent aux Etats-Unis, qui a conduit certaines autorités américaines à surveiller les yakuzas plus étroitement peut-être que ne l'exige la situation actuelle. Les yakuzas sont aujourd'hui fort discrets en Amérique, par rapport à leurs implantations aux Philippines et en Corée du Sud. C'est à Hawaï qu'ils sont les plus actifs et les plus voyants, sans être absents du continent.

La Police nationale japonaise voit les choses autrement. Ses porte-parole officiels n'ont cessé de démentir, dans de nombreuses interviews, la présence de yakuzas en Amérique. Certains fonctionnaires ont été jusqu'à affirmer qu'aucun yakuza n'opérait en dehors du Japon, malgré les déclarations privées contraires de magistrats japonais. Ces contradictions, en partie motivées par le besoin de sauver la face, sont typiques des différences culturelles avec lesquelles la police américaine doit apprendre à composer si elle désire établir avec les administrations japonaises de solides relations de travail. Les traditions américaines ne simplifient pas davantage les choses.

Les observateurs américains qui tentent d'évaluer l'importance des yakuzas aux Etats-Unis risquent ou bien de surestimer ou bien de sous-estimer les gangs japonais. Il n'est que trop facile aux Américains, face à une « menace » étrangère, de se laisser prendre aux apparences plutôt qu'à la réalité du danger. Les images frappantes de tatouages, de doigts coupés, de suicides d'honneur, tout cela alimente l'incompréhension. Et ce n'est pas la première fois.

L'idée qu'on s'est fait de la Mafia a longtemps été brouillée par l'ignorance et le racisme qui, tous deux, gauchissaient une froide évaluation du phénomène. Le danger de telles erreurs est de conduire à des généralisations qui englobent toute une ethnie. A l'inverse, lorsque la « menace » perçue fait long feu, elle est alors ignorée avec autant de déraison qu'elle avait été gonflée et, avec elle, les vraies difficultés dont la perception confuse lui avait donné naissance. La première Mafia a connu pendant la prohibition une croissance exponentielle que certains responsables refusèrent de prendre au sérieux. J. Edgar Hoover, patron du F.B.I. pendant quarante-huit ans, soutint presque aussi longtemps que la Mafia n'existait pas.

Les choses ont bien changé depuis 1976, où Michael Sterrett dut remettre dans ses tiroirs les dossiers qu'il avait constitués sur les yakuzas, parce que ses descriptions de tatouages et d'ablation de phalanges paraissaient incroyables en haut lieu. De nombreux magistrats et policiers américains savent aujourd'hui de quoi il retourne, s'ils n'ont pas toujours de plan très clair pour y faire face. D'ailleurs, dans certains domaines, tel le blanchissage d'argent à grande échelle, il est peut-être déjà trop tard, fût-ce avec les plans les plus clairs, pour y mettre un terme : les yakuzas sont trop bien implantés. Dans d'autres domaines, le commerce de la drogue et l'esclavage sexuel, par exemple, l'action de la police pourrait prévenir bien des malheurs inconnus et sauver beaucoup de vies dans de nombreux pays. Plus important encore pour l'Amérique : si des deux côtés du Pacifique les polices se décidaient à des efforts radicaux, l'implantation définitive des yakuzas dans l'Ouest pourrait être enrayée.

Les années quatre-vingts sont critiques pour les yakuzas aussi bien que pour la police aux Etats-Unis. Le demi-siècle de domination de la Mafia sur le Milieu paraît tirer à sa fin, et d'autres organisations ont aujourd'hui l'occasion de s'y implanter. Les bandes d'origines noire et hispanique se tiennent prêtes à s'emparer de la part du lion, mais sur la côte Ouest et à New York les gangs asiatiques ont de bonnes chances de se réserver un morceau important du gâteau, et parmi celles-ci les yakuzas sont certainement des mieux organisées, financées et prêtes à l'action. Reste à voir si elles peuvent profiter de l'occasion, si la police américaine saura à temps les en empêcher.

Comme les myopes devant l'éléphant, les observateurs du crime organisé ne perçoivent jamais qu'une petite part de la bête entière. C'est inévitable ; comme il l'est aussi que ce qui parfois s'en laisse voir soit tantôt important tantôt anecdotique. En outre, la ligne de partage entre le criminel et le légal est souvent changeante avec les lois et les époques. Le racisme, le pharisaïsme, l'opportunisme politique et la peur influencent l'idée que l'on se fait du crime organisé. Cela conduit à suspecter beaucoup d'estimations.

Mais au-delà de la confusion, de l'opportunisme, du sectarisme, il y a la raison d'être du crime organisé. Le pittoresque des caractères, des rituels exotiques, les surnoms et les légendes la dissimulent. Mais au cœur de ce milieu, on ne trouve qu'un principe, le vol. Les malfaiteurs peuvent fournir des biens et des services, mais, la plupart du temps, très au-dessus de leur valeur. Le crime organisé n'est, à la base, que vol institutionnalisé.

Japonais ou Américains, les gangsters ajoutent une invisible taxe à chaque dollar ou à chaque yen que paie le citoyen moyen. Le jeu, la corruption, l'extorsion de fonds, la prostitution et la drogue, toutes ces activités coûtent cher à la société, humainement et économiquement. Dans les secteurs où le crime organisé détient des intérêts substantiels – les bars, les restaurants, la construction, les loisirs, le ramassage des ordures, les docks – un coût direct est prélevé sur le public. Au contraire de la plupart des hommes d'affaires, les gangsters ne se contentent pas de profits raisonnables et il est bien rare qu'ils utilisent leur argent à des investissements intéressants pour la communauté. Ils en exigent toujours des bénéfices exorbitants, et cela sans jamais rien donner. Comme l'écrivait Jonathan Kwitny du *Wall Street Journal,* ce sont « des gens qui vivent comme des rois, mais dont la seule contribution à la société est de découvrir de nouvelles manières de voler la richesse produite par les citoyens qui travaillent dur ».

Malgré tous les efforts de la police, ce brigandage continue. Il en vient même à toucher tous les secteurs de la société. Fournissant en hommes de main les hommes d'affaires et les politiciens les plus douteux, les organisations criminelles ont freiné de nombreux progrès dans tous les domaines, du fonctionnement du gouvernement représentatif à la protection de l'environnement. Ils ont empêché la création de syndicats nouveaux de défense des travailleurs et ont gravement entravé l'action de ceux qui existaient. Ils se sont opposés, au sein des grandes affaires, à ceux qui cherchaient à amender des politiques dangereuses. Au Japon et ailleurs, ils ont servi le pire machisme, achetant, vendant et réduisant des femmes en esclavage. Ils ont enfin dépouillé des communautés entières non seulement de leur argent, mais de leur jeunesse, répandant tout autour du monde l'usage mortel de la drogue. Il n'est littéralement rien que ces malfaiteurs ne feraient pour de l'argent.

Les yakuzas représentent une force criminelle d'une importance exceptionnelle. Au XXe siècle, ils ont souvent joué au Japon un rôle politique majeur. Ils se sont taillé dans la société japonaise de véritables « places de sûreté ». L'insolence de leur richesse est plus éclatante que celle d'aucun voyou au monde. A l'Ouest, la Sicile seule, peut-être, offre l'exemple d'un pouvoir criminel aussi ostentatoire. Au fil des années, les Japonais se sont accommodés des yakuzas et leur laissent accaparer ce qu'il leur semble nécessaire pour préserver l'ordre public. La méthode, dans le passé, a de fait, maintenu une certaine harmonie publique, mais ce contrat social est au bord de la rupture.

Il est impossible de prédire si les Japonais pourront utiliser ce changement pour transformer radicalement les anciennes relations entre le public et les yakuzas et élever autour des gangs des barrières plus hautes. Depuis la fin de la Seconde Guerre mondiale, le crime organisé au Japon a acquis une grande puissance et, comme partout, une fois installé, il est presque impossible à éliminer. On peut cependant le contenir, et il reste à voir si les yakuzas seront empêchés d'appliquer leurs techniques éprouvées au reste du monde. Ce qui est sûr, c'est qu'en trois cents ans, les yakuzas sont devenus une des organisations criminelles les plus efficaces du monde et que, quelles que soient les réactions du public, ces hors-la-loi japonais, autrefois honorables, sont bien capables de prospérer pendant trois cents ans de plus.

NOTES

- La déclaration d'Inagawa est tirée de l'interview qu'il a accordée aux auteurs, le 9 février 1984.

- Le changement de nature des yakuzas se trouve détaillé dans deux interviews de Kanehiro Hoshino du National Research Institute of Police Science, Tokyo, 10 février et 7 mars 1984. Les conclusions du professeur Hoshino se trouvent confirmées par l'abondant travail des chercheurs de l'Institut, de 1968 à 1985, qui comprend plusieurs des études et des rapports les plus complets sur les yakuzas au Japon. Voir, par exemple, Hoshino avec Fumio Mugishima et Kenji Kiyonaga, « Boryokudan-in no Danshi to Shisei : Boryokudan no Dentoteki Fukuji Bunka no Kenkyu » (Tatouages et phalanges coupées par les membres des organisations criminelles) (1971), une série d'études de Fumio Mugishima, « Boryokudan-in to Dantai to no Kankei ni Kansuru Kenkyu » (Etude complémentaire sur les membres du crime organisé) (1974), et en anglais, « The Recent Trend of Underworld and Organized Crime in Japan » d'Hoshino (1979). De nombreuses coupures de presse traitent également de la transformation des yakuzas. Voir, par exemple, *Asahi Shimbun*, 2 février 1984 et *Mainichi Daily News*, 24 et 25 octobre 1984.

- La citation de l'oyabun anonyme est parue dans *Socialization for Achievement*, de George De Vos, p. 294-295.

- La citation de la police de Tokyo est tirée du *Mainichi Daily News*, 9 février 1984.

- Les statistiques sur les incidents de tir sont empruntées au *Mainichi Daily News*, 9 février 1984 et *Japan Times Weekly*, 11 août 1984. Les citations de la police sont tirées du *Mainichi Daily News*, 31 mars 1984. Le commentaire de David Bailey est tiré de son *Forces of Order*, p. 6. Le chiffre de 200 millions d'armes à feu aux Etats-Unis provient d'un rapport interne du Bureau des alcools, du tabac et des armes à feu, daté du 1er décembre 1983, « Tracing of Recovered Firearms ». Le rapport affirme de plus que 55 millions de celles-ci sont des armes de poing.

- Les changements qui affectent le crime au Japon sont décrits dans *Japan Times Weekly*, 11 août 1984, *Mainichi Daily News*, 29 octobre 1980 et 31 octobre 1979.

- La visite au Zen Ai Kaigi en 1984 a été complétée par une interview, accordée aux auteurs par Donshyo Kawasaki, directeur du bureau de Tokyo, le 8 mars 1984. Les numéros du mensuel du Zen Ai Kaigi, *Kaibyaku*, sont datés d'avril 1983 et de janvier 1984.

- La citation de Morris est extraite d'une étude capitale, *Nationalism and the Right Wing in Japan*, p. 421-423.

- La caractéristique du crime organisé, le vol, est parfaitement étudiée dans le livre de Jonathan Kwitny, *Vicious Circles : The Mafia in the Marketplace* (1979). La citation de Kwitny est tirée de la page 70.

AU SUJET DE LA DOCUMENTATION

Les recherches pour cet ouvrage ont commencé par un travail que les auteurs ont entrepris pour le Centre de reportages au début de 1981. Les résultats de cette première enquête ont été divulgués un an plus tard au cours du journal télévisé *20/20*. Les auteurs écrivirent par la suite une série d'articles sur ce même sujet pour différents magazines et journaux, avant de se consacrer entièrement aux recherches nécessitées par ce livre.

Pour ce travail qui dura quatre ans, il ne fallut pas moins de 400 interviews aux Etats-Unis et ailleurs. Les auteurs ont rencontré des diplomates, des érudits, des policiers, d'anciens agents de renseignements, des hommes d'affaires, des militants politiques, des journalistes et des personnalités du crime organisé. Nos comptes rendus et nos conclusions sont basées sur ces interviews et sur une large utilisation des bibliothèques publiques et privées, des archives gouvernementales et des dossiers de la police.

Le Japon est une société très cultivée avec des milliers de publications – quotidiens, hebdomadaires, revues, bulletins – représentant tout le panorama politique, de l'extrême droite à l'extrême gauche. Dans la mesure du possible, nous nous sommes servis de traductions directes de ces publications, ainsi que de livres, matériel universitaire et rapports gouvernementaux. Le reportage n'est malheureusement pas le fort du Japon. Il arrive que des enquêtes approfondies sur des sujets importants passent dans les grands quotidiens, mais la plupart du temps elles échouent dans les hebdomadaires à sensation. Lorsque nous avons utilisé des comptes rendus d'hebdomadaires, nous avons veillé à les confronter à des sources plus sérieuses.

La presse anglaise au Japon, dont nous avons apprécié le dynamisme, nous a beaucoup aidés. Tokyo dispose aujourd'hui de cinq quotidiens anglais, davantage que la plupart des villes américaines ; tous, sauf un, sont basés sur des éditions japonaises et, en général, ils s'intéressent au problème yakuza. Les auteurs ont eu accès, pour prendre connaissance de ces articles et d'autres documents ayant rapport au sujet, aux importants dossiers du Club des correspondants étrangers de Tokyo, aux collections des publications les plus importantes et à la Bibliothèque nationale de la Diète, pour les documents difficiles à obtenir.

Plus importante, peut-être, a été la possibilité d'utiliser la bibliothèque privée de John Roberts, à Tokyo. Cette remarquable collection de coupures de presse, études et rapports classés, provenant de tout le Japon, ne concerne pas uniquement les yakuzas et l'extrême droite, mais aussi l'ensemble de la politique et des affaires japonaises depuis 1950. Cette bibliothèque, qui a été pour nous une très grande ressource, mériterait d'être transformée en fondation, afin d'en conserver le contenu et de le rendre accessible à d'autres chercheurs.

Au cours des six mois d'enquête en Asie qu'a nécessités ce livre, les auteurs ont également pu avoir accès à des rapports sur les activités yakuzas en Corée du Sud, aux Philippines, à Hong Kong et en Thaïlande. La presse anglaise des capitales de ces pays s'est là encore montrée d'un grand secours, de même que le furent les journalistes, les fonctionnaires et les hommes d'affaires locaux. Grâce à des sources multiples, provenant du monde entier, nous avons été en mesure de réunir des rapports sur les activités yakuzas dans d'autres régions, comme l'Amérique du Sud, l'Europe occidentale, l'Australie et le Pacifique.

La documentation écrite sur les yakuzas est plutôt rare aux Etats-Unis, mais il en existe. Plusieurs reportages ont paru dans la presse, presque tous basés sur des comptes rendus de presse japonais. Les journaux nippo-américains ont été très utiles, quoi qu'ils ne soient en général pas classés. Le seul livre sur le sujet, *The Tattooed Men*, de Florence Rome, est paru en 1975. Certains chapitres d'autres livres traitent du sujet : « Underground Empire » dans le journal d'Harry Emerson Wildes sous l'occupation, *Typhoon in Tokyo* ; de même certains passages des souvenirs de Mark Gayn sur cette même période, *Japan Diary*. Quelques importantes études universitaires sont également disponibles en anglais. Particulièrement remarquables sont les enquêtes des anthropologues Walter Ames et David Stark, tous deux patronnés par l'université Ann Arbor (Michigan), les recherches de George De Vos à l'université de Berkeley (Californie), et à Tokyo, les travaux de Glenn Davis, à l'université de Sophia, enfin ceux de Kanehiro Hoshino à l'Institut national de recherche de science policière.

Nous avons tiré parti de plusieurs bibliothèques américaines. Particulièrement à l'université de Berkeley (Californie), avec la Bancroft Library et les diverses bibliothèques départementales, ainsi que la section de documents gouvernementaux de la Doe Library. La section asiatique de la McKeldin Library de l'université du Maryland a la plus importante documentation concernant l'occupation, en dehors du gouvernement. Les collections Gordon Prange et Justin Williams s'y trouvent.

Les richesses les plus extraordinaires reposent au National Records Center de Suitland, dans le Maryland. Le N.R.C. contient vingt pièces, remplies de rayonnages de dossiers importants, mais ignorés. C'est là qu'est conservée la plus grande partie des documents américains sur l'occupation du Japon. Les dossiers du S.C.A.P. (Supreme Commander of the Allied Powers) sont encore dans les cartons dans lesquels ils avaient été rangés à Tokyo en 1952. Le classement est pour le moins sommaire, mais ce sont des documents de toute première importance, concernant une période exceptionnelle de l'histoire américaine et japonaise qui n'a pas encore été écrite en anglais. Sont également disponibles les archives diplomatiques, aux Archives nationales de Washington, D.C.

D'autres documents importants se sont également avérés difficiles à obtenir. Les auteurs ont dû déposer de nombreuses demandes, dans le cadre de la loi sur la liberté de l'information, auprès d'une dizaine d'agences fédérales ; certaines y ont donné suite, d'autres se sont montrées rien moins que coopératives. Les comptes rendus des tribunaux et les dossiers du F.O.I.A. ont été utiles pour décrire les personnalités, liées aux yakuzas, en relations avec les États-Unis. Nous avons enfin eu accès à des rapports de police confidentiels qui nous ont souvent fourni une documentation de première importance sur les mouvements des yakuzas au Japon et dans le reste du monde.

LES PERSONNAGES CLÉS

Chobei Banzuiin – célèbre bandit qui vécut au XVIIe siècle. Il avait la réputation de protéger les petites gens. Chobei est considéré par les yakuzas comme l'un de leurs premiers ancêtres.

Kakuji Inagawa – puissant parrain de l'*Inagawa-kai* et doyen de la pègre japonaise.

Tokutaru Kimura – le « Joe McCarthy du Japon ». Il organisait en 1952, alors qu'il était ministre de la Justice, les yakuzas en une vaste fédération anticommuniste à l'échelon national, appelée « Régiment patriotique du sabre au clair ».

Nobusuke Kishi – Premier ministre de 1957 à 1960. Désigné comme criminel de guerre de classe A, il ne fut jamais jugé. Proche de Kodama, Kishi ramena au pouvoir de nombreux hommes de droite de l'avant-guerre. Son administration comptait sur la pègre pour s'opposer aux manifestations gauchistes.

Yoshio Kodama – un des hommes les plus puissants du Japon jusqu'à sa mort en 1984. C'était un personnage extraordinaire : ultranationaliste, multimillionnaire, agent de la C.I.A., criminel de guerre, parrain yakuza, cerveau du P.L.D. et grand responsable de la résurrection des yakuzas après la guerre.

Hisayuki Machii – le parrain coréen. Immensément riche, il était connu comme le « Tigre de Ginza », car son gang contrôlait les boîtes de nuit de Tokyo. Proche allié de Kodama et de Taoka, Machii noua après la guerre des liens avec les services de renseignements américains et coréens.

Yasuhiro Nakasone – élu Premier ministre du Japon en 1982, puis en 1984. Ancien protégé de Kodama, Nakasone a longtemps poussé au réarmement du Japon et à la révision de la constitution pacifiste.

Kaoru Ogawa – le racketteur le plus influent du Japon, selon les rapports de la police. L'un des plus importants sokaiya de la nation, il essaya d'exporter à Hawaï les techniques sokaiya.

Kenji Osano – l'un des hommes les plus riches du Japon, il jouissait de vastes possessions à Hawaï. Confondu pour faux serment dans l'affaire de corruption Lockheed et très engagé dans le « monde obscur » de la politique japonaise.

Ryoichi Sasakawa – l'un des hommes les plus riches et les plus influents du Japon. Contrôle le monopole extrêmement lucratif des hors-bords. Comme Kodama, ultranationaliste, criminel de guerre, multimillionnaire, puissance politique et associé aux yakuzas.

Shimizu no Jirocho – Joueur du XIXe siècle, c'est le gangster le plus célèbre de l'histoire du Japon. Son image de Robin des bois est conservée dans des dizaines de chansons, récits et pièces.

Kazuo Taoka – chef incontesté du Yamaguchi-gumi jusqu'à sa mort en 1981. Connu au Japon comme le « Parrain des parrains ».

Mitsuru Toyama – le vétéran du mouvement ultranationaliste japonais. Il contribua à fonder les sociétés de l'Océan noir et du Dragon noir et à plonger le Japon dans la Deuxième Guerre mondiale.

Charles Willoughby – le major général responsable des services de renseignements de l'armée américaine dans le Pacifique, sous les ordres du général MacArthur. Ses agents recrutèrent des yakuzas comme espions et pour désorganiser la gauche dans le Japon occupé par les Américains.

GLOSSAIRE

A.P.N. – Agence de Police Nationale, bureau central pour l'administration et le contrôle de la police japonaise, y compris les forces préfectorales et locales.

Bakuto – joueur, utilisé pour désigner les bandes de joueurs de grandes routes dans le Japon féodal. Un des trois types historiques de gangsters japonais, avec les *tekiya* et les *gurentai.*

Boryokudan – littéralement, groupes de violence. Utilisé par la police japonaise pour désigner les yakuzas.

Bosozoku – gangs des motocyclettes et des voitures gonflées, principale source de recrutement des yakuzas.

Burakumin – membres de la classe ancestrale des bannis, éternelles victimes de la discrimination. Autre source de recrutement des yakuzas.

G-2 – service de renseignements de l'armée américaine sous l'occupation, dirigé par le major général Charles Willoughby. Il utilisa les yakuzas et les extrémistes de droite pour faire de l'espionnage et désorganiser la gauche.

Genyosha – Société de l'Océan noir, premier groupe ultranationaliste moderne du Japon, fondé en 1881. A l'origine de la fusion entre les gangsters et les extrémistes de droite.

Q.G. – quartier général des puissances alliées pendant l'occupation du Japon, commandé par le général

Douglas MacArthur. Le centre du pouvoir américain au Japon de 1945 à 1952.

Giri – la traduction la plus proche est dette ou obligation, mais le concept implique bien davantage. Souvent employé avec le mot *ninjo* par les yakuzas pour définir les bases de leurs « honorables » traditions.

Gumi – suffixe signifiant association, compagnie ou gang, couramment utilisé par les groupes yakuzas et les entreprises de construction.

Gurentai – bandit ou voyou. Il s'agit des impitoyables gangsters qui envahirent les marchés noirs du Japon de l'après-guerre. L'un des trois types historiques de gangsters japonais, avec les *bakuto* et les *tekiya*.

Gyakkosu – ou « renversement de cap ». Le brusque changement dans la politique d'occupation des Etats-Unis en 1947, à l'encontre de la gauche et des syndicats.

Ichiwa-kai – groupe séparatiste issu du Yamaguchi-gumi, basé à Osaka. Le cinquième syndicat yakuza par ordre d'importance.

Inagawa-kai – quatrième syndicat du Japon, dirigé par le puissant Kakuji Inagawa et basé dans la région de Tokyo et de Yokohama. L'Inagawa-kai fut un des premiers syndicats à s'aventurer à l'étranger.

Kai – suffixe signifiant association ou société, souvent utilisé dans les noms de gang.

Kanto-kai – rêve de Yoshio Kodama d'un milieu unifié constitué en force politique nationale. Coalition de syndicats, originaires pour l'essentiel de la plaine de Kanto, le Kanto-kai se désintégra au bout de quinze mois, en 1965.

Kobun – « rôle d'enfant », utilisé en liaison avec *oyabun* (« rôle de père ») pour désigner la relation familale qui existe à l'intérieur de la plupart des gangs yakuzas.

Kokuryu-kai – la Société du fleuve Amour, également connue sous le nom de Société du Dragon noir. Important groupe ultranationaliste fondé en 1901 et issu de la Société de l'Océan noir.

Kuromaku – littéralement, rideau noir, terme du théâtre traditionnel Kabuki. Utilisé à présent pour désigner celui qui tire les ficelles, le parrain, ou éminence grise.

Mizu shobai – « affaires d'eaux » ou « commerce de l'eau », c'est-à-dire les boîtes de nuit, les bars, les restaurants et les affaires qui en dépendent.

Ninjo – compassion ou compréhension. Souvent utilisé avec *giri* pour désigner la tension typiquement japonaise entre le devoir et les sentiments ; thème central de la littérature japonaise. Ces termes sont très appréciés des yakuzas traditionnels.

Oyabun – « personnage du père », utilisé avec *kobun* pour décrire les relations familales à l'intérieur du gang. Equivalent du « parrain » occidental.

P.L.D. – Parti Libéral Démocrate, coalition de courants conservateurs qui ont dominé la politique japonaise depuis 1955.

Préfecture – équivalent au Japon d'un Etat américain, mais à peu près de la taille d'un comté américain.

Ronin – samouraï sans maître, source d'innombrables légendes sur le bien et le mal dans le Japon médiéval.

Sangokujin – « peuple des trois pays ». C'est le nom donné aux Formosans, aux Coréens et aux Chinois qui avaient été amenés au Japon pendant la guerre pour servir de main-d'œuvre. Les yakuzas leur livrèrent des batailles rangées pour le contrôle des marchés noirs dans les années qui suivirent immédiatement la guerre.

Sarakin – usuriers.

S.C.A.P. – Supreme Commander for the Allied Powers, bureau officiel du général MacArthur pendant l'occupation américaine du Japon, de 1945 à 1952.

Sokaiya – « spécialistes des assemblées générales », les seuls racketteurs financiers du Japon. Professionnels de l'extorsion de fonds, brutes épaisses qui s'attaquaient traditionnellement aux assemblées d'actionnaires, mais dont les activités sont maintenant plus diversifiées et couvrent un large secteur du crime organisé.

Sumiyoshi-rengo – fédération de gangs basée à Tokyo dont les activités s'étendent sur presque tout le Japon et à l'étranger. Deuxième groupe yakuza du pays dont l'organisation rappelle celle de la Mafia américaine.

Tekiya – colporteurs, contrôlant les éventaires de plein vent. L'un des trois types historiques de gangsters japonais avec les *bakuto* et les *gurentai.*

Tokugawa era – la dernière période féodale du Japon, dirigée par une succession de shoguns de 1603 à 1868. Durant cette période, les maîtres du Japon s'attachèrent à isoler le pays du reste du monde.

Towa Yuai Jigyo Kumiai – Association amicale des entreprises d'Extrême-Orient, syndicat criminel yakuza, en grande partie coréen, fondé par Hisayuki Machii. Avec moins de 1 000 membres, le groupe demeure l'un des plus actifs outre-mer.

Triades – syndicats chinois du crime organisé. Avec de fortes bases à Hong Kong, Taiwan et la Thaïlande, ces gangs contrôlent le trafic de l'héroïne dans tout le Sud-Est asiatique et constituent peut-être actuellement la plus grande puissance criminelle du monde.

Yamaguchi-gumi – le plus important syndicat du crime du Japon, comprenant plus de 12 000 membres sous la direction de Kazuo Taoka. Après la mort de Taoka en 1981, le syndicat se sépara en deux clans, mais compte encore aujourd'hui quelque 10 000 membres. Le syndicat est très actif outre-mer.

Yubisume – rituel actuel chez les yakuzas, qui consiste à se sectionner l'articulation du petit doigt pour réparer une erreur.

Zen Ai Kaigi – la fougueuse coalition de groupes ultranationalistes japonais. Appelé, par plaisanterie, Yakuza Kaigi, en raison de la présence de nombreux gangsters parmi ses membres.

Achevé d'imprimer
sur les presses de
l'Imprimerie A. ROBERT
116, bd de la Pomme
13011 Marseille